荒奠中　董国炎／著

章太炎学术年谱

山西出版传媒集团

三晋出版社

章太炎先生

姚奠中先生

董国炎先生近照

哀六年傳楚子使問諸周大史

說苑君道述此傳曰昭王使人乘驛東而問諸大史州黎　案

鄭司農注春官大史曰大出師則大史主抱式以知天時處吉凶

史官主知天道故國語曰吾非瞽史焉知天道春秋傳曰楚有

雲如眾赤鳥夾日以飛楚子使問諸周大史大史主天道服子

慎注諸侯皆有大史主周所賜典籍故曰周大史一曰是時往問

周大史惠定宇謂廥衛晉魯皆有分楚獨無有不當有周

所賜典籍蓋自王子朝奉周之典籍以奔楚是時當有大史

從奔轍謂周賜典籍誈其官賜之是曰周大史故辛有二子

入晉稱曰董史是也晉大史屬秦見晉之亂以其圖法歸周

本书作者姚奠中（前排右）、董国炎（后排左）在章太炎墓前
（前排左为汤炳正先生，后排右为李诚，左侧为章太炎长子章导）

章门弟子姚奠中、汤炳正等在章太炎先生墓前

1983年冬，姚奠中过苏州章太炎先生故居时所作绝句二首

苏州章氏国学讲习会部分学员（1937年摄于苏州公园）。其中章太炎先生的研究生有：姚奠中（右三）、柏耐冬（右八）、李恭（右十）、孙立本（右十二）

本书第一版书影

再版前言

《章太炎学术年谱》一书，由姚奠中先生携弟子董国炎先生著述，于1993年杀青，1996年交山西古籍出版社出版。面世之后，受到学界一致好评，并荣获山西省优秀图书编辑二等奖。首印在5年之内售罄，又于2001年8月2次印刷。

章太炎先生生于清同治七年（1868），著名国学大师、革命家，乃近现代史上举足轻重的人物。在他有限的69岁生命中，以人民的幸福，国家的强盛，民族的前途为己任，奔走呼号，不遗余力。学术方面，小学而外，经史、诸子，卓有见解，可谓三百年"朴学"的集大成者。继往圣之绝学，开万世之太平，是章先生一生的写照。

1936年，姚奠中先生考取了章太炎先生的研究生，章先生的治学理念及所作所为对姚先生影响甚巨，继承章先生的学术思想成为他一生的使命，在他的引领之下，山右国学蔚然成风。除了人才的培养，姚先生还倡导召开有关太炎先生的学术会议，举办章太炎姚奠中师生书法展览，发起成立了山西省姚奠中国学教育基金会并资助山西大学国学大讲堂的正常运转。传承章先生的学术，是姚先生一生的弘愿。

遗憾的是，去岁年末，姚先生永远离开了我们，但他播下的国学种子早已生根发芽，深入人心。

时值三晋出版社成立二十周年，决定将历年精品予以再版。由于版权期已过，须征得姚先生子女及董国炎先生的同意。令人感动的是，在没有稿酬的情况下，无论是姚家四兄妹，还是远在扬州大学的董先生，均慨然允诺，令我们钦佩不已。

谨以此书之再版深切缅怀姚奠中先生！

三晋出版社

2014.3.9

序

姚奠中

还是在"文革"期间的 1975 年，学校当局传给我一个信息，说是：章太炎的夫人汤国黎，给周总理一封信，要求组织专人整理章先生遗著。信中推荐人选中有我的名字。周总理把信交给正在召开的全国出版会议。会上有人知道我在山西大学，于是由山西出席会议的代表，把这一信息带了回来，学校也因此告我，要我考虑这一任务。当时虽没有硬性要求或具体规定，但作为章门晚年弟子之一，而章门弟子存世的已很少，觉得有点责无旁贷。几经考虑，决定先从写传记做起。认为不把作者的生平经历搞清楚，就很难全面透彻地把握著作中的思想内蕴，而对遗著，也只能是文字、版本等表层的整理，至于研究则很难谈到。于是我先从简单的年表入手，进而从已有资料中作较全面的考虑。困难的是：我手边仅有原版《章氏丛书》和新找到的《丛书续编》；另外也只有《訄书》、《古文尚书拾遗》等几个

1

单行本和章先生逝世后《制言》半月刊所出的《章太炎先生纪念专号》。因为那时各图书馆基本上都还没有开放，找来找去，也只找到以许寿裳的《章太炎》为代表的几本传记性的小册子和孙中山、康有为、蔡元培、梁启超等和章先生有关的人物的一些传记之类。对章太炎这样一位文化巨人来说，这些资料，无疑是过于贫乏了。但由于我思想上已把这件事作为一项政治任务来看，就不能不尽快进行。工作的重点，主要从正续《丛书》等原著中钩稽史料，对其人、其事、其学作系统的了解与掌握，并以之与近代史实和周围人物相对照，理出头绪，作为写作基础。与此同时，我自己从1972年学校复课时起，即被派教中国通史，根据教学的需要，结合课程的进行，编写了一本《中国史略》；1974年，古代文学课恢复了，我又被派主持了《中国古代文学作品选》，出版了上册；那时每学期还要和学生一起下乡、下厂、下部队一两个月，其间与工农兵结合也编写了几种材料，有的还出版。在这样忙碌的情况下来从事《章太炎传》的写作，困难可想而知。好在得到系革委的照顾，有一学期没有下去，才终于完成了十余万字的《章太炎传》稿。我把此稿寄人民出版社审阅，他们表示接受。但不久，"四人帮"垮台，被"四人帮"搅乱了的政治、思想、文化、艺术，都需要进行清理。出版社同志来信，说：当前对一些人物的评价，难以把握，《章太炎传》暂缓出版。原稿退回。这一下就搁起来了。现在看来，那部《传》稿不出版是对的。虽一得之愚，不是没有，而谫陋、疏谬之处，兼而有之。很有必要改弦更张。

　　1978年以后，我和广大知识分子一样，政治地位得到根本的改变。因而本、兼各职越来越多，教学科研任务越来越重，在轻重缓急的考虑上，《章太炎传》的重写，一次次被挤在后面。虽作了几项计划，却一直无法完成。这期间，学术界对"章学"的研究，有了不小进展，特别是上海方面汤志钧、姜义华等同志，成绩尤为显著；而《章太炎全集》，也由上海人民出版社陆续出版；一般散在社会的资料，也比较容易收集，研究条件，大为改观。在这种情况下，写一本完善的传记，已有可能。

我的研究生董国炎副教授看到这一点，毅然挑起这副担子。早在1986年，他参加了在杭州召开的"章太炎先生逝世五十周年学术讨论会"，受到启示，已有意于"章学"的研究。在读了一些时贤的著作后，认为：汤志钧同志的大著《章太炎年谱长编》，重在政治，姜义华同志的大著《章太炎思想研究》重在思想，对全面地考虑"章学"，显然仍有不足。因此多次和我商量，决定编写一本《章太炎学谱》，吸收《宋元学案》、《明儒学案》的精神，在学术上既重纵的发展，又重横的联系，不但反映章先生在学术上的卓越贡献，还反映他在近代学术史上的巨大作用。但经广搜博览，长时间酝酿之后，感到难度非常大。最后决定分两步走：先写一部能体现上述精神的重在学术的年谱，然后再考虑学谱。我同意他的意见。只是我自念年老、事烦，精力不足，也挤不出完整的时间专心致志地考索，于是全面工作就不得不由董国炎一人承担下来。我只参与商讨，聊备咨询，我的《章太炎传》原稿，也只作为参考资料之一。到今年初，近40万字的《年谱》稿，终于由董国炎全力完成了，其用力之勤，令人欣慰，而我也颇有如释重负之感。

章太炎先生的原著，是不容易读的，越读越感到它的博大精深。章门先进诸公，或长于"小学"，或长于经史，或长于诸子，或长于诗文，大都卓然自树，有所创见，有所前进；其高者成为学派，奕世流光，号为大师。然而综其贡献，类在声韵训诂、名物校订、考据通解与诗文写作之间。就一个侧面而言，他们亦博大、亦精深，在文化发展上起了促进作用，可为后生典范；而就文化总体而言，则欠缺的是对人民、对国家、对民族前途的责任

3

感，缺乏宏观的思想体系，近乎为学术而学术。有的虽能继承先生的革命精神，却忽视学术，有的从先生的批古史出发走向自我否定的道路，遂至进退失据。浅见以为章太炎先生的学术，不仅是三百年"朴学"的总结，而且是两千多年传统文化的总结；不仅总结过去，更重要的是开辟未来。他面向当时的现实，放眼于未来的趋向，无论在政治、哲学、文化、历史，以至语言文字上，都为走向现代化开了端。在此精神感召下，影响所及绝不止章门弟子以至再传三传弟子，而受其影响的，也不必直接从读他的原著中得来。正因如此，就需要有一批能读原著的人，从原著丰厚的内蕴中，抽绎、发掘出其学术思想的精华，济世拯民的嘉谟，为人治事的典则，以飨后学。我们的任务，不在于评价是非，而在于汲取营养；不是为了过去，而是为了现在。浅见以为：推此志也，在"章学"的研究上，不但大有可为，而且应该步步深入，不断扩大。近些年来，一部小说，一个剧本，往往涌现出大批研究者，成立了全国性的学会，出现了一批批专家，当然值得高兴，而对"章学"的研究，则寥若晨星！究其因，很大程度上是"难"！唯其"难"，才是有志者应该刳心戮力的所在。

以上所述，说得太远了。总之一句话，应该大力开展"章学"的研究。这本《年谱》，只是迈出了一步，迈出了不大的一步。其内容得失，则有待于专家和读者认可与是正，此不多赘。

1993.5.10.

目　录

清代（同治七年—宣统三年）

民国（民国元年—民国 25 年）

清同治七年戊辰（1868） 1岁

《太炎先生自定年谱》（以下简称《自定年谱》）：

　　余先自分水迁余杭；距今几五百年。曾祖讳均，字安溥。祖讳鉴，字聿昭。考讳浚，字轮香。是岁十一月三十日生。

　　今按章太炎先生生于戊辰年十一月三十日，公历则为1869年1月12日。计算年龄方法自戊辰龙年算起，以下顺延，与谱主生平寿诞祝典等活动相合。我国标年方法，辛亥革命以前，用帝王年号纪年与干支并用；辛亥革命以后用公元纪年。今本此例，也与谱主计算年龄方法相符。

　　先生名炳麟，字枚叔（一作"梅叔"），曾名学乘。因倾慕顾绛（炎武）之行事和志向，改名绛，号太炎。生平笔名、别署颇多，主要有：绛叔、西狩、陆沉居士、末底、戴角、独角、台湾旅客、支猎胡、支那夫、菿汉阁主、刘子骏之绍述者，等等。又常被称为余杭先生、菿汉大师。

　　按余杭位于杭州西二十公里许，是富饶秀丽之地。天目山余脉和苕溪环绕点缀，有山水之胜。章家所居仓前镇，历史甚久，有水陆交通之便。章家位于仓前镇街市中段，是一座四进房屋的院落，坐北朝南。门前是大街，有过街雨篷，街对面就是余杭至杭州的运河。

1

章家是书香世家，太炎先生的曾祖父曾任海盐县学训导，并出巨资在余杭兴建苕南书院。太炎先生的祖父曾被选贡国子监生，他于汉学和历算学颇有修养，富于藏书，曾藏宋、元、明刊本五千卷之多。太炎先生的父亲也曾任县学训导，曾入杭州知府谭钟麟幕中，还担任过杭州诂经精舍监院，地位仅次于山长，结交多著名学者。

章家还以医学传家，太炎先生的祖父、父亲都擅医术，对太炎先生影响很大。

太炎先生有《先曾祖训导君先祖国子君先考知县君事略》，述先人事迹：

先曾祖讳均，字安溥，自署治斋，生清乾隆中，家素给，承累世业绪，废居田畜，赀产至百万，入县学为增广生，援例得训导，教于海盐儒学。当是时，海内殷赈，吾家处余杭东乡，民朴务本。先曾祖虽多资，治家俭素，教子弟通经，戒华衣酒食及诸嗜好，而身为德乡里，出万余缗起苕南书院。又置田千亩，为章氏义庄。右为家塾，教族人读书。时宗族三百余人，贫者多就家塾习业，卒皆成就，为一方冠冕，媍妇孤子有养焉。年六十四，清道光十二年卒。姓仲孺人，子男六人，先祖最少。

先祖讳鉴，自署晓湖，少从项先生梅侣习经算，稍长，入县学为附学生，援例得国子监生。丧亲时已三十矣，释服，与诸兄分处。然门户皆连构，无日不相过食饮也。性廉靖，不欲仕宦。自受学项先生，识诸耆旧，知百家学术。有奇羡辄以购书，蓄宋元明旧椠本至五千卷。日督子弟讲诵，自就春风草庐，讽咏其下。中岁好医术，自周秦及唐宋明清诸方书悉谙诵上口。以家富不受人饷糈，时时为贫者治疗，处方不过五六味，诸难病率旬日起。尝言药多则治不专，幸而中之，许胤宗所谓"落原野、张罝罗以待雉兔也"。晚遭兵乱，转徙苕霅间，日在水次，犹数为穷民下药，赖以全者千数。年六十二，清同治二年卒。姚黄孺人、孙孺人，子男四人，先考其伯也。

先考讳浚，字轮香，少慧辩，自十五已好学。家多藏书，得恣诵习。为文华妙清妍，尤善诗，以查慎行为法。年三十六，从先祖避兵。不持一钱，独取家谱藏之，时诸子独有兄筬方九岁，虽奔窜，不废督课。乱已定，家无余财，独田一顷在耳。素有风操，不肯游宦。用家贫游江南浙西诸县，尝客清杭州府知府谭钟麟所。钟麟迁河南按察使，直流寇起，从军佐幕府者皆有功。钟麟知先考才，欲与俱，以母老辞，故知府薛时雨教于敷文书院，见先考文辞，大爱之，欲令执挚，亦不往也。时东南民流转数岁，田芜，湘军退伍者率来开治，多占名焉，义庄田始千亩，乱定，占名财四百亩。先考以术鉤问，知首尾圻鄂，卒尽得诸隐没者。晚岁里居，伯兄筬已成学，则亲课仲兄箴及炳麟读书。点审文字，必躬亲之。始所治不过举业，先考时举藏书目录及平生师友学行以谂，诸子由是发愤为学。年六十六，清光绪十六年卒。姚陆孺人、朱孺人，子男四人。长殇。次筬嗣，清光绪戊子浙江乡试举人，嘉兴儒学训导。次箴，清光绪壬寅浙江乡试举人。次炳麟，民国东三省筹边使，授勋二位。

吾家当明之盛始迁余杭，族居东乡四五百祀，子姓朴谨，未尝有大过。先曾祖以下三世，尤以才行学谊称。先考尝以廪膳生援例得知县，治事过畴辈，而不乐仕。炳麟幼时闻先人余论，读书欲光复汉绩，先考亦不禁也。尝从容言："吾家入清已七八世，殁皆用深衣敛。吾虽得职事官，未尝诣吏部。吾即死，不敢违家教，无加清时章服。"炳麟闻之，尤感动。及免丧，清政衰矣。始从事光复，遭累绁，遇狙击，未尝敢挫。幸而有功，此皆先世遗教之所渐成也。兔定以来，执政者好妄举，靡岁不乱。炳麟以嫌疑寄帑海上，不得望先人丘墓，大惧旧德不宣，无以诏子孙为世法，故略次事状如此，未能尽什一云。民国八年二月。章炳麟记。

章太炎出生这一年，距鸦片战争不足三十年，距太平天国失败仅四年。此际，清朝社会、思想、文化各方面，都处剧烈变动中。学术领域发展变化也很明显。乾嘉考据学独盛的局面，已变为古文经学、今文经学并驾齐驱。新的学说新的主张，也正传入或兴起。

本年，俞樾 48 岁，赴杭州诂经精舍主讲。他的《古书疑义举例》本年撰成，《春在堂诗编》也付梓。

孙诒让 21 岁。

黄遵宪 21 岁，在《杂感》诗中主张："我手写我口，古岂能拘牵。即今流俗语，我若登简编，五千年后人，惊为古斓斑。"

严复 15 岁，在马江海军学堂学习声光化电之学和英文。

康有为 11 岁。

孙中山 3 岁。

蔡元培 2 岁。

同治八年己巳 （1869）　2 岁

　　本年，西北地区回民军声势仍然很大，左宗棠等清廷大臣全力进剿。西南地区苗族起义规模也很大。西方列强对中国的侵略，又有新的演化。英、美、法、俄、德等帝国主义订立了上海公共租界土地章程。

　　洋务运动有所发展，福州船厂所造新式轮船下水。福建机器局也在本年成立。

　　张应昌编成《国朝诗铎》（后改名《清诗铎》）刊行。此书是一部清诗选集，所收诗作，上起清初，下至同治年间。凡诗人九百一十家，诗作五千多首，并附有张应昌本人作品。

　　张应昌浙江归安人，任京官多年，阅历很广。他选诗注意晚近之世，注意无名作家，因而很能反映鸦片战争以来的清朝社会和各类文人的心态。

　　本年，著名词人许宗衡（海秋）去世。许宗衡著有《玉井山馆诗余》、《玉井山馆诗集》。谭献评其词为"近词一大宗"。

　　戴望撰成《颜氏学记》。戴望浙江德清人，与俞樾同乡，且有交往。戴望治经学，基本是今文学派。章太炎曾说"德清戴望，述《公羊》以赞《论语》，为有师法"。

同治九年庚午（1870） 3岁

本年，西北、西南战乱未定。夏季又发生天津教案。法国领事丰大业凶横暴虐，欺凌中国百姓，被愤怒的群众打死。因此惹起纠纷，法、英、美等七国军舰齐集天津示威。清廷派曾国藩查办，又派大臣赴法国解释。

本年，俞樾所著《春在堂词录》三卷编成。

黄遵宪23岁，在广州应乡试未中。自本年起，开始认真研究时务和外交，因天津教案事，大量阅读《万国公报》及江南制造局翻译刊行诸书。

王韬43岁。他在1867年随英国人理雅各到英国帮助翻译中国书籍，并周游欧洲诸国。本年由欧洲回到香港，著书立说，办报纸，鼓吹变法自强，很有影响。

近代词学家王鹏运本年中举人，开始显露头角。

李提摩太以英国基督教传教士身份来华，开始传教活动。他对中国的政治和文化发展非常关注，后来参与戊戌变法，创办山西大学，成为中国近代史上值得注意的人物。

同治十年辛未（1871） 4岁

本年，沙俄军队强占我新疆伊犁，企图吞并新疆。清军开进乌鲁木齐拒俄。

曾国藩、李鸿章奏请派学子出国学习制造及军政船政诸学，得旨依准。

俞樾编成《第一楼丛书》三十卷。

王韬撰成《普法战纪》。此书十四卷，记载普鲁士与法国交战始末。文笔真实，如法国著名的《马赛革命歌》即录于书中。书中流露着变法自强的精神，很受读者欢迎，流传很广。

宋诗派诗家、声韵学家莫友芝去世。莫友芝作诗好议论，又因为精于小学，遂常以考据为诗，诗味荡然。诗作能反映时代，多写太平天国事，但思想、立场影响所致，失去了客观精神。莫友芝声韵学著作为《声韵考略》。

学海堂学长谭莹去世。谭莹主持学海堂三十年之久，整理岭南文献成绩卓著。

这一时期，清廷对通俗文化的压制打击，趋于严厉。早在同治七年，就下令各地禁毁一大批小说戏曲。本年再一次发出禁令，不但查禁书籍，还要收毁书版。

同治十一年壬申 （1872）　　5岁

本年，《申报》创办于上海，创办者是英国人美查。《申报》的创办，是我国新闻史和近代文化史上的重要事件。

孙诒让初撰《古籀拾遗》。

俞樾撰成《闽行日记》。

曾国藩去世，得年62岁。曾国藩论学，主张会通汉宋。继承桐城派"义理、考据、词章"之说，并增"经济"一项，列于首位，形成桐城派的别派湘乡派，也可视为宋代理学在清代的变种。曾国藩文章学桐城义法，而能以所谓理学经济，发为文章，雅洁之外，别有宏阔气象。诗学杜甫、韩愈、黄庭坚，推崇宋诗，推进了宋诗运动的发展和"同光体"的形成。追随曾国藩的文人学者很多，著名者有张裕钊、薛福成、吴汝纶、黎庶昌等。对晚清学术思想和文学创作影响均很大。章太炎论著中，多次提及曾国藩，且评曰："曾国藩者，誉之则为圣相，谳之则为元凶。"足见曾氏文化影响颇为复杂。

同治十二年癸酉（1873）　　6岁

《自定年谱》：

　　始就傅。

　　本年，梁启超生。

　　王韬在香港创办《循环日报》，常以浅显的报章体文章，介绍西方思想文化。

　　刘熙载《艺概》刊行。此书包括《文概》《诗概》《赋概》《词曲概》《书概》《经义概》六部分。论述各种文体的艺术特点。

　　戴望去世，得年37岁。戴望浙江德清人，有《论语注》、《颜氏学记》、《管子校正》等。治学本常州今文经学，《论语注序》称："博稽众家，深善刘礼部（刘逢禄）《述何》及宋先生（宋翔凤）《发微》。"戴望尝从陈奂游，俞樾为其《管子校正》作序谓："子高陈硕甫高足，实事求是，深恶空腹高心之学。"可见俞樾微旨。

　　著名文人何绍基去世。何绍基主持苏州、扬州书局，校勘《十三经注疏》颇精。他本人又是宋诗派著名诗人，有《东洲草堂诗文集》五十卷。

　　散文大家吴敏树去世。吴敏树文章雅洁洗练，接近桐城派，且与梅曾亮交好，但不愿受人羁绊，始终自立独行，很有影响。

同治十三年甲戌（1874）　7 岁

本年，沙俄仍强占我伊犁地区，清廷命左宗棠筹备进军新疆。法国和日本军队在越南和台湾连续制造事端，进行侵略活动。

缪荃孙应四川学政张之洞之请，为成都尊经书院学生开列阅读书目，进而撰写《书目答问》一书。书目约两千多种，并附有《国朝著述诸家姓名略》。不但指示了学问门径流别，且显示了重视清代成果的眼光。此书刊行后，很受重视。范希曾又撰写《书目答问补正》，详加校注。

冯桂芬去世，得年 66 岁。冯桂芬是林则徐的学生，后来又深入研究西方资产阶级思想文化和政治制度，主张改良政治，学习西方列强富国强兵之术。他著有《校邠庐抗议》，评说国家大计，政治得失。文风犀利流畅，语言浅近自然，开启近代政论文章之先河。

冯桂芬明确反对桐城派古文义法，主张"称心而言，不必有义法"，也有很大影响。他也有很高小学修养，著有《说文段注考证》。

《国朝诗铎》（《清诗铎》）编者张应昌去世。

光绪元年乙亥（1875）　8岁

同治帝载淳去世。慈禧太后立醇亲王之子载湉继帝位，年号为光绪。仍由慈安、慈禧两太后垂帘听政。

清廷以左宗棠督办新疆军务，以李鸿章督办北洋海防，沈葆桢督办南洋海防。

本年，英国翻译马嘉理在云南境内被杀，引起交涉。英国阴谋乘此借口侵略。清廷派李鸿章赴云南查办马嘉理被杀情形，随即在天津与英国公使威妥玛谈判交涉此事。又派郭嵩焘为出使英国钦差大臣。这是中国首次正式派遣驻外使节。这些外交活动对中国一代知识分子影响很大，不但进一步睁开眼睛看世界，而且更主动地了解、掌握外国思想文化。

本年，黄遵宪28岁，客居天津、烟台等地，与丁日昌有往来。丁日昌当时协同李鸿章与威妥玛谈判。黄遵宪由此留心外交事务，喜谈时务和经世之学，且于次年充参赞参加中国驻日本使团。

严复23岁，赴英国留学。

易顺鼎、况周颐、郑叔问等人交往唱和颇多。他们都服膺常州词派的主张，且喜学宋诗。

光绪二年丙子（1876）　9 岁

《自定年谱》：

　　外王父海盐朱左卿先生讳有虔来课读经。时虽童稚，而授音必审，粗为讲解。课读四年，稍知经训。暇亦时以明清遗事及王而农、顾宁人著述大旨相晓，虽未读其书，闻之启发。

按海盐朱氏，书香世家，且多官宦。朱有虔的祖父朱兰馨是乾隆进士，官至吏部员外郎，有《松乔诗抄》。父亲朱锦琮，历任知县、知府，有《治经堂诗文集》、《治经堂外集》和《信疑随笔》。朱有虔诸兄皆入仕，本人是庠生，精于汉学，有《双桂轩集》、《读书随笔》。有这样一位外祖父课读，授音必审，使章太炎在文字音韵方面打下了坚实基础。

本年，康有为 19 岁，在九江礼山草堂从今文经学家朱次琦学习。

严复 24 岁，在英国格林尼次海军大学学习，同时研究西方哲学、政治学。

光绪三年丁丑（1877） 10岁

本年，左宗棠所部大军接连收复新疆各城。叛乱、分裂首领阿古柏服毒死，白彦虎逃出境外。帝国主义企图霸占新疆、扶植傀儡政权的阴谋破产。

俞樾撰成《曲园杂纂》五十卷。

孙诒让开始撰写《墨子间诂》。

黄遵宪随中国首任驻日本大使何如璋到日本，任参赞之职。他广泛结交日本各界人士，特别是文化界人士，潜心研究日本国情，特别是明治维新历史，为后来撰写《日本国志》作了准备。

诗僧敬安在阿育王寺燃二指供佛，此后以"八指头陀"为号。敬安本年27岁，有诗说"了知身是水中泡"。此举既反映晚清佛学的重振，也反映一批诗僧、文士的生活态度、审美态度。

护花主人王希廉（雪香）评点120回《红楼梦》，由翰苑楼刊行。

梁启超始发蒙。

王国维生。

光绪四年戊寅（1878）　11岁

　　黄遵宪在日本读卢梭、孟德斯鸠著作。黄向日人石川英推荐《红楼梦》，称为"乃开天辟地，从古到今第一部好小说，当与日月争光，万古不磨者"，"论其文章，宜与左、国、史、汉并妙"。（《黄遵宪与日本友人笔谈遗稿》）文学思想之大胆新颖，为当时文人所罕见。

　　常州词派著名词人庄棫去世。庄棫字中白，作词兼有南北之长。他又是一个学者，曾在淮南、江宁书局校书多年，博通经史。这使他的词作独具风采。有人对他评价很高，陈廷焯说庄氏词作"穷源竟委，根柢槃深，而世人知之者少。余观其词，匪独一代之冠，实能超越三唐两宋，与风骚汉乐府相表里，自有词人以来，罕见其匹"。其词集名《蒿庵遗稿》。

　　文康所著《儿女英雄传》41回，由北京聚珍堂以活字本行世。此书是所谓"反《红楼梦》"之作。此书的出现，正反映《红楼梦》影响已遍及社会。

光绪五年己卯（1879）　12 岁

　　俞樾撰成《俞楼杂纂》五十卷。

　　王先谦撰成乾隆朝《东华录》一百二十卷。

　　陈澧自订《读书记》十五卷付刊。

　　黄遵宪《日本杂事诗》以同文馆聚珍版印行。明年，王韬又以活字版重印于香港。

　　孙中山由澳门赴檀香山就学。

　　严复由英国回国。

　　按，太炎晚年曾述及外祖父授学情形，据其内容系于本年："余十一、二岁时，外祖朱左卿（名有虔，海盐人）授余读经，偶读蒋氏《东华录》曾静案，外祖谓：'夷夏之防，同于君臣之义。'余问：'前人有谈此语否？'外祖曰：'王船山、顾亭林已言之，尤以王氏之言为甚。谓历代亡国，无足轻重，惟南宋之亡，则衣冠文物，亦与之俱亡。'余曰：'明亡于清，反不如亡于李闯。'外祖曰："今不必作此论，若果李闯得明天下，闯虽不善，其子孙未必皆不善，惟今不必作此论耳。'余之革命思想伏根于此。依外祖之言观之，可见种族革命思想原在汉人心中，惟隐而不显耳。"（朱希祖《本师章太炎先生口授少年事迹笔记》）

　　又汪东《余杭章先生墓志铭》也载此事。可见以夷夏之辨为《春秋》大义思想，始自章先生少年。

光绪六年庚辰（1880） 13岁

《自定年谱》：

> 外王父归海盐，先君躬自督教。架阁有蒋之〔良〕骐《东华录》，尝窃窥之，见戴名世、吕留良、曾静事，甚不平，因念《春秋》贱夷狄之旨，先君不知也。家故藏书，遭乱散尽，先君时举目录示之。稍课律诗及科举文字，余慕为古文辞，见天启、崇祯人制义，稍可之，犹以为易。先君诲之曰："尔文思倜傥，学古非难也；以入制义，则非童子所应为。"由是稍就绳墨，然终不喜。

俞樾撰《茶香室经说》十六卷。

黎庶昌在日本搜访国内久已绝迹的古代逸书，编成《古逸丛书》二十六种刊行。

郑观应所著《易言》三十六篇刊行。此书即著名的《盛世危言》之前身。书中表现了比较系统的资产阶级改良思想。此书的文风是通俗流畅的报章体风格，使人耳目一新。

王韬在香港居住，所著《扶桑游记》一书，是我国文人认真观察日本的早期作品之一。

光绪七年辛巳（1881）　14 岁

本年，上海同文石印书局创立，木版印刷逐渐被取代。

陈澧自定《读书记·西汉》一卷。

刘熙载去世，得年 69 岁。熙载道光进士，官至广东提学使，曾主讲湖北江汉书院，晚年主讲上海龙门书院。治学会通汉宋，精于声韵学，有《四音定切》、《说文双声叠韵》等。在他《古桐书屋六种》中，《艺概》颇有声誉。

朱次琦去世，得年 75 岁。朱是著名今文经学家，讲学礼山草堂三十年，有《礼山讲义》传世。著有《国朝学案》，又有《蒙古见闻》、《晋乘》等。对康有为影响很大。

缪荃孙开始编辑《续碑传集》。

陈衍开始编辑《元诗纪事》。他对辽金元诗的整理、研究、重新编辑，一直持续到 1936 年去世。取得不少成果。

黄遵宪为日本友人安井息轩《读书余适》作序，肯定杂文"发抒事理，订证古今"的价值。又为浅田栗园所撰《牛渚漫录》作序。与日本文人交往频繁。

光绪八年壬午（1882）　15 岁

　　王先谦《续古文辞类纂》二十八卷在湖南刊行。

　　陈澧去世，得年 73 岁。陈澧为广州学海堂学长数十年，晚年为菊坡精舍山长。其学术思想堪称由乾嘉学风向晚清学风转变的过渡人物。谈考据兼谈义理，治学范围极广。著述甚多，有《声律通考》、《切韵考》、《汉书地理志水道图说》、《汉儒通义》、《读书记》、《说文声表》、《水经注提纲》、《弧三角平视法》等，并善诗词。影响很大。

　　俞樾主持诂经精舍，声誉传播南北。本年有日本诗人寄来一百七十多家日本诗人的作品，请为裁选。

　　黄遵宪奉命由日本调任驻美国旧金山总领事，日本诗人十余人为他设宴饯行，赋诗赠别。黄遵宪到美国后，在排斥华工事件中据理力争，并写下《逐客篇》等著名诗作。

光绪九年癸未（1883）　16岁

《自定年谱》：

　　　　先君命赴县应童子试，以患眩厥不竟，先君亦命辍制义，
颇涉猎史传，浏览《老》、《庄》矣。

　　按，《制言》（太炎先生纪念专号）诸祖耿《记本师章公自述
治学之功夫及志向》文中记录："余家无多藏书，年十四、五，循
俗为场屋之文，非所好也。喜为高论，谓《史》、《汉》易及，揣
摩入八比，终不似。年十六，当应县试，病未往，任意浏览
《史》、《汉》。既卒业，知不明训诂，不能治《史》、《汉》，乃取
《说文解字段注》读之。适《尔雅》郝氏《义疏》初刊成，求得之。
二书既遍，已十八岁。"则自本年始，因读史籍诸子所需，研读小
学著作。

　　本年冬，中法战争爆发。
　　俞樾编成《诂经精舍文集》五集。

光绪十年甲申（1884）　17岁

《自定年谱》：

> 初读四史、《文选》、《说文解字》。自是废制义不为。

章太炎于戊戌年正月有《上李鸿章书》述及少年时事："年十七，浏览周秦汉氏之书，于深山乔木间，冥志覃思，然后学有途径，一以荀子、太史公、刘子政为权度。持此三子以观古今中外之册籍，有旁皇周浃者曰知之矣，涉是曰近之矣。吐言相戾，陈义不相应，则以为未知楚夏，不在六艺之科。会天下多故，四裔之侵，慨然念生民之凋瘵，而思以古之道术振之。盖自三子以后，得四人焉：曰盖次公、诸葛孔明、羊叔子、黄太冲。之四人者，事业不同，名声异号，然大要知君民之分际，与亲仁善邻之所以长久，而不肯以残夷割剥，陵轹元元者，则数逾千祀，风期一也。"

本年中法战争中，中国在福建、台湾方面损失惨重。
王先谦《续东华录》四百一十九卷成。
康有为酝酿著《人类公理》。
王韬担任上海《申报》编纂主任。
谭嗣同（20岁）刻苦力学，并各地漫游。
刘师培生。

光绪十一年乙酉（1885）　18 岁

《自定年谱》：

　　初读唐人《九经义疏》。时闻说经门径于伯兄籛，乃求顾氏《音学五书》、王氏《经义述闻》、郝氏《尔雅义疏》读之，即有悟。自是壹意治经，文必法古。眩厥未愈，而读书精勤，晨夕无间。逾年又得《学海堂经解》，以两岁细览卒业。

　　按，章太炎长兄章籛，初名炳森，年长太炎十六岁。太炎出生时，他补县学生员。他于光绪十四年乡试中举，后任县学教谕、府学训导等。章太炎有《伯兄教谕君事略》，称其明练经史大体，通算学。"吾家三世皆知医，至君尤精"。他对章太炎治经学、小学，有一定影响。《事略》如下：

伯兄教谕君事略

　　君讳籛，初名炳森，字椿伯，先考轮香府君之元子也。年十岁，始诵《论语》，遭太平军下浙江，尽室窜徙，三年乃得返。家贫，或劝为贾，先考难之。君亦不肯废书，习五经三年，皆上口。年十六，补余杭县学生，为知府茶陵谭君所知，文行渐著。年二十八，以廪膳生试优行高第，不得贡。凡八赴浙江乡试，始中式。时年三十七矣。三赴会试，皆不第。初以劳绩叙训导，既中式，改教谕，历署建德、浦江县学事。年四十七，选嘉兴府学训导，就管嘉兴中学校，当事甚重之。秩满，以贤能荐，当送部。君淡于荣利，又承祖训，州县吏多堕廉节，戒勿轻就，遂不赴。选充余杭教育会会长；兼主南湖局事。未几，选充浙江咨议局议员。清宣统三年，浙江光复，被推临时省议会议员，以病未就。民国元年，充余杭县议会议员。三年，县会解散。是时，君年六十三，老，不欲与世事，杜门十余岁。年七十六，卒于家。时民国十七年一月也。

君自少至长老，不好弄，性俭，虽弊帖残纸未尝弃。与人和，对仆隶未尝大声色。晚病瘗，杖而后行。然遇人迎送必如礼，及接大吏，亦如平人交。治事周慎，自仕宦至充代议士，事有不悉，不强言，然于乡邑利病持之至坚。尤习水利，其主南湖局也，谓将军塘衰坝为下游障遏，亟修之。某公司数欲于运河南渠间行轮船，君以南渠狭，两岸脆薄，轮船激水漱之，必坏岸，集耆老力拒之。某公司百计关说不遂，则请出千金为质，备他日工振。耆老颇为动，君独不许，曰："破数千家田宅，千金足偿邪？且金有尽，而激水漱岸无已时，虽巨亿不足以备不虞也。"卒请于官，刻石永禁焉。初，议塞九连池以固溪堤，会去不就。常自恨。民国初，君已家居，犹上巡按使书，请永禁侵垦南湖。且言修堤备水为治末，浚溪溶湖为治本，具论其法。虽不行，然自是侵垦者益稀。

充县教育会会长时，会员多树党相竞，君化以恬静，竞者自止。每乡人族党有大议，君至，为委曲陈说，归之正义。虽贪戾者皆厌服，时人以为难。少遭兵失学，兵事止，讽诵甚苦。弱冠从钱塘张蘩父先生游，始知六书。年二十五，交仁和吴承志祈父，乃识儒先治经条例。以贫，数橐笔从长吏游，自恨不得一意为学，然经史大体率皆明练。素不习算，年五十余，治勾股三角法，皆通。吾家三世皆知医，至君尤精。其所师，钱塘仲昴庭先生也。家居及宦游所至，有窭人子求治疾者，必应之，所全活甚众。然未尝以技自暴，惧为显要役也。

雅性方直。顾不甚窥宋明儒书。晚乃好王文成一家言，兼览释典，得其会通云。配孟氏，侧室李氏，皆不育。以弟箴之子恒年为嗣。炳麟少时尝问君行己之道，君曰：“圣贤难几也，士君子不敢不勉也。”识君之行六十年矣，接人恭敬而容不儳，处事中正而辞不厉，终身蠢没而神不纷，虽古之笃行者无以加也。又其德施乡邑，于世宜有称，而君素不自矜伐，海内知君者犹寡，惧潜德隐曜，没而不章，故书其事略，存之家系，以为子孙法。

本年，有损我主权和国威的《中法条约》签订。

康有为（28 岁）着手撰著《人类公理》。

黄遵宪由美国回国。

梁启超 13 岁，前一年已补博士弟子员，本年始治训诂之学。《三十自述》云：“十三岁始知有段、王训诂之学，大好之，渐有弃帖括之志。”

邹容生。

张文虎去世，得年 78 岁。张精于校勘之学，校守山阁丛书三十年，主金陵书局校席十数年。校雠诸书，考据家称为善本。所著书有《史记札记》、《古今乐律考》、《舒艺室全集》等。

光绪十二年丙戌（1886）　19 岁

　　本年，《中英缅甸条约》签订。

　　黄遵宪辞谢外交职务任命，在家乡潜心编著《日本国志》。

　　廖平 35 岁，撰成《古今学考》。廖平四川井研人，学术思想新奇多变，对今文经学派特别是康有为影响很大。

　　同光体诗派逐渐形成，其名称始自本年，主要作家有陈衍、郑孝胥、沈曾植、陈三立等。

　　王闿运等在长沙创立碧湖诗社，被看作汉魏六朝诗派。在宋诗运动不断发展，同光体声势正盛的情况下，汉魏六朝诗派的出现，使晚清诗坛更显得纷繁热闹。

　　易顺鼎、郑叔问等人创立诗社，名吴社。

　　王鹏运等词人编辑合集《薇省同声集》。

光绪十三年丁亥（1887） 20岁

《本师章太炎先生口授少年事迹笔记》载："十九、二十岁时，得明季稗史十七种，排满思想始盛。"

黄遵宪《日本国志》成书，凡四十卷，五十余万言。分十二志，为国统、邻交、天文、地理、职官、食货、兵、刑法、学术、礼俗、物产、工艺。卷首有中东年表。

黄遵宪所撰序言和十条凡例，表明了著书宗旨和史学思想，着眼于经世致用，务期有用，故详今略古，详大略小。兹引一条凡例，以见一斑：

"检昨日之历，以用之今日则妄；执古方以药今病则谬，故杰俊贵识时。不出户庭而论天下事则浮；坐云雾而观人之国则暗，故兵家贵知彼。日本变法以来，革故鼎新，旧日政令百不存一，今所录皆详今略古，详近略远，凡牵涉西法，尤加详备，期适用也。若夫大八州之事，三千年之统，欲博其事，详其人，则有日本诸史在。"

又，此书《学术志》提出："盖语言与文字离，则通文者少；语言与文字合，则通文者多。"主张使用晓畅通俗的文字。

梁启超肄业于广州学海堂。《三十自述》云："时肄业于省会之学海堂。堂为嘉庆间前总督阮元所立，以训诂词章课粤人者也。至是乃决舍帖括以从事于此，不知天地间于训诂词章之外，更有所谓学也。"

25

光绪十四年戊子（1888） 21岁

《自定年谱》：

> 是时细读经训，旁理诸子史传，始有著述之志。

本年，康有为入京，上书皇帝请求变法，提出"变成法，通下情，慎左右"三事。这次上书未能成功。

孙诒让改《商周金识拾遗》为《古籀拾遗》，重校付刊。

廖平著《知圣》《辟刘》两篇，表明了鲜明的今文经学观点，通常被看作是康有为《新学伪经考》的学说来源。

王先谦《皇清经解续编》刊成。

黄遵宪携《日本国志》入京，未受重视。

梁启超16岁。《任公先生大事记》云："先生十五六岁时为学海堂专课生，有《汉学商兑跋》，凡万余言，其文今不存矣。"

光绪十五年己丑 （1889）　　22 岁

二月，慈禧太后归政，光绪帝始亲政。

康有为返回广东。

俞樾将侠义小说《三侠五义》（石玉昆述，120 回，光绪五年北京聚珍堂活字本最初行世，其后版本颇多）改编为《七侠五义》。并作序称赞此书艺术成就："见其事迹新奇，笔意酣恣，描写既细入毫芒，点染又曲中筋节。正如柳麻子说《武松打店》，初到店内无人，蓦地一吼，店中空缸空甓皆瓮瓮有声，闲中著色，精神百倍。如此笔墨，方许作平话小说，如此平话小说，方算得天地间另是一种笔墨。"

廖平在苏州访俞樾。俞樾称赞《古今学考》，而听廖平说已经改变学说，由中分二派变为尊今抑古之后，俞就表示不以为然。

廖平至广州，与康有为会晤。

光绪十六年庚寅（1890） 23岁

《自定年谱》：

> 正月，先君殁，遗命以深衣敛。既卒哭，肄业诂经精舍。时德清俞荫甫先生主教，因得从学。并就仁和高宰平先生问经，谭仲修先生问文辞法度。同学相知者，杨誉龙云成最深。是岁求《通典》读之，后循诵凡七八过。

按，俞樾在清代学术史上有重要地位，在晚清学术界更是一位代表人物。他对章太炎影响极深。章太炎有《俞先生传》，既可了解俞樾学术特征，也可了解他对章太炎的具体影响，了解章太炎对老师学术的继承、舍弃和发扬情形：

> 俞先生，讳樾，字荫甫，浙江德清人也。清道光三十年，成进士，改庶吉士。既授编修，提督河南学政，革职。既免官，年三十八，始读高邮王氏书。自是说经依王氏律令。五岁，成《群经平议》，以剟《述闻》，又规《杂志》作《诸子平议》，最后作《古书疑义举例》。治群经，不如《述闻》谛，诸子乃与《杂志》抗衡。及为《古书疑义举例》，轹察觚理，疏纷比昔，牙角绵见，绌为科条，五寸之矩，极巧以刊，尽天下之方，视《经传释词》益恢廓矣！先是浙江治朴学者，本之金鹗、沈涛，其他多凌杂汉、宋。邵懿辰起，益夸严。先生教于诂经精舍，学者向方，始屯固不陵节。同县戴望，以丈人事先生，尝受学长洲陈奂，后依宋翔凤，引

《公羊》致之《论语》。先生亦次何邵公《论语义》一卷。始先生废，初见翔凤，翔凤言《说文》"始一终亥"即《归藏经》，先生不省。然治《春秋》颇右公羊氏，盖得之翔凤云。为学无常师，左右采获，深疾守家法违实录者。说经好改字，末年自敕为《经说》十六卷，多与前异。

治小学不撼商周彝器，曰："欧阳修作《集古录》，金石始萌芽，榷略可采。其后多巫史诳豫为之，韩非所谓番吾之迹，华山之棋，可以辨形体，识通假者，至秦汉碑铭则止。

既博览典籍，下至稗官歌谣，以笔札汎爱人，其文辞瑕适并见，杂流亦时时至门下，此其所短也。

（以上节录自《章太炎全集·俞先生传》）

高学治，字宰平，仁和人，曾刻苦治朴学，读书既广，"深居治三礼及四家诗，旁罗金石，亦好宋明儒书"。原以校雠、训诂与劳权、戴望友善，"及望治《公羊春秋》，与先生异术，劳权亦死，先生始不说经。炳麟见先生，先生年七十五六矣，犹日读书，朝必写百名，昼虽倦不卧也。问经事，辄随口应，且令读陈乔枞书。炳麟曰：'若不逮陈奂矣。'先生曰：'长洲陈君过拘牵，不得骋。'"

高宰平论学，主张严谨，"炳麟由是说经益谨。先生语炳麟：惠戴以降，朴学之士，炳炳有行列矣，然行义无卓绝可称者，方以程朱，俔也。视两汉诸经师，坚苦忍形，遁世而不闷者，终莫能逮。夫处陵夷之世，刻志典籍，而操行不衰，常为法式，斯所谓易直弸中，君子也。小子志之！炳麟拜受教。"

（以上节录自《章太炎全集·高先生传》）

谭献，字仲修，号复堂，仁和人，曾被张之洞延请主讲经心书院。谭氏治经喜谈微言大义，论治乱得失，倾向今文经学派。他以词名家，喜谈词学，可以算做常州词派后劲，有《复堂词录》十卷，并选过《箧中词》。他也好文章，喜六朝文风，有《复堂文集》。《清史稿·文苑传》谓之曰："治经必求两汉诸儒微言大义；不屑屑章句，读书日有课程。凡所论著，隐括于所为日记。文导源汉魏，诗优柔善入，恻然动人，又工词。"

章太炎《自述学术次第》论文学辞章云："余少已好文辞，本治小学，故慕退之造词之则，为文奥衍不驯，非为慕古，亦欲使雅言故训，复用于常文耳。犹凌次仲之填词，志在协和声律，非求燕语之工也。时乡先生有谭君者，颇从问业。谭君为文，宗法容甫、申耆，虽体势有殊，论则大同矣。"

（《制言》章太炎先生纪念专号）

以上三师之外，黄以周对章太炎早期治学，也有一些影响。章太炎《黄先生传》说："余少时从本师德清俞君游，亦数谒先生。先师任自然，而先生严，重经术，亦各从其性也。"黄以周浙江定海人，曾任学官，颇久。"为学不拘牵汉宋门户，《诗》《书》《春秋》皆条贯大义。说《易》，综举辞变象占，不偏主郑、王，尤邃三《礼》。""先生为《礼书通故》百卷，列五十目，囊括大典，揉比众甫，本支赅备，无庬不班，盖与杜氏《通典》比隆，其校核异义过之。诸先儒不决之义，尽明之矣。"

本年，俞樾《右仙馆笔记》十六卷成。

郭嵩焘《礼记质疑》付刊，《大学章句质疑》、《中庸章句质疑》撰成。

康有为第一次上书失败后，回到广州讲学。本年致陈千秋、梁启超、徐勤于门下，均凭借全新的学说打动这些青年学子。《康南海自编年谱》云："三月，陈千秋来见。六月，来及吾门。八月，梁启超来学。陈通甫（按即陈千秋）又字礼吉，时读书甚多，能考据，以客礼来见。凡三与论诗礼，泛及诸经。吾乃告之以孔子改制之意，仁道合群之原，破弃考据旧学之无用。礼吉恍然悟，首来受学。"

梁启超《三十自述》则曰："其年秋，始交陈通甫，通甫时亦肄业学海堂，以高才生闻。既而通甫相语曰：吾闻南海康先生上书请变法，不达，新从京师归，吾往谒焉。其学乃为吾与子所未梦及，吾与子今得师矣。于是乃因通甫修弟子礼，事南海先生。时余以少年科第，且于时流所推重之训诂词章学，颇有所知，辄沾沾自喜。先生乃以大海潮音，作狮子吼，取其所挟持之数百年无用旧学更端驳诘，悉举而摧陷廓清之。自辰入见，及戌始退，冷水浇背，当头一棒，一旦尽失其故垒，惘惘然不知所从事。且惊且喜，且怨且艾，且疑且惧，与通甫联床，竟夕不能寐。明日再谒，请为学方针。先生乃教以陆、王心学，而并及史学西学之梗概。自是决然舍去旧学，自退出学海堂，而间日请业南海之门，生平知有学自兹始。"

王先谦主讲于思贤讲舍。

光绪十七年辛卯（1891）　24 岁

《自定年谱》光绪二十二年，二十九岁条云：

> 余始治经，独求通训故，知典礼而已；及从俞先生游，转益精审，然终未窥大体。二十四岁，始分别古今文师说。

按，自本年起，章太炎开始撰写《膏兰室札记》。《制言》第25 期《太炎先生著述目录初稿卷下》（署潘承弼、沈延国、朱学浩、徐复）未刊之部有《膏兰室札记》四卷。小注云："谨按此稿系辛卯壬辰（光绪十七、十八年）左右所著。于《荀子》《管子》《韩非》《吕览》《淮南》等书，逐条考证。"

今《章太炎全集》第一卷，沈延国《膏兰室札记校点后记》说，这四卷札记，抗日战争初期散失一卷。现第一卷由同门潘景郑收藏，第二、三卷藏于章氏故居。"今兹校点，第一卷据潘君所藏稿本整理。第一卷首，有'札记'题端，右有'时辛卯仲春梅叔署于膏兰室'一行。"（据 1980 年 4 月潘景郑来书）

这部《札记》的情况，述于下年。

此外，章太炎重要著作《春秋左传读》，《自定年谱》系于光绪二十二年，是指成书时间，撰述则始于本年。《膏兰室札记》中两次引述《春秋左传读》，可以为证。

本年，康有为开始在广州长兴里万木草堂讲学，并刻成《新学伪经考》。具体情形，梁启超《三十自述》说："辛卯余年十九，南海先生始讲学广东省城长兴里之万木草堂，徇通甫与余之请也。先生为讲中国数千年来学术源流，历史政治沿革得失，取万国以比例推断之。余与诸同学日札记其讲义，一生学问之得力，皆在此年。先生又常为语佛学之精奥博大，余凤根浅薄，不能多所受。先生时方著《公理通》《大同学》等书，每与通甫商榷，辨析入微，余辄侍末席，有听受，无问难，盖知其美而不能通其故也。先生著《新学伪经考》，从事校勘。著《孔子改制考》，从事分纂。日课则宋元明儒学案、二十四史、《文献通考》等。"

《清代学术概论》说："有为不轻以所学授人。草堂常课，除《公羊传》外，则点读《资治通鉴》《宋元学案》《诸子语类》等。又时时习古礼，千秋、启超弗嗜也，则相与治周秦诸子及佛典，亦涉猎清儒经注及译本西籍，皆就有为决疑滞。居一年乃闻所谓大同义者，喜欲狂，锐意谋宣传。"

王先谦《荀子集解》刊成。按王氏著述颇多，论清代学术者对他评价却不甚高。《清代朴学大师列传》说他"多荟集群言，自为发明者少。独《荀子集解》二十卷，用高邮王氏《读书杂志》例，取诸家校本，参稽考订，补正杨注凡数百事，可谓兰陵功臣"。

《清代朴学大师列传》曾经章太炎校订。支伟成且述章氏意见，将王先谦列入《提倡朴学显达列传》。藉此可知章的取舍尺度。

黄遵宪 在伦敦使馆任参赞，作《人境庐诗草序》，其中说："诗之外有事，诗之中有人，今之世异于古，今之人亦何必与古人同？尝于胸中设一诗境：一曰复古人比兴之体；一曰以单行之神运俳偶之体；一曰取离骚、乐府之神理而不袭其貌；一曰用古文家伸缩离合之法以入诗。"

郭嵩焘去世。

光绪十八年壬辰（1892）　25 岁

　　《膏兰室札记》作于辛卯、壬辰至癸巳。章氏去世后，编辑《太炎先生著作目录初稿》时，沈延国曾加小注。今《全集》收入《札记》，编在卷一，由沈君校点，可谓得其始终。沈君有详细的《校点后记》：

　　　　《札记》卷一，著有二百三十一条；卷二，有一百五十五条；卷三，有八十八条，都四百七十四条，皆考释驳论之作。考释载籍，有《尔雅》、《说文解字》、《广韵》、《训纂》、《易》、《易辨终备》、《论语》、《管子》、《墨子》、《荀子》、《庄子》、《晏子春秋》、《尸子》、《列子》、《文子》、《商君书》、《吕氏春秋》、《淮南子》、《扬子法言》、《盐铁论》、《申鉴》、《白虎通义》、《论衡》、《书》、《尚书中候》、《尚书大传》、《仪礼》、《周礼》、《大戴礼记》、《礼记》、《礼斗威仪》、《国语》、《公羊传》、《谷梁传》、《山海经》、《穆天子传》、《吴越春秋》、《新序》、《说苑》、《史记》、《汉书》、《后汉书》、《晋书》、《隋书》、《宋书》、《史通》、《诗》、《楚辞》、《文心雕龙》等书，皆逐条考释文句。间有驳论，如卷一第二百十九条《论臧拜经言韵之谬》、卷二第二百四十一条《驳宋枏园〈释服〉》、第二百七十条《驳〈书古微〉》、第三百五条《〈广韵〉分合失当》、第三百六十八条《论近世古文家不识字》、卷三第四百五十二条《论〈蒙雅〉之荒陋》、四百五十三条《玉函山房所辑佚书时有谬误》等，皆有卓见。要以考释文字为主，凡证一义，必昭晰音义，稽其事实，下以己意，发正冰释。若考证《墨子》，都三十九条。孙诒让《墨子间诂》，成于1893年（光绪十九年），增定于1907年（光绪三十三年），是时《札记》先成，可补孙书之不足，惜未之见也。《札记》考证精详，可与《读书杂志》、《诸子平议》、《札迻》相抗衡，自谓尚多凌杂，宜加删夷。卷一手稿亡佚，靡得而窥。卷二卷三手稿，蝇头小楷，乙涂满书，兼施朱墨，读书精勤，晨夕无间，跃于纸上。

《札记》手稿删除二十条，章太炎并批注原因。凡发现他人已有同说，或自觉不若他人精当者即删去。沈延国《校点后记》说：

今悉删除，意犹未尽，其谨严若斯。又《札记》力持求实，先生于《易纬》，尤痛斥之（见先君朏民先生《凤凰山馆论学》，《制言》第25期）。而《札记》有考释《易辨终备》两条（第二百七十一及二百七十二条），《尚书中候》一条（第二百九十八条），《礼斗威仪》一条（第四百六十四条），先生以为纬书沈存古义也。卷三《张燧〈千百年眼〉论古人文辞》（第四百三十六条），论明张燧《千百年眼》十二卷，证驳疏缪，尤信伪书，是明世积弊；而时有卓越过人者，举其论古人文辞。此皆诗论分明，是则是，非则非，治学严谨，于兹可见。

按，《札记》不但考释范围极广，且已涉及西学。卷三释《淮南子》、《管子》及《历物疏证》诸条多见。论及光学、化学、天文地理颇多。东半球、西半球理论运用自如。引证西方学者和书籍有李提摩太、韦廉臣《格物探源》、雷侠儿《地学浅释》、赫士译《天文揭要》等。

《札记》问世，迟至《全集》出版。而其中部分条目，曾经润色扩充，收入其他著作。如《诂经精舍课艺》七集、八集，《管子余义》、《庄子解故》、《广论语骈枝》等。

本年，孙诒让《尚书骈枝》成。

王先谦《水经注合笺》四十卷成。

常州派词论家陈廷焯去世。廷焯有《白雨斋词话》、《白雨斋词存》，论词颇推崇谭献。

光绪十九年癸巳（1893）　26岁

　　自光绪十六年至本年，章太炎在诂经精舍所作"课艺"，有十七篇收入《诂经精舍课艺》七集。

　　诂经精舍课艺的特点如俞樾所说："其以场屋应举诗文课士者，则有敷文、崇文、紫阳三书院在。至诂经精舍，则专课经义。即旁及词赋，亦多收古体，不涉时趋。"（《诂经精舍》五集序）在《课艺》七集中，共选收六十五人二百零七篇诗文，人均选三篇多。章太炎选文十七篇，比例较大。而且所选集中于"三礼"和《左传》（占三分之二）。其余为论《易》、《书》、《诗》等。

　　《课艺》七集刊于光绪二十一年夏。这十七篇课艺是章太炎发表最早的著述文字。依次为：《壮于頄解》、《祖乙圮于耿解》、《无酒酤我解》、《春秋祭醋解》、《高声昆解》、《弓矢舞解》、《比年小聘三年大聘五年一朝解》、《躐席解》、《梁曰芎其解》、《八十曰耋九十曰耄解》、《毋出门解》、《昭十年不书冬说》、《赵孟为客解》、《鲁于是始尚羔解》、《荆尸解》、《虞幕考》、《九貉解》。

　　孙诒让《墨子间诂》十五卷成，又有附录一卷（含《墨子篇目考》、《墨子佚文》、《墨子旧叙》），《墨子后语》二卷（含《墨子传略》、《墨子年表》、《墨子传授考》、《墨子绪闻》、《墨学通论》、《墨家诸子钩沉》）。

　　这部《间诂》堪称清代朴学最重要成就之一。《墨子》自汉代以来就不受重视，传本脱误，或古字古言不可解者甚多。乾隆时毕秋帆等人整理此书，有一定成就。孙诒让后来居上，由形声通假字入手，深究本文。又依赖前人成果，广为搜访，才有集大成的收获，给传统方法的诸子学研究一个辉煌的结束。

本年，孙诒让又有《札迻》十二卷成。

康有为讲学收效甚著。《康南海自编年谱》说："学者来日众，于时曹泰精思妙悟，徐勤坚苦强毅，以进于成。是岁以梁卓如与陈礼吉充学长焉。旦昼讲学，夕则编书，诸子亦编书焉。"

梁启超于冬季到东莞讲学，讲《公羊》学，阐发大同义理。

郑观应完成《盛世危言》。

光绪二十年甲午（1894）　27岁

《自定年谱》：

　　始与钱塘夏曾佑穗卿交。穗卿慧辩，一时鲜匹，亦多矫怪之论。

按夏曾佑字穗卿，又字别士，治学喜谈今文经，张《公羊》《齐诗》，与章太炎相左。夏曾佑好学佛，崇法相宗，治《成唯识论》，并劝章太炎购览佛典。

甲午战争爆发。

孙中山在檀香山创立兴中会。

康有为《新学伪经考》受余晋珊、安维峻参劾。两广总督谕令自行焚毁。康有为讲学桂林。

梁启超在北京"治算学、地理、历史等"（《三十自述》）。

谭嗣同作《三十自纪》。谭氏思想勇猛深刻，晚清思想界，鲜有能匹敌者。惜数年后即殉国。此《纪》表述其文学思想的变化颇清晰："嗣同少颇为桐城所震，刻意规之数年，久自以为似矣；出示人，亦以为似。读书偶多，广识当世淹通姤壹之士，稍稍自惭，即又无以自达。或授以魏晋间文，乃大喜，时时籀绎，益笃耆之。由是上溯秦汉，下循六朝，始悟心好沈博绝丽之文，子云所以独辽辽焉。旧所为，遗弃殆尽。续有论著及弃不尽者，部居无所，仍命为集。亦以识不学之陋，后便不复称集。昔侯方域少喜骈文，壮而悔之，以名其堂。嗣同亦既壮，所悔乃在此不在彼。窃意侯氏之骈文特伪体，非然，正尔不容悔也。所谓骈文，非四六排偶之谓，体例气息之谓也，则存乎深观者。既悔其所为，又悔其成集。子云抑有言，雕虫篆刻，壮夫不为。处中外虎争文无所用之日，丁盛衰互纽瞀力方刚之年，行并其所悔者悔矣，由是自名壮飞。"

梁启超、夏曾佑在京，居所相距不远，时常聚会论学。"曾佑方治龚、刘今文学，每发一义，辄相视莫逆。"（梁启超《清代学术概论》）

薛福成去世。福成与张裕钊、吴汝纶、黎庶昌并称"曾门四子"，是湘乡派重要人物，有《庸庵全集》，影响较大。

陈千秋去世。陈为康门重要弟子，去世时仅 26 岁。

李慈铭去世，他的《越缦堂日记》实为读书札记，涉猎经史百家。

光绪二十一年乙未（1895）　28岁

高学治宰平去世，章太炎作《高先生传》。后收入《太炎文录》。《传》文节录于前"23岁"条。高宰平早年与章浚在诂经精舍共事，治经则本古文学派。他对章太炎很关心，师生情谊较深。

甲午战争失败，康有为联合各省在京应试举人一千三百人"公车上书"，求拒和。

康有为在北京、上海等地建强学会，创《强学报》、《中外纪闻》。至年底，强学会遭封禁。

章太炎寄会费加入上海强学会。

谭嗣同至北京，与梁启超等交接。梁启超《清代学术概论》说："嗣同方治王夫之之学，喜谈名理，谈经济，及交启超，亦盛言大同，运动尤烈（详次节）。而启超之学，受夏（曾佑）、谭影响亦至巨。"

严复归国后，任职北洋水师学堂已十余年。甲午战争的刺激，使他致力于译介西方著述。本年译赫胥黎《天演论》脱稿，并有非正式刊本。又著《论世变之亟》、《原强》、《救亡决论》、《辟韩》诸文发表于天津《直报》。

光绪二十二年丙申（1896）　　29岁

《自定年谱》：

迁居会城，作《左传读》。余始治经，独求通训故，知典礼而已；及从俞先生游，转益精审，然终未窥大体。二十四岁，始分别古今文师说。与穗卿交，穗卿时张《公羊》《齐诗》之说，余以为诡诞。专慕刘子骏，刻印自言私淑。其后遍寻荀卿、贾生、太史公、张子高、刘子政诸家《左氏》古义，至是书成，然尚多凌杂。中岁以还，悉删不用，独以《叙录》一卷、《刘子政左氏说》一卷行世。

初，南海康祖诒长素著《新学伪经考》，言今世所谓汉学，皆亡新王莽之遗。古文经传，悉是伪造。其说本刘逢禄、宋翔凤诸家，然尤恣肆。又以太史（公）多据古文，亦谓刘歆之所羼入。时人以其言奇谲，多称道之。祖诒尝过杭州，以书示俞先生。先生笑谓余曰："尔自言私淑刘子骏，是子专与刘氏为敌，正如冰炭矣。"祖诒后更名有为，以公车上书得名。又与同志集强学会，募人赞助，余亦赠币焉。至是，有为弟子新会梁启超卓如与穗卿集资就上海作《时（务）报》，招余撰述，余应其请，始去诂经精舍，俞先生颇不怿。然古今文经说，余始终不能与彼合也。

按《春秋左传读》成于本年，而撰述时间颇久，入精舍之次年即已开始。与《膏兰室札记》同时进行，成书时间晚于《札记》而已。《春秋左传读》的初名也就叫做《杂记》。章太炎并在《春秋左传读叙录》序中说："《春秋左传读》者，章炳麟著也。初名《杂记》，以所见辄录，不随经文编次，效臧氏《经义杂记》而为之也。后更曰《读》，取发疑正读为义也。盖籀书为读，绅其大义曰读，绅其微言亦曰读。"又说："夫《左氏》古义最微，非极引周、秦、西汉先师之说，则其术不崇；非极为论难辨析，则其义不明。故以浅露分别之词，申深迂优雅之旨，斯其道也。大义当绅，二矣。绅微言，绅大义，故谓之《春秋左传读》云。"（节录）

如这篇序中所说，《春秋左传读》实际有两方面的目标，一是考订诠释《左传》的古词古字，典章名物之类。一是阐发微言大义。考订诠释的方法，仍由文字音韵入手，并广泛进行比较分析，相当严谨。但章氏自己不能满意，1907年《再与人论国学书》中说："《左氏》故言，近欲次录。昔时为此，亦几得五、六岁，乃今仍有不惬意者，要当精心汰渐，始可以质君子。"疏证绅发《左传》中微言大义，是就书中隐微不明的意旨，事件言行的思想内容进行阐发。这种工作，容易成为主观的发挥，章氏则"极引周、秦、西汉先师之说"，精心钩求辨析，立论不为一己臆构。此外，通过先秦西汉史籍和诸子的研究，钩稽出《左传》在当时受到重视的情况，驳斥了刘逢禄等今文经学家对《左传》的荒谬说法。为《左传》的史籍地位正名，在晚清也是很有意义的工作。

《春秋左传读》有杂记九百多条，分为九卷，都五十万言。虽然表现了古文经学的基本倾向，但当时对今文经学并未排斥。这或许与当时政治、思想、学术领域整个斗争形势有关。当时康梁讲《公羊》学，讲大同理想，是进步的，章氏也一度与他们合作。到后来形势变化，康梁在学术上分道扬镳，章氏对今文经学的态度则转为严厉。《自述学术次第》用后来的眼光衡量《左传读》，揭示其中价值很清楚："余治经专尚古文，非独不主齐鲁，虽景伯、康成亦不能阿好也。先师俞君，曩日谈论之暇，颇右《公羊》，余以为经即古文，孔子即史家宗主。汉世齐学，杂以燕齐方士怪迂之谈，乃阴阳家之变。鲁学犹为儒流，而成事不符已甚。康成所述，独《周礼》不能杂以今文，《毛诗笺》名为宗毛，实破毛耳。景伯谓《左氏》同《公羊》者十有七八，故条例多为元凯所驳。余初治《左氏》，偏重汉师，亦颇傍采《公羊》，以为元凯拘滞，不如刘、贾阂通。数年以来，知《释例》必依杜氏，古字古言，则汉师尚焉。其文外微言，当取二刘以上。元年之义，采诸吴起，专明政纪，非可比傅乾元也。讥世卿之说，取之张敞，所指则季氏、田氏、赵氏，非如《公羊》谰言崔、尹也。北平历谱、长沙训诂之文，汉以后不遗只字，余独于《史记》得之。《十二诸侯年表》所载郑姜梦兰、卫鞭师曹、曹人弋雁诸事，《左氏》皆不志其年，而《年表》有之，斯必取诸历谱者矣。采用传文，时或改字，观《尚书》改字本于安国，则知《左氏》改字（本）于长沙矣。所次《左传读》，不欲遽以问世者，以滞义犹未更正也。"

由光绪二十年至本年所作课艺，选入《诂经精舍课艺》第八集，共二十篇。考证"三礼"者仍最多，《诗经》《左传》《谷梁传》等也都在两篇以上，体例同于七集。

七月曾致书谭献，希望得谭援引，西游湖北。书中论及引西学治诸子："麟前论《管子》《淮南》诸篇，近引西书，旁傅诸子，未审大楚人士以伧父目之否？顷览严周《天下篇》，得惠施诸辩论，既题以历物之意，历实训算，傅以西学，正如闭门造车，不得合彻。分曹疏政，得十许条，较前说为简明确凿矣。"

七月，梁启超、汪康年、黄遵宪等人在上海创办《时务报》，由梁启超任主笔。梁发表《变法通议》，影响极大。论学文章有

《西学书目表》《读西学书法》等。主张"要之舍西学而言中学者，其中学必为无用；舍中学而言西学者，其西学必为无本，皆不足以治天下"。

梁启超、夏曾佑、谭嗣同、宋恕等人这一时期都热衷于佛学。

谭嗣同撰写《仁学》。

康有为撰写《孔子改制考》。

孙诒让完成《逸周书斠补》。

章太炎于十一月二十五日（12月29日）将《论亚洲宜自为唇齿》一文寄给《时务报》，并致函《时务报》经理、钱塘人汪康年，信中对该报论学方针提出建议："刍荛之见，谓宜驰骋百家，掎摭子史，旁及西史，近在百年，引古鉴今，推见至隐。昔太冲《待访录》《原君》论学，议若诞谩，金版之验，乃在今日。斯固玮琦幼眇，作世模式者乎？如鄙见可采，尚有数首，即当写奉，证今则不为厄言，陈古则不触时忌，昔人以三百五篇谏者，其是谓欤？"

梁启超、汪康年因请章太炎到《时务报》担任撰述。十二月成行。

冯自由《中华民国开国前革命史》云："岁丙申，夏曾佑、汪康年、梁启超发起《时务报》于上海，耳章名，特礼聘为记者，章梁订交即在此时。章尝叩梁以其师宗旨，梁以变法维新及创立孔教对。章谓变法维新为当世之急务，惟尊孔设教有煽动教祸之虞，不能轻于附和。"

光绪二十三年丁酉（1897）　　30 岁

《自定年谱》：

　　春时在上海，梁卓如等倡言孔教，余甚非之。或言康有为字长素，自谓长于素王，其弟子或称超回、轶赐，狂悖滋甚。余拟以向栩，其徒大愠。会平阳宋恕平子来，与语，甚相得。平子以浏阳谭嗣同所著《仁学》见示，余怪其杂糅，不甚许也。平子因问："君读佛典否？"余言："穗卿尝劝购览，略涉《法华》《华严》《涅槃》诸经，不能深也。"平子言："何不取三论读之？"读之，亦不甚好。时余所操儒术，以孙卿为宗，不喜持空论言捷径者。偶得《大乘起信论》，一见心悟，常讽诵之。

　　时新学勃兴，为政论者辄以算术物理与政事并为一谈。余每立异，谓技与政非一术，卓如辈本未涉此，而好援其术语以附政论，余以为科举新样耳。唯平子与乐清陈黻宸介石持论稍实，然好言永嘉遗学，见事颇易。余所持论不出《通典》《通考》《资治通鉴》诸书，归宿则在孙卿、韩非。康氏之门，又多持《明夷待访录》，余常持船山《黄书》相角，以为不去满洲，则改政变法为虚语。宗旨渐分，然康门亦或谗言革命，逾四年始判殊云。

　　按章太炎与康有为一派的分歧，思想原因相当复杂。章氏自少年时代读《东华录》，就有反满思想酝酿心中。章氏把孔子看作杰出的学者，或曰贤哲大师，但并不看作圣人，章氏反对创立孔教的主张。章氏治学崇实，对古代典籍和事件，都主张审慎考订。这些态度，与康有为一派不同，最终导致分裂。而经今古文之争，只是问题的一个方面，并不像某些人所说，只因门户之见，就不能相容。实际上，章太炎入《时务报》之初，文章中也用今文经学成说。如《论学会有大益于黄人亟宜保护》一文中就用了著名的通三统之说。

章太炎与康有为门徒的最大分歧，在于反对创建孔教，反对树立"南海圣人"的偶像。三月十九日（4月20日）他有《致谭献书》，说明与康氏门人分裂的经过：

"麟自与梁、麦诸子相遇，论及学派，辄如冰炭。仲华亦假馆沪上，每有议论，常与康学牴牾，惜其才气太弱，学识未富，失据败绩，亦时有之。卓如门人梁作霖者，至斥以陋儒，诋以狗曲（面斥之云狗狗）。麟虽未遭谇询，亦不远于辕固之遇黄生。康党诸大贤，以长素为教皇，又目为南海圣人，谓不及十年，当有符命；其人目光炯炯如岩下电。此病狂语，不值一笑。而好之者乃如蛣蜣转丸，则不得不大声疾呼，直攻其妄。

"尝谓邓析、少正卯、卢杞、吕惠卿辈，咄此康瓠，皆未能为之奴隶。若钟伯敬李卓吾，狂悖恣肆，造言不经，乃真似之。私议及此，属垣漏言，康党衔次骨矣。会谭复生来自江南，以卓如文比贾生，以麟文比相如，未称麦君，麦怏甚矣。三月十三日，康党麕至，攘臂大哄，梁作霖复欲往殴仲华，昌言于众曰：昔在粤中，有某孝廉诋谋康氏，于广坐殴之，今复殴彼二人者，足以自信其学矣。噫嘻！长素有是数子，其果如仲尼得由，恶言不入于耳邪？遂与仲华先后归杭州，避蛊毒也。"

按，谭献治经本倾向今文学派，而章太炎信中直言分歧有如冰炭。可知分歧的关键不在今古文之争，而在倡立孔教，神化康氏之类。章太炎终以此脱离《时务报》，合作时间仅四个月。同一信中又说："《新学伪经考》，前已有驳议数十条，近杜门谢客，将次第续成之。《墨子间诂》，新义纷纶，仍能平实，实近世奇作。"

按，章太炎读《墨子间诂》而盛称之，这一时期又因宋恕（平子）而通于孙诒让，彼此学术倾向一致，遂因驳议《新学伪经考》一事商讨、求教于孙诒让。《瑞安孙先生伤辞》后来追忆云："炳麟始交平阳宋恕平子，平子者，与瑞安孙先生为姻，因是通于先生。当是时，吴越间学者，有先师德清俞君，及定海黄以周元同，与先生三，皆治朴学，承休宁戴氏之术，为白衣宗。先生名最隐，言故训，审慎过二师。著《周礼正义》《墨子间诂》《古籀拾遗》《经迻》《札迻》如目录……会南海康有为作《新学伪经考》，诋古文为刘歆伪书。炳麟素治《左氏春秋》，闻先生治《周官》，皆刘氏学，驳《伪经考》数十事，未就，请于先生。先生曰：是当哗世三数年，荀卿有言，狂生者不胥时而落。安用辩难？其以自熏劳也！"

按，《自定年谱》述及宋恕劝读佛经事。而《自述学术次第》云："余少年独治经史、《通典》诸书，旁及当代政书而已。不好宋学，尤无意于释氏。三十岁顷，与宋平子交，平子劝读佛书。始观《涅槃》《维摩诘起信论》《华严》《法华》诸书，渐进玄门。"可知于章氏学佛一事，宋恕的影响大于夏曾佑。然而宋夏二人的影响也都很有限。事情的关键在于章氏后来找到了与思想契合的经、论。

　　章太炎返杭后，很快与宋恕、陈虬等人创立兴浙会。兴浙会是一个政治而兼学术的团体，主张变法图强，振兴浙江，学习浙江籍风节行谊高尚之人。特别尊崇刘基、于谦、王守仁、黄宗羲、张煌言。兴浙会主张学古通今，经世致用，订有《兴浙会章程》，主张学问之道云："大抵经以《周礼》、两戴《记》为最要，由训诂通大义，足以致用。史以三史、《隋书》、《新唐书》为最要。""子以管、墨为最要。至荀子则入圣域，固仲尼后一人。"《章程》特别强调通今，强调学习近代科学："经世之学，曰法后王。虽当代掌故，稍远者亦刍狗也。格致诸艺，专门名家。声、光、电、化，为用无限。"这份章程是同人拟定，从思想倾向和论学的具体主张看，可能是章太炎手笔。

　　七月，兴浙会诸同人创办《经世报》。章太炎任总撰述，发表了《变法箴言》等时评政论文章，同时有《读管子书后》，后改为《喻侈靡》，收入《訄书》。此文议论时风世事，使诸子学呈现新的风貌。

　　八月，章太炎成为《实学报》主要撰稿人，连续发表《后圣》、《儒道》、《儒兵》、《儒法》、《儒墨》、《儒侠》、《异术》等比较儒学与诸子学的文章。反对罢黜百家独尊儒术的正统偏见。其中《儒道》、《儒兵》、《儒法》、《儒墨》、《儒侠》都经修改收入《訄书》。

　　《后圣》以为孔子之后，唯荀子可称后圣。尊荀思想，与《訄书》第一篇《尊荀》异曲同工。但尚未强调"法后王"主张。

　　十月，章太炎主笔《译书公会报》。他在《译书公会叙》中，追述"互市以来，所传译泰西书，仅逮四百种"，数量很少，而很多人又不肯问津，"嗟乎！五十年以往，士大夫不治国闻，而沾沾于声病分隶，戎士视简阅仅若木熙，无一卷之书以教战者，怀安饰誉，其祸遂立见于今日。"同时期还有《读日本国志一》、《读日本国志二》，取西学为我所用的态度，相当积极。

本年，康有为到桂林讲学，在广西创设圣学会，刊行《广仁报》。年底在北京组织粤学会、知耻会等团体，继续上书请变法。其《孔子改制考》付梓。

梁启超办《时务报》时期，常与谭嗣同论学，相与治佛学。十月到湖南任时务学堂总教习。《清代学术概论》说："已而嗣同与遵宪、熊希龄等，设时务学堂于长沙，聘启超主讲席，唐才常等为助教。启超至，以《公羊》《孟子》教，课以札记。学生仅四十人，而李炳寰、林圭、蔡锷称高才生焉。启超每日在讲堂四小时，夜则批答诸生札记，每条或至千言，往往彻夜不寐。所言皆当时一派之民乐论，又多言清代故实，胪举失政，盛倡革命。其论学术，则自荀卿以下汉唐宋明清学者，掊击无完肤。"

严复、夏曾佑、王曾植等在天津创办《国闻报》。严复、夏曾佑发表《本馆附印说部缘起》，被看作"小说界革命"的重要理论文字。

严复开始翻译亚当斯密《原富》，斯宾塞尔《群学肄言》。

本年，商务印书馆在上海创设。

王韬去世，有《弢园文录》、《文录外编》等。

黎庶昌去世，有《拙尊园丛稿》等。又辑有《续古文辞类纂》。刻《古逸丛书》二十六种。

光绪二十四年戊戌（1898）　31 岁

《自定年谱》：

　　初，余持《春秋左氏》及《周官》义，与言今文者不相合。清湖广总督南皮张之洞亦不喜公羊家，有以余语告者，之洞属余为书驳难。余至武昌，馆铁政局。之洞方草《劝学篇》，出以示余。见其上篇所说，多效忠清室语，因答曰："下篇为翔实矣。"梁鼎芬者，尝以劾李鸿章罢官，在之洞所，倨傲，自谓学者宗。余闻鼎芬先与合肥蒯光典争文王受命称王义，至相棰击，因谓鼎芬不识古今异法。一日聚语，鼎芬颇及左氏、公羊异同。余曰："内中国，外夷狄，《春秋》三家所同。弑君称君为君无道，三家亦不有异。实录之与虚言，乃大殊耳。"他日又与俦辈言及光复，鼎芬恧焉。未几，谢归。

　　其秋，康有为得清主宠任，以变政获罪。清廷称朝野论议政事者为新党，传言将下钩党令，群情惶惧，日本人有与余善者，招游台湾。

《自述学术次第》："余昔在南皮张孝达所，张尝言：'国学渊微，三百年发明已备，后生但当蒙业，不须更事高深。'张本好疏通，不暇精理，又见是时怪说流行，惧求深适以致妄，故有是语。时即答曰：'经有古今文，自昔异路，近代诸贤，始则不别，继有专治今文者作，而古文未有专业，此亦其缺陷也。'"

戊戌年是中国近代史上惊心动魄的一年。戊戌变法失败、六君子牺牲、康梁流亡等事件，对章太炎思想影响很大。在当时来讲，一方面是反满思想增强，另一方面对康、梁又抱着同情，视为同路人。年初他应张之洞之邀到湖北筹办《正学报》，旋因思想不合离去。夏秋时节在上海《昌言报》担任主笔。秋九月以后避地台湾。在《昌言报》时重要文章有《商鞅》、《书汉以来革政之狱》、《蒙古盛衰记》等。

《商鞅》和《蒙古盛衰记》后收入《訄书》。他这时的论学文章都紧扣着政治，政论文章则学者气很重，发言立论，引经据典，在当时有很强的吸引力和说服力。

本年新旧思想激烈交锋中，严复所译赫胥黎《天演论》木刻本于四月行世。

张之洞著《劝学篇》，推行"先务本，次务通"的方针，批评所谓邪说异端横流，得上谕嘉奖推广："张之洞所著《劝学篇》，持论平正通达，于学术人心，大有裨益。着将备定之副本颁发各省督抚学正各一部，俾得广为刊布，实力劝学。"

王先谦、叶德辉等人在湖南激烈攻击变法运动。叶德辉作《輶轩今语评》、《非幼学通论》，王先谦弟子苏舆编汇《翼教丛编》，从思想、学术乃至文体上反对新学。

康梁东渡后，在日本横滨创办《清议报》，梁启超主编，很快产生极大影响。

又，马建忠《马氏文通》出版。建忠字眉叔，马相伯之弟（或云此书是兄弟通力著成），精通英法及拉丁文。此书从经、史、子、集中选出例句，参考以西方语法，分析汉语语法，是我国第一部新式文法著作。

又，王国维（22岁）本年到上海，担任《时务报》校对，同时努力学习西文和西方哲学。

光绪二十五年己亥（1899） 32岁

《自定年谱》：

　　台湾气候蒸湿，少士大夫，处之半岁，意兴都尽。五月，渡日本，游览东西两京。时卓如在横滨，余往候之。值清廷遣刘学询、庆宽等摄录康梁，为东人笑。香山孙文逸仙时在横滨，余于卓如坐中遇之，未相知也。七月，返至上海。识康氏弟子唐才常，才常方广纠气类，期为大功，士人多和之者。

本年，康有为由日本到美国华侨中宣传。

梁启超在日本主持《清议报》，并与华侨创办高等大同学校。他致力读书，思想变化很大，自己说："自居东以来，广搜日本书而读之，若行山阴道上，应接不暇。脑质为之改易，思想言论与前者若出两人。每日阅日本报纸，于日本政界学界之事，相习相忘，几于如己国然。"（《夏威夷游记》）

严复译穆勒约翰《自由论》，以后出版时严复改题为《群己权界论》。

孙诒让完成《周礼正义》。

林纾（琴南）翻译小说《巴黎茶花女遗事》出版，风行一时。其后严复赠诗云："可怜一卷茶花女，断尽支那荡子肠。"林纾文字雅洁流畅，影响很大。

黄以周本年去世，得年 72 岁。

马建忠去世，得年 56 岁。

　　章太炎发表《儒术真论》，自七月起连载于《清议报》。开篇即云："昔韩非《显学》，胪列八儒，而传者独有孟荀，其他种别，未易寻也。西京贾傅，为荀子再传，而董、刘诸公，已不能以一家名。且弘、汤之法盛行，而儒杂刀笔；参以灾祥鬼神，而儒杂墨术。自东京以来，盖相率如是。《荀子·儒效》云：其言议谈说，已无以异于墨子矣。然而明不能分别，是俗儒者也。然则七国之季，已有杂糅无师法者，后此何足论。今以《墨子·公孟篇》公孟子、程子与墨子相问难者，记其大略。此足以得儒术之真，其于八儒虽无可专属，要之微言故训，有上通于内圣外王之道，与夫混淆失真者，固大有殊矣。由斯推衍，其说可以卢牟六合，经纬冯生。盖圣道之大，无能出其范者。抑括囊无辩，谓之腐儒。今既撝拾诸子，旁采远西，用相研究，以明微旨，其诸君子亦有乐乎此欤？"

　　此文并附《视天论》、《菌说》，极申无鬼神之论，把无鬼神作为儒学要义。这或许与当时一些人力图创设孔教会，搞新的宗教神学有关。章太炎说："按仲尼所以凌驾千圣，迈尧舜轹公旦者，独在以天为不明及无鬼神二事。《荀子》曰：'道者，非天之道，非地之道，人之所以道也，君子之所道也。'（《儒效篇》）此儒者穷高极远测深厚之义。"又说："呜呼！如太史公言，则秦汉间儒者，犹知无鬼神义。然武、昭以后，儒者说经，已勿能守。独王仲任有《论死篇》，晋人无鬼神论，而儒者又群哗焉。然则荀子谓言议谈说，无以异于墨子者，汉后诸儒，顾不然欤？"

　　九月，章太炎发表《翼教丛编书后》，针对王先谦门人苏舆

《翼教丛编》进行批判。《翼教丛编》批评康有为经学主张，并以此为基础攻击康氏领导的变法维新运动。章太炎经学主张与康有为对立，但反对硬把康氏经学主张与变法牵扯到一起，他说：

"是书驳康氏经说，未尝不中綮要，而必牵涉政变以为言，则自成其瘢宥而已。且中国学者之疑经，亦不始康氏也。非直不始康氏，亦不始东壁、申受、默深、于廷也。王充之《问孔》、刘知几之《惑经》、程氏之颠倒《大学》、元晦之不信《孝经》、王柏之删《毛诗》、蔡沈之削《书序》，是皆汉唐所奉为正经者，而捍然拉杂刊除之。其在后世，亦不餍人心。夫二王、刘、蔡无论矣，程朱则以理学为阃捭者，方俯首鞠躬之不暇，不罪程朱，而独罪康氏，其偏枯不已甚乎！

"今康氏经说诸书诚往往有误，其误则等于杨涟尔。苟执是非以相争，亦奚不可，而必藉权奸之伪词以为柄，则何异逆阉之陷东林乎？吾惧《翼教丛编》方为《三朝要案》之续矣。

"是书又引义乌朱侍御与康氏辩论经义诸札。侍御故金华学派，亦上窥两汉古义，其说经诚与康氏绝异，乃其请诛嬖宦以罢官，则行事又未尝不合也。"

这篇文章表明了章太炎对经学今古文学派之争的态度。他把这看作古已有之的学术分歧，他对今文学派的批评，是从学术角度立论，以求实为着眼点。十一月，章太炎又作《今古文辨义》，针对廖平经说进行辨析，认为廖平一意尊崇孔子乃至神化孔子，凡构成障碍者，一律抹煞，于是将孔子以前的历史人物说成乌有，又将孔子以后的庄子等人说成宗述孔子。按照这种方法演析，一切可以随心所欲地否定或编造，故实不可取。章太炎此文，分析了廖平的目的和心理，也分析了古文学派的特点，写得平实恳切。下作节引：

"自刘申受、宋于庭、魏默深、龚璱人辈诋斥古文，学者更相仿效，而近世井研廖季平始有专书，以发挥其义。大抵采摭四人，参以心得。四人者，于《毛诗》、《周礼》、《逸礼》、《古文尚书》、《左传》，率攻击如仇雠，廖氏则于四知皆加驳斥，而独尊左氏，谓不传《春秋》，正群经之总传，斯其异也。其《群经凡例》《经话》《古学考》等书，虽所见多偏戾激诡，亦由意有不了，迫于愤悱之余，而以是为强解，非夫故为却偃以衒新奇者。余是以因通人之蔽而为剖释焉。

"综廖氏诸说，一曰经皆完书无缺，以为有缺者刘歆也。一曰六经皆孔子所撰，非当时语，亦非当时事，孔子构造是事而加王心也。一曰四代皆乱世，尧、舜、汤、武之治皆无其事也。一曰《左氏》亦今学，其释经亦自造事迹，而借其语以加王心，故大旨与《公》《谷》同，五十凡无一背《公》《谷》也。一曰诸子九流皆宗孔子也。夫廖氏之意，特以宰予尝言夫子贤过尧舜，苟六经制作，不过祖述宪章，知尧舜固为作者之圣，而孔子特为述者之明，恶得以加于尧舜之上哉？于此思之不通，则尽谓尧舜之事为虚，而以归之孔子，然后孔子为生民所未有，而群疑皆析矣。

"九流自儒家而外，八家所说古事，虽与经典不无龃龉，而大致三代以上，圣帝明王名臣才士亦略不异于群经。且琐琐小事，亦有与群经合者。使其各为一术，则孔子以前，坟典具在，孔子不能焚去其籍也，彼诸子者，何为舍实事不言而同于孔子虚拟之事乎？于是词穷，则不得不曰庄、墨、申、韩皆宗孔子也。

"综其弊端，不过欲特尊孔子，而彼此枨触，疑义丛生，故不得不自开一径耳。

"廖氏谓今文重师承，古文重训诂。惟重师承，故不能自为歧说。推重训诂，故可以由己衍解。是亦大误……古文之训诂，如《周礼》杜及大郑等注，在今日视之为平常，不知当时凿山通道，正自不易。盖此诸家未言章句义理，惟求其字句之通，正如今日校勘家，彼此参稽以求通其所不可通，迨其左右采获，症结尽解，则豁然埽斯而不可变。非如今日专执小学以说经者，必欲皮傅形声，舍其已通者而为之别求新说也。此训诂之所以是重，而非穿求崖穴者所可拟矣。

"观廖氏书，自谓思而不学，又谓学问三年当一小变，十年当一大变，知其精勤虚受，非卤莽狂仞者比。今于尊崇孔子一案，既为解明如此，则诸论皆不必发。吾甚愿廖氏之大变也。若夫经术文奸之士，藉攻击廖士以攻击政党者，则堵井之鼀，吾弗敢知焉。"

章太炎最后这段话余意深长，明确表示反对借学术分歧攻击政党，当然是对康有为维新党人的态度。同时，对康有为借今文经说为我所用，借今文经说寻找变法依据，自然就有理解和默契，于是不作学术辨析。

十二月，章太炎辑订《訄书》，目录后有识语说："幼慕独行，壮丁患难，吾行却曲，废不中权。述鞠迫言，庶自完于皇汉。辛丑后二百三十八年十二月章炳麟识。"辛丑，指汉族政权即南明王朝最后覆灭之时，即桂王永历帝十五年。《訄书》是章太炎重要著作，后来又几次修订，能够反映他的学术思想及变迁。目录如下：

尊荀第一	儒墨第二
儒道第三	儒法第四
儒侠第五	儒兵第六
公言上第七	公言中第八
公言下第九	天论第十
原人第十一	民数第十二
原变第十三	冥契第十四

57

封禅第十五	河图第十六
斡蛊第十七	订实知第十八
平等难第十九	族制第二十
喻侈靡第二十一	订文第二十二
明群第二十三	明独第二十四
播种第二十五	东方盛衰第二十六
蒙古盛衰第二十七	东鉴第二十八
客帝第二十九	官统第三十
分镇第三十一	宅南第三十二
不加赋难第三十三	帝韩第三十四
商鞅第三十五	正葛第三十六
刑官第三十七	定律第三十八
改学第三十九	弭兵难第四十
经武第四十一	争教第四十二
忧教第四十三	明农第四十四
制币第四十五	禁烟草第四十六
鬻庙第四十七	杂说第四十八
独圣上第四十九	独圣下第五十

《訄书》是一部全方位研究社会改造的著作。充满了对思想文化、对学术历史的反思和哲学思辨。全书五十篇，构成了具有内在联系的体系。其中，政治制度、经济关系、法律制度、民族问题、国防问题、教育制度改革、宗教问题等等，基本包含了社会改造的各个侧面。很多问题属于新开拓的研究领域，在研究深度上也超越了前人。梳理思想史特别是先秦思想史的一组文章，探讨哲学认识论的另一组文章，把传统的学术问题与时代要求紧密地结合起来。

前一组文章包括《尊荀》、《儒墨》、《儒道》、《儒法》、《儒侠》、《儒兵》、《独圣》等，对传统的儒家学说有多方面的冲击。全书以《尊荀》始，以《独圣》终，尊崇孔子、荀子，但对传统的儒家圣人尧舜禹汤文武周公的态度则不然。作者力倡法后王："故荀子所谓后王者，则素王是；所谓法后王者，则法《春秋》是，《春秋》作新法，而讥上变古易常。"（《尊荀第一》）"俗士观于尧舜之腒形跰足，以忧劳黔首，而曰'宪章'者，过之。夫宪章其业，以为六艺，使其道不至于坠逸，则犹史佚之于文武也，亦庸能驾轶之乎？余以后圣之作，必过于先民。今是世之道彝伦等礼者，必曰周孔而不曰勋华。"（《独圣下第五十》）

对墨家、道家的评价，也多新义，常发人深思。《儒墨》云："嗟乎！钜子之传，至秦汉间而斩。非其道之不逮申、韩、商、慎，惟不自为计，故距之百年而堕。夫文始五行之舞，遭秦未灭，今五经粗可见。《乐书》独亡，其亦防于六国之季，墨者昌言号呼以非乐，虽儒者亦鲜诵习焉。故灰烬之余，虽有窦公、制氏，而不能记其尺札也。"

《儒道》云："老氏之清静，效用於汉，然其言曰：'将欲取之，必固与之。'其所以制人者，虽范蠡、文种，不阴鸷于此矣。故吾谓儒与道辨，当先其阴鸷，而后其清静。韩婴有言：'行一不义，杀一不辜，虽得国可耻。'儒道之辨，其扬摧在此耳。然自伊尹、大公，有拨乱之才，未尝不以道家言为急。"

"且夫儒家之术，盗之不过为新莽，而盗道家之术者，则不失为田常。汉高祖得本不求赢，财帛妇女不私取，其始与之，而终以取之，比于诱人以《诗》《礼》者，其庙算已多。夫不幸污下以至于盗，而道犹胜于儒。然则愤鸣之夫，有讼言伪儒，无讼言伪道，固其所也。"

《儒法》云："仲舒之《决事比》，援附格令，有事则有例，比于郇侯《九章》。其文已冗，而其例已繁。已用之，斯焚之可也！著之简牍，拭之木觚，以教张汤，使后之廷尉，比而析之，设法如牛毛，其卒又以为故事，然后舍生人之能，而行偶人之道。悲夫！儒之庆也，法之弊也。"

探讨哲学认识论的文章，包括《公言》上中下、《天论》、《原变》、《冥契》、《封禅》、《河图》、《榦蛊》、《订实知》等。这些文章以"求实知"为旨归，是唯物主义的态度。例如，"公言"是在普遍存在基础上获得普遍承认的看法。然而，"今澉事不下于簟席，不出于屏摄，其不能从大共以为名者，数也。若夫宗教之士，劓其一阺，以杜塞人智虑，使不获知公言之至，则进化之机自此阻。"（《公言中第八》）

又如《河图》抨击天命神授观念："亡人至于五鹿而得块，以为天赐，其实野人也……河图者，括地者也，获于行迷，而以写青黑黄赤，虽腐败则珍之。吾安知夫夒骇河图以为天赐者，非亡人之块邪？"

《訄书》初刻问世不久，章太炎补佚两篇，一为《辨氏》，一为《学隐》。后者就魏源论乾嘉汉学大师"锢天下知慧为无用"而辨析之，对戴震诸人多所谅察，且谓"故教之汉学，绝其恢谲异谋，使废则中权，出则朝隐，如是足也！"

光绪二十六年庚子（1900）　33岁

《自定年谱》：

清自诛窜康、梁以后，与外人尤相忌，刚毅用事，遂有义和团之变。其夏，宛平不守，清太后、清主西窜长安。唐才常知时可乘也，与侨人容闳召集人士宣言独立，然尚以勤王为名，部署徒众，欲起兵夏口。余谓才常曰："诚欲光复汉绩，不宜首鼠两端，自失名义。果欲勤王，则余与诸君异趣也。"因断发以示决绝。未几，才常于夏口就戮，钩党甚亟，其徒皆窜日本，余亦被连染。然以素非同谋，不甚恇惧。是岁，孙逸仙亦起兵惠州，旋败退。

本年，义和团运动及八国联军占领北京，是重大政治事件。在当时和日后都很有影响。

康、梁继续在海外进行宣传。

严复译《原富》脱稿。又开始译《穆勒名学》。

王先谦刻《汉书补注》百卷。

秋七月，章太炎作著名的《解辫发》一文，这可以称为革命檄文，但在章太炎笔下，此文既有革命锋芒，又很有学术性。下作节引：

"《后汉书·西南夷传》：哀牢夷种人，皆刻画其身，象龙文，衣箸尾。尾者，其今满洲之辫发乎？《汉书·终军传》：解编发，削左衽。师古曰：编读曰辫。斯其来远矣。"

"支那总发之俗，四千年亡变更，满洲入，始鬀其四周，交发于项，下及髋髀。一二故老，以为大辱，或祝发箸桑门衣以终。"

"昔祁班孙、释隐玄，皆以明氏遗老，断发以殁。《春秋·谷梁传》曰：吴祝发。《汉书·严助传》曰：越劗发（晋灼曰：劗，张揖以为古剪字也）。余故吴越间民，去之，亦犹行古之道也。会执友以欧罗巴衣笠至，乃急断发易服。欧罗巴者，在汉则近大秦，与天毒同柢，其衣虽连小，方袿直下，犹近古之端衣，惟吾左辅之日本，亦效法焉，服之盖与箸桑门衣无异趣云。《传》曰：齐一变，至于鲁；鲁一变，至于道。由是萌芽，令他日得端尾以治《周礼》，固余之志也。"

本年，有《说于长书》谓："《汉艺文志》有于长《天下忠臣》九篇，入阴阳家。自王应麟始发难，章学诚故竺信《七略》，犹绌绌为异论，不睹其书，则伊尹、周公在道家，务成子在小说，尚不可知，独是书耶？若徵验他书，承意逆志，故确然昭晰也……自邹衍以阴阳消息，止乎君臣上下六亲之施，汉兴益著。至董生则比傅经义，以五行说忠臣。今于长书虽放失，拟仪其旨，以是为根株，故入阴阳家，无所惑也！轶近若庄存与、刘逢禄、宋翔凤诸儒，多喜宗董生，排刘子骏，浸益谫谨。如于长所述者，非通观于董、刘勿能谕。诸浅见寡闻，率其胸臆者，则几于结舌矣！"

本年春，《訄书》刊本问世，章太炎将此书与《儒术真论》送严复斧正。三月十五日，《致夏曾佑》信中说道："鄙人乞食海上，时作清谈，苦无大匠为施绳削。又陵适至，乃以拙著二种示之，必当有所纠正，亦庶几嵇康之遇孙登也。"

三月十八日，严复有《致章枚叔》，信中说："前后承赐读《訄书》及《儒术真论》，尚未卒业。昨复得古诗五章，陈义奥美，以激昂壮烈之均，掩之使幽，扬之使悠。此诣不独非一辈时贤所及，即求之古人，晋宋以下可多得耶？"

　　《訄书》作者与《天演论》译者的两通书信，可以了解当时思想界精英人物的精神状态。章太炎虚怀若谷，是他对学术的真正态度。

光绪二十七年辛丑（1901）　34岁

《自定年谱》：

　　才常既败，余归乡里度岁。正月朔旦，友人庐江吴保初君遽遣力急赴余宅曰："踪迹者且至矣，亟行。"余避之僧寺，十日，知无事，复出上海。平子及诸友皆相见慰问，君遂终以明哲保身相勉。余曰："辫发断矣，复何言！"平子笑曰："君以一儒生，欲覆满洲三百年帝业，云何不量力至此，得非明室遗老魂魄冯身耶？"余亦笑。会苏州东吴大学求教员，君遂言："是有美洲教士任事，君往就之，或得其力。"乃赴苏州。时俞先生笃老，往谒，先生督教甚厉。对曰："弟子以治经侍先生。今之经学，渊源在顾宁人。顾公为此，正欲使人推寻国性，识汉、虏之别耳，岂以刘殷、崔浩期后生也。"遂退。

本年，《辛丑和约》在北京签订。

清政府下令改科举，废八股，改各地书院为学堂。

康有为在南洋著书，著《中庸注》、《孟子微》、《大同书》等。

梁启超在日本办《清议报》，撰有《国家思想变迁异同论》、《中国史叙论》、《卢梭学案》等。冬季，《清议报》满一百期，停刊。于明年改办《新民丛报》。

谭献去世。著有《复堂文集》、《复堂词录》、《复堂日记》等。曾评点《骈体文钞》，辑有《箧中词》。他对章太炎的影响见"23

"岁"条。《复堂日记》中也多次写到章太炎。

正月，章太炎为日本友人馆森鸿《拙存园丛稿》作后序。后序中论及史家之文与文士之文的高下，以及史与六艺同文学的关系。今录谢樱宁《章太炎年谱摭遗》中引文：

"文胜为史，而《七略》传《太史公书》于春秋。然则本六艺以述纪传，其余绪为文辞。笃学而不文，白贲也；尚辞而弱质，负乘也。自太史公、班孟坚，皆修经术。陈寿学于谯周，议礼铿铿。范晔之祖汪宁及泰，三世善郑学，故四史为尤卓。唐之修《隋书》，有颜榴，孔冲远，然孔氏功为多。故晋以后，《隋书》为特卓。其后文士多规法史官。中唐之志状，与后汉南北朝异矣。今夫徐庾之文，不孤立，故一言则两之，失其冗费。革于子昂，恢于萧、李、独孤，至韩愈大备，始体要也。然自两宋至今，皆自谓宗祀韩氏。气烦益嚣，宛转而不尽，或一言则十之，其冗费乃甚徐庾，是何故？不课史与六艺之学，而恃其外彊以取给者，惟患其无盈辞也。余少以小学治理，自汉儒及近世诸师之说，略茹饮之矣。卒治左氏，上规荀、贾。故言史则好世本、七略，虽郑樵之志尚焉。嫉夫言无检格，横流而不凝者。故言文辞，隆秦汉，则好韩愈，及权德舆、皇甫湜，为其深深，不及流污，虽宋祁之列传尚焉。自是有所作，则瑰于词，郁于气，而方严于体。"

与此《后序》同时期，章太炎曾撰《广救文格论》一篇。《致吴君遂书》云："客腊分袂后，舟中以君及子言赠诗破我寥寂。抵家一月，如瘖如聋，惟断烂册子相依为命。间作《广救文格论》一首，此件较宁人原著，意趣稍别，亦以针砭时俗，盖常恐高材者堕轻清魔也。"

按《广救文格论》今不可见，既就顾宁人《救文格论》而增广其意，则当与光绪二十三年之《文例杂论》旨趣相近。《文例杂论》曰："余每读顾先生《救文格论》，叹其绳约骸骸，偃矩削墨，后之治文笔者，得是为同律，其远乎鄙倍矣。自桐城方、姚诸子，浸为文辞，传之其人，其所约束，又各以意进退。古之作述，非闳览博观，无以得其条例……"

这三篇文字皆论文笔之事，恐文士堕轻清之魔，言无检格，横流不凝，沦尚辞弱质一流。

本年有《与尤莹问答记》，记在诂经精舍时，与同学尤莹相互问难。尤氏已逝，章太炎回忆往事，伤情且神往。藉此文可以了解诂经精舍学风及学习方法，故略引首尾：

"台州尤莹字逑孙，与余同事俞先生，勤学好下问，处杭州诂经精舍，虽岁时游宴不出也。距今七岁，八月上弦，余送客江干，逑孙适至，口不道家人事，犹问经义曰：先哲有故训者，吾与子略闻之矣。亦有奇觚者五事。"

"五事定矣，余复举四事问逑孙。"

"既发难竟，各相顾称善。宿留饮舞，夕乘竹暴而返。天白颢颢，月出晰晰，瀚涛沛沛，人事万端，尽乐者莫如说古义，今也则亡。"

本年，据鄞县张氏写本印行《张苍水集》并作后序，首称："《张苍水集》得之鄞张美翌。旧题《奇零草》，上卷杂文，下卷古今体诗。案公《奇零草自序》，惟及吟咏篇什，笔札则勿与，不得以为大名，因改题《张苍水集》。昔者刘安著《鸿烈》，蒯彻纂《隽永》，至《艺文志》录其凡目，则曰淮南、蒯通而已。骍雕而为朴、文质更用，道固然也。公自言思借声诗以代年谱，其诗当以先后第录。今校其年历，多有错乱，杂文为后人缀辑，愈益不次。观沈光宁序，距公正命之岁，才六十稔。是时故老犹在，捃摭讨论，易得其次，而皆回沉无友纪，是编次者之咎也！"

本年，撰《徵信论》上下，论治学治史首须信实，及由来已久的想当然、信传闻之弊。对当时学风，颇有针砭：

"古人运而往，其籍尚在；籍所不著，推校其疑事，足以中微。而世遂质言之，虽适，谓之诬。

"释迦言空，不因于老庄；景教事天，不本于墨子；远西之言历算者，不资于历王丧乱，畴人在夷。世人取其近似言之，遂若典常，此三谬也。"（上篇）

"学者宜以高贵乡公为法，知其有略，不敢妄意其事。妄意之，即与巫言等比。邻神仙之国，旧史盖岁有变更，国有贤豪，则为之生事，延缘巷市之语，以造奇辞。往者中土惟有猥语短书，今殆举于士大夫之口。"（下篇）

"近世鄙倍之说，谓史有平议者，合于科学，无平议者，不合科学。案史本错杂之书，事之因果，亦非尽随定则。纵多施平议，亦乌能合科学耶？若夫制度变迁，推其沿革；学术异化，求其本师；风俗殊尚，寻其作始。如班固、沈约、李淳风所志，亦可谓善于平议矣。而今世之平议者，其情异是。上者守社会学之说而不能变，下者犹近苏轼《志林》、吕祖谦《博议》之流，但词句有异尔。盖学校讲授，徒陈事状，则近於优戏，不得已乃多施平议，而已不能自知其故。藉科学之号以自专，斯所谓大愚不灵者矣！又欲以是施之史官著作，不悟史官著书，师儒口说，本非同剂。惟有书志，当尽考索之功。其论一代政化，当引大体而已。若毛举行事，订其利病，是乃科举发策之流，违于作述之志远矣。彼所持论，非独暗于人事，亦不达文章之体。"（下篇小注）

光绪二十八年壬寅（1902）　　35岁

《自定年谱》：

去冬自苏州返乡里。正月朔旦，君遂又遣力走赴余宅曰："闻君在东吴大学，言论恣肆。江苏巡抚恩铭赴学寻问，教士辞已归，惧有变，亟往日本避之。"于是东渡。时孙逸仙方在横滨。湖南秦遁力山者，故唐才常党，事败东走，卓如不礼焉，往谒逸仙，与语，大悦。余亦素悉逸仙事，偕力山就之。逸仙导余入中和堂，奏军乐，延义从百余人会饮，酬酢极欢。自是始定交。力山又言："同舍生有张继者，直隶沧州人，年甫弱冠，而志行甚坚，仆与偕来就君。"及见，甚奇之。溥字溥泉，后更名继，字溥泉云。力山初与蔡锷松坡同事卓如，其后力山主光复，而松坡隶保皇党，意趣不协。余与力山发起中夏亡国二百四十二年纪念会，力山招松坡同往，松坡痛哭不肯与。余留日本三月，复归，旋返乡里。

余始著《訄书》，意多不称。自日本归，里居多暇，复为删革传于世。

初为文辞，刻意追蹑秦汉，然正得唐文意度。虽精治《通典》，以所录议礼之文为至，然未能学也。及是，知东京文学不可薄，而崔寔、仲长统尤善。既复综核名理，乃悟三国两晋间文诚有秦汉所未逮者，于是文章渐变。

本年，梁启超在启蒙宣传特别是通俗宣传方面，有很大成就。由他主编的《新民丛报》、《新小说》先后创刊，当时发表的《新民说》仍有进步意义。连载的《饮冰室诗话》则是"诗界革命"的重要文字。发表于《新小说》创刊号的《论小说与群治之关系》，成为小说界革命的旗帜，大量类似的理论文字和大批作品随后出现。

康有为在东南亚著书。

吴汝纶任京师大学堂总教习，严复担任编译局总纂，始译甄克思《社会通诠》。

孙诒让撰《周礼政要》。

王先谦刊行《日本源流考》二十二卷。

王国维（26岁）任《农学报》和《教育世界》编辑，从事撰述。

本年，章太炎对文辞法度相当留意，故撰《自定年谱》时，于本年专及之。

正月，《致吴君遂书》中说："《文学说例》，近又增删，易稿二次，业付缮写，抵沪时当求是正也。"

到日本后，《文学说例》分三次刊于《新民丛报》。后修订《訄书》，将此文修改入《正名杂义》，作为《订文》第二十五的附录。章太炎语言文字学的许多基本见解，这篇文章中都可见端倪。如关于拼音，关于六书，关于文与言的关系：

"世言汉文难识，不若欧洲之易简。若专以字母韵首为纲，上、去傅於平声，加之点识，以示区别，所识不过百名。而切字既有定矣，虽咳笑觳音之子，使无歧声，布于一国，若乡邑相通，可也。"

"六书初造，形、事、意、声，皆以组成本义，惟言语笔札之用，则假借为多。小徐系《说文》，始有引伸一例。然鄜君以令长为假借，令者发号，长者久远，而以为司命令位夐高者之称。是则假借即引伸，与夫意义绝异，而徒以同声通用者，其趣殊矣。"

"惟夫庶事繁兴，文字亦日孳乳，则渐离表象之义而为正文。如能，如豪，如群，如朋，其始表以猛兽羊雀。此犹埃及古文，以雌蜂表至尊，以牡牛表有力，以马爵之羽表性行恺直者（觳利亚《英文学史》）。久之能则有态，豪则有势，群则有窘，朋则有倗，皆特制正文矣。而施于文辞者，犹习用旧文而怠更新体，由是表象主义日益浸淫。然赋颂之文，声对之体，或反以代表为工，质言为拙，是则是以病质为美疢也。"

"如右所述，言语不能无病。然则文辞愈工者，病亦愈剧。是其分际，则在文言质言而已。文辞虽以存质为本干，然业曰'文'矣，其不能一从质言，可知也。文益离质，则表象益多，而病亦益笃。斯非直魏、晋以后然也，虽上自周、孔，下逮嬴、刘，其病已淹久矣。汤武革命而及'黄牛之革'，皿虫为蛊而云'干父之蛊'。易者，象也，表象尤著。故治故训者，亦始自《易》，而病质亦于今为烈焉。"

"高邮王氏，以其绝学释姬汉古书，冰解壤分，无所凝滞。信哉！千五百年未有其人也。犹有未豁然者，一曰倒植，一曰间语。"

"倒植者，草昧未开之世，语言必先名词，次及动词，又次及助动词。譬小儿欲啖枣者，皆先言枣，而后言啖。"

"间语者，间介于有义之词，似若繁冗，例以今世文义，又如诘诎难通。"

"当高邮时，斯二事尚未大著，故必更易旧训，然后辞义就部，是亦千虑之一失乎？疏通古文，发为凡例，故来者之任也。"

"武岛又次郎作《修辞学》曰：言语三种，适于文辞，曰见在语、国民语、著名语，是为善用法。反之亦有三种，曰废弃语

（千百年以上所必用，而今亡佚者，曰废弃语）、外来语、新造语，施于文辞，是为不善用法。"

"案武岛以外来、新造，有时需要；废弃语则直为官师所不材。是于日本，容可云尔。至于禹域，进化虽纡，人事万端，本殊偏岛。寻检《苍》、《雅》，则废语多有可用为新语者。"

"至乎六书本义，废置已夙，经籍仍用，假借为多。舍借用真，兹为复始，其与好书通用，正负不同。曹者不睹字例之条，一切訾以难字，非其例矣。"

本年四月，章太炎由日本致吴保初书中谈到医学。章氏以医学传家，太炎本人精于医道，素为人知。但他读医书时间之多及有关情怀，仍令人惊佩："气候虽清，屡驱颇有未适，故于译润之暇常读医书三数时，聊以辅衰知卫。项闻沪上喉症犹多，性柴、穰卿幸而无恙，其余罹疾死者，先后至万余人，岂竟无药处此耶？生民之厄，每在末造，傅青主以故国遗民，常借斯道护持品庶，如仆无似。亭林、夏峰之业，近已绝望，亦欲从青主后矣。哲学家谓乱离之士，率多厌世观念，遂流为吐纳导引一派，岂不信哉！"

本年六月，章太炎返国，为广智书局译述日本学者岸本能武太《社会学》一书。此书八月印行，有章太炎序言一篇，论及社会学著作的特点及岸本《社会学》的长处：

"社会学始萌芽，皆以物理证明，而排拒超自然说。斯宾塞尔始杂心理，援引浩穰，于玄秘淖微之地，未暇寻也。又其议论，多踪迹成事，顾鲜为后世计。盖其藏往则优，而匮于知来者。

"余浮海再东，初得其籍，独居深念，因思刘子骏有言，道家者流，出于史官，固知考迹皇古，以此先心，退藏于密，乃能斡人事而进退之。考迹皇古，谓之学胜；先心藏密，谓之理胜。然后言有与会，而非夫独应者也。岸本氏之为书，综合故言，尚乎中行，虽异于作者；然其不凝滞于物质，穷极往逝，而将有所见于方来，诚学理交胜者哉。"

六月，有书致梁启超，论修《中国通史》事。按章太炎素有修史之志，昉于何时，不可确知。《自定年谱》云，二十一岁治诸子史传，已有著述之志。二十三岁读《通典》七八过，可知章氏对典章制度极为重视。这种眼光区别于以帝王将相纪传为主干的史家眼光。若进一步，就可以典章制度、思想学术、货殖工艺为主干而著史。据谢樱宁《章太炎年谱摭遗》载，1948年《台湾通志馆馆刊》一卷三号有谢汝全《章太炎之行述》称："太炎曾著《中国史略》甫成稿，为台日社同事借阅，竟遭遗失。将归沪，索返璧，该同事匿不敢出，太炎悲不自胜，曰枉费十年心血。"此说无佐证，恐不确。然章氏自二十一岁治诸子史传，有著述之志，至三十二岁离开台湾，时间正为十年。他在台湾的日本友人馆森鸿《送章枚叔序》说他"去年冬，载书数车，入台疆"。则入台时志在著述。其中包括著史，乃至初成稿本，也未可知。本年春章氏在日本，与梁启超关系较融洽，称赞梁"学识日进，头头是道"。梁启超史学思想，也是反对为帝王作家谱，且在《新民丛报》论史学得失。以故章太炎致书商讨。章氏既素有见解，又因翻译《社会学》得了启发，乃致兴会勃发，产生新的整体构思。信中说："酷暑无事，日读各种社会学书，平日有修《中国通志》之志，至此新旧材料，融合无间，兴会勃发。教育会令作《教育杂志》，新译书局令润色译稿，一切谢绝，惟欲成就此志。窃以今日作史，若专为一代，非独难发新理，而事实亦无由详细调查。惟通史上下千古，不必以褒贬人物、胪叙事状为贵，所重专在典志，则心理、社会、宗教诸学，一切可以熔铸入之。典志有新理新说，自与

《通考》《会要》等书，徒为八面链策论者异趣，亦不至如渔仲《通志》蹈专已武断之弊。然所贵乎通史者，固有二方面：一方以发明社会政治进化衰微之原理为主，则于典志见之。一方以鼓舞民气，启导方来为主，则亦必于纪传见之。四千年中帝王数百，师相数千，即取其彰彰在人耳目者，已不可更仆数。通史自有体裁，岂容为人人开明履历，故于君相文儒之属，悉为作表。其纪传则但取利害关系有影响于今日社会者为撰数篇。犹有历代社会各项要件，苦难贯串，则取械仲纪事本末例为之作纪。全书拟为百卷，志居其半，志（表）记纪传亦居其半，盖欲分析事类，各详原理，则不能仅分时代，函胡综叙，而志为必要矣；欲开浚民智，激扬士气，则亦不能如渔仲之略于事状，而纪传亦为必要矣。"

信中开列所拟通史目录，计为五表、十二志、十记、八考纪、二十七别录。

这个目录与《訄书》重订本《哀清史第五十九》所附《中国通史目录》大致相同，后者当是据此改定。

修史一事，与吴保初信中也曾论及。六月二十五日信中说："史事将举，姑先寻理旧籍，仰梁以思，所得渐多。太史知社会之文明，而于庙堂则疏。孟坚、冲远知庙堂之制度，而于社会则隔。全不具者为承祚，徒知记事。悉具者为渔仲，又多武断。此五家者，史之弁髦也，犹有此失。吾侪高掌远蹠，宁知无所阴越，然意所储积，则自以为高过五家矣。"

七月初五信中又说：

"史事前已略陈，近方草创学术志，觉定宇、东原真我师表。彼所得亦不出天然材料，而支那文明进化之迹，藉以发见。

"试作通史，然后知戴氏之学弥仑万有。即小学一端，其用亦不专在六书七音。顷斯宾萨为社会学，往往探考异言，寻其语根，造端至小，而所证明者至大。何者？上世草昧，中古帝王之行事，存于传记者已寡，惟文字语言间留其痕迹，此与地中僵石为无形之二种大史。中国寻审语根，诚不能繁博如欧洲，然即以禹域一隅言，所得固已多矣。"

　　章太炎本年主要学术活动是删革修订《訄书》。《訄书》初刻本问世后，章太炎就不断修订补佚。本年下半年至明年初完成了这一工作。《自定年谱》说："余始著《訄书》，意多不称。自日本归，里居多暇，复为删革传于世。"

　　《訄书》重订本有《前录》两篇，为《客帝匡谬》、《分镇匡谬》。正目如下：

原学第一	订孔第二
儒墨第三	儒道第四
儒法第五	儒侠第六（附：上武论徵张良事）
儒兵第七	学变第八
学蛊第九	王学第十
颜学第十一	清儒第十二
学隐第十三	订实知第十四
通谶第十五	原人第十六
序种性上第十七	序种性下第十八
原变第十九	族制第二十（附：许由即咎繇说）
民数第二十一	封禅第二十二
河图第二十三	方言第二十四
订文第二十五（附：正名杂义）	
述图第二十六	
公言第二十七	平等难第二十八
明独第二十九	冥契第三十

通法第三十一　　　　官统上第三十二

官统中第三十三　　　　官统下第三十四

商鞅第三十五　　　　　正葛第三十六

刑官第三十七　　　　　定律第三十八

不加赋难第三十九　　　明农第四十

禁烟草第四十一　　　　定版籍第四十二

制币第四十三　　　　　弭兵难第四十四

经武第四十五　　　　　议学第四十六

原教上第四十七　　　　原教下第四十八

争教第四十九　　　　　忧教第五十

订礼俗第五十一　　　　辨乐第五十二

相宅第五十三　　　　　地治第五十四

消极第五十五　　　　　尊史第五十六

徵七略第五十七　　　　哀焚书第五十八

哀清史第五十九（附：中国通史略例　中国通史目录）

杂志第六十　　　　　　杨颜钱别录甲第六十一

许二魏汤李别录乙第六十二

解辫发第六十三

　　将两篇前录计算在内，《訄书》修订之后共含六十五篇，对原书删除与新增篇目都不少。显著的思想变化是反满革命思想加强，对孔子及其学说则给以相当尖锐的批判。原书尊孔尊荀，《尊荀》始，《独圣》终，修订之后则以《原学》始，《解辫发》终。《原学》首称："视天之郁苍苍，立学术者无所因，各因地齐、政俗、材性发舒，而名一家。"

　　梳理思想史、评价思想家影响及地位的一组文章仍居全书之首，唯思想与前大不相同。《订孔》曰："远藤隆吉曰：'孔子之出于支那，实支那之祸本也。夫差第《韶》《武》，制为邦者四代，非守旧也。处于人表，至岩高，后生自以瞻望弗及，神葆其言，革一义，若有刑戮，则守旧自此始。故更八十世而无进取者，咎亡于孔氏。祸本成，其胙尽矣。'（远藤氏《支那哲学史》）章炳麟曰：凡说人事，固不当以禄胙应塞。惟孔氏闻望之过情有故。""《论语》者晻昧，《三朝记》与诸告饬、通论，多自触击也。下比孟轲，博习故事则贤，而知德少歉矣。"按此说，孟子与孔子各有短长，荀子则"其视孔氏，长幼断可识矣"。

《学变》谓："汉晋间，学术则五变。董仲舒以阴阳定法令，使学者人人碎义难逃，苟得利禄，不识远略。故扬雄变之以《法言》。《法言》持论至削切，在诸生间，陵矣。王逸因之为《正部论》，以《法言》杂错无主，然已亦无高论。华言积而不足以昭事理，故王充始变其术，作《论衡》疾虚妄，审向背。怀疑之论，分析百端，有所发摘，不避孔氏。汉得一人焉，足以振耻。至于今，亦未有能逮者也。然善为锋芒摧陷，而无枢要足以持守，斯所谓烦琐哲学者。东京之衰，刑赏无章也。儒不可任，而发愤者变之以法家。王符之为《潜夫论》也，仲长统之造《昌言》也，崔寔之述《政论》也。自汉季至吴魏，法家大行。魏衰而说变，崇尚老庄，玄言大作。凡此五变，各从其世。"

《学蛊》认为："宋之余烈，蛊民之学者，程朱亡咎，欧阳修、苏轼其孟。顾炎武、戴震以形名求是之道约之，然犹几不能胜。"

《清儒》认为："大氏清世经儒，自今文而外，大体与汉儒绝异。不以经术明治乱，故短于风议，不以阴阳断人事，故长于求是。"

论语言文字的《方言》、《订文》诸篇，多有新义。《订文》云："吾闻斯宾塞尔之言曰：有语言然后有文字。文字与绘画，故非有二也，皆昉乎营造宫室而有斯制。营造之始，则昉乎神治。有神治，然后有王治。故曰'五世之庙，可以观怪'。禹之铸鼎而为离骚，屈原之观楚寝庙而作《天问》，古之中国尝有是矣。"

"顷之，以画图过繁，稍稍刻省，则马牛鸟鹜，多以尾足相别而已，于是有墨西哥之象形字。其后愈省，凡数十画者，杀而成一画，于是有埃及之象形字。凡象形字，其沟陌又为二：一以写体貌，一以借形为象，所谓人希见生象，而按其图以得仿佛者也。乃若夫人之姓氏，洲国山川之主名，主形者困穷，乃假同音之字以依托之，于是有谐声字，则西域字母根株于是矣。"

论史诸篇，力倡实录精神，于《哀清史》寄感为多，谓唐氏以上，史官得职，宋明以下，朝野私载仍多，实录仍可得十之四五。清代屡兴文字狱，使士人"莫敢记述时事以触罗网。后虽有良史，将无所征信，悲夫！"《中国通史略例》、《中国通史目录》，附于《哀清史》，其梗概前已述之。

《訄书》重订本的出版，在1904年6月，由日本东京翔鸾社铅印。

光绪二十九年癸卯 （1903） 36 岁

《自定年谱》：

> 妾王氏殁。
>
> 清翰林院编修山阴蔡元培鹤庼初为上海南洋公学教员，余因友人蒋智由观云识之。会公学生与任事者交恶，相率退学，鹤庼就租界设爱国学社处之。招余讲论，多述明清兴废之事，意不在学也。薄泉与巴人邹容威丹自日本归，长沙章士钊行严亦来，三人皆年少英发，余以弟畜之。威丹著书称《革命军》，属余为序。行严亦就《苏报》昌言革命。学社诸子又时会林下演说，远近和者浸众。适康有为腾书主君主立宪，力护清虏。余作书驳之，浸寻闻于清廷。清廷责两江总督魏光焘不觉察，甚厉。光焘遣候补道俞明震赴上海查办。余与威丹就逮，羁系租界，时五月上旬也。清廷求各国领事引渡，不许；愿以沪宁路权易之，亦不许。余驳康书虽无效，而清政府至遣律师代表，与吾辈对质，震动全国，革命党声气大盛矣。

本年，革命形势发展很快。章太炎、邹容、章士钊、张继等人在上海鼓吹革命，态度鲜明，言辞激烈。邹容《革命军》在通俗宣传方面，功绩最大。鲁迅曾说过："倘说影响，则别的千言万语，大概都抵不过浅近直截的'革命军马前卒邹容'所做的《革命军》。"章太炎的《驳康有为论革命书》，是章氏最重要的政论文字之一，予保皇党以理论上的致命打击，对全国文人的影响，则有振聋发聩之力。清政府对此极为惊恐，勾结英美租界机构查封《苏报》，逮捕章、邹下狱，是为著名的"《苏报》案"。

本年，日俄帝国主义侵略我国东北的活动加剧，至十二月（公历1904年2月）日俄战争爆发。国人反对侵略、特别是反俄斗争高涨。同月，黄兴等人在长沙成立华兴会。

康梁一派继续在海外宣传改良。康有为除《开明专制论》等政论文字外，又编注《大学注》、《中庸注》、《孟子微》等书，以己意解说，为改良主义提供理论依据。梁启超继续撰述《新民说》等文字外，对哲学问题颇为注意，撰《近世第一大哲康德之学说》，连载于本年及下年《新民丛报》。

黄遵宪在家乡与当地人士讲习新学，设立"犹兴会"，取孟子"不待文王犹兴"之义。又设嘉应兴学会议所，筹办师范学堂，并设补习学堂，还作《小学校学生相和歌》19首，寄希望于教育。

严复译甄克思《社会通诠》成；又译出《穆勒名学》半部。

孙诒让撰《古籀余论》成。

刘鹗《铁云藏龟》成书。

王国维（27岁）致力于康德、叔本华哲学研究。曾云："余之研究哲学，始于壬癸之间。癸卯春，始读汗德（即康德）之《纯理批评》，苦其不可解，几半而辍。嗣是读叔本华之书而大好之。自癸卯之夏，至甲辰之冬，皆与叔本华之书为伴侣之时代也。"

夏曾佑撰《小说原理》，载于《绣像小说》。本年文学创作特别是小说创作很繁荣。李伯元在上海创《绣像小说》半月刊，连载他自己著的《官场现形记》。刘鹗《老残游记》也连载于《绣像小说》。

吴趼人开始著《二十年目睹之怪现状》，连载于《新小说》。

林纾翻译莎士比亚作品。

苏曼殊（20岁）翻译雨果《悲惨世界》。苏氏自本年起，与章太炎交往。

刘师培（20岁）与章太炎订交。政治上受太炎影响较大，赞成光复，改名光汉，并撰写《攘书》以明反清之志。学术上则与太炎切磋经学与文字训诂之学。

柳亚子（17岁）参加中国教育会，在上海爱国学社读书，受教于太炎。嗣后主持《江苏》杂志。章、邹下狱后，《江苏》连续发表评论和诗文，予以声援。章太炎九月（公历10月）有《致柳亚庐书》云：“别数月，忽得《江苏》杂志，见弟所为《郑成功传》，曩吾睹弟之面，而今睹弟之心矣。杂志草创时，辞颇噎塞，数期以来，挥斥慷慨，神气无双，进步之速，斯为极点。”

鲁迅（23岁）仍在日本留学，开始进行文学译著活动。翻译并改写历史小说《斯巴达之魂》等，刊载于《浙江潮》。

吴汝纶逝世，得年64岁。吴氏字挚甫，桐城人，被视为桐城古文殿军。他曾师事曾国藩，属曾门四弟子之一。吴氏精于古文辞，又能注意西学，曾为严复所译《天演论》、《原富》作序。他任京师大学堂总教习，在当时影响很大。其著述，后人辑为《桐城吴先生全书》。

章太炎本年发表的《驳康有为论革命书》，在当日是震聋发聩的革命檄文，在中国民主革命史上有特殊意义；同时，这篇文章富于学理和思辩色彩，学术论战特点明显。李剑农诸人后来曾经评论过：康有为、梁启超师生都是很有学问的人，论政好谈学理，引经据典，旁征博引，当时曾经打动了大批文人学子。但章太炎积极投入革命和保皇两派的论战以后，情况大变。章太炎立论，总要求，也由于某些新派人士只空发高论，纸上谈兵，而不能实践，或言行相悖，使章太炎思想上产生激愤，故而极力提倡力行，甚至有激切之论。四月有《与吴君遂书》云："在学社久，无可为知己道，私自寻理，乃知读书为玩物丧志。程氏之言，诚卓绝已。以此律己，则默坐澂心，差足为消极主义；以此对人，亦谓全学社中宜毁弃一切书籍，而一以体操为务。如是三年，其成效必有大过人者。不然，汤盘孔鼎，既不足为今世用；西方新学，亦徒资窃钩发冢，知识愈开，则志行愈薄，怯葸愈甚。"

这番话在很大程度上只是针砭时弊的激切之论。对学术本身，他的兴趣并未稍减。本年与刘师培订交，是他学术活动中重要事件。刘师培字申叔，号左庵，与章太炎订交后，改名光汉。刘师培出身江苏仪征刘氏，是著名古文世家传人。其曾祖刘文淇、祖父刘毓崧、伯父刘寿曾，都是很有造诣的学者，精于文字训诂之学，特别以专治《左传》闻名天下。刘文淇以四十年精力草创《左传旧注疏证长编》，子孙辈又继续加工，左氏学遂堪称刘氏家学。章太炎入诂经精舍起，就潜心《左传》，著有三十多万字的《春秋左传读》，今逢此世家传人，自然深感庆幸。刘师培时年虽仅二十岁，但功底深厚且聪颖过人，时已著有《驳太誓答问》、《小学发微》等稿，深受太炎推赏。今存太炎本年致刘师培书二通，多方面反映了太炎的学术思想及他当时对学术的实际态度：

"仁君家世旧传贾、服之学，亦有雅言微旨匡我不逮者乎？孟瞻先生所纂《正义》，秘不行世，鄙人素治兹书，盖尝上溯周、汉，得其传人，有所陈义，则以孙卿、贾傅为本，次即子骏父子。中垒虽治《谷梁》，然呻吟《左氏》，见于君山《新论》。是故《说苑》《新序》所述，单文只字，悉东序之秘宝、石室之贞符也。数岁以来，籀绎略尽，惜其不成，仍当勉自次第。学术万端，不如说经之乐。心所系著，已成染相，不得不为君子道之。他日保存以学理为据。征引之博，论据之坚实，非康梁所及；即使所谓掉书袋子，也胜康梁一筹。因而很快争取到广大文人学子的支持。今摘引《驳康有为论革命书》：

"夫以一时之富贵，冒万亿不韪而不辞，舞词弄札，眩惑天下，使贱儒元恶为之则已矣；尊称圣人，自谓教主，而犹为是妄言，在己则脂韦突梯以佞满人已耳，而天下之受其蛊惑者，乃较诸出于贱儒元恶之口为尤甚。吾可无一言以是正之乎？"

"长素又曰：氐、羌、鲜卑等族，以至元魏所改九十六姓，大江以南，骆越闽广，今皆与中夏相杂，恐无从检阅姓谱而攘除之。不知骆越闽广，皆归化汉人而非陵制汉人者也……今彼满洲者，其为归化汉人乎？其为陵制汉人乎？堂子妖神，非郊丘之教；辫发璎珞，非弁冕之服；清书国语，非斯、邈之文，徒以尊事孔子，奉行儒术，崇饰观听，斯乃不得已而为之，而即以便其南面之术，愚民之计。"

清廷鱼肉人民，并无宽容，"况于廷杖虽除，诗案史祸，较诸廷杖，毒螫百倍。康熙以来，名世之狱，嗣庭之狱，景祺之狱，周华之狱，中藻之狱，锡侯之狱，务以摧折汉人，使之噤不发语。虽李绂、孙嘉淦之无过，犹一切被赭贯木以挫辱之。至于近世，戊戌之变，长素所身受，而犹谓满洲政治为大地万国所未有，呜呼！斯诚大地万国所未有矣！"

"人心进化，孟晋不已。以名号言，以方略言，经一竞争，必有胜于前者。今之广西会党，其成败虽不可知，要之继此而起者，必视广西会党为尤胜，可豫言也。然则公理之未明，即以革命明之；旧俗之俱在，即以革命去之。革命非天雄、大黄之猛剂，而实补泻兼备之良药矣。"

本年，由于革命形势发展迅速，对革命党人提出了新的实践

章太炎学术年谱

国粹，较诸东方神道，必当差胜也。"（第一书）

"汉世儒者，墨守一先生之说，须以发策决科，此专持家法者也。向、歆本好博览，左右采获，自在鸿儒通人之列，与墨守者有异。即观子骏之说《左氏》，犹多旁引《公羊》，则向之兼通二家，未为异也。《谷梁》与《左氏》义少违戾，与《公羊》复非同趣。上自孙卿，下至胡常、翟方进辈，皆以《左氏》名家，而亦兼治《谷梁》。盖二家本皆鲁学，异夫《公羊》齐学，绝不相通者。则子政贯综二氏，宜也。"

"至夫古义无征，而新说未凿者，无妨于疏中特下己意，乃不为家法所困。陈硕甫之疏《毛》，惠定宇之述《易》，皆因执守师传，以故拘挛少味，仆窃以为过矣。"

"大著《小学发微》，以文字之繁简，见进化之第次，可谓妙达神旨，研精覃思之作矣。下走三四年来，夙持此义。"（第二书）。

实际上，章太炎虽然兼革命与学术于一身，但在他的潜意识中，似乎将传统文化、传统学术的继承发扬，看成自己的职责，也是舍我其谁的重要职责。这方面，估价是否准确，是另一个问题，首先应当注意的是他对传统文化及学术的重视和执着精神。本年他有《狱中自记》，最能反映这种精神："上天以国粹付余，自炳麟之初生，迄于今兹，三十有六岁。凤鸟不至，河不出图，惟余亦不任宅其位，縶素王素臣之迹是践，岂直抱残守缺而已，又将官其财物，恢明而光大之！怀未得遂，累于仇国，惟金火相革欤？则犹有继述者。至于支那闳硕壮美之学，而遂斩其统绪，国故民纪，绝于余手，是则余之罪也！"

光绪三十年甲辰（1904）37 岁

《自定年谱》：

羁系逾岁，狱犹未决，清廷复要各国公使杂治。是年三月，上海县知县赴会审公廨，摄余与威丹听判。知县宣读外务部会同各国公使判文，章炳麟监禁三年，邹容监禁二年，许以羁系时日作抵，期满后不得住上海租界。时清廷自处原告，故不得不假判决于各国公使，然自是革命党与清廷居然有敌国之势矣。听毕，入外人所置狱中。狱吏课以裁缝役作。友人或求纳致书籍，狱吏许之。始余尝观《因明入正理论》，在日本购得《瑜伽师地论》，烦扰未卒读，羁时友人来致；及是，并致金陵所刻《成唯识论》。役毕，晨夜研诵，乃悟大乘法义。威丹不能读，年少剽急，卒以致病。

本年，帝国主义对华侵略加剧。国内革命运动较前加速发展。同时，清廷方面的洋务改革也有进展。

日俄战争在我国辽东地区进行，春季，俄军侵我辽西。日军经朝鲜由陆路进攻，俄军节节败退。年底，日军侵占旅顺等地。

夏季，英军侵略西藏，攻入拉萨，十三世达赖喇嘛北走。清廷驻藏大臣与英方签订拉萨条约，允开商埠并赔偿军费。

十月，华兴会黄兴等人策划湖南起事，事机暴露，马福益等牺牲，黄兴、宋教仁等东走日本。

冬季，蔡元培、陶成章、龚宝铨等在上海成立光复会。章太炎在狱中积极参预此事的策划领导，后来曾追忆说："光复会初立，实余与蔡元培为之尸，陶成章、李燮和继之。"（《光复军志序》）光复会首任会长为蔡元培，誓词为"光复汉族，还我山河，以身许国，功成而退"。

本年，重视文化、重视文艺的风气继续高涨。天津、济南等地开设博物馆，武昌新派人士开设科学补习所。上海则为新文艺风气的中心地带。曾朴、徐念慈等人创办小说林社，专事翻译、创作、出版小说。该社启事说："本社爰发宏愿，筹集资本，先广购东西洋小说三四百种，延请名人翻译，复不揣梼昧，自改新著，或改良旧作，务使我国小说界，范围日扩，思想日进，由翻译时代而进入著作时代，以与泰西诸大文豪相角逐于世界，是则本社创办之宗旨也。"

《时报》创刊于上海。此报由康梁一派筹划创办，梁启超于春季潜回上海主持。"时罗孝高、狄楚青方奉南海先生命在上海筹办时报馆，任公实亦暗中主持，乃日夕集商，其命名曰《时报》及发刊词与体例，皆任公所撰定。"（罗孝高《任公轶事》）此报主编狄楚卿（也作楚青）字葆贤，号平子，长于文学评论，见解新颖，影响较大。

《二十世纪大舞台》十月创刊于上海，由柳亚子、陈去病主编，刊载剧本、小说，提倡民族革命。出版两期即被清政府查禁。

《新新小说》九月创刊于上海，由陈景韩主编，陈氏善以白话翻译外国小说。

本年，康梁一派继续进行改良和立宪宣传，但已失去从前的影响力。上一年章太炎的《驳康有为论革命书》，本年孙中山的

《敬告同乡书》，均产生了更大影响。冯自由《中华民国开国前革命史》说："甲辰年，康有为命徐勤发刊《商报》于香港，大倡保皇扶满主义。《中国报》乃向之痛下攻击，康徒气为之慑。"

梁启超思想有相当变化。一方面，由几年前的比较激进转为平实和缓，更倾向改良渐进，把教育、讲学、保存国粹看得至高无上；一方面，对学术问题更为重视，特别是对经济史的重视，在近代学术史上颇有意义。

黄遵宪曾于七月致梁启超一书，很能反映两人当时的政治态度和学术态度："公自悔功利之说、破坏之说之足以误国也，乃一意反而守旧，欲以讲学为救中国不二法门。公见今日之新进小生，造孽流毒，现身说法，自陈己过，以匡救其失，维持其弊可也。谓保国粹即能固国本，此非其时，仆未敢附和也。如近日《私德篇》之胪陈阳明学说，遂能感人，亦不过二三上等士夫耳。言屡易端，难于见信，人苟不信，曷贵多言。仆为公熟思而审处之，诚不如编教科书之为愈也。于修身伦理，多采先秦诸子书，而益以爱国、合群、自治、尚武诸条，以及理、化、实业各科，以制时宜，以定趋向。斯宾塞有言：民德不进，弊或屡易其端，而未由杜绝，至哉斯言！"

梁启超本年著述仍甚多。重要者有专书《中国之武士道》、《中国国债史》。重要文章有《墨子学说》、《中国货币问题》、《中国历史上人口之统计》、《外资输入问题》等，均载于所主编之《新民》报上。

严复于本年辞去编译局职事。手批《老子》一书成。另出版《英文汉诂》一书，是我国使用标点符号之始。

王先谦刻成《尚书孔传参正》。按王先谦以显达而提倡朴学，刻书甚多，撰述亦富，但因不精小学，不熟三代礼制，成就终未臻一流，唯此书辨析详明，不枝不蔓，受人推重。

孙诒让撰《契文举例》二卷。按诒让出身朴学世家，又被尊为朴学殿军，而此书辨析龟甲文字，采取客观态度，值得注意。

王国维（28 岁）以全力研究叔本华哲学。王氏作为近代学术史上一个很特殊的人物，思想倾向与治学途径均不同于章太炎、梁启超或其他新旧学人。《静安文集自序》称："自癸卯之夏，至甲辰之冬，皆与叔本华之书为伴侣之时代也。"本年夏王国维写成《红楼梦评论》，提出："美术之务，在于描写人生之苦痛与其解脱之道。"明显反映了叔本华的哲学—美学影响。这也是西方哲学—美学思想第一次系统运用于我国文学评论中。

本年，翁同龢（1830—1904）逝世。同龢字叔平，号松禅，江苏常熟人，曾任户部尚书等要职，与光绪帝有师生之谊，赞同变法改良，且因此而被免职。翁同龢宗今文经学，在当时影响很大，有诗稿十余卷。

文廷式（1856—1904）逝世。廷式字道希，江西萍乡人，曾任翰林侍读学士等职，也因赞同变法改良而遭革职，很受新派文人尊崇。长于诗词，学问也佳，有《补晋书艺文志》等数种。

王鹏运（1848—1904）逝世。鹏运字幼遐，号半塘老人，广西临桂人，以词学名于世。鹏运词作本佳，同时注意词学研究，注意前人词集的搜辑、整理、校勘。所校《四印斋所刻词》、《四印斋宋元三十家词》，均以精审见称。影响所及，形成晚清词学研究的兴盛局面。其后况周颐《蕙风词话》、王国维《人间词话》的出现，均与此风气有关。

自本年四月（《自定年谱》误作三月）判刑三年，至 1906 年五月出狱。章太炎在租界监狱，服役之余，读书甚多，而以佛典为主。本年及下年，著述较少，与监禁条件有关。然而系狱期间，却是章太炎学术思想特别是哲学思想转变的关键时期。要而言之，章氏一方面吸收部分佛学经论，来充实完善自己的认识论和逻辑学体系；另一方面则吸收部分学说，来建立人生观和道德观体系。这种哲学思想的变化，绝非偶然。

中国古代哲学，具有比较明显的实用理性特点，儒墨法诸家勿论，即使老庄哲学，也可称为一种处人间世之学。可以说，佛家因明学的逻辑分析方法，确有其优长之处。然而中国文人在接受佛学的同时，又按着自己的理想风格去改造佛学。所以唐代以后，禅宗、净土宗盛行；而真正高僧玄奘、窥基一派的法相宗却一直冷落，研习《瑜伽师地论》、《唯识论》者不多，深有心得者更少。明清以来，思想学术的发展，特别乾嘉朴学的成就，提高了人们的思维分析水平，刺激了人们对玄理的追求，为晚清佛学在新基础上的再度兴盛，创造了条件。入狱之前，章太炎曾经接触佛典，但未能深入，也缺少兴趣。入狱之后，他努力研习佛典，主要原因不在时间闲暇，而在于找到了适合自己的经论，以培养更缜密的思维方法，以提高思辨水平。对此他并不讳言："余少年独治经史《通典》诸书，旁及当代政书而已，不好宋学，尤无意于释氏。三十岁顷，与宋平子交，平子劝读佛书，始观《涅槃》、《维摩诘起信论》、《华严》、《法华》诸书，渐及玄门，而未有所专精也。遭祸系狱，始专读《瑜伽师地论》及《因明论》、《唯识论》，乃知《瑜伽》为不可加。"（《自述学术次第》）

"余自志学迄今，更事既多，观其会通，时有新意。思想迁变之迹，约略可言。少时治经，谨守朴学，所疏通证明者，在文字器数之间，虽尝博观诸子，略识微言，亦随顺旧义耳。遭世衰微，不忘经国，寻求政术，历览前史，独于荀卿、韩非所说，谓不可易，自余闳眇之旨，未暇深察。继阅佛藏，涉猎《华严》《法华》《涅槃》诸经，义解渐深，卒未窥其究竟。及囚系上海，三岁不觌，专修慈氏、世亲之书。此一术也，以分析名相始，以排遣名相终，从入之涂，与平生朴学相似，易于契机。解此以还，乃达大乘深趣。私谓释迦玄言，出过晚周诸子不可计数，程朱以下，尤不足论。"（《菿汉微言》）

这段话清楚说明了章氏对法相宗思维分析方法的肯定。这种方法与章氏熟悉的乾嘉朴学有相似相通之处，究其深趣，才感到高于晚周诸子乃至程朱各家。

吸收佛家学说来建立人生观、道德观，也是有深刻背景的。社会进步、民族发展，群体事业的成功，都与社会道德风气、与社会每一分子的人生观念、道德品质密切相关。而在近代中国，新的人生观念和道德风气，实在是太需要了。几乎每一位进步思想家的著述中，都可以找到有关言论，或者说，有关的忧虑。戊戌变法失败之际，谭嗣同坚决不肯逃走。他说："各国变法，无不从流血而成，今日中国未闻有因变法而流血者，此国之所以不昌也。有之，请自嗣同始！"他以自己的血唤醒国人，进行道德激励。至于通过学说、通过宗教树立新的人生观念道德观念，更是他一贯关注的问题，他认为真正的佛学可以使人悲悯众生，无我无畏，"故夫善学佛者，未有不震动奋厉而雄强刚猛者也"（《仁学》）。从反面讲，前引黄遵宪本年致梁启超书中"斯宾塞有言：民德不进，弊或屡易其端，而未由杜绝。至哉斯言！"等语，正反映当时思想家对社会道德的忧虑关注。

章太炎利用佛家思想来树立新的人生观、道德观，重要的思路及趋向，与谭嗣同颇为相似。对自己的思路及理想，章太炎在狱中难以系统阐述成文，待到1906年出狱伊始，他就在《东京留学生欢迎会演说辞》中，着力提倡，可参看该年条。

本年六月，《訄书》重订本在日本铅印出版。而重订本的完成，则在1902年下半年至1903年初，见"35岁"条。

光绪三十一年乙巳（1905）38 岁

《自定年谱》：

> 在狱研诵《瑜伽师地论》。威丹狱期将满，春正月，病温，医师以为必死。二月，就会审公廨保释，得谐。出狱前一日，摄赴工部局医院，医师予药一函，归服之，夜半即死。明旦，余往抚其尸，口张目视，恸不能出声。晡时舆尸出狱，上海刘季平舍地葬焉。

本年，帝国主义列强加紧对中国的侵略，国难日深。国内各派政治力量也加紧各自的活动，各种矛盾进一步发展激化。

日俄战争中，日本大胜，夺取了沙俄在我国东北南部的特权，并且强迫朝鲜签订"日韩新协约"，完全控制了朝鲜。俄国败退后，加强了对中国东北北部地区的控制，同年俄国军队还侵入我国新疆地区。

美国政府再提对华门户开放政策，得到英法等国的支持。同年美国订立排斥华工法案，并在实际上排斥所有在美华侨。

国难日深，人所共见，特别日本打败俄国一事，予人诸多启迪和刺激。往日落后衰弱的日本小国，凭借维新之路，跻身列强，有力地说明了很多问题。

清廷开始一些勉强的立宪准备和改良活动，如正式废除科举考试制度；派五大臣出洋考察宪政等等。康梁一派对此抱很大期

章太炎学术年谱

90

望，除加强改良宣传外，还秘密与端方等清廷权贵联系，梁启超代端方起草考察宪政奏议，奏请立宪并赦免维新党人一类奏折，竟达二十余万言。

革命派活动也有长足进展。八月，孙中山为首的兴中会，黄兴为首的华兴会，蔡元培、章太炎为首的光复会合并组成中国革命同盟会，以孙中山为总理。革命党人注重武装斗争的同时，也非常重视理论宣传。十月，同盟会主办的《民报》在日本东京创刊。《民报》从第一号起，便着力批驳康梁，向梁启超的《新民丛报》展开论战，从此两派论战日趋尖锐，时间延续了数年之久。《民报》和《新民丛报》为双方主要阵地，而双方在香港、上海、南洋、北美等地的报刊都参加了论战。随着论战的深入，辨析是非和理论思维的水平不断提高，造成文章风尚的改变。对此，胡适在《五十年来中国之文学》中，作了一番颇为深刻的分析："当日俄战争（1904——1905）以后，中国革命的运动一天一天的增加势力。同时的君主立宪运动也渐渐的成为一种正式的运动。这两党的主张时常发生冲突。《新民丛报》那时已变成君主立宪的机关了，故时时同革命的《民报》做很激烈的笔战。这种笔战在中国的政论文学史上很有一点良好的影响，因为从此以后，梁启超早年提倡出来的那种'情感'的文章，永永不适用了。帖括式的条理不能不让位给法律家的论理了。笔锋的情感不能不让位给纸背的学理了。梁启超自己的文章也不能不变了。"

本年，革命派文人成立的学术团体"国学保存会"创办机关刊物《国粹学报》。这一刊物以"爱国保种，存学救世"为宗旨，有鲜明的民族革命、反清反满色彩。此刊注重发扬民族感情，发掘传统文化，在当时文人中有相当大的影响。此刊一直办到1911年停刊，成为辛亥革命前重要刊物之一。章太炎是此刊主要撰稿人之一，其他主要撰稿人有刘师培、黄侃、陈去病、马叙伦等。此刊主编为邓实和黄节，他俩都是广东顺德人，出自著名学者简朝亮门下。简朝亮有《尚书集注述疏》、《论语集注补正述疏》传世。其治学打破汉宋门户，裁以己意，时有卓见，但也被时人目为怪异。邓、黄二人受时代风潮影响，成为"谈革命而兼学术"的学者。邓侧重于历史，黄侧重于文学，在整理发扬国故方面，均有一定成就。

梁启超编成《节本明儒学案》、《德育鉴》、《越南亡国史》等书。

孙诒让著《名原》。

王国维汇集历年所著文章及古今体诗，编为《静庵文集》。

黄遵宪编辑毕生所作诗（不含《日本杂事诗》）成《人境庐诗草》十一卷。不久病死，得年58岁。按黄遵宪政治上为改良派最重要人物之一。而其诗歌则属晚清"诗界革命"之代表。表现内容之广与形式之新颖、感染力之强，均属一流。梁启超曾说："近世诗人，能熔铸新理想以入旧风格者，当推黄公度。"他的诗论也属当时最高成就，主张：诗之外有事，诗之中有人。今人诗不必处处效法古人，应取古人神理而不袭其貌。"古人未有之物，未辟之境，耳目所历，皆笔而书之"。不名一格，不专一体，要不失乎为我之诗。这种诗歌主张，受到当时及后代学者高度评价。钱基博《现代中国文学史》称之为"毅然有改革诗体之志"。胡适《五十年来中国之文学》说他具有通过民间文学向白话文学过渡的倾向。

黄遵宪另有《日本国志》四十卷。

曾朴《孽海花》刊行。此书为晚清四大谴责小说之一，影响较大。

　　本年，《国粹学报》第三号载《章太炎读佛典杂记》三则，第二则讨论自由问题谓："天下无纯粹之自由，亦无纯粹之不自由。何以言之？饥则必食，疲则必卧，迫于物理，无可奈何。虽昌言自由者，于此亦不得已，故天下无纯粹之自由也。投灰于道，条狼所遮焉；便利于衢，警察将引焉。有法制在，而不得不率行之，则喜其自由矣。虽然，苟欲自由，任其苛罚，亦何不可，今自愿其自由，而率从于法律，即此自愿，亦不得不谓之自由，故曰天下无纯粹之不自由也。然则虽至住囚奴隶，其自由亦无所失。所以者何？住囚奴隶，人所强迫也，而天下实无强迫之事。苟遇强迫，拒之以死，彼强迫亦无所用。今不愿死，而愿从其强迫，此于死及强迫二事，固任其取舍矣。任取其一而任舍其一，得不谓之自由乎？"这段议论令人想到存在主义大师萨特。萨特恰恰出生于 1905 年。二次大战之后，他的存在主义理论风靡世界，其著名论断就是自由在于选择，因而囚徒也是自由的。两位思想家的言论乍看都显得怪异，而其实质均在于倡导一种自持之力，一种主观战斗精神，一种冷傲的自尊。

　　本年十月二十六日，章太炎有《致黄宗仰论佛学书》，右文版与浙江图书馆版《章氏丛书》均未收。1983 年第 4 期《学习与探索》载何新《章太炎论佛学佚书二札》，第二札即出自《致黄宗仰论佛学书》。何新录自 1912 年 9 月《佛学丛报》之创刊号。谢樱宁《章太炎年谱摭遗》对此函又加考证，谓殷孟伦、潘重规主编之重庆中央大学《学林月刊》第一期曾经刊载此函。此函原稿曾藏于张继处，后移国民党党史会保存。此函对了解章太炎哲学思想的发展，有极重要价值。据此可知章氏系狱期间，对西方哲学已有深入研究，并致力于同佛学的比较融通，创获颇多：

　　　　间取哲学诸书以与内典对校，则有彼此熔合无少分相异者。特以文字不同，又更数译，立名既异，莫能明其一致。此则祀罗搏剔，自在其人。今者鼹鼠饮河，未云满腹，然亦稍稍自慰矣。夫"见识"、"现识"，名相则殊，而实际最难分别。"心王"、"心所"，体用有别，而他书无此名词。详细思之，堪德（康德）所谓"事前之识"者，即是能见；所谓"事后之识"者，即是能现。此说自堪德发明而后，学者无不奉之以圭臬。削宾霍野尔（叔本华）立"认识充足义"，分四范畴。其中所谓"先论理的真理"、"先天的真理"者，亦皆此能见。有此三说，而后内典大明。庄以俗情言之，能见则当时已现，能现则当时已见，何见、现之殊耶？

自佛家观之，色心不二，则识中本自有物，而凡人之思想所及者，即不得谓其物之无有。此非以主观武断也。今之所见，不过地球。华严世界，本所未窥，故科学所可定者，不能遽认为定见（原注：此亦陆野尔之言。今按：陆野尔，何新认为是英国哲学家罗素。谢樱宁赞同何新之见），况世间常识耶？夫此地球中龟无毛，兔无角矣，安知宇宙之大，不更有龟毛兔角？以所未见，而谓之无，此非特于主观不合，亦于客观不合也。龟毛兔角，犹曰恒理所有。今使设一念曰：有石女所生之儿，有一物亦方亦圆亦三角，此理所必无也。然而既有此念，则不得谓无此事。即使遍游华严世界，初不见有此事，而此事仍不得言无。

按章太炎 1915 年冬至 1916 年初所述《菿汉微言》，述及自己哲学思想变迁情形，说自己囚禁上海监狱时期，研习佛理；出狱东渡日本后，得闲时研读西方哲学。这段话常被误解，以为章太炎是出狱之后，才逐渐了解西方哲学。而从这封狱中论佛学书可知，章太炎对西方哲学大师康德、叔本华、黑格尔、罗素等人，已经潜心研究，致力于打通东西方哲学，树立合理的哲学观念。

光绪三十二年丙午（1906）　　39岁

《自定年谱》：

　　在狱研诵《瑜伽师地论》。五月，期满出狱。同志自日本来迓。时孙逸仙与善化黄兴克强，已集东京学子千余人设中国同盟会，倡作《民报》，与康氏弟子相诘难。主之者，薄泉及桃源宋教仁遁初、番禺胡汉民展堂、汪兆铭精卫、朱大符执信也。余抵东京，同志迎于锦辉馆。来观者七千人，或著屋檐上。未几，以寿州孙毓筠少侯之请，入同盟会，任《民报》编辑。余以胡、汪诘责卓如，辞近诟谇，故持论稍平。湖南徐佛苏来道卓如意，欲为调停。克强不许。其冬，《民报》创置满一岁，赴锦辉馆庆祝，观者万人。是时东京人材最盛，满洲人留学者至匿姓名不敢言。国内学子以得《民报》为幸，师禁之，转益珍重，化及全域，江湖耆帅皆愿为先驱。而湖南陈天华亦著小册称《猛回头》，潜输内地，重摹至十余次。威丹所作《革命军》者，则直银二十两云。天华后以忧愤蹈海死，不与其成，可惜也。是岁，义军起萍乡，安化李燮和柱中所为也。

　　本年，围绕革命与立宪之争，革命派与改良派继续进行激烈争论。随着清廷假立宪面目的暴露，革命派获得越来越多的支持。七月，清廷颁诏预备立宪，康梁一派及国内立宪派官僚曾抱极大期望。梁启梁当时说："今夕见号外，知立宪明诏已颁，从此政治革命问题，可告一段 落。此后所当研究者，即在此过渡时代之条理何如。"然而清廷随后推行的改革官制等所谓立宪 措施，暴露其顽固专制本色，转使更多群众追随革命派。梁启超年底给康有为的信中说："革党现在东京占极大之势力，万余学生从之者过半。前此预备立宪诏下，其机稍息，及改革官制有名无实，其势益张，近且举国若狂矣。"

以上是两派势力消长大势，出自梁启超之口，可信性无庸置疑。革命派力量的发展，客观上讲，清廷起了"反面教员"作用；主观上讲，是革命派不懈努力的结果。其中包括武装斗争和革命宣传两方面的努力。黄兴组织萍乡、浏阳起义，可为前者之代表。章太炎主编《民报》，及《民报》一周年纪念大会，可为后者之代表。

本年，"中英西藏条约"签订。日本成立南满铁道株式会社。国内民众对清政府的腐败，对民族危难的深重，普遍有所认识。

新的文艺运动发展很快，我国第一个话剧演出团体春柳社成立。

《月月小说》创刊于上海，由吴趼人、周桂笙主持。

小说理论仍受到高度重视，梁启超、王钟麒、吴趼人、狄平子等均有重要论述。

本年，著名学者、章太炎的业师俞樾（曲园）逝世，享年86岁。俞曲园浙江德清人，道光进士，曾任翰林编修、河南学政等职。中年免官后，专事讲学著书，先后主讲苏州紫阳、上海求志、德清清溪、归安龙湖诸书院，而主讲杭州诂经精舍达三十一年之久，造就人才颇多。著作凡五百余卷，统曰《春在堂全书》，其中《群经平议》、《诸子平议》、《古书疑义举例》数种，影响很大。曲园治经，以高邮王氏为宗，且身受长洲陈奂指授，朴学功底深厚。曾与闻常州今文经说，治经颇右《公羊》，深疾守家法违实录者。治小学不用商周铭文材料，这一态度对章太炎很有影响。

严复在上海讲演政治学，成《政治讲义》一书，并译孟德斯鸠《法意》，旋出任安庆师范学堂监督。

梁启超本年有《中国法理学发达史论》、《论中国成文法编制之沿革得失》等著述。

蔡元培在北京译学馆任教，讲授并编印《国文学讲义》。此讲义表现出以语体文取代文言文的认识。其《叙言》说："是故外国语之为译学也，以此译彼域，以地者也，谓之横译。国文之为译学也，以今译古域，以时者也，谓之纵译。不惟此也，文词者，言语之代表，言语者，意识之代表。同一意识也，而以异地之人言之，则其言语不同。是之语之与意识，并非有必不可易之关系。"

王国维著《屈子文学之精神》，并刊行《人间词甲稿》。

鲁迅（26岁）在日本，从仙台医专回到东京，弃医从文。后来在《呐喊·自序》中，他曾述及这一思想转折，认为："凡是愚弱的国民，即使体格如何健全，如何茁壮，也只能做毫无意义的示众的材料和看客，病死多少是不必以为不幸的。所以我们的第一要著，是在改变他们的精神，而善于改变精神的是，我那时以为当然要推文艺，于是想提倡文艺运动了。"

著名小说家李伯元逝世。其代表作品有《官场现形记》、《文明小史》、《活地狱》等。

本年五月，章太炎出狱，孙中山派人迎章至东京，随即加入同盟会，主编《民报》。这一时期章氏的学术研究与革命活动直接关联。基本思想是："第一，是用宗教发起信心，增进国民的道德；第二，是用国粹激动种性，增进爱国的热肠。"（《东京留学生欢迎会演说辞》）他所提倡的宗教是佛教，对佛教的认识及各门派学说的弃取，可参看"37岁"条狱中研习佛典部分。对这篇重要的演说辞，下作摘引：

> 至于近日办事的方法，一切政治、法律、战术等项，这都是诸君已经研究的，不必提起。依兄弟看，第一要在感情，没有感情，凭你有千百万亿的拿破仑、华盛顿，总是人各一心，不能团结。当初柏拉图说："人的感情，原是一种醉病。"这仍归于神经的了。要成就这感情，有两件事是最（要）的：第一，是用宗教发起信心，增进国民的道德；第二，是用国粹激动种性，增进爱国的热情。

> 先说宗教。近来像宾丹、斯宾塞尔那一流人崇拜功利，看得宗教都是漠然。但若没有宗教，这道德必不得增进，生存竞争，专为一己，就要团结起来，譬如一碗的干麸子，怎能团得成面？

这篇演说辞，洋洋六千言，而环环相扣，层层推进，内在逻辑非常紧密，实因出于数年思索。先论述道德改造的必要，再论述利用宗教进行道德改造的必要，然后依次分析各种宗教。他对各种宗教的看法，相当冷静全面，对其好坏两面，均有洞察。再依据根本宗旨进行选择，认为孔教和基督教都有好处，但又有明显弊端，不适合革命事业急需的道德改造。"孔教最大的污点，是使人不脱富贵利禄的思想。自汉武帝专尊孔教以后，这热中于富贵利禄的人，总是日多一日。我们今日想要实行革命，提倡民权，若夹杂一点富贵利禄的心，就像微虫霉菌，可以残害全身，所以孔教是断不可用的。若说那基督教，西人用了，原是有益；中国人用了，却是无益。因中国人的信仰基督，并不是崇拜上帝，实是崇拜西帝。最上一流，是借此学些英文法文，可以自命不凡；其次就是饥寒无告，要借此混日子的；最下是凭仗教会的势力，去鱼肉乡愚，陵轹同类。"

佛教的理论，使上智人不能不信，佛教的戒律，使下愚人不能不信，通彻上下，这是最可用的。但今日通行的佛教，也有许多的杂质，与他本教不同，必须设法改良，才可用得。因为净土一宗，最是愚夫愚妇所尊信的。他所求的，只是现在的康乐，子孙的福泽。以前崇拜科名的人，又将那最混账的《太上感应篇》、《文昌帝君阴骘文》等，与净土合为一气，烧纸、拜忏、化笔、扶箕，种种可笑可丑的事，内典所没有说的，都一概附会进去。所以信佛教的，只有那卑鄙恶劣的神情，并没有勇猛无畏的气概。我们今日要用华严、法相二宗改良宗法。这华严宗所说，要在普渡众生，头目脑髓，都可施舍与人，在道德上最为有益。这法相宗所说，就是万法惟心，……要有这种信仰，才得勇猛无畏，众志成城，方可干得事来。

所以提倡佛教，为社会道德上起见，固是最要；为我们革命军的道德上起见，亦是最要。总望诸君同发大愿，勇猛无畏，我们所最热心的事，就可以干得起来了。

关于研究国粹，章氏说："为甚提倡国粹？不是要人尊信孔教，只是要人爱惜我们汉种的历史。这个历史，是就广义说的，其中可以分为三项：一是语言文字，二是典章制度，三是人物事迹。"（同上）

八月，国学讲习会成立，章太炎为主讲人。讲习会科目分为预科、本科。预科讲文法、作文、历史；本科讲文史学、制度学、宋明理学、内典学。章氏有《论诸子学》，载于《国学讲习会略说》，而未收入《章氏丛书》。此文也载于同年《国粹学报》上，题为《诸子学略说》。文中颇多警策犀利之论：

> 所谓诸子学者，非专限于周秦，后代诸家，亦得列入，而必以周秦为主。盖中国学说，其病多在汗漫。春秋以上，学说未兴。汉武以后，定一尊于孔子，虽欲放言高论，犹必以无碍孔氏为宗，强相援引，妄为皮傅，愈调和者愈失其本真，愈附会者愈违其解故。故中国之学，其失不在支离，而在汗漫。自宋以后，理学肇兴，明世推崇朱氏，过于素王；阳明起而相抗，其言致良知也，犹云朱子晚年定论，孙奇逢辈遂以调和朱陆为能，此皆汗漫之失也。惟周秦诸子，推迹古初，承受师法，各为独立，无援引攀附之事，虽同在一家者，犹且矜己自贵，不相通融。
>
> 说经之学，所谓疏证，惟是考其典章制度与其事迹而已，其是非且勿论也。欲考索者，则不得不博览传记，而汉世太常诸生，唯守一家之说，不知今之经典，古之官书，其用在考迹异同，而不在寻求义理。故孔子删定六经，与太史公、班孟坚辈，初无高下。其书既为记事之书，其学惟为客观之学，党同妒真，则客观之学，必不能就，此刘子骏所以移书匡正也。若诸子则不然，彼所学者，主观之学，要在寻求义理，不在考迹异同。既立一宗，则必自坚其说，一切载籍，可以供我之用，非束书不观也。虽异己者，亦必睹其籍，知其义趣，惟往复辩论，不稍假借而已。是故言诸子，必以周秦为主。

以下论儒道墨法诸家，或有臆断之词，可能是章氏手定《章氏丛书》时，未收此文之故。然而议论纵横犀利，予人启迪至多：

> 儒家之病，在以富贵利禄为心。盖孔子当春秋之季，世卿秉政，贤路壅塞，故其作《春秋》也，以非世卿见志（公羊家及左氏家张敞皆有其说）。其教弟子也，惟欲成就吏材，

可使从政……君子时中，时伸时绌，故道德不必求其是，理想亦不必求其是，惟其便于行事则可矣。用儒家之道德，故艰苦卓厉者绝无，而冒没奔竞者皆是。俗谚有云："书中自有千钟粟"，此儒家必至之弊。贯于征辟、科举、学校之世，而无乎不逼者也。用儒家之理想，故宗旨多在可否之间，论议止于函胡之地。

　　老子以其权术授之孔子，而征藏故书，亦悉为孔子诈取。孔子之权术，乃有过于老子者。孔学本出于老，以儒道之形式有异，不欲崇奉以为本师……老子胆怯，不得不曲从其请。逢蒙杀羿之事，又其素所怵惕也。胸有不平，欲一举发，而孔氏之徒，遍布东夏，吾言朝出，首领可以夕断，于是西出函谷，知秦地之无儒，而孔氏之无如我何，则如著《道德经》以发其覆。借令其书早出，则老子必不免于杀身。如少正卯在鲁，与孔子并，孔子之门，三盈三虚（见《论衡·讲瑞篇》），犹以争名致戮，而况老子之凌驾其上者乎！呜呼！观其师徒之际，忌刻如此，则其心术可知，其流毒之中人，亦可知已。庄子晚出，其气独高，不惮抨弹前哲。愤奔走游说之风，故作《让王》以正之；恶智力取攻之事，故作《胠箧》以绝之。其术似与老子相同，其说乃与老子绝异。

　　以下论墨家，谓墨家学说，为古之宗教学说。墨家学说有矛盾和不完备之处，故不能传之久远，然而墨家道德，实非儒道之徒能望项背。

　　纵横家实为游说家，多与儒者相表里。"儒家者流，势中趋利，故未有不兼纵横者"。儒家不兼纵横，则不能取富贵。秦始皇以后，古之纵横家灭绝。后世纵横之术，实为达官贵人取官爵、沽名誉之术。

法家略有二种。其一为术，申不害言术，属人主所执之术。其二为法，商鞅言法，为臣僚所师之法。"然儒家、法家、纵横家，皆以仕宦荣利为心，惟法家执守稍严，临事有效。儒家于招选茂异之世，则习为纵横；于综核名实之世，则毗于法律。纵横是其本真，法律非所素学。由是儒者自耻无用，则援引法家以为己有。"

以上论列诸子，实为章氏当时对中国思想史的纲领性观点。其中小说家等，论述不详，或以为与章氏轻视小说的态度有关，则不尽然。本年九月，章氏为黄世仲所著64回长篇小说《洪秀全演义》作序，明确肯定通俗小说的价值。序文说：

> 演义之萌芽，盖远起于战国。今观晚周诸子说上世故事，多根本经典，而以己义增饰，或言或事，率多数倍。若《六韬》之托于太公，则演其事者也；若《素问》之托于岐伯，则演其言者也。演言者，宋明诸儒因之为《大学》衍义；演事者，则小说家之能事。根据旧史，观其会通，察其情伪，推己意以明古人之用心，而附之以街谈巷议，亦使田家妇子知有秦汉至今帝王师相之业，不然，则中夏齐民之不知国故，将与印度同列。然则演事者虽多皮傅，而存古之功亦大矣。

当时，道德问题极为章氏关注。《民报》第八号（1906年10月）有章氏《革命之道德》一文，纵论古今成败，证明道德之重要，写得深刻沉痛。文章于顾炎武提倡的知耻、重厚、耿介之外，又提出必信，认为有此四者，方可以负天下兴亡之责。同一时期，章氏著《说林》，论列学者，取舍抑扬标准，常与道德有关。如《衡三老》评论清初三儒，对王船山评价最高，对顾亭林有所惋惜，对黄太冲指责颇尖锐，称其"以明夷待访为名，陈义虽高，将俟虏之下问"。又批评其子黄百家仕清，"以《黄书》种族之义正之，则嗒焉自丧矣！"

《说林》中"定经师"部分，提出评价经师的学术标准，很值得注意：

> 审名实，一也；重左证，二也；戒妄牵，三也；守凡例，四也；断情感，五也；汰华辞，六也。六者不具，而能成经师者，天下无有。学者往往尊崇其师，而江、戴之徒，义有未安，弹射纠发，虽师亦无所避。苏州惠学，此风少衰。常州庄、刘之遗绪，不稽情伪，惟朋党比周是务。以戴学为权度，而辨其等差，吾生所见，凡有五第：研精故训而不支，博考事实而不乱，文理密察，发前修所未见，每下一义，泰山不移，若德清俞先生、定海黄以周、瑞安孙诒让，此其上也。守一家之学，为之疏通证明，文句隐没，钩深而致之显，上比伯渊，下规凤喈，若善化皮锡瑞，此其次也。己无心得，亦无以发前人隐义，而通知法式，能辨真妄，比辑章句，秩如有条，不滥以俗儒狂夫之说，若长沙王先谦，此其次也。高论西汉而谬于实证，侈谈大义而杂以夸言，务为华妙，以悦文人，相其文质，不出辞人说经之域，若丹徒庄忠棫、湘潭王闿运，又其次也。归命素王，以其言为无不包络，未来之事，如占蓍龟，瀛海之大，如观掌上。其说经也，略法今文，而不通其条贯，一字之近于译文者，以为重宝，使经典为图书符命，若井研廖平，又其次也。虽然，说经者，明是非，无所于党。最上者，固容小小隙漏，而下者亦非无微末蚁子之得也。故曰：与其过而废之也，宁过而存之。

本年，章太炎有书信数通，讨论国学，发明颇多。《丙午与刘光汉书》论治《左传》、治方言，及古韵分部，意见简捷明晰：

> 鄙意《左氏》古文，太史公时有义训，子政《说苑》，斯类亦多，其可以发见古义者，凡数十条，当视贾、许尤重。贾

太傅书有《道术》一篇，悉训诂，若取此以说《左氏》，则旧义存者多矣。

古韵分部，仆意取高邮王氏，其外复采东、冬分部之义。王故有二十一部，增冬部则二十二，清浊敛侈，不外是矣。

各省乡土志，体大物博，诚难骤了。博物学复待专门为之。鄙意今日所急，在比辑里语，作今方言。昔仁和龚氏，盖志此矣，其所急者，乃在满洲、蒙古、西藏、回部之文，徒为浩侈，抑末也！仆所志独在中国本部，乡土异语，足以见古志古言者不少。若山东人自称侉子，侉从夸声，本即华字。此可见古语相传，以国名为种名也。

《与人论朴学报书》，论及治小学时重形体而轻声类的倾向；论及顾炎武的小学倾向；又论及孔子的史学地位等等，是了解章氏学术观点的重要资料：

群言淆乱，国故日衰，得《朴学报》振起之，忻慰无量！观其遵守师法，研精覃思，信非季平、长素之侪矣。然与鄙见复有大相径庭者。其治小学，重形体而轻声类，徒以江、戴、段、王，陈义已具，不欲承其末流，故转以本义本形为帜。以此教儿童识字，非无近效，若守此不进，而欲发明旧籍，则沾滞而鲜通，是特王筠《释例》之畴，可称说文学，不可称小学也。指事六例，最为明通，足以补先正之阙矣。经说诸条，学兼今古，非专守十四博士之陋者。抑自周孔以逮今兹，载祀数千，政俗迭变，凡诸法式，岂可施于较近？故说经者，所以存古，非以是适今也。先人手泽，贻之子孙，虽污垢仳劣者，犹见宝贵，若曰尽善，则非也。《礼经》一十七篇，守之贵族，不下庶人。皇汉迄今，政在专制，当代不行之礼，于今无用之仪，而欲肆之郡国，渐及乡遂，何异宁人欲变今时之语，返诸三代古音乎？《毛诗》、《春秋》、《论语》、荀卿之录，经纪人伦，平章百姓，训辞深厚，宜为典常。然人事百端，变易未艾，或非或韙，积久渐明，岂可定一尊于先圣？《春秋》三统三世之说，无虑陈其概略，天倪定分，固不周知。岂有百世之前，发凡起例，以待后人遵其格令者？故知通经致用，特汉儒所以干禄，过崇前圣，推为万能，则适为桎梏矣。仆以素王修史，实与迁、固不殊，惟体例为善耳。百工制器，因者易而创者难，世无孔公，史法不著。

中西学术，本无通途，适有会合，亦庄周所谓"射者非前期而中"也。今徒远引泰西，以征经说，有异宋人以禅学说经耶？夫验实则西长而中短，冥极理要，释迦是孔父非矣。九流诸子，自名其家，无妨随义抑扬，以意取舍。

光绪三十三年丁未（1907）　40岁

《自定年谱》：

逸仙自南洋还东京，作青天白日旗，张之壁上。克强欲作井字旗，示平均地权意。见逸仙壁上物，争之曰："以日为表，是效法日本，必速毁之。"逸仙厉声曰："仆在南洋，托命于是旗者数万人。欲毁之，先摈仆可也。"克强怒，发誓脱同盟会籍。未几，复还。时日本人入同盟会者八人，自相克伐，汉人亦渐有同异。孙、黄、胡、汪南行，遁初亦赴奉天。数月，遁初复来。同志闻逸仙与日本西园寺侯阴事，渐相攻击，异议始起。

宝庆谭人凤石屏来，石屏于同志年最长，耆艾骨鲠，有湘军风。

是岁山阴徐锡麟伯荪刺杀清安徽巡抚恩铭。伯荪性阴鸷，志在光复，而鄙逸仙为人。余在狱时，尝一过省，未能尽言也。后以道员主安徽巡警学堂，得间遂诛恩铭，为虏所杀。其党会稽陶成章焕卿时在日本，与余善，焕卿亦不喜逸仙。而李柱中以萍乡之败，亡命爪哇，焕卿旋南行，深结柱中，遂与逸仙分势矣。

本年，革命党方面加强武装斗争，先后在潮州、惠州、钦州、廉州起义。孙中山、黄兴亲自指挥镇南关起义，与清兵激战七昼夜，因子弹耗尽而败退。徐锡麟刺杀安徽巡抚恩铭，徐锡麟、秋瑾牺牲。

清政府重下"预备立宪"上谕，又下诏满汉平等，用人不分畛域，以图缓和革命情绪，另一方面又严令禁止学生干预国事，还通过驻外使馆，加紧迫害革命党人。

改良派自清政府下诏预备立宪后，积极活动。康有为于丁未年元旦，将保皇会改为国民宪政会，准备直接参加国内政治活动。夏季，梁启超等在东京组织"政闻社"。秋季，政闻社在锦辉馆召开大会，遭革命党人冲击。针对马良、梁启超等改良派的立宪 宣传，章太炎等革命党人作出针锋相对的猛烈批判。七月，《新民丛报》停刊，主要原因是经费紧张。

本年，创刊报纸杂志甚多。重要者有上海《神州日报》；刘师培、何震在日本所办《天义报》；政闻社刊物《政论》（由蒋智由任主编）等。文艺性刊物有黄人（摩西）主编的《小说林》月刊。阿英对此刊评价颇高，他说："创刊号载有黄摩西《小说林发刊词》及东海觉我（徐念慈）《小说林缘起》。两文说明当时中国文艺界对于小说的认识，较之十年前夏穗卿、康有为、梁启超辈，有了较深刻的进一步的理解。"

康有为在美洲，为立宪运动筹措经费。康氏弟子陈焕章，在纽约发起"昌教会"，提倡孔教。然而这似乎并非如一般所说，全出于康氏授意。陈焕章当时致梁启超的信中说："前日先生在纽约时屡与弟商及，或专言政，抑专言教，弟谓不若兼言之。先生又谓不能兼，顷在英伦犹有书言，言不能定此公案。然弟则确欲兼之，因中国政界固当革命，而教界亦当革命也。现弟在此间实有不能不言教之势，一则愤于吾国人之无耻而自贱，二则愤于外人之肆口讥评，三则遇外人之细心考问，不能不答之，四则寻常论辩之中，己亦不自安缄默，故不揣冒昧，发起一昌教会，以为基础，将来拟辑一《孔教约编》，以英文译之，不知能成否也。乞足下有以教之，兹谨将序文付上，伏乞鉴登于《新民丛报》中，以广其传。"（《致饮冰学长书》）信中可见康氏当时并不热心言教。查康氏上年给何擎一的信中曾说："印刷所开办如何？《物质救国论》何尚不刻？（吾最注意此事，余皆妄耳，乃竟阁之二年，可恨！）"其思想状况，也可窥见一斑。

梁启超本年治学著述不多，虽常欲编著《中国史》，终因时间关系而未成。年初，曾著治《说文》的小书一册，题《国文语原解》，计48条，释97文。当时曾致书蒋智由请序，信中谈及章太炎，表示了"政见与学问固绝不相蒙"的愿望："兹专有请者，弟于数日来偶翻《说文》，札记数十条，名曰《国文语原解》，以今日时局之艰，而乃耽治此不急之务，良可愧赧。然既已为之，则亦欲过而存之，敢以原稿就正于先生，视其有发表之价值否？又其中有误谬之点否？乞为纠正。国学萎微之今日，其在此间人士，非先生无以教之，若谓可发表，则请赐以序言（不拘长短），以为光宠，不胜翘企。弟于此学幼而好之，然固匪有心得，近年抛弃已久，益以荒落，东中士夫其粹于此者，惟章太炎，然以政见歧殊，久不闻问，先生能居间以就正于彼（若太炎肯为叙，亦学问上一美谈），尤所愿望。政见与学问固绝不相蒙，太炎若有见于是，必能匡我不逮，而无吝也。"（《致蒋观云先生书》）

王国维任学部图书馆编辑。因治哲学带来思想苦闷，转而治文学。"所以渐由哲学而移于文学，而欲于其中求直接之慰藉者也"。（《三十自序》）以戏曲为主要研究方向，且曰："余所以有志于戏曲者，又自有故。吾中国文学之最不振者，莫若戏曲。元之杂剧，明之传奇，存于今日者，尚以百数，其中之文字，虽有佳者，然其理想及结构，虽欲不谓至幼稚至拙劣，不可得也。国朝之作者，虽略有进步，然比诸西洋之名剧，相去尚不能以道里计，此余所以自忘其不敏而独志乎是也。"（同上）

周树人（鲁迅）在东京与许寿裳、周作人等研讨文艺，筹备出版文艺杂志。周树人发表《人之历史》一文，以达尔文学说阐述人类起源。周作人翻译《红星佚史》，由商务印书馆刊行。

本年，章太炎宣传革命的文章，为数不少。如《讨满洲檄》、《与马良书》及纪念徐锡麟、秋瑾的文章，均很犀利。同时学术文章比例增加。有将学术与当时革命形势直接融汇者，如《社会通诠商兑》等，更多是论学书信，专著性著述则有《新方言》，连载于《国粹学报》。

《社会通诠》，英人甄克思所著。严复译于1903年，作序并加按语，利用甄克思观点，对中国社会性质、中国革命性质，大加议论发挥，宣传改良主义。章太炎所作"商兑"，洋洋数万言，开宗明义，指出问题的重要性，然后逐层反驳甄克思及严复论点。对中国社会性质、中国民族观念、宗教观念，屡有精辟议论，有力地反驳了改良派对同盟会纲领中"驱除鞑虏，恢复中华"含意的歪曲攻击，同时极具学术文章特色：

> 英人甄克思著《社会通诠》，侯官严复译述著录。其所言不尽关微旨，特分图腾社会、宗法社会、军国社会为三大形式而已。甄氏之意，在援据历史，得其指归。然所征乃止赤、黑野人之近事，与欧、美、亚西古今之成迹，其自天山以东，中国、日本、蒙古、满洲之法，不及致详，盖未尽经验之能事者。严氏皮傅其说，以民族主义与宗法社会比而同之。今之政客，疾首于神州之光复，则谓排满者亦宗法社会之事，于是非固无取，于利害则断其无幸。夫学者宁不知甄氏之书，卑

无高论，未极考索之智，而又非能尽排比之愚，固不足以悬断齐州之事，如严氏者，又非察于人事者耶？人心所震矜者，往往以门户标榜为准，习闻其说以为神圣，而自蔽其智能，以世俗之顶礼严氏者多，故政客得利用其说以愚天下。

土断之制，自古然矣。非特冠带之国，互相亲睦者然也。虽于夷狄亦然。春秋时，狐突、舅犯皆为犬戎之族，而著籍晋国，称为名臣，则因而晋人之矣。赵盾有言，微君姬氏，则臣狄人也。然则赵盾不反晋国，则虽以赵衰之子，而不得不狄人视之，及其归晋，则因而晋人之矣。反之，吴出于周，越出于夏，皆帝王神圣之胄，而以远窜蛮方，世用夷俗，《春秋》之书夫差、句践也，曾不得比于士伍，削其人之称，而谓之吴与於越而已。若不以地著为重者，则惟当问其祖宗为何等？而安用是纷纷者为！

海外诸教，释氏先入于汉世矣，天方继入于唐世矣，基督晚入于明世矣。是时人民望此以为导师，欢喜踊跃，如大旱之见长蛛。特一二士人以其背弃儒法，而被以异端之名，非社会之总意然也。若曰距今五十年中，常有排教之事，则不知基督教之来也，常挟国权以俱来，而所至有陵轹细民之事。入其教者又藉此以武断闾里之间，是所以促其反动，而非由宗法社会使然。

论学书信形式的《答铁铮》一文，是了解章氏学术思想的重要文献。章氏力倡佛学法相宗，受到一些人的误解，也受到其他学派的攻击。此文阐述了倡导法相宗的理由，阐述了对中国思想史的看法，特别是对孔子的看法。此文的核心在于提倡"依自不依他"的哲学态度。按当时社会，百态纷呈，历史进程，曲折多变，章氏对法相宗的提倡，收效并不明显，但他提倡的这种哲学态度、人生态度，却影响了一大批青年革命者，观鲁迅等人早期论文，可以清楚地看到这种影响。《答铁铮》行文简扼：

昨睹尊论，以为佛家之学，非中国所常习，虽上智之士，犹穷年累月而不得，况于一般国民，处水深火热之中，乃望此迂缓之学，以收成效，何异待西江之水以救枯鱼？求仆解答。仆非敢以大将临河，讲诵《孝经》之术，退黄巾也。顾以为光复诸华，彼我势不相若，而优胜劣败之见，既深中于人心，非不顾利害，蹈死如饴者，则必不能以奋起，就起，亦不能持久。故治气定心之术，当素养也。明之末世，与满洲相抗、百折不回者，非耽悦禅观之士，即姚江学派之徒。日本维新，亦由王学为其先导。王学岂有他长？亦曰"自尊无畏"而已。其义理高远者，大抵本之佛乘，而普教国人，则不过斩截数语，此即禅宗之长技也。仆于佛学，岂无简择？盖以支那德教，虽各殊途，而根原所在，悉归于一，曰"依自不依他"耳。上自孔子，至于孟、荀，性善、性恶，互相阋讼。讫宋世，则有程、朱；与程朱立异者，复有陆、王；与陆、王立异者，复有颜、李。虽虚实不同，拘通异状，而自贵其心，不以鬼神为奥主，一也。佛教行于中国，宗派十数，独禅宗为盛者，即以自贵其心，不援鬼神，与中国心理相合。故仆于佛教，独净土、秘密二宗有所不取。以其近于祈祷，猥自卑屈，与勇猛无畏之心相左耳。虽然，禅宗诚斩截矣，而末流沿袭，徒事机锋，其高者止于坚定无所依傍，顾于惟心胜义，或不了解，得其事而遗其理，是不能无缺憾者。是故推见本原，则以法相为其根核。

盖近代学术，渐趋实事求是之途，自汉学诸公分条析理，远非明儒所能企及。逮科学萌芽，而用心益复缜密矣。是故法相之学，于明代则不宜，于近代则甚适，由学术所趋然也。

孔氏之教，本以历史为宗。宗孔氏者，当沙汰其干禄致用之术，惟取前王成迹可以感怀者，流连弗替。《春秋》而上，则有六经，固孔氏历史之学也。《春秋》而下，则有《史记》《汉书》以至历代书志、纪传，亦孔氏历史之学也。若局于《公羊》取义之说，徒以三世、三统大言相扇，而视一切历史为刍狗，则违于孔氏远矣！

汉族心理，不好依他，有此特长，故佛教得迎机而入，而推表元功，不得不归之孔子。世无孔子，即佛教亦不得盛行。仆尝以时绌时申、哗众取宠为孔子咎；至于破坏鬼神之说，则景仰孔子，当如岱宗北斗。凡人言行相殊，短长互见，固不容以一端相概也。

按章太炎提倡佛学，主张"依自不依他"，谈论"惟心胜义"，基点在于提倡一种人生哲学观念，即自贵其心，不援鬼神，自尊无畏，蹈死如饴的人生态度。这其中固然含有唯心成份，但与今世所谓唯心主义世界观，又有所不同。诚如章氏自己所说：因为近代学术，渐趋实事求是之途，加之科学萌芽，故法相宗学说，方能适用也。章氏本年有《与人论国学书》、《再与人论国学书》。二书主旨，即在倡导实事求是的治学态度。这与提倡法相宗，并不矛盾。前一书批评郑樵、章学诚，列举其实证性错误并批评其著述方法；对杜佑、刘知几则加以肯定："学者喜郑、章二家言，至杜佑、刘知几则鲜留意。杜佑括囊大典，朴质无华，刘亦精审，不作狂语。"文章又批评"今者钞集杂书，采辑异论，虚实谛妄，一切无辨章者，此虽博若渊渟，亦奚以为？"

后一书提出："学名国粹，当研精覃思，钩发沉伏，字字征实，不蹈空言，语语心得，不因成说，斯乃形名相称。若徒摭旧语，或张大其说以自文，盈辞满幅，又何贵哉？实事求是之学，虑非可临时卒辨。""今日著书易于往哲，诚以证据已备，不烦检寻尔。然则敕录实微，亦非难事，非有心得，则亦陈陈相因。不学者或眩其浩博，识者视之，皆前人之唾余也。左氏故言，近欲次录，昔时为此亦几得五六岁。乃今仍有不惬意者，要当精心汰渐，始可以质君子。行箧中亦有《札记》数册，往者少年气盛，立说好异前人，由今观之，多穿凿失本意，大抵十可得五耳。假我数年，或可以无大过矣！"这两封书信，既反映章太炎具体的国学观点，又反映他对客观事物的态度，值得珍视。

自 1906 年东渡以来，章太炎一直注重研究小学，有诸多文章、书信讨论文字、音韵之学，并特别注意研究方言。究其原因，并不单纯。章氏为俞曲园高足，精研小学，功力非凡，兴趣浓重，只是原因之一。此外，时代发展，社会上倡导白话文的意识不断加强。黄遵宪早在《日本国志·学术志》（1887 年）中就指出："盖语言与文字离，则通文者少，语言与文字合，则通文者多。"并提倡通俗晓畅之文。戊戌变法时，裘廷梁曾发表《论白话为维新之本》的著名论文。对这类主张，语言文字学家章太炎不能不从学术上作出思考回答，并按照自己的方案加强研究。再次，当时由日本人发起，成立汉字统一会，准备简化并统一汉字，使之通行于中、日、朝三国。著名官僚张之洞、端方并代表中国方面出任会长。不管日本学者的本来动机若何，在当时三国间的具体情况下，这一行动客观上呼应了日本帝国主义所谓同文同种、提携共荣的大东亚政策。章太炎从学术角度反对汉字统一会，也促使他加强了小学研究。或云章太炎此际半谈革命，半做古奥无用的学问，暴露中国知识分子的矛盾云云，则实为脱离实际、空洞教条的想当然之辞。本来，章太炎东渡之初，便提出发扬国粹以激发爱国心。发扬国粹包括研究祖国语言文字、典章制度、人物事迹等等。对此，从理论上反对者极少，但一接触到具体研究，则以

113

为古奥无用者，却颇有人在。这倒适足暴露了一种狭隘态度。

本年，章太炎发表《汉字统一会之荒陋》（收入《太炎文录》时改题《论汉字统一会》），阐述了对改革汉字、文言统一及中日使用汉字之异同等问题的看法：

汉字统一会者，规设于日本人，以反对罗甸字母，且欲联合亚东三国，遵循旧文，勿令坠地，亦微显阐幽之义也。然选择常用之字以为程限，欲效秦皇同一文字事，斯在日本，则因陋就简可也。顾中国人亦争附之，张之洞、端方辈且代表国人为会长矣。端方胡产，素未习中土学术，特佻巧效名士以自豪，固无足论。张之洞盖略知小学也，亦含胡与其会，何哉？日本与中国名为同文，其源流固绝异。中国文字自古文、小篆以至今隶，形体稍减省，而声音训诂，古今相禅。不知双声叠韵者，不可以识音变之条；不知转注假借者，不可与论义变之例。故虽习用今隶，而不得无溯其源于古文、小篆。日本则不然，强用汉字以为符号，汉字以外自有假名，今隶不备，则切假名以足之。是故所用汉文虽不越二千余字，绰然无匮乏忧，以自有补阙之具也。然则日本虽用汉文，犹清书之取唐古特字而已，皮傅则相似，指实则相违也。

若综其实，则今之里语，合于《说文》、《三仓》、《尔雅》、《方言》者正多。双声相转而字异其音，邻部相移而字异其韵，审知条贯，则根柢豁然可求。余是以有《新方言》之作，虽甚简略，得三百七十事，然字为《说文》正体，而不习见者，多矣。推此，则余所未知者，或当倍蓰……虽然，是三百七十事者，文理密察，知言之选，自谓悬诸日月不刊之书矣！自子云以后，未有如余者也。若遍讨九州异语，以稽周秦汉魏间小学家书，其文字往往而在，视今所习用者，或增千许，此固非日本人所能知，虽中国儒流乐文采者，亦莫知也。

俗士有恒言，以言文一致为准，所定文法，率近小说演义之流。其或纯为白话，而以蕴藉温厚之词间之，所用成语，徒唐宋文人所造，何若一返方言，本无言文岐异之徵，而又深契古义，视唐宋儒言为典则耶？昔陆法言作《切韵》，盖集合州郡异音，不悉以隋京为准。今者音韵虽宜一致（如所谓官音者。然顺天音过促急，平入不分，难为准则），而殊言别语，终合葆存。但令士大夫略通小学，则知今世方言，上合周、汉者众，其宝贵过于天球、九鼎，皇忍拨弃之为！彼以今语为非文言者，岂方言之不合于文，顾士大夫自不识字耳。若强立程限，非直古书将不可读，虽今语亦有窒碍不周者。代以同音之字，则异地者勿能通晓。夫正名百物，所以明民共财，汗漫书之，甚无谓也！

夫字失其音，则荧魂丧而精气萎，形体虽存，徒糟粕也，义训虽在，犹盲动也。是故扬、许故书，非不入目，而《一切经音义》且视汉土藏本为完周，然皆纷如散钱，勿能施以条贯也。汉土自中唐以降，小学日微，其芒昧亦几与日本等。二徐、邢叔明、贾昌朝之流，不绝如线，而皆执守单文，勿能左右采获。王介甫新学起，小学遂大破坏，硕果不食，则王圣美始发右文之绪，郑庠、吴棫潜伏蘖芽，稍益旁求古韵，数遭绳削，以有宁人、慎修之书，由音索义，廓尔洞通。休宁大儒出，九变复贯，传之其人，百余年中，形、音、义，三皆得俞脉，非特超轶唐宋，其神解聪察，虽汉儒犹愧之矣！

章太炎自1906年开始撰写《新方言》，自本年秋季起，连载于《国粹学报》，至1908年载完，后出单行本。本年有与黄侃书两通，专论治方言。《再与黄侃书》论列方言六例，一曰：一字二音，莫知谁正。二曰：一语二字，相近相乱。三曰：就声为训，皮傅失根。四曰：余音重语，迷误语根。五曰：音训互异，凌杂难晓。六曰：总别不同，假借相贸。章氏曰："明斯六例，经以音变，诸州国殊语，诘诎者虽未尽憭，傥得模略，足以聪听知原。"

光绪三十四年戊申（1908）　41岁

《自定年谱》（节录）：

　　初，孙、黄之南也，以同盟会事属长沙刘揆一林生。林生望浅，众意不属。既与逸仙有异议，孙、黄亦一意规南服，不甚顾东京同志，任事者次第分散。溥泉以言社会主义为日本法官逮捕，脱走欧洲。遁初贫甚，常郁郁，醉即卧地狂歌，又数向民报社佣婢乞贷。余知其事，曰："此为东人笑也。"急取社中余资赒之。然资金已多为克强移用，报社穷乏，数电告逸仙，属以资济，皆不应。

　　清遣唐绍仪赴美洲，绍仪过日本，因胁日本当事封禁《民报》，使馆亦遣人潜入报社下毒。社员汤增璧饮茗，几死。余欲取绍仪，绍仪已去，因诣留学生总会馆，自顾黎函中得绍仪像，击堕地，蹴碎之。会清主、太后先后死，袁世凯罢，绍仪至美洲，亦无所就而返。

　　本年，同盟会领袖孙中山、黄兴等仍将精力集中于南部沿边武装起义，先后发动钦州、河口等起义，其中钦州起义坚持四十余日，失败后退入越南。章太炎等在经费紧张情况下，坚持编辑出版《民报》。秋季，日本当局迎合清政府要求，封禁《民报》。章太炎交涉斗争多次仍未解禁。至此，《民报》共出版24期。

　　清政府仍执行搪塞、拖延政策，拖延立宪筹备期，甚至打击

急于立宪 的改良派。七月，下令各省查禁政闻社，缉拿社员。十月，光绪帝、慈禧太后先后死，溥仪即帝位，载沣以摄政王监国，十二月，清廷罢斥袁世凯，皇室直接掌握军队。

改良派方面，年初将政闻社本部由东京迁往上海，由马良、徐佛苏主持。政闻社积极活动，企图联合清朝肃亲王善耆等人，罢斥袁世凯。政闻社被查禁后，康梁等人一度消沉。载沣监国后，改良派活动有所振作。

本年，孙诒让逝世，得年 61 岁。诒让浙江瑞安人，精研小学、群经、诸子，有清代朴学殿军之称。孙诒让逝世后，章太炎作《孙诒让传》、《瑞安孙先生哀辞》（详后）。

皮锡瑞逝世，得年 59 岁。皮锡瑞湖南善化人，因仰慕西汉《尚书》今文大师伏生，署居所曰"师伏堂"，因称师伏先生。皮锡瑞先后主讲湖南龙潭书院、江西经训书院。戊戌变法时任南学会学长，讲学与康梁呼应。变法失败后杜门著述，庚子国变后历任湖南诸学堂讲席。皮氏著述甚丰，有《师伏堂丛书》及《皮氏八种》，其中影响最大者，为《经学历史》和《五经通论》。皮氏治学，门径清楚，持论平实，善于启迪初学，影响很大。

章太炎有《驳皮锡瑞三书》，激烈批评皮锡瑞的今文经学观点。但在《说林·定经师》文中，章氏分经师为五等，第一等举出俞樾、黄以周、孙诒让；第二等即以皮锡瑞为代表，肯定其"守一家之学，为之疏通证明，文句隐没，钩深而致之显"的学术成就。第三等王先谦，第四等王闿运，第五等廖平。这样分等，既反映章太炎的学术观点，也反映皮锡瑞在晚清经学史上的地位。

康有为居住槟榔屿。本年冬，梁启超手写《南海先生诗集》，康有为亲予校订，并作自序曰："门人梁启超请收拾丛残，发愿手写。搜箧与之，尚存千余篇。亡人何求，又非有千秋之名心也；抑以写身世，发幽怀，哀乐无端，咏叹淫佚，穷者达情，劳者歌事，小雅国风之所不弃也。后之诵其诗论其世者，其亦无罪也！"

梁启超著《王荆公》一书，凡22章，对王安石及其变法详加研究。本年广智书局出版单行本。启超又有《中国古代币材考》等文章。

严复译成《名学浅说》。同年手批《王荆公诗集》。

王国维著《人间词话》，在《国粹学报》连载。这部词话以"境界"说闻名，影响很大。由于作者接受了一些西方美学思想，特别是受叔本华、尼采影响较深，这部词话与传统词话间，存在较多差异。哲学—美学倾向明显，内在联系也紧密。

王国维又编成《曲录》六卷，收宋元明清戏曲家208人，戏曲2196种，并收总集和曲谱曲韵等书。这部书目为王国维治宋元戏曲史，奠定了一个基础。此外，王国维又辑成《唐五代二十家词》。

鲁迅在东京，从章太炎学习《说文解字》，开始翻译、编辑《域外小说集》，并发表《摩罗诗力说》、《文化偏至论》等论文。

本年，章太炎鼓吹革命的政论时评、文章数量仍多。如《排满平议》、《政闻社解散之实情》等。《排满平议》以极大篇幅考证汉族及少数民族历史，并申明："吾侪所执守者，非排一切政府、非排一切满人；所欲排者，为满人在汉之政府。而今之政府为满洲所窃据，人所共知不烦别为标目，故简略言之，则云排满云尔。"显见并非狭隘的种族主义。

本年，学术著述比重增加，并以很多精力从事讲学。学术著述中，小学比例最重，其次是论佛学和治《左传》。

《新方言》本年六月在《国粹学报》续完。章氏对此书极为重视，评价甚高（见上年《汉字统一会之荒陋》引文）。至下年七月，本书（附《岭外三州语》）出版单行本，今一并述之。全书十一篇，依次为释词、释言、释亲属、释形体、释宫、释器、释天、释地、释植物、释动物、音表。卷首有章太炎序，署"周召共和二千七百四十九年"，当为1908年。序言陈述"声音，文字之本柢"之理，提出："考方言者，在求其难通之语，笔札常文所不能悉，因以察其声音条贯，上稽《尔雅》《方言》《说文》诸书，敳然如析符之复合，斯为贵也。乃若儒先常语，如不中用、不了了诸文，虽亡古籍，其文义自可直解，抑安用博引为？"

序言阐发戴震意见：人之语言万变，而声气之微，有自然之节限。是故六书依声托事，假借相禅，其用至博，操之至约。故曰疑于义者以声求之，疑于声者以义正之。

经过考察，提出方言六例，即一曰一字二音，莫知谁正；二曰一语二字，声近相乱；三曰就声为训，皮傅失根；四曰余音重语，迷误语根；五曰音训互异，凌杂难晓；六曰总别不同，假借相贸。此六例与黄侃书中已述之，惟序中经前后议论，易从戴震转语之说，加深理解。序言申明："会仪征刘光汉申叔，蕲黄侃季刚亦好小学，申叔先为札记三十余条，季刚次蕲州语及诸词气，因比辑余说及二君所诊发者，亡虑八百事，为《新方言》十一篇。"

刘师培所撰后序论述了研究方言的价值："盖古本一字，音既转而形亦更，则一义不一字。有其音转而形不变者，则一字不一音。一义数字，是为字各异形；一字数音，是为言各异声，然皆方言不同之所致也。"

"夫言以足志，音以审言，音明则言通，言通则志达。异日统一民言，以县群众，其将有取于斯。抑自东晋以还，胡羯氏羌入宅中夏，河淮南北，间杂夷音，重以蒙古建州之乱，风俗颓替，虏语横行，而委巷之谈，妇孺之语，转能保故言而不失，此则夏声之仅存者。"

　　黄侃后序说：“方今中国虽衰，学术未泯，宜有好古审音之士，绍隆斯绩，倘令殊语皆明，声气无阂，乡曲相鄙之见，由之以息，文言一致之真，庶几可睹。”

　　显而易见，章太炎、刘师培、黄侃等人，对于方言研究，都不仅仅着眼于古代语言的演变。他们都考虑到未来的文言一致问题，都考虑到发扬国粹、激发爱国心问题。

　　五月，章太炎在《民报》上刊载《博征海内方言告白》，简明又全面地阐述了自己的观点：

　　　　中国方言，传承自古，其间古文古义，含蕴甚多，而世人不知双声相转、叠韵互变之法，至有其语而不能举其字。通行文字，形体不过二千，其伏在殊言绝语中者，自昔无人过问。近世有文言一致之说，家乃遏绝方言，以就陋儒之笔札，因讹就简，而妄人之汉字统一会作矣。果欲文言合一，当先博考方言，寻其语根，得其本字，然后编为典语，旁行通国，斯为得之。仆前撰《新方言》一册，略得三百七十余条，近复展转钩考，又发现百余事。一人耳治，势不能周，愿海内知言之选，各举乡土殊言以告。上书今语，下解义训，旁注某省某府某县，以便订实。

　　本年，围绕汉语言文字的改革问题，章太炎同巴黎《新世纪》编撰者进行了一场论战，《驳中国用万国新语说》多角度驳论对方观点并提出自己的方案，是一篇力作：

　　　　巴黎留学生相集作《新世纪》，谓中国当废汉文，而用万国新语。盖季世学者，好尚奇觚，震慑于白人侈大之言，外务名誉，不暇问其中失所在，非独万国新语一端而已。其所执守，以象形字为未开化人所用，合音字为既开化人所用。且谓汉文纷杂，非有准则，不能视形而知其字，故当以万国新语代之。

按万国新语，今通称为世界语，是一些欧洲学者以印欧语系语言为基础，改造创新而成。有人企图以世界语统一世界语言文字，而逐渐废除各国语言文字，但迄今未达到目的。因为语言文字的产生、运用及其演变，受种种内部规律和外部规律制约。语言文字既是维系一个民族共同体的基本要素，也与该民族共同体的命运息息相关。经济的、文化的、历史的和民族心理的影响，无不投射于语言文字。作为人类社会的交际工具，它进入运转之后，不能单纯依某些人的主观意志而停止或取消。巴黎《新世纪》的编撰者们，是一批激进的中国学者和留学生，政治上接近革命派，思想上多半崇仰无政府主义和乌托邦社会主义，有一定民族虚无主义倾向。他们对汉语言文字造诣不深，但很武断，把事情看得简单，对争论对手，时以恶语相加。章太炎根据语言文字的实际运用情形，来展开驳论：

> 欧洲诸语，本自希腊、罗甸，孳乳以成，波澜不二。然改造者不直取希腊、罗甸之言，而必以万国新语为帜者，正由古今异撰，弗可矫揉。以此相稽，则汉语之异于万国新语，视万国新语之异于希腊、罗甸，其远弥甚。在彼则以便俗为功，在此则以戻匡从事，既远人情，亦自相牴牾甚矣。若夫象形、合音之别，优劣所在，未可质言。今者南至马来，北抵蒙古，文字亦悉以合音成体，彼其文化，岂有优于中国哉？

> 必欲尽废汉文，而用万国新语者，其谬则有二事：一、若欲统一语言，故尽用其语者，欧洲诸族，因与原语无大差违，习之自为径易。其在汉土，排列先后之异，纽母繁简之殊，韵部多寡之分，器物有无之别，两相径庭。此其荦荦大者，强为转变，欲其调达如簧，固不能矣。乃夫丘里之言，偏冒众

有，人情互异，虽欲转变无由。杜尔斯兑氏言：中国"道"字，他方任用何文，皆不能译。夫不能译者，非绝无拟议之词也。要之，封域大小，意趣浅深，必不能以密切。猥用彼语以相比况，将何以宣达职志，条凭性情？

二、若谓象形不便，故但用其音者，文明野蛮，吾所不论，然言语文字者，所以为别，声繁则易为别而为优，声简则难为别而为劣……（汉语）计纽及韵，可得五十余字，其视万国新语以二十八字母含孕诸声音，繁简相去，至悬远也。

且汉字所以独用象形，不用合音者，虑亦有故。原其名言符号，皆以一音成立，故音同义殊者众，若用合音之字，将芒昧不足以为别。况以地域广袤，而令方土异音，合音为文，逾千里则弗能相喻，故非独他方字母不可用于域中，虽自取其纽韵之文，省减点画，以相绯切，其道犹困而难施。

以上驳论，着眼于语言的社会交际工具作用，注意了语言同社会的种种联系，语言约定俗成的特点。指出中国国土辽阔，方音不同，因而汉字象形及一字一音，有着积极的交际价值。通过分析汉语汉字各方面特点，肯定汉语文的优长之处，比较切实地反驳了废除汉语文的主张。在其后的《规〈新世纪〉》文中，章太炎进一步强调语文同社会文化和民族心理的联系。看到语言文字不能突变、不能强行转换的特点。他以俄国统治波兰时，强以取消波兰语为例。波兰人不接受这种强制，"家人父子暮夜造膝之间，犹私习故言，以抒愤懑，故露人侦伺虽严，而波兰语犹至今在"。他明确提出："文字者，语言之符。语言者，心思之帜。虽天然语言，亦非宇宙间素有此物，其发端尚在人为，故大体以人事为准。人事有不齐，故言语文字亦不可齐。"

驳论同时，章太炎也正视汉语言文字的缺点，《驳中国用万国新语说》提出积极的改造方案，要点有三。一为审音正音，犹如今之推广普通话。二为推行注音字母，既可识字，又利正音。三为推行标准草书，可视为简化汉字的一个途径。

今各省语虽小异，其根柢固大同。若为便俗致用计者，习效官音，虑非难事。若为审定言音计者，今之声韵，或正或讹，南北皆有偏至。北方分纽，善符于神珙，而韵略有函胡；广东辨韵，眇合于法言，而纽复多淆混。南北相校，惟江汉处其中流，江陵、武昌，韵纽皆正，然犹须旁采州国，以成夏声。

欲使速于疏写，则人人当兼知章草……要之，汉初文史，辞尚简严，犹以草书缀属，今之繁辞，则宜用草书审矣。大抵事有缓急，物有质文，文字宜分三品：题署碑版，则用小篆；雕刻册籍，则用今隶；至于仓卒应急，取备事情，则直作草书可也。然自张旭、怀素以来，恣意钩联，形淆已甚。当依《急就》正书，字各分区，无使联绵难断，而任情损益，补短裁长，以求侧媚者，一切遮禁。字形有定，则无由展转纷歧。

汉字注音，自古有"读若"和反切等法，但均不便初学。章太炎还指出："然世人不能以反语得音者，以用为反语之字，非有素定，尚不能知反语之定音，何由知反语所切者之定音哉？"因此章太炎主张废除旧的反切注音方法，推行新的注音字母，并且做了具体工作："故尝定纽文为三十六，韵文为二十二，皆取古文、篆、籀径省之形，以代旧谱。"纽文（今称声母）分喉音、牙音、舌头音、舌上音、正齿音、齿头音、重唇音、轻唇音、半舌音、半齿音。韵文（今称韵母）皆用平声字为之。

如是上纽下韵，相切成音。凡《说文》《玉篇》《广韵》所著反语字，作某纽某韵者，皆悉改从纽文韵文，类为音表。音表但记音声，略及本义，小字版本不过一册，书僅竹笘，以此标识其旁，则定音自可得矣。然当其始入蒙学，即当以此五十八音谛审教授，而又别其分等、分声之法。

这个方案，为民国后我国采用注音符号，奠定了基础。章氏弟子许寿裳后来追忆："现今常用的注音符号，亦系发原于章先生。先生曾说切音之用，只在笺识字端，令本音画然可晓，故曾定纽文为三十六，韵文为二十二，皆取古文篆籀径省之形，以代旧谱。至民国二年，教育部召集读音统一会。开会的时候，有些人主张用国际音标，有些人主张用清末简字，各执一偏，争执甚烈。而会员中，章门弟子如胡以鲁、周树人、朱希祖、马裕藻及寿裳等，联合提议用先生之所规定，正大合理，遂得全会赞同。其后实地应用时，稍加增减，遂成今之注音符号。"

本年，章太炎论佛学文章有《大乘佛教缘起说》、《辨大乘起信论之真伪》、《答梦庵》、《告四众佛子书》等。

《大乘佛教缘起说》就佛教大小乘间，谁为佛佗真传一段千年公案，阐发己见，议论发挥颇为酣畅。大乘后起，源流学派也较混杂，故受小乘攻击，谓其学说非佛佗所传。大乘称对方为小乘，不能载渡众生，讥贬意味自见。章太炎所从唯识宗属大乘，维护大乘自是意中事。但章氏之辩，却非狭隘门派之辩，他维护大乘，却并不否定小乘，而根据自己的理解，把佛学哲学化，把佛教泛神化或者非神化。就佛教初起阶段而言，这样理解是合理的。章太炎认为大小乘均传佛佗之说，也都有混杂不粹之处，这也是客观的看法。他指出："佛教本平民宗教，与婆罗门异撰，应化五天，所至说法，自必用其方俗。"

"小乘虽奉扬佛法，而恢张其义，曼衍其辞者多矣。夫大乘者，亦犹是也。"

　　"大乘经典之中，如般若、法相诸宗，皆有循环研核之语。余方等中类此者，亦甚不少。本是佛灭度后，大乘诸师寻理绪言，本隐之显，敷畅其义而为之，非一一出自佛口。此固大乘所不讳者。然则大小乘经，皆本佛语。至于转相推演，二教等无有异，又乌足以相非乎？"

　　"综观佛在世时，有佛与外道上首对谈者，有外道上首为佛弟子说法者。其佛与外道对谈者，大乘本之，为佛与菩萨对说；其外道为佛弟子说法者，大乘本之，为菩萨与佛弟子说法。然而小乘经中不概见此者，则以诸大比丘从佛披剃，感恩无二，稽首归命，唯一释迦，尚远不及十方诸佛，何论外道？"

　　"夫外道经中之录佛语，亦犹庄周、韩非之记孔说也。若在纯儒，必不信此为谛实，此为正道，亦犹小乘诸师之见也。然达者则知孔、老一原，与佛初出家时，尝访阿罗、逻郁、陀罗诸仙同例。佛与外道，互有通途，孔与庄韩，亦非隔绝。故录在彼书者，转可信为胜义，通儒大乘所见，亦相符矣。"

　　"详观佛在世时，与外道隐士之属，议论闳多，所说《悉昙》，必有彼此互证之处。今以大乘经论证之，则因明取于足目，即尼夜耶学派。"

　　"大乘经典，必有取于外道，而佛说亦从彼经转采也。"

　　"佛所说经，非皆了义，佛自说有《不了义经》。""若执佛说皆是了义如义，则但当墨守《阿含》，而大乘经亦不须结集矣。凡大乘人持诵佛经，皆依义不依文，依法不依人。惟不依文，故《阿含》非所墨守也；惟不依人，故外典亦可采摭也。"

　　综上所引，可知章太炎虽然反对大小乘门户之争，但实质上还是维护大乘，批评小乘。然而章太炎的特点在于，他绝不美化神化大乘，他甚至把大乘与"邪魔外道"拉扯比附，无怪乎受到支那内学院的猛烈攻击。其中正反映章氏对佛学和佛教的根本态度：他认为这是一个反对婆罗门、反对贵族的平民宗教，学说教义均庞杂融汇而成，虽以释迦之说为主，但也采用其他学派学说。释迦牟尼只是一个开创性领袖，而不是至高无上的神，不是佛法无边的教主。

此文发表后，《东亚月报》上梦庵著文批评："此《缘起说》，足以济度恶劣政府乎？足以建设共和乎？""《民报》宜作民声，不宜作佛声。"章太炎因作《答梦庵》相辩，要点在于阐明当时提倡佛教的价值，即道德改造价值：

> 今问梦闇，《民报》所谓六条主义者，能使其主义自行耶？抑待人而行之耶？待人而行，则怯懦者不足践此主义，浮华者不足践此主义，猥贱者不足践此主义，诈伪者不足践此主义。以勇猛无畏治怯懦心，以头陀净行治浮华心，以惟我独尊治猥贱心，以力戒诳语治诈伪心。此数者，其他宗教伦理之言，亦能得其一二，而与震旦习俗相宜者，厥惟佛教。是固非言语文字所能成就，然方便接引，非文辞不为功。以是相导，令学者趣入法门以自磨厉，庶几民德可兴，而六条主义，得人而弘其道，谁谓改《民报》作佛声者？

又据谢樱宁《章太炎年谱摭遗》多方考证，章太炎本年有《告四众佛子书》，对近现代佛学大师太虚法师等人影响至巨。此文意在佛教内部的道德改造。谢樱宁说："太炎此作，或可视为现代佛教改革运动之先声。"此文批评佛教法门败坏状况并提出整治之法：

> "驰情于供养，役行于利衰。为人轻贱，亦已宜矣。复有趋逐

炎凉，情钟势耀，诡云护法，须赖人主。相彼染心，实为利己，既无益于正教，而适为人鄙夷，此殃咎实为自取。"

"唐宋之后，渐入浇漓，取为衣食之资，将入贩卖之具。嗟夫！异哉！自既未度，焉能度人？"

"然则佛门戒范虽有多涂，今者对治之方，宜断三事：一者礼忏，二者付法，三者趋炎。第一断者，无贩法名；第二断者，无争讼名；第三断者，无猥鄙名。"

按章太炎此文虽主张佛教内部的改造，《答梦庵》虽力阐佛学对革命事业的作用，但章太炎正面提倡佛教的文章、主张建立宗教的文章，至此却告一段落。此后太炎个人仍是佛学的爱好者研究者、很多方面的身体力行者，但像《东京留学生欢迎会演说辞》、《建立宗教论》那种大声疾呼、积极提倡、昂扬乐观的声调，却再听不到了。本年六月在《民报》发表的《四惑论》明显反映了这种转变。《四惑论》以公理、进化、惟物、自然为"四惑"，转而追求一种绝对的个人自由，因而说"骤言公理，若无害矣。然宋世言天理，其极至于锢情灭性，烝民常业，几一切废弃之。而今之言公理者，于男女饮食之事，放任无遮，独此所以为异。若其以世界为本根，而陵藉个人之自主，其束缚人亦与言天理者相若。"

"盖人者，委蜕遗形，倏然裸胸而出，要为生气所流，机械所制；非为世界而生，非为社会而生，非为国家而生，非互为他人而生。故人之对于世界、社会、国家与其对于他人，本无责任。责任者，后起之事。必有所负于彼者，而后有所偿于彼者。若其可以无负，即不必有偿矣。"

"有人焉，与世无所逋负，采野稆而食之，编木堇而处之；或有愤世厌生，蹈清冷之渊以死。此固其人所得自主，非大群所当诃问也。当诃问者云何？曰：有害于己，无害于人者，不得诃问之；有益于己，无害于人者，不得诃问之；有害于人者，然后得诃问之。此谓齐物。"

"吾土有陈天华、姚宏业、陈天听者，以愤激怀沙死。彼则又诋之曰：自裁者，求生天宫与极乐国土耳。不为社会增进福祉，惟一身就乐之为，故可鄙也！不悟汉土之自裁者，自颠连无告而外，皆以谋画不行，民德堕丧，愤世伤人，以就死地，未有求生天宫、求趋极乐者。当其就死，实有所不忍见闻，亦冀友朋之一悟，风俗之一改也。"

这些话中，流荡着愤世疾俗的孤愤之情。居于大野，衣皮茹草，独往独来，无涉人群，甚至怀沙蹈海，自沉清冷之渊。这种孤愤和冷漠，对于人世的不关心态度，与《建立宗教论》所说"一切以利益众生为念"，"有自舍头目脑髓以供众啖者"，趋向截然相反，令人惊异。然而转变之迹，并非不可求。上述引文中所说民德堕丧、愤世伤人、实有所不忍见闻诸语，正可反映太炎内心的痛苦。这联系着当时社会的种种状况、革命党人的种种分歧矛盾，《民报》社的种种艰难。兹不详论。太炎是个理性主义者，他在失望中为自己寻求哲理的支持，用冷之又冷的理论抚慰痛苦的心灵，用相对主义的观点来解脱自己，出现了走向庄周齐物思想的倾向。

五月，章太炎有《与孙仲容书》，与孙诒让讨论国学。信中述及《驳中国用万国新语说》和《新方言》，就正于孙氏，并论刘师培事。刘师培自1907年与清朝大僚端方发生联系后，有种种错误的言行，本年以来，与章太炎矛盾加剧。章太炎对刘的情况不完全了解，本着豁达胸怀和学术为重的态度，想请孙诒让出面劝刘师培也以学术为重。信中说："仪征刘生（旧名师培，新名光汉，字申甫，即恭甫先生从子），江淮之令，素治古文《春秋》，与麟同术，情好无间，独苦年少气盛，喜受浸润之谮。自今岁三月后，谗人交构，莫能自主，时吐谣诼，弃好从仇。一二交游，为之讲解，终勿能济（以学术素不逮刘生故）。先生于彼，则父执也。幸被一函，劝其弗争意气，勉治经术，以启后生，与麟戮力支持残局，度刘生必能如命。偻偻陈述，非为一身毁誉之故。独念先汉故言，不绝如线，非有同好，谁与共济？故敢尽其鄙陋，以浼先生。"

不久，孙诒让去世，章太炎作《孙诒让传》，述孙氏学术渊源、治学特点，对其成就极为推崇，而对其学无传人微致憾意。其中颇可反映章太炎的学术思想：

是时德清戴望、海宁唐仁寿、仪征刘寿曾，皆治朴学，诒让与游，学益进。以为典莫备于六官，故疏《周礼》；行莫贤于墨翟，故次《墨子间诂》；文莫正于宗彝，故作《古籀拾遗》。其他有《名原》、《古籀余论》、《契文举例》、《九旗古义述》、《周书斠补》、《尚书骈枝》、《大戴礼记斠补》、《六历甄微》、《广韵姓氏刊误》、《经迻》、《札迻》《述林》。又述地方志为《永嘉郡记》。

初，贾公彦《周礼疏》多隐略，世儒各往往傅以今文师说，而拘牵后郑义者，皆仇王肃，又糅杂齐鲁间学。诒让一切依古文弹正，郊社禘祫则从郑，庙制昏期则从王，益宣究子春、少赣、仲师之学，发正郑、贾凡百余事。古今言《周礼》者，莫能先也。

墨子书多古字古言，《经》上、下尤难读，《备城门》以下诸篇，非审曲勿能治。始南海邹伯奇比次重差、旁要诸术，转相发明，文义犹诘诎不驯。诒让集众说，下以己意，神恉迥明，文可讽诵。自墨学废二千岁，儒术孤行，至是较著。

自段玉裁明《说文》，其后小学益密，然说解犹有难理者。又经典相承诸文字，少半缺略，材者欲以金石款识补苴，程

章太炎学术年谱

瑶田、阮元、钱坫往往考奇字，徵阙文，不审形声，无以下笔。龚自珍治金文，盖缪体滋多于是矣。诒让初辨彝器情伪，摈北宋人所假名者，即部居形声不可知，辄置之；即可知，审其刻画，不跌豪氂，然后傅之六书。所定文字，皆隐括就绳墨，古文由是大明。其《名原》未显于世。《札迻》者，方物王念孙《读书杂志》。每下一义，妥聑宁极，淖入凑理。书少于《诸子平议》，校雠之勤，倍于《诸子平议》。诒让学术，盖龙有金榜、钱大昕、段玉裁、王念孙四家，其明大义，钩深穷高过之。

诒让治六艺，旁理墨氏，其精嫥足以摩揿姬、汉，三百年绝等双矣！遭时不淑，用晦而明，若日将暮，则五色柳谷愈章。而学不能传弟子，勉为乡里起横舍，顾以裂余见称于世，悲夫！

本年，章太炎的讲学活动，进入一个新的阶段。此前，在爱国学社和 1906 年的国学讲习会，也均属讲学。相较之下，本年讲学的特点在于：（一）有一批比较成熟、比较坚定的学生，他们的国学基础都比较好。（二）讲学内容专精。章太炎后来曾回忆这次讲学的内容是："中国之小学及历史，此二者，中国独有之学，非共同之学。"（三）讲学规模不大，而且还辅以师生间更小规模的精讲。（四）讲学与著书相辅相成。在此期间著成《新方言》、《小学答问》、《文始》等多种重要著作。由于章太炎对讲学发扬国故非常重视，非常认真；由于当时已臻章太炎国学成熟期；也由于讲学的上述特点，这时期的讲学收到很好成效，为中国培养了一大批优秀学者，而且基本形成了一个学术流派。前引民国初年教育部读音统一会上，章氏弟子采取一致主张，便可作为一个例证。

这批弟子主要有黄侃、钱玄同、朱希祖、龚宝铨、许寿裳、周树人、周作人、朱宗莱、钱家治、任鸿隽、汪东、刘文典、沈兼士等。后来的《章太炎先生答问》中，提及学生的情况如下："问：《民报》既停，先生作何生活？答：讲学。问：生徒何国人？答：中国之留学生，师范班、法政班居多数；日本人亦有来听者，不多也。问：人数多少？答：先后百数十人。"

黄侃追述章太炎讲学情况曰："寓庐至数月不举火，日以百钱市麦饼以自度，衣被三年不浣。困厄如此，而德操弥厉。其授人国学也，以谓国不幸衰亡，学术不绝，民犹有所观感，庶几收硕果之效，有复阳之望，故勤勤恳恳，不惮其劳，弟子至数百人。"（《太炎先生行事记》）

《朱希祖日记》载有他本人在明治41年（1908）听章太炎讲学的情况，可以了解讲课的详细内容和进度，及讲授情况：

3月22日下午，在清风亭讲人性。

4月4日下午，讲段注《说文》，先讲《六书音韵表》，立古合音之旁转、对转、双声例。

4月8日下午，讲《说文序》，讲转注、假借，与许慎稍异，因多举例。

4月11日至18日，分三次讲《说文》部首。

4月18日至7月中旬，分20多次分部讲解《说文》。都在大成学校讲课。

同时也在寓所为少数学生讲课。如7月11日，"八时起，至太炎先生处听讲音韵之学，同学者七人，先讲三十六字母及二十二部古音大略"。7月14日、17日、22日，在寓所听讲音韵学及《新方言》。

按许寿裳和周作人回忆，他们因故不能在大成学校听课，商请章先生同意，每星期日在章寓另设一班。但由《朱希祖日记》看，7月11日、14日、17日、22日均在寓所听课，显然寓所中除星期日补讲外，还有其他性质的讲课。朱希祖同时也一直在大成学校听讲，两处内容不同，而寓所的听课笔记详细，因此，寓所中实际还有精讲班性质的讲课，大成学校则可视为普通班。普通班人数多，师生间不易熟悉。俞云岫《余杭章师逝世三周年追忆》云："余始识余杭章先生，在日本东京，正先生讲学之时，执经入座，毕讲而退，先生固不知也。"

小规模精讲很便于师生交流。景宋《民元前的鲁迅先生》载："凡是跟着章先生研究《说文解字》或研究他的著作的，都知道他好用古体字。因之在鲁迅先生译《域外小说集》的时候，也不知不觉地采用了。但据鲁迅先生说，章先生本来不过偶然写几个古字，可是有一位最年轻而又聪明的钱玄同先生却时常会拿着书走向章先生跟前，指出还有那几个字应该照古体的样子写，于是章先生点头称是，照改了，越改越甚。"

许寿裳忆星期日寓所讲课情形曰："在一间陋室之内，师弟席地而坐，环一小几。先师讲段氏《说文解字注》、郝氏《尔雅义疏》等，精力过人，逐字讲解，滔滔不绝，或则阐明语原，或则推见本字，或则旁证以各处方言，以故新谊创见，层出不穷。即有时随便谈天，亦复诙谐间作，妙语解颐。自八时至正午，历四小时毫无休息，真所谓'默而识之，学而不厌，诲人不倦'。其《新方言》及《小学答问》二书，皆于此时著成，即其体大思精之《文始》，初稿亦权舆于此。"（《纪念先师章太炎先生》）

据《朱希祖日记》，本年所讲还有《庄子》、《楚辞》、《广雅疏证》等。其中讲《庄子》次数多。按章太炎作《庄子解诂》，自下年年初起，连载于《国粹学报》，至年底载完。《庄子解诂》首述撰著缘由，中云："余念《庄子》疑义甚众，会与诸生讲习旧文，即以己意发正百数十事，亦或杂采诸家，音义大氐备矣。""微言幼眇，别为述义，非《解诂》所具也。"据胡道静所得章太炎手自

133

批校《评注庄子》一书，知《庄子解诂》是据批语写成，惟上引叙言之尾，署有时间，为戊申岁七月，可见撰写《解诂》与讲授《庄子》是同时之事。准备"别为述义"之作，当系《齐物论释》，也发端于此时。这正反映章太炎讲学与著述相辅相成的特点。

宣统元年己酉（1909） 42 岁

《自定年谱》：

　　《民报》既被禁，余闲处与诸子讲学。克强复南。时东京同盟颇萧散，而内地共进会转盛。共进会者，起自川、湖间游侠，闻同盟会名，东行观之，以为迂缓，乃阴部署为共进会，同盟会人亦多附焉。其魁则四川张百祥也。旋归，众益盛，后武昌倡义，卒赖其力。焕卿自南洋归，余方讲学，焕卿亦言："逸仙难与图事，吾辈主张光复，本在江上，事亦在同盟会先，曷分设光复会。"余诺之，同盟会人亦有附者。然讲学如故。

　　本年，清政府做出一些立宪表示，二月宣布预备立宪，以九年为期。五月，陕甘总督升允因奏阻立宪被免职。同时，清皇室加强控制军权。国内各地要求召开国会的呼声很高，并成立国会请愿同志会于上海。

　　革命派方面，孙中山离东南亚赴欧美，华南一带武装起义暂时停止。光复会与同盟会分裂，光复会致力经营江浙。华中一带革命派人士成立共进会。熊克武在四川起义失败。部分革命派人士致力于暗杀清朝大员。十二月，熊成基刺杀掌握军权的清宗室贝勒载洵，失败牺牲。汪精卫等策划刺杀摄政王。

　　康梁一派在海外，隐于萧索贫困之中。康有为远处美洲。梁启超在日本，常居于乡间，对清廷假立宪造成的局面甚感悲观，甚至说："中国将亡于半桶水之立宪党也。"至年底，各省咨议局代表组织国会请愿同志会，原政闻社骨干徐佛苏正式参加其行动，使康梁诸人稍感振奋，梁启超不断予以指导。

本年，南社成立于苏州，而以上海为活动中心。南社的发起人是陈去病、高旭、柳亚子等。他们在政治上取革命立场，社名就表示操南音、不忘本，反对北廷的意思，有鲜明的民族民主革命特色。该社主要是一个文学团体，以东南一带有革命思想的青年文人为基础，发展很快。成立之初，以诗歌创作及评论为主要活动，重要作家还有苏曼殊、吴梅、宁调元、黄节、马君武、周实等。初期南社诗作，多悲愤国事、哀悼历史、感慨自身之作，愤怆中有慷慨昂奋之音，富于革命激情和感染力。故钱基博评南社谓："为东南革命诸巨子所组成，虽衡政好言革命，而文学依然笃古。诗唱唐音，不尚西江；文喜掞藻，亦非桐城。无一定宗派，初以推倒满清为主，故多叫嚣亢厉之音。"（《现代中国文学史》）南社成立及发展，反映了革命思想对青年一代的影响日益扩大。

张之洞逝世，得年73岁。张历任翰林侍讲学士、内阁学士、两广总督、湖广总督、军机大臣等职。有《张文襄公全集》。张之洞通小学，倾向于古文经学，但学术思想保守。1898年春，张之洞曾聘章太炎主笔《正学报》，并对章太炎说："国学渊微，三百年发明已备，后生但当蒙业，不须更事高深。"（章太炎《自述学术次第》）张之洞尝著《劝学篇》内外编25篇，主张中学为体，西学为用。外编有《游学》、《设学》等15篇，较为翔实。张之洞又有《书目答问》。对青年学子较有影响。

刘鹗逝世，得年52岁。刘鹗是著名谴责小说《老残游记》的作者，通西学，研究过水利、数学和医学，还喜收集研究古文字器物，有《抱残守缺斋所藏三代文字》（《铁云藏龟》《铁云藏匋》《铁云藏印》）。其中《铁云藏龟》一书是我国收集研究甲骨文的第一部著作，对王国维、罗振玉等颇有启迪。胡适说："《铁云藏龟》要算是近年研究甲骨文字的许多著作的开路先锋。"《铁云藏龟自序》说："毛锥之前为漆书，漆书之前为刀笔。小篆隶字，漆书笔也，从手持丨，象注漆形，盖汉人犹得见古漆书，若刀笔无有见者矣。是以许叔重于古籀文，必资山川所出之彝鼎。不意二千余年后，转得目睹殷人刀笔文字，非大幸欤？以六书之指推求钟鼎，多不合，再以钟鼎体势推求龟板之文，又多不合，盖去上古愈远，文字愈难推求耳。"刘鹗对甲骨文的研究虽未及深入，但为文字学研究开辟新的领域，意义不凡。

本年，王先谦所著《庄子集解》刻成。

严复被学部聘为审定名词馆总纂。

马其昶著《抱润轩文集》十卷行世。马其昶字通伯，是吴汝纶之后桐城派仅存之大家，有著述二十余种。章太炎于同时文人少所许可，唯于马氏特致赞誉，誉其文为孤桐绝弦，声在尘埃之外。（见《题抱润轩遗文》）

梁启超于三月著《管子传》，并于序言中感叹："前此之读书论世者，或持偏至之论，挟主奴之见，引绳批根，而非常之人，非常之业，泯没于谬悠之口者，不可胜数也。若古代之管子、商君，若中世之荆公，吾盖遍征西史，欲求其匹俦而不可得。而商君、荆公为世诟病，以迄今日，管子亦毁誉参半，即誉之者，又非能传其真也。余既为荆公作洗冤录，商君亦得顺德麦氏为之讼直，则管子传不可以无述。"

梁启超又撰《财政原论》，未能完稿。据目次及例言，原拟作五编十八章，纵论古今财政问题，而以解决现代实际问题为归宿。梁氏对此书用功甚勤，期望也高，曾在五月份的书信中说："近为《财政学》一书，可得百万言，洵疗国之秘方，恐未必见用耳。"

王国维撰《唐宋大曲考》、《戏曲考源》、《录曲余谈》诸文，载于《国粹学报》，又辑校《后村词》，校《南唐二主词》。

周树人、周作人兄弟合译《域外小说集》，采用文言直译方法，欲纠正林纾意译方法之弊。

章太炎本年主要活动为讲学著书。因《民报》被禁，失去主要发表阵地，所写文章和著作多发表于《国粹学报》，数量较前减少，而内容几乎都是论学。

春夏间，拟学梵文。因愿学者不多，曾致书余同伯，欲约请杨文会（仁山）门下弟子到日本同学。信中并论及婆罗门派（与佛教本非一统），章太炎则说："顷有印度婆罗门师，欲至中土传吠檀多哲学。其人名苏蒣奢婆弱，以中土未传呔檀多派，而摩诃衍那之书彼土亦半被回教摧残，故恳恳以交输智识为念。某等详婆罗门正宗之教本为大乘先声，中间或相攻伐，近则佛教婆罗门教渐已合为一家，得此扶掖，圣教当为一振，又令大乘经论得返梵方，诚万世之幸也。"

杨文会作《代余同伯答日本末底书》中云："佛法自东汉入支那，历六朝而至唐宋，精微奥妙之义阐发无遗，深知如来在世转婆罗门而入佛教，不容丝毫假借。今当末法之时，而以婆罗门与佛教合为一家，是混乱正法而渐入于灭亡，吾不忍闻也。"

由此二信可见，章太炎虽热心佛学，推重法相宗，却仍非虔诚信徒，故愿将大乘经论与古印度哲学并举，让佛教与婆罗门相溶。这种态度，在杨仁山来讲，当然是离经叛道，不忍闻也。要之，章太炎所重，乃在于"依自不依他"的人生哲学及因明学之类。

九月，有《致国粹学报社书》，论治小学与诸子之门径，及侧重这两门学问的理由：

国粹学报社者，本以存亡继绝为宗，然笃守旧说，弗能使光辉日新，则览者不无思倦；略有学术者，自谓已知之矣。其思想卓绝，不循故常者，又不克使之就范，此盖吾党所深忧也。弟近所与学子讨论者，以音韵训诂为基，以周秦诸子为极，外亦兼讲释典。盖学问以语言为本质，故音韵训诂其管龠也；以真理为归宿，故周、秦诸子其堂奥也。经学繁博，非闭门十年，难与斠理，其门径虽可略说，而致力存乎其人，非口说之所能就，故且暂置弗讲。音韵诸子，自谓至精，然音韵亦有数家异论，非先览顾、江、戴、孔诸家之说，亦但知其精审，不知精审之在何处也。诸子幸少异说（元明以来，亦有异论，然已无足重轻，近世则惟有训诂，未有明其义理者，故异说最少），而我所发明者，又非汉学专门之业，使魏、晋诸贤尚在，可与对谈。

学术本以救偏，而迹之所寄，偏亦由生。近世言汉学，以其文可质验，故巵言无由妄起，然其病在短拙，自古人成事以外，几欲废置不谈。汉学中复出今文一派，以文掩实，其失则巫。若复甄明理学，此可为道德之训言，不足为真理之归趣，惟诸子能起近人之废。然提倡者欲令分析至精，而苟弄笔札者，或变为猖狂无验之辞，以相诳耀，则弊复由是生。

九、十月间，发表《原经》、《原儒》、《原名》，均载于《国粹学报》。后收入《国故论衡》时有改动，容据定本述之。与《原名》同时发表的《致国粹学报社书》，论采域外哲学、逻辑学治《墨子》而撰写《原名》之梗概：

《原名》一篇，已属友人誊来，即寄上。前见皋文、仲容所说《墨经》，俱有未了。邹特夫曾以形学、力学比傅，诚多精义，然《墨经》本为名家之说，意不在明算也。向时无知因明者，亦无有求法相者，欧洲论理学复未流入，其专以形学、力学说《墨经》，宜也。今则旧籍已多刊印，新译亦时时间出，而学者不能以是校理《墨经》，观其同异。盖信新译者不览周秦诸子，读因明者亦以文义艰深置之，而《墨经》艰深，又与因明相若，因无有参会者。仆于此事，差有一长，不以深言比傅，惟取真相契当之文为之证解，其异者亦明著之，如宗因喻之次第，彼此互异。大故、小故，相当于欧人之大前提、小前提，不当于尼夜耶派之大词、小词，皆稽合文义，不以单词强证。又《荀子·正名篇》，亦与《墨经》互有短长，言名相则荀优，立辩论则墨当，故以二家参会，成《原名》一篇，当不让鲁胜也。

本年，有《与简竹居书》。就简朝亮（竹居）所著《尚书集注述疏》发表看法。因简朝亮此著的序言和后序载于《国粹学报》，章太炎此文也寄《国粹学报》，并致书主编邓实，指出简著"新意甚多，要为陈古刺今，不尽关于经义"，惟于周公摄位、文王受命二事，不能同意简说。按《尚书》素属经学，而章太炎所论，除实证内容外，基本属于历史学原则，属于把握历史问题的思想方法。这正体现了章氏以经学为史学的一贯思想：

竹居先生左右：闻先生风谊久，昨从门下得《尚书集注述疏》，盖将陈古刺今，有为而作。及论周公居摄之事，云摄政非摄位。此为以时政隐度先民，乃与古、今文一切乖异，窃以为未可也。

今以建兴之事例先汉，则缪矣；以秦汉之事例春秋，则违矣；以春秋之事例宗周，则左矣。何者？世有文质，事有缓急，古法不可以概今兹，今事亦不可以推古昔。

宋世儒者，不明古制，一切以时事相稽，胸臆相诠，始疑周、秦故言，终废《书序》。六艺明文，旧史世传之说不信，乃信末师拟议之言乎？仆闻之：《尚书》、《春秋》，左右史所记录，学者治之，宜与《史记》、《汉书》等视，稽其典礼，明其行事，令后生得以讨类知原，无忘国故，斯其要也！古今异变，宜弗可以同概，通经致用之说，则汉儒所以求利禄者，以之哗世取宠，非也。以为经典所言，古今恒式，将因其是，以检括今世之非，不得，则变其文迹，削其成事，虽谀直不同，其于违失经意，均也。

本年，有《与邓实书》，对当时上海有人评定近世文人的标准不满意，发挥了自己对文辞和文学的看法及若干文学史评价：

昨闻上海有人定近世文人笔语为五十家，以仆纤厕其列。仆之文辞为雅俗所知者，盖论事数首而已。斯皆浅露，其辞取足便俗，无当于文苑。向作《訄书》，文实闳雅，箧中所藏，视此者亦数十首。盖博而有约，文不奄质，以是为文章职墨，流俗或未之好也。定文者以仆与谭复生、黄公度耦，二子志行顾亦有可观者，然学术既疏，其文辞又少检格。复生气体骏利，以少习俪语，不能远师晋宋，喜用雕琢，惊而失粹，轻侠之病，往往相属。公度喜言经世，其体则同甫、贵与之侪，上距敬舆，下榷水心，犹不逮。仆虽朴陋，未敢与二子比肩也。近世文士王壬秋，可谓游于其藩，犹多掩袭声华，未能独往。康长素时有善言，而稍谲自恣。仆亦不欲与二贤参俪。谓宜刊削鄙文，无令猥厕。大衍之数，虚一不用，亦何伤于蓍卦哉？

以为文生于名，名生于形，形之所限者分，名之所稽者理，分理明察，谓之知文。小学既废，则单篇掇落；玄言日微，故俪语华靡。不揣其本，而肇其末，人自以为卿、云，家相誉以潘、陆，何品藻之容易乎？仆以下姿，智小谋大，谓文学之业，穷于天监；简文变古，志在桑中；徐、庾承其流化，澹雅之风，于兹沫矣！燕、许诸公，方欲上攀秦、汉。逮及韩、柳、吕、权、独孤、皇甫诸家，劣能自振。晚唐变以谲诡，两宋济以浮夸，斯皆不足邵也。将取千年朽蠹之余，反之正则，虽容甫、申耆，犹曰采浮华、弃忠信尔。皋文、涤生，尚有谖言，虑非修辞立诚之道。夫忽略名实，则不足以说典礼；浮辞未翦，则不足以穷远致。

故篇章无计簿之用，文辩非穷理之器，彼二短者，仆自以为绝焉。所以块居独处，不欲奇群彦之数者也。夫代文救儳，莫若以忠，撰录文辞，谅非急务！然彼之为是，亦云好尚所至而已。

《庄子解诂》本年于《国粹学报》连载完。其撰述缘起见上年。此著以汉儒家法训释子书，每下一义，甚为凝重。立论所据，由《说文》、《释文》、郭象、成玄英、戴震、王念孙、俞樾、孙诒让至经史书，引证极多。若以己意立说，则详加证明。《章太炎全集》本《庄子解故》，以浙江图书馆刊《章氏丛书》本为底本。朱季海《点后记》云：取《膏兰室札记》中说《庄子》义数条相较，发现"是于旧说已泰半不留，其存者亦多删润矣。即此足见先生治学之精进"。又云："先生虽引常见书，亦每左右采获，即其甄微索隐可知已。"朱季海也指出："先生为此，肇端讲习，一时乘兴，多凭记忆，退而疏录，不更检书，先后参差，非无出入，偶得三事，谓当刊正，《学报》失检，浙本因循，亦校刊者之责欤？"

并为刊正三事。

本年,《小学答问》成,钱玄同写刻付印。此书问答体。所问常引典籍及清儒之说,对《说文》解说字义致疑。所答则广征博引,上至先秦典籍,下至孙诒让之说,左右采获,详明解说,以证《说文》解说之字义。很多问题是从几个角度致疑,可能是据诸生所问,综合而成。解答之辞,有几条署明"黄侃答曰",其余均系章太炎解答。

解答方法,鲜明体现章太炎治小学的特色。章氏曾说:"余治小学,不欲为王菉友辈,滞于形体,将流为字学举隅之陋也。顾江戴段王孔音韵之学,好之甚深,终以戴孔为主。明本字,辨双声,则取诸钱晓徵。既通其理,亦犹所歉然。在东闲暇,尝取二徐原本,读十余过,乃知戴段而言转注,犹有泛滥,由专取同训,不顾声音之异。于是类其音训,凡说解大同,而又同韵或双声得转者,则归之于转注。假借亦非同音通用,正小徐所谓引伸之义也(同音通用,治训故者所宜知,然不得以为六书之一)。"(《自述学术次第》)又说:"亡命东瀛,行箧惟《古经解汇函》、《小学汇函》二书。客居寥寂,日披大徐《说文》,久之,觉段桂王朱,见俱未谛。适钱夏、黄侃、汪东辈相聚问学,遂成《小学答问》一卷。"(诸祖耿《记本师章公自述治学之功夫及志向》)

《小学答问》章太炎自序说:

> 近代言小学者众矣,经典相承,多用通假,治雅训者,徒以声谊比类相从,不悉明其本字。《说文》之学,段桂严王为上第,晚近有朱氏三家,惟校理形体说解。段君粤通假以寻本字,犹未宣究。朱氏拘牵同部,掩于双声相借,又不明旁转对转之条,粗有补苴,犹不免于断。又字者,言其孳乳浸多,《说文》列字九千三百五十有三,然或自一谊引申,枲十

名而同条贯，诸家多未能昭察也。

余以鞅掌之隙，息肩小学，诸生往往相从问字，既为隰先正故言，亦以载籍成文，钩校枉韦，断之己意，以明本字借字流变之迹。其声谊相禅，别为数文者，亦稍示略例，观其会通，次为《小学答问》。

宣统二年庚戌（1910）　43岁

《自定年谱》：

时东京与南洋声闻转疏，孙、黄异议，逸仙亦他去。克强在香港，与丹徒赵声伯先合。伯先始为江苏标统，练达戎事，以党人见黜，南行与克强、石屏计事，欲自桂林起兵下湖南。议甚秘，未行也。焕卿数言克强得伯先，事或可就，逸仙似无成者。余谓：集党数年，未有规画，恐诒之后人耳。然清自袁世凯废、张之洞死，宗室用事，人民胥怨，固不能久。粤人好利而无兵略，湘中朴气衰矣，亦未必属孙黄也。君以光复会号召，所谓自靖自献，成败利钝，谁能知之。

余学虽有师友讲习，然得于忧患者多。自三十九岁亡命日本，提奖光复，未尝废学。东国佛藏易致，购得读之，其思益深。始治小学音韵，遍览清世大师著撰，犹谓未至。久乃专读大徐原本，日繙数叶，至十余周。以《说解》正文比较，疑义冰释。先后成《小学答问》、《新方言》、《文始》三书。又为《国故论衡》、《齐物论释》。《訄书》亦多所修治矣。弟子成就者，蕲黄侃季刚、归安钱夏季中、海盐朱希祖逖先。季刚、季中皆明小学，季刚尤善音韵文辞。逖先博览，能知条理。其他修士甚众，不备书也。恨岁月短浅，他学未尽宣耳。

妫适嘉兴龚宝铨未生。

145

本年，清政府仍以拖延和蒙骗态度对待改良要求，而国内合法形式的立宪活动发展很快，促使清政府作出部分让步。五月，谘议局议员孙洪伊等请速开国会，谕以九年后再行定期。九月，资政院开院。十一月，资政院及各省督抚请朝廷颁布宪法，组织内阁，速开国会，清廷宣布改于宣统五年召开国会。

康梁一派年初创办《国风报》于上海，何国桢为发行人，梁启超为总撰稿，继《新民丛报》之后，再次加强立宪宣传。梁启超并筹划组织国民常识会。

革命派方面，黄兴策动广州新军同盟会员倪映典等起义，因无援而失败。汪精卫、黄复生等人北上刺杀摄政王未成，汪、黄被捕。地方性革命团体发展很快，工作很有成效。特别湖北地区，由日知会、军队同盟会至群治学社，斗争不绝，本年又改组为振武学社，杨王鹏为主要领导，与孙武领导的共进会一起推动革命。

本年，宋恕（平子）逝世。宋恕浙江平阳人，对章太炎治佛学、对章太炎与孙诒让交往，都很有关系。章氏《自定年谱》（30岁）载："会平阳宋恕平子来，与语，甚相得。平子以浏阳谭嗣同所著《仁学》见示，余怪其杂糅，不甚许也。平子因问：君读佛典否？余言：穗卿尝劝购览，略涉《法华》《华严》《涅槃》诸经，不能深也。平子言：何不取三论读之？"章氏《瑞安孙先生伤辞》（光绪三十四年，1908年）中多处提及宋恕，情谊深挚："炳麟始交平阳宋恕平子，平子者，与瑞安孙先生为姻，因是通于先生。""平子疏通知远，学兼内外，治释典，喜《宝积经》。炳麟少治经，交平子，始知佛藏。平子麻衣垢面，五六月著绵鞋，疾趣世之士如仇雠。外恭谨，恂恂如鄙人。夸者多举平子为笑，平子无愠色。及与人言学术，刚棱四注，谈者皆披靡。""其言内典，始治《宝积经》，最后乃壹意治《瑜伽》。炳麟自被系，专修无著世亲之说，比出狱，世无应得。闻平子治《瑜伽》，窃自喜，以为梵方之学，知微者莫如平子。""且闻平子亦蛰处，不与世耦，生死未可知。"袁世凯帝制时期，章太炎曾作《对二宋》（宋恕，宋教仁）收于《检论》卷八。文中说："吾寡交游，游者发意多不相中。若二宋者，虽时有所短，相与攻错，其轶特魁垒之气，没世不可忘也。"则宋平子与章太炎，在学术上和情谊上，均深有关系，特以章太炎当时贫困蛰处，音讯闭塞，故于宋平子逝世，未能有伤悼之作，今摘录前后相关资料于此。宋平子得年仅48岁，有《有均文集》、《津谈》等。

本年，著名小说家、《二十年目睹之怪现状》作者吴沃尧（趼人）逝世。

缪荃孙《续碑传集》八十六卷编成刊行。此编上接《碑传集》。缪氏序例曰："国朝钱衎石给谏亦成《碑传集》百六十卷，一本大珪之例。钱书成于道光间，至嘉庆朝为止，迄今又九十年。中兴伟绩，贤才荟萃，长篇短牍，记载较多。荃孙不揣梼昧，起而续之，自光绪辛巳，迄今三十年，仅成书八十六卷。"

梁启超本年著述，除时评文章外，精力仍集中于财政问题，主要文章有《格里森货币原则说略》、《论地方税与国税之关系》、《各省滥铸铜元小史》、《公债政策之先决问题》、《外债平议》、《改盐法议》、《论中国国民生计之危机》、《地方财政先决问题》等。在《论国民宜亟求财政常识》文中，梁启超说："余夙病斯学不能广被，谓为国家之大戚。两年以来，废百业以著成一编，名曰《财政原论》，百余万言，以卷帙太繁，剞劂不易，杀青问世，尚当期诸数月以后，将撷其要节，先刊布之，冀以为浸灌常识之一助焉。"

王国维著《人间词话》，写成《古剧脚色考》。前者为近代史上很重要的文艺美学著作。

147

本年是章太炎重要学术成果最多的一年。除众多论学文章和书信外，《文始》、《国故论衡》、《齐物论释》均在本年完成，并对《訄书》多所修治。

　　《国粹学报》一直是章太炎发表文章的重要刊物，本年发有《致国粹学报社书》、《与王鹤鸣书》、《驳皮锡瑞三书》。前一书是因"学报"欲刊布乾嘉以来学者遗著，委托章太炎录示书目而作。章太炎录示经部庄忠棫《周易通义》等二十三种；史部邵晋涵《南都事略》一种；子部戴震《绪言》等五种；集部则惠栋《屈原赋注》。章太炎解释说："弟处目录传记之书甚少，粗凭记忆，略得数种。窃谓经训如《学海》《南菁》两编所收，史考如《史学丛书》所收，皆已通行，无烦登录。其未收而已流布者，如《礼书通故》《汉书补注》之类，亦当除去。子部近人鲜专书，如《绎志》《潜书》之类，亦世所多有者。乾嘉以后札记、文集日烦，而真为子部者鲜矣。算学精者甚多，皆已传布。理学或有阙遗，亦未可定。其集部有文有质者，不传之本亦少。此次意在搜求遗逸，其小者可入报者固佳，即部帙过大者，得其书，亦可扶微辅绝。"《国粹学报》刊登此文并按曰："右目为章君所录示，海内藏书家如藏有其书者，乞为借钞付刊，不胜大愿。"

　　《与王鹤鸣书》系答书，就王鹤鸣认为"儒术在致用，故古文不如今文，朱陆不如颜李"的意见，表示不同看法：

　　　　仆谓学者将以实事求是，有用与否，固不暇计。求六艺者，究其一端，足以尽形寿，兼则倍是，泛博以为用，此谓九能之士，不可言学。近世翁同龢、潘祖荫之徒，学不覃思，待据撷《公羊》以为奇觚，金石刻画，厚自光宠，然尚不敢言致用。康有为善傅会，媚以拨乱之说，又外窃颜、李为名高，海内始彬彬向风，其实自欺。诚欲致用，不如掾史识形名者多矣。学者在辨名实、知情伪，虽致用不足高，虽无用不足卑。

中国学术，自下倡之则益善，自上建之则日衰。凡朝廷所闟置，足以干禄，学之则皮傅而止。不研精穷根本者，人之情也。会有贤良乐胥之士，则直去不顾，自穷其学。故科举行千年，中间典章盛于唐，理学起于宋，天元、四元兴宋元间，小学经训，昉于清世。此皆轶出科举，能自名家。宁有官吏奖督之哉？恶朝廷所建益深，故其自为益进也。

《驳皮锡瑞三书》在《国粹学报》第二、第三号连载，是对今文经学派的一次重要批评。皮锡瑞于前年逝世，其人见该年条。章太炎前有《说林》，对皮锡瑞治学门径，评价颇高。今作此严厉批评，坚决维护古文学派的基本观点。所批评者，均今古文双方争论之大事。在这些基本观点上，两派确难调和。此文分为：《孔子作〈易〉驳议》、《孔子改礼驳议》、《王制驳议》、《春秋平议》四节。《章太炎文录》未收《春秋平议》。文章首云：

善化皮锡瑞尝就《孝经》郑注为之义疏，虽多持纬候，扶微继绝，余甚多之。其后为《王制笺》、《经学历史》、《春秋讲义》三书，乃大诬谬。《王制笺》者，以为素王改制之书，说已荒忽。然《王制》法品，尽古今夷夏不可行，咎在博士，非专在锡瑞也。《经学历史》钞疏原委，顾妄以己意裁断，疑《易》《礼》皆孔子所为，愚诬滋甚！及为《春秋讲义》，又不能守今文师说，糅杂三传，施之评论，上非讲疏，下殊语录，盖牧竖所不道。又其持论多以《四库提要》为衡。《提要》者，盖于近世书目略为完具，非复《别录》《七略》之侪也。其序多两可，不足以明古今文是非，锡瑞为之恇惑，兹亦异矣。

《孔子作〈易〉驳议》对"皮锡瑞以为伏羲画卦，孔子系辞"之见，痛下驳论。驳论因《左传》之说，为今文学家所不信，故不借《左传》立说，而用《易经》本身内容及《史记》、《新论》、《孔子世家》、《论语》、《周礼》诸书，一连提出皮说之十二谬。末谓："谓孔子作《易》者，太史公所不著，施、孟、梁丘所不言。锡瑞直以己意断其有无，吾见世之妄人多矣，于皮氏得一焉。"《孔子制礼驳议》、《王制驳议》诸篇，均本无微不信、实事求是之皖派古文家法，力驳皮锡瑞今文经说，虽辞气稍缓，而持论绝不相贷。

本年一月（公历3月），《教育今语杂志》创刊，章太炎主办。据魏兰《陶焕卿先生行述》，这个杂志兼有光复会通讯机关的作用。杂志的宗旨明载于《教育今语杂志章程》："本杂志以保存国故，振兴学艺，提倡平民普及教育为宗旨。"而实际上还兼有提倡革命的任务，这种任务同普及历史、文字的教育溶为一体。教育内容即《章程》所列八种门类——社说、中国文字学、群经学、诸子学、中国历史学、中国地理学、中国教育学、附录（包括算学等）。

这个杂志的特点是用"今语"也即白话文行文。《刊行教育今语杂志之缘起》声明："凡诸撰述，悉演以语言，期农夫野人，皆可了解。所陈诸义，均由浅入深。"可见当时主张"今语"的用意，是以通俗致远，让一般民众都能了解，与五四时期的白话文运动，着眼点和理论认识，均有不同。这个杂志的编辑事务，由钱玄同负责。上引《缘起》和《章程》，可能出于钱玄同之手。但自第三册起，编辑署名"庭坚"，而钱玄同于本年秋季回国，到嘉兴中学任教，因此，是否黄侃参与了编辑，尚不得知。杂志主要栏目"社说"的文章，出于章太炎之手，章还撰写了其他一些文章。以这些文章同章太炎的文言文章相比，可以发现观点及提法都是相同的。这些文章应当肯定为章太炎之作。(按：萧一山《清代学者著述表》、曹述敬《钱玄同先生年谱》认为，这些文章应属钱玄同之作。但这些文章多据演说录写成，观点又确是章太炎创说，故萧、曹之说不妥。) 兹引数则：

说注音方法——"现前只照三十六字母，改换三十六个笔画最少的字；又照《广韵》二百六韵，约做二十二韵，改换二十二个笔画最少的字，上字是纽(就是别国人唤做子音的)，下字是韵(就是别国人唤做母音的)，两字一并，成了反切，注在本字旁边。大凡小孩子们识了五十八个字，就个个字都反切得出来了。"

论孔子——"假如没有孔子，后来就有司马迁、班固，也不能作史；没有司马迁、班固的史，也就没有后来的二十二部史，那么中国真是昏天黑地了。""所以孔子是史学的宗师，并不是甚么教主。"

论老庄——"老子是史官出身，所以专讲质验。以前看古来的帝王都是圣人，老子看得穿他有私心；以前看万物都有个统系，老子看得万物没有统系。及到庄子《齐物论》出来，真是件件看成平等。照这个法子做去，就世界万物各得自在。"

(以上《中国文化的根源和近代学术的发达》)

论治史学——"大概历史中间最要的几件，第一是制度的变迁，第二是形势的变迁，第三是生计的变迁，第四是礼俗的变迁，第五是学术的变迁，第六是文辞的变迁，都在志和杂传里头。"(《常识与教育》)

论本国学问——"大凡讲学问、施教育的，不可像卖古玩一样，一时有许多客人来看，就贵到非常的贵；一时没有客人来看，就贱到半文不值。自国的人，该讲自国的学问，施自国的教育。""至于别国所有中国所无的学说,在教育一边，本来应该取来补助，断不可学格致古微的口吻，说别国的好学说，中国古来都现成有

的。要知道凡事不可弃己所长，也不可攘人之善。"（《论教育的根本要从自国自心发出来》）

论通借——"现在使用的文字，十分有二三分用通借。通借本来和假借不同：由这一个意义，引伸作那一个意义，唤作假借；本来有这个字，却用那个声音相近的字去替代，唤作通借。""有人说，古人用同音字代本字，就称通借；今人用同音字代本字，就称为别字，这也太不公平了。古人可以写得，为什么今人不可写得。我说这句话倒不然，就古人用通借，也是写别字，也是不该。""古人写得别字，通行到如今，全国相同，所以还可解得；今人若添写许多别字，各处用各处的方音去写，别省别府的人，就不能懂得了。后来全国的文字，必定彼此不同，这不是一个大障碍么？"（《论文字的通借》）

本年，《学林》创刊出版。这个刊物的性质，是刊登章太炎的文言学术文，以传播国学，读者对象是有志于国学的青年学子。《学林缘起》说明："先生所为书，既章章有条牒矣，同人复请著《学林》，以广其博，以诒逖近，先生则诺。"正因为意在广泛并持久地传播学术，所以采取刊物的形式；刊登的文章也从诸多角度论述国学，有全面普及的用意，可惜只出版两册。

《学林》的"文例条件"有十二目：一，名言部（以发明小学为主，经典传记诸子杂文之诂亦附焉）；二，制度部（略采《通典》之法以成斯部，《三礼》之说尤要）；三，学术流别部；四，玄学部；五，文史部；六，地形部；七，风俗部；八，故事部（自经籍及后代诸史所记事迹，有所考证，皆入此部）；九，方术部（旧有算术医方诸学及诸杂艺，皆入此部）；十，通论部；十一，杂文录；十二，韵文录（韵文录四言五言古诗及诸辞赋箴铭之属，其近体诗以下不录）。

《学林缘起》可能出于黄侃之手，其中的学术主张很能反映章太炎的影响："余杭章先生以命世之材，旅居不毛，赫然振董，思所以延进后生，求一二俶傥者与之通道。谓前世学术，始或腐蚀不修，终以沦灭者有之矣，未有贤儒更出，婪然周汉而中道剥丧如今日者。其咎不专在趣新，徒以今文诸师，背实征，任臆说，舍人事，求鬼神，已先冒贛。守文者或专寻琐细，大义不举，不能与妄者角。重以玄言久替，满而不盅，则自谕适志者寡。学术既隐，款识声律之士，代匿以居上第。至乃钩援岛客，趣以干誉，其言非碎，则浮文也。浮使人惑，碎使人厌，欲使学不亡无由。今之所急，在使人知凡要。"

载于《学林》的重要著述，有专著《文始》（连载）及《信史》、《封建考》、《五朝学》、《释戴》、《非黄》、《思乡愿》、《征信论》诸文。

《信史》上下，批评今文经学派，也论述了史学观点和治史学的方法。这种批评和论述，在文中是结合在一起的。文章首先举出今文学派观点以便进行驳论："儒有好今文者谓章炳麟曰：玄圣没矣，其意托之经。经不尽，故著微言于纬。不知纬，乃以经为记事。诚记事，迁、固优为之，安用玄圣？"

驳论的基本方法仍是乾嘉朴学方法，明确提出："诸辩人事，当审谛如法吏，证不悉具，则不敢成狱。"但文章写得既恢宏又灵动，颇有犀利文采。批评宋翔凤等今文学者治《论语》好傅会引深时说："吾非不能，固知其违也。诚令傅会二十一篇致之内事，犹不必如翔凤破析文义。"然后就模仿今文经学言谶纬的口气，证明《论语》已经预言了后代的事情："舞雩者祀赤帝，与曾点之风，善樊须之问，皆系舞雩。此不为汉家赤精发乎？韶者舜乐，陈氏受之，王莽之宗也。闻之三月不知肉味，此不为新室代汉发乎？周南、召南者，在南阳、南郡间，舂陵及宛，至于新市、平林，则

153

其地也。不诵其《诗》，犹正墙面而立。此不为伯升兄弟反正发乎？司马者，晋之氏也，忧无兄弟。此不为伦、冏、颖、乂戕贼宗室发乎……"

这样煞有介事的模仿，恰好暴露谶纬之说的虚诞，维护了"圣人固不能测未来。《论语》口说，犹不可曲，况于六籍邦典，可得而迁诬哉"的正面观点。正面论证时，则本求证求实的古文学派方法，但不做细琐考证：

> 且经籍毁于秦，何故纬书不见燔烧？其传在汉，又近起哀、平间，无有授受。公执今文，以其有师法。今纬书者，诚田何、伏胜、申公、辕固、高堂生、胡毋子都所传耶？诚传其书，而迁、固皆不为录，蓖然独起于哀、平之间。公以孔子所著授之大师，其以为左验者云何？

> 由是言之，今既无术足以遍知，欲知之，乃穿凿无验。然则主以六籍，参以诸子，得其辜较，而条品犹不章者，是固不可知也，非学者之耻也。及夫成周以降，事有左验，知不可求之堀穴瓦砾，因摭纬谶以改成事。下及魏晋，纬谶又不足用，乃弃置不一道。且曰史官皆曲笔道谀。夫曲笔道谀则然矣，政有经制，国有大故，固弗能以意损益。

文章论金石文物的文献价值，很典型地反映了章太炎在这方面的学术观点："以经籍非记事，而古史不足徵，欲穿地以求石史，斯又惑于西方之说也。碑版款识，足以参校近史，稍有补苴，然弗能得大体。厥诬妄者，汉世有四皓刻石，以东园公为惠帝司徒。徒乱事状，搢绅所不道。世人多以金石匡史传，苟无明识，只自罔耳！"

《征信论》阐发治史定虚实之原则，力倡求实，反对臆定，认为适用于一般事物的期验和推校之法，也不普遍适于治史。文中对历史上因果关系的认识，对一些似乎独创的思想史成果，均有深刻剖解：

> 古人运而往，其籍尚在；籍所不著，推校其疑事，足以中微。而世遂言之，虽适，谓之诬。

> 凡事无期验，推校而得之者，习俗与事状异其职矣。彼习俗者，察之无色，把握之不得其体。推校而得，则无害于质言之……事状者，上有册府，下有私录，殚求而不获，虽善推校，惩其质言矣。二者，立言之大齐，不以假借者也。

> 诸学莫不始于期验，转求其原。视近所不能至，以名理刻之。独治史志者为异：始卒不逾期验之域，而名理却焉。今之散儒，曾不谕是也，故微言以致诬，玄议以成惑。

> 昔者老聃有言曰："天下有始，以为天下母。既得其母，以知其子，既知其子，复守其母，没身不殆。"（守者，《墨经》云："弥异所也。"古言守司者，犹言寻伺）母子者，犹今所谓因果。因以求果，果以求因，辨异而不过，推类而不悖。是故邪说不能乱，百家无所窜，则终身免于疑殆，是抽文之枢要也。夫礼俗政教之变，可以母子更求者也。虽然，三统迭起，不能如循环；三世渐进，不能如推毂；心颂变异，诚有成型无有哉？世人欲以成型定之，此则古今之事，得以布算而知，虽燔炊史志犹可。且夫因果者，两端之论耳。无缘则因·不能独生；因虽一，其缘众多。故有同因而异果者，有异因而同果者。愚者执其两端，忘其旁起，以断成事，因以起其类例。成事或与类例异，则颠倒而坦裂之，是乃殆以终身，弊之至也。

《五朝学》对晋、宋、齐、梁、陈五朝学术成就评价甚高，指出不能因当时政治形势国家形势不好，就抹煞其学术成就。"世人见五朝在帝位日浅，国又削弱，因遗其学术行义弗道。五朝所以不竞，由任世贵，又以言貌举人，不在玄学。"文章对五朝学术作简捷概论曰："夫经莫穷乎《礼》、《乐》，政莫要乎律令，技莫微乎算术，形莫急乎药石。五朝诸名士皆综之。其言循虚，其艺控实，故可贵也。凡为玄学，必要之以名，格之以分，而六艺方技者，亦要之以名，格之以分。治算、审形、度声则然矣。服有衰次，刑有加减。《传》曰：'刑名从商，文名从礼。'故玄学常与礼律相扶。"文章对五朝文人品格、风尚之长短，也加评说，并兼论顾炎武之失："顾炎武粗识五朝遗绪，以矜流品为善，即又过差。五朝士大夫，孝友醇素，隐不以求公车微聘，仕不以名势相援为朋党，贤于季汉，过唐、宋、明益无訾。其矜流品，成于贵贱有等，乃其短也。（……顾氏反以为善，真倒见矣！）"

《封建考》洋洋长文，考证、比较古今疆域之大小，反对"或言古疆域视今迫狭"，而认为古代疆域不小。"殷地虽蹙，孤竹、朝鲜犹隶于王，故夷、齐不为貉人，箕子得远走以称君长，况周公兼夷狄以后乎？周之既削，瓜州犹属秦，晋惠公得诱其种人以入。瓜州者，汉敦煌郡，明四郡本隶中国，盖始为月氏得，终入匈奴，非匈奴固有其地也。《春秋传》说肃慎为周北土，即今满洲。""必以古小今大为稽者，殷氏之域，促于《禹贡》；三国之地，狭于两汉；宋齐之略，迫于全晋；宋明之迹，局于隋唐。一盛一衰，自古已然。"

考证中所引书籍，有《周礼》、《春秋》、《通典》等，也有《管子》、《庄子》、《晏子春秋》、《山海经》、《穆天子传》等子书。

《释戴》肯定戴震对宋儒的批驳，但同时认为：宋儒言理，本不为长民；明清君主借宋儒之说以残民，才是症结所在。因此，本文既肯定戴震，又不完全否定宋儒。文章还批评了戴震所短，从几个角度评价戴震：

　　戴震生雍正末，见其诏令谪人不以法律，顾摭取洛、闽儒言以相稽……震自幼为贾贩，转运千里，复具知民生隐曲，而上无一言之惠，故发愤著《原善》《孟子字义疏证》，专务平恕，为臣民诉上天。明死于法可救，死于理即不可救。又谓衽席之间，米盐之事，古先王以是相民，而后人视之猥鄙。其中坚之言尽是也。震所言多自下摩上，欲上帝守节而民无瘅。

　　洛、闽诸儒，制言以劝行己，其本不为长民，故其语有廉棱，而亦时时轶出。

　　洛、闽所言，本以饬身，不以莅政，震所诃又非也。凡行己欲陵，而长民欲恕。

　　震书多姗议老、庄，不得要领，而以浮辞相难，弥以自陷，其失也（老、庄书本非易理，戴君虽明六艺儒术，宁能解《齐物论》耶？又释氏经论，盖戴君所未睹，徒剌取禅人常语，而加驳难，尤多纰缪）。当是时，学者以老、庄、商、韩为忌，其势不能无废百家。

　　《非黄》一文，对黄宗羲作了相当严厉的批评。首谓："世乱则贤愚掍，黄宗羲学术计会，出顾炎武下远甚。守节不孙，以言亢宗，又弗如王夫之。然名与二君齐。其所以自旌式，散在《明儒学案》，陶诞而哗，非忮者莫之重。其言政在《明夷待访录》，靡辩才甚，虽不时用，犹足以偃却世人。"

　　纵观全文，并不以顾、王二人作比较而评价高低。严厉批评黄宗羲的原因，主要有二。一是"观宗羲之论人，好恶跌宕亦甚矣"。一是"近世言新政者，其本皆附丽宗羲，斯犹瞽师之道苍赤已"。所谓言新政，文中所指实为选举一事。章太炎根据对欧美日本选举的认识，对选举持基本否定的态度，认为所谓众选，不能代表民众意愿。种种选举手段实为欺骗民众。富豪操纵选举尤其阴险。被选上的人，"又树其同己者，以为陪贰，不考功实，不课疲能，而一于朋党"。

章太炎认为在选举（尚贤）问题上，"宗羲之言，远西之术，号为任法，适以人智乱其步骤，其足以欺愚人"，故尔持反对态度。他的主张是，对任公职者做全面、认真的考察，以能力和成就取舍。但未谈行政体制问题。

《文始》连载于《学林》，未载完，后出单行本。章太炎对此书最为珍视，《自述学术次第》说："中年以后，著纂渐成，虽兼综故籍，得诸精思者多。精要之言，不过四十万字，而皆持之有故，言之成理，不好与儒先立异，亦不欲为苟同。若《齐物论释》《文始》诸书，可谓一字千金矣。"又论治小学经历，精通乾嘉大师学说，兼以会通后，重形体更重音韵。然后"取二徐原本读十余过，乃知戴、段所言转注，犹有泛滥，由专取同训，不顾声音之异，于是类其音训，凡说解大同而又同韵，或双声得转者，则归之于转注。假借亦非同音通用，正小徐所谓引伸之义也（同音通用，治训故者所宜知，然不得以为六书之一）。转复审念，古字至少，而后代孳乳为九千，唐宋以来，字至二三万矣。自非域外之语（如伽佉僧塔等字，皆因域外语言声音而造）。字虽转繁，其语必有所根本。盖义相引伸者，由其近似之声，转成一语，转造一字，此语言文字自然之则也，于是始作《文始》。分别为编，则孳乳浸多之理自见，亦使人知中夏语言，不可贸然变革。"（同上）

章太炎还说："又以为学问之道，不当但求文字。文字用表语言，当进而求之语言。语言有所起，人仁天颠，义率有缘。由此寻索，觉语言统系秩然，因谓仓颉依类象形以作书。今独体象形见《说文》者，止三四百数。意当时语不止此，盖一字包数义，故三四百数已足。后则声意相迤者孳乳别生，文字乃广也。于是以声为部次，造《文始》九卷。"（诸祖耿《记本师章公自述治学之功夫及志向》）

章太炎作《文始叙例》曰：

> 叙曰：仓颉之初作书，盖依类象形。其后形声相益，即谓之字。文者物象之本，字者言孳乳而浸多也。以讫五帝三王之世，改易殊体，封于泰山者，七十有二代，靡有同焉，然则独体者，仓颉之文；合体者，后王之字。

> 独欲浚抒流别，相其阴阳，于是刺取《说文》独体，命以初文。其诸消变及合体象形、指事与声具而形残，若同体复重者，谓之准初文。都五百十字，集为四百五十七条，讨其类物，比其声均。音义相雠，谓之变易。义自音衍，谓之孳乳。坒而次之，得五六千名，虽未达神恉，多所缺遗，意者形体声类，更相扶胥，异于偏觭之议。

《叙例》后有《略例》十则，按天干排列。按《文始》所用概念术语、撰写原则及观点，《略例》予以解说。兹摘引若干：

"诸独体皆仓颉初文，籀文从之，则《说文》称籀（如入字是也）。小篆从之，则《说文》称篆（如一字工字是也）。"

"准初文者，亦出轩辕之季。今叙《文始》，悉著初文，两义或同，即从并合。其准初文，或自初文孳乳，然以独体为多。若准初文无所孳乳，亦不可得所从受者，不悉著也。"

"象形、指事，始于仓颉（依类象形，本统指事为说），其余四事，亦已备矣。何者二三积画，既是重一，徒无异形相合，已肇会意之端。"

"或言六书始于保氏，殊无徵验。""保氏非作九数，知亦不作六书。意者古有其实，周定其名。非仓颉时遽无六书也。"

"声有阴阳，命曰对转，发自曲阜孔君。斯盖眇合殊声，同其臭味。观夫言语迁变，多以对转为枢。""古语有阴声者，多有阳声与之对构，由是声义互治。"

"文字孳乳，或有三原，是故初文互异，其所孳乳或同。斯由一义所函，辄兼两语，交通复入，以是多涂。若夫绛为大赤，轺为小车，得语所由，不于赤车，而于大小，斯胤言之恒律。"

"诸会意形声相兼之字，信多合者，然以一致相衡，即令形声摄于会意。夫同音之字，非止一二，取义于彼，见形于此者，往往而有。"

"古韵二十三部，盖是诗人同律，取被管弦。""至于语言流衍，不尽遵其局道，然非韵无以明也。近世有黄承吉，憾易顾、江、戴、段之书，以为簿书检校，非闳通者所务。自定古音为曲直通三类。斯亦偏有得失。夫语言流转，不依本部，多循旁转对转之条。斯犹七音既定，转以旋宫，则宫商易位，错综以变。当其未旋，则宫不为商，商不为角，居然有定音矣。若无七音之准，虽旋宫亦无所施，徒增其迷乱耳。"

"古音本综合方言，非有恒律。转注所因，斯为县象，假令考老小殊，不制异字，则老字兼有考音，其他可以类例。然则分韵之道，闻一足以知十；定纽之术，犹当按文而施。但知舌上必归舌头，轻唇必归重唇，半齿弹舌，读从泥纽，齿头破甁，宜在正齿。今之字母，可涓者多，斯亦足矣。若以声母作概，一切整齐，斯不精之论也。"

《略例》之后有韵表《成均图》，并述声转之例。凡二部同居为近转。凡同列相比为近旁转。凡同列相远为次旁转。凡阴阳相对为正对转。凡自旁转而成对转为次对转。以上五转为正声。凡双声相转不在五转之例为变声。

《韵表》之后列《纽表》并述双声诸例。

正文九卷，按韵排列。因多古字，受排版条件所限，兹不具引。（引文据浙江图书馆校刊本）

《国故论衡》三卷，五月刊行。此书后经作者校正修定。《太炎先生著述目录初稿》云："谨按《国故论衡》有先校本，庚戌五月，日本国学讲习会刊行。先校本修正二十四则。先师自书眉云：'此初校本语，亦有校定所未载者，他日当集合刊之。'"（见《制言》第25期）今据《章氏丛书》定本述之（用浙江图书馆校刊本）。

上卷小学十一篇：《小学略说》、《成均图》、《音理论》、《二十三部音准》、《一字重音说》、《古音娘日二纽归泥说》、《古双声说》、《语言缘起说》、《转注假借说》、《理惑论》、《正言论》。

中卷文学七篇：《文学总略》、《原经》、《明解故》上、《明解故》下、《论式》、《辨诗》、《正赍送》。

下卷诸子学九篇：《原学》、《原儒》、《原道》上、《原道》中、《原道》下、《原名》、《明见》、《辨性》上、《辨性》下。

按初刊本中、下两卷目次与定本同，上卷目次为：《小学略说》、《成均图》、《一字重音说》、《古今音损益说》、《古音娘日二纽归泥说》、《古双声说》、《语言缘起说》、《转注假借说》、《理惑论》、《正言论》。

卷首有黄侃《国故论衡赞》。上卷语言文字学。《小学略说》为总论性质，其说间有见于《新方言》、《小学答问》、《文始》诸书及其他文章者。《小学略说》纵观语言文字问题，视野开阔，多宏通精粹之论。时处中国语文转折之机，某些观点，属重要的一家之言：

世称异域之文谐声，中国之文象形，此徒明其大校，非复刻定之论。

印度地大物博，略与诸夏等夷，言语分为七十余种，而文字犹守并音之律，出疆数武则笔札不通。梵文废阁，未逾千祀，随俗学人，多莫能晓。所以古史荒昧，都邑殊风，此则并音宜于小国，非大邦便俗之器明矣。汉字自古籀以下，改易殊体，六籍虽遥，文犹可读。古字或以音通借，随世相沿。今之声韵渐多讹变。由是董理小学，以韵学为候人。

言形体者始《说文》，言故训者始《尔雅》，言音韵者始《声类》。三者偏废，则小学失官。自《声类》而下者，卷轴散亡，今所难理。后出之书，独有《广韵》，则其粲然者矣。《广韵》者，今韵之宗，其以推迹古音，犹从部次，上考《经典释文》及《一切经音义》，旧音绝响，多在其中。顾炎武为《唐韵正始》，分为十部；江永《古韵标准》，分十三部；段玉裁《六书音均表》，为十七部；孔广森《诗声类》，分十八部；王念孙分二十一部。大氐前修未密，后出转精。

凡治小学，非专辨章形体，要于推寻故言，得其经脉。不明音韵，不知一字数义所由生……若王筠所为者，又非夫达神恉者也。盖小学者，国故之本，王教之端，上以推校先典，下以宜民便俗，岂专引笔画篆，缴绕文字而已。苟失其原，巧伪斯甚。昔二徐初治许书，方在草创，曾未百岁，而荆舒字说横作，自是小学破坏，言无典常。明末有衡阳王夫之，分文析字，略视荆舒为愈。晚有湘潭王闿运，亦言指事会意，不关字形。此三王者，异世同术，后虽愈前，乃其刻削文字，不求声音，譬瘖聋者之视书，其揆一也。

大凡惑并音者，多谓形体可废。废则言语道窒，而越乡如异国矣。滞形体者，又以声音可遗。遗则形为糟粕，而书契与口语益离矣。

《音理论》论说数事："声音损益，随世而异也。""《广韵》所包，兼有古今方国之音，非并时同地得有声势二百六种也。"

"声音出口，则官器限之，斒差之度，势非一剂，非若方位算数之整齐也。故言音理者亦故而已矣，恶其凿也。"

《二十三部音准》云："古音流传于晚世，自二十三支分为二百六，则有正韵支韵之异。""段氏言古音敛今音侈，悉以支韵还就正韵，则支脂之何以分，东冬何以辨焉？钱君驳之曰：歌部字今多入支，此乃古侈今敛之徵也。余以古人呼泰，若今北方呼麻之去，今乃与代队至乱，亦古侈今敛也。"

"入声不属阳声，盖汉魏迄今所同，顾惟陆《韵》为异。""陆《韵》以入声分丽阳声，虽因得见对转之条，卒非声音本然之纪。阴阳声音，例犹夫妇，入声犹子。子虽合气受形，裹妊必于其母。"

"今音北方读入声皆作去。安徽、江苏、浙江、福建、广东五部，其入声崭然促音，与去绝异。而江西、湖北、湖南、广西、四川、云南、贵州七部，入声似去而加沉重。"

"故岭外为正音宗。"

《理惑论》对金文和龟甲文致疑。认为上古文字传至后世有四途：一为《说文》独体字；二为《周礼》、《仪礼》古文，有《说文》所未录音；三为邯郸淳三体石经；四为陈仓石鼓。"四者以外，宜在阙疑之科"。

并且提出治小学的根本态度："夫治小学者，在乎比次声音，推迹故训，以得语言之本。不在信好异文，广徵形体。"

《正言论》论析文言合一问题：

文言合一，盖时彦所哗言也。此事固未可猝行，藉令行之不得其道，徒令文学日窳；方国殊言，间存古训，亦即随之消亡。以此阁悻丞黎，翩其反矣。余以为文学训故，必当普教国人。九服异言，咸宜撢其本始，乃至出辞之法，正名之方，各得准绳，悉能解谕。当尔之时，诸方别语，庶将斠如画一。安用豫设科条，强施隐括哉！

今以纽韵正音，料简州国，论音变节随在。而有妙契中声，亦或独至。明当以短长相覆，为中国正音。既不可任偏方，亦不合慕京邑。

中卷文学七篇，《文学总略》为首，其要在辨析文学义界：

文学者，以有文字著于竹帛，故谓之文；论其法式，谓之文学。凡文理、文字、文辞皆称文；言其采色发扬，谓之彣。以作乐有阕，施之笔札，谓之章。

夫命其形质曰文，状其华美曰彣；指其起止曰章，道其素绚曰彰。凡彣者必皆成文，凡成文者不皆彣。是故榷论文学，以文字为准，不以彣彰为准。

《文心雕龙》云："今之常言，有文有笔。有韵者文也，无韵者笔也。"然《雕龙》所论列者，艺文之部，一切并包。是则科分文笔，以存时论，故非以此为经界也。昭明太子序《文选》也，其于史籍，则云不同篇翰；其于诸子，则云不以能文为贵。此为裒次总集，自成一家，体例适然，非不易之定论也。

近世阮元，以为孔子赞《易》，始著《文言》，故文以耦俪为主，又牵引文笔之说以成之。夫有韵为文，无韵为笔，是则骈散诸体，一切是笔非文。藉此证成，适足自陷。

或言学说、文辞所由异者，学说以启人思，文辞以增人感，此亦一往之见也……文曲变化，其度无穷，陆云论文，先辞后情，尚絜而不取悦泽（《与兄平原书》）。此宁可以一概齐哉？就言有韵，其不感人者亦多矣。

心有疑滞，睹辨析之论，则悦怿随之矣。故曰："发愤忘

食，乐以忘忧。"凡好学者皆然，非独仲尼也。以文辞学说为
分者，得其大齐，审察之则不当。

如上诸说，前之昭明，后之阮氏，持论偏颇，诚不足辩。
最后一说，以学说、文辞对立，其规摹虽少广，然其失也，祇
以彣彰为文，遂忘文字。

《原经》篇主要辨析"经"的义界范围。按原道、徵圣、宗经
的文学思想由来已久，但章太炎却对什么是"经"这一问题，作
出不同于前人的解释。他认为"经"不限于儒家经典，不限于官
书（官书也不尽是经），而有很广的范围。

"章学诚以经皆官书，不宜以庶士僭拟，故深非扬雄、王通。"

"经之名广矣，仲尼作《考经》，汉《七略》始傅六艺，其始
则师友雠对之辞，不在邦典。墨子有《经》上下，贾谊书有《容
经》。""学诚以为六经皆史，史者固不可私作，然陈寿、习凿齿、
臧荣绪、范晔诸家，名不在史官。"

"凡说古艺文者，不观会通，不参始末，专以私意揣量，随情
取舍，上者为章学诚，下者为姚际恒，疑误后生多矣。"

本文又持小说为稗史的观点，多所议论："史之所记，大者为
《春秋》，细者为小说，故《青史子》五十七篇，本古史官记事。"

"《周说》者，武帝时方士虞初，以侍郎为黄车使者，采间里
得之。今之方志，其族也。""庄周曰：'饰小说以干悬令。'今之
为方志者，名曰继诵训，其实干悬令也。"

《明解故》上篇所论，是如何对待、如何整理前人典籍的问题。
以为孔子为善删定者，刘向父子则善于校雠整理者，也详论后世
得失：

孔子录《诗》有"四始"，《雅》、《颂》，各得其所。删
《尚书》为百篇，而首《尧典》，亦善校者已。

刘向父子，总治《七略》，入者出之，出者入之，穷其原始，极其短长，此即与正考父、孔子何异？辨次众本，定异书，理讹乱，至于杀青可写，复与子夏同流。故校雠之业广矣，其后官府皆有图书，亦时编次。独王俭近刘氏，在野有阮孝绪颇复出入。自隋以降，书府失其守，校雠之事，职诸世儒。其间若颜师古定五经，宋祁曾巩理书籍，足以审定疑文，令民不惑，斯所谓上选者，然于目录，徒能部次甲乙，略记梗概，其去二刘之风远矣。近世集《四库》，虽对治文字犹弗能定，文之材遏而在野。

分析了《四库全书》的缺点后，又分析段玉裁诸人，他们想纠正《四库全书》之弊，但自己也有不足之处。然后对章学诚及其影响加以评析："若乃总略群书之用，犹不能企。章学诚感概，欲法刘歆，弗能卒业。后生利其疏通，以自识目录为贤，故有略识品目，粗记次第，闻作者姓氏，知雕镂年月，不窥其篇目而自以为周览者，则摦落之为害也。"

《明解故》下云："六经皆史之方，治之则明其行事，识其时制，通以故言，是以贵古文。古文者，壁中所得，河间所写，张苍所献是已。《书》《礼》得于孔壁；《周官》得于河间；《左氏》献于张苍，亦有交相涉者。"

"《论衡·案书》篇曰：'孝武皇帝时，鲁共王坏孔子教授堂以为宫，得佚《春秋》三十篇，左氏传也。'斯皆三家互备之徵。后世依以稽古，其学依准明文，不依准家法。成周之制，言应《周官》经者是，不应《周官》经者非。"

《论式》纵论历代文章得失，着力推崇魏晋文章。所持观点颇为独特，对其理由，有相当充分的论证。对春秋战国诸子散文是肯定的，对汉代文章则有严厉批评：

晚周之论，内发膏育，外见文采，其语不可增损。汉世之论，自贾谊已繁穰，其次渐与辞赋同流，千言之论，略其意不过百名。

汉世独有石渠奏议，文质相称，语无旁溢，犹可为论宗。后汉诸子渐兴，讫魏初几百种，然其深达理要者，辨事不过《论衡》，议政不过《昌言》，方人不过《人物志》。此三家差可以攀晚周，其余虽娴雅，悉腐谈也。

老、庄形名之学，逮魏复作，故其言不牵章句。单篇持论，亦优汉世。

夫持论之难，不在出入风议，臧否人群，独持理议礼为剧。出入风议，臧否人群，文士所优为也；持理议礼，非擅其学莫能至。自唐以降，缀文者在彼不在此，观其流势，洋洋缅缅，即实不过数语。

仆以下姿，智小谋大，谓文学之业，穷于天监。简文变古，志在桑中，徐、庾承其流化，平典之风，于兹沫矣。燕、许有作，方欲上攀秦汉。逮及韩、吕、柳、权、独孤、皇甫诸家，劣能自振，义事确质，不能如两京，辩智宜朗，不能如魏晋。晚唐变以谲诡，两宋济以浮夸，斯皆不足邵也。将取千年朽蠹之余，反之正则，虽容甫、申耆，犹曰采浮化、弃忠信尔。皋文、涤生，尚有谫言，虑非修辞立诚之道。夫忽略名实，则不足以说典礼；浮辞未翦，则不足以穷远致。

今谓持论以魏晋为法，上遗秦汉，敢问所安？曰：夫言亦各有所当矣。秦世先有韩非、黄公之伦，持论信善。及始皇併六国，其道已隘。自尔及汉，记事韵文，后世莫与比隆，然非所及于持论也。汉初儒者与纵横相依，逆取则饰游谈，顺守则主常论。游谈恣肆而无法程，常论宽缓而无攻守。道家

167

独主清静，求如韩非《解老》，已不可得；《淮南鸿烈》又杂神仙辞赋之言。其后经师渐与阴阳家并，而论议益多牵制矣。

魏晋之文，大体皆埤于汉，独持论仿佛晚周，气体虽异，要其守己有度，伐人有序，和理在中，孚尹旁达，可以为百世师矣。

夫雅而不核，近于诵数，汉人之短也。廉而不节，近于强钳，肆而不制，近于流满，清而不根，近于草野，唐宋之过也。有其利，无其病者，莫若魏晋。

《辨诗》一文，以广义诗歌为对象，所辨析者包括了诗赋和乐府，然而主要是辨析诗歌。论述了诗的源流、体裁特征，阐述了基本取舍原则。简单说，这一原则就是：诗以发抒性情为贵，与文章"综持名理"形成截然不同的趋向。实际上，章太炎评价诗歌，明显倾向于悲壮古仆的风格。这种审美倾向已构成另一重取舍原则。根据以上两重取舍原则，他推崇古体诗，轻视近体诗；推崇汉魏诗作，轻视唐宋以下作品。对历代具体作品的评价中，有厚古贱今的倾向，但其依据却不是复古主义眼光，而是根据上述两重标准得出。在历代诗论诗评中，表现出独特的个性：

论辨之辞，综持名理，久而愈出，不专以情文贵，后生或有陵轹古人者矣。韵语代益陵迟，今遂涂地，由其发扬意气，故感慨之士擅矣，聪明思慧，去之则弥远。《记》称："诗之失愚"，以为不愚固不能诗。夫致命遂志，与金鼓之节相依，是故史传所记，文辞陵厉，精爽不沫者，若荆轲、项羽、李陵、魏武、刘琨之伦，非奇材剑客，则命世之将帅也。由商、周以讫六代，其民自贵，感物以形于声，余怒未泄，虽文儒弱妇，皆能自致，至於哀窈窕，思贤材，言辞温厚，而蹈厉之气存焉。及武节既衰，驰骋者至于绝腬，犹弗能企。故中国废兴之际，枢于中唐，诗赋亦由是不兢。

　　往者《大风》之歌，《拔山》之曲，高祖、项王，未尝习艺文也，然其言为文儒所不能举。苏、李之徒，结发为诸吏骑士，未更讽诵，诗亦为天下宗。及陆机、鲍照、江淹之伦，拟以为式，终莫能至。由是言之，情性之用长，而问学之助薄也。风与雅、颂、赋所以异者，三义皆因缘经术……独风有异，愤懑而不得舒，其辞从之，无取一通之书，数言之训。及其流风所扇，极乎王粲、曹植、阮籍、左思、刘琨、郭璞诸家，其气可以抗浮云，其诚可以比金石，终之上念国政，下悲小己，与十五国风同流。

　　诸子学九篇，《原学》为首。《原学》有总论性质，但并非诸子百家学术的总括概论，而是更具有哲学意味的、有关学术之所以产生及治学原则的总论。文章强调各国度各地区各时代有不同特点、不同客观要求，因而就产生了不同技艺和不同学术。荷兰人善于航海之学，日本人善于观测地震，均属客观条件之产物。先秦诸子之产生及其特点，也正如此。关东平原，多礼仪之学；秦陇便骑射，故多兵家；齐地滨海，可睹海市蜃楼，故神仙怪变之说出于稷下。

　　文章又强调学问自得、超越古人的意义。只精于前人成说，而自己无所发明、无所创新者，算不得好的学者。"夫为学者，非徒博识成法，挟前人所故有也。""亡自得者，足以为师保，不与之显学之名。"

　　根据以上两条要义，文章对西学东渐以来的学风变化，发表了看法，认为各国学术各有特点，各有背景各有短长，因而"今中国之不可委心远西，犹远西之不可委心中国也"。

《原儒》辨析古代和后代对"儒"的不同理解。"儒之名，于古通为术士；于今专为师氏之守。"文章又认为："晚有古文家出，实事求是，征于文不征于献，诸在口说，虽游夏犹黜之。斯盖史官支流，与儒家益绝矣。""今令术士艺人闳眇之学皆弃捐儒名，避师氏贤者路，名喻则争自息。不然儒家称师，艺人称儒，其余各名其家，泛言曰学者；旁及诗赋，而泛言曰文学。"

《原道》上云："孔父受业于征藏史，韩非传其书，儒家道家法家异也，有其同。庄周述儒墨名法之变，已与老聃分流，尽道家也，有其异。是樊然者我乃知之矣，老聃据人事嬗变，议不逾方，庄周者旁罗死生之变，神明之运，是以巨细有校。儒法者流，削小老氏以为省，终之其殊在量非在质也。然自《伊尹》、《大公》，有拨乱之材，未尝不以道家言为急（《汉艺文志》道家有《伊尹》五十一篇，《大公》二百三十七篇）。"

《原道》中云："老聃不尚贤，墨家以尚贤为极，何其言之反也？循名异审分同矣。老之言贤者，谓名誉、谈说、才气也；墨之言贤者，谓材力、技能、功伐也。不尚名誉，故无朋党；不尊谈说，故无游士；不贵才气，故无骤官，然则材力、技能、功伐举矣。""凡学术分科至博，而治官者多出于习政令。汉尝黜九流独任吏，次即贤良文学。贤良文学既褊陋，而吏识王度、通故事，又有八体之技能，窥古始自优于贤良文学也。今即习政令最易，其他皆刿心。习易者擅其威，习难者承流以仰，欤唾不平，是故名家有去尊。（见《原名》篇）凡在官者，名曰仆役，仆役则服囚徒之服，当其在官，不与齐民齿。"

《明见》云："九流皆言道。道者彼也，能道者此也……自宋始言道学（理学、心学皆分别之名），今又通言哲学矣。道学者局于一家，哲学者名不雅故，搢绅先生难言之。孙卿曰：慎子有见于后，无见于先；老子有见于诎，无见于信；墨子有见于齐，无见于畸；宋子有见于少，无见于多。（《天论》）故予之名曰见者，是葱岭以南之典言也。见无符验，知一而不通类，谓之蔽（释氏所谓倒见见取）。诚有所见，无所凝滞谓之智（释氏所谓正见见谛）。"

《辨性》上云："万物皆无自性（自性者，不可变坏之谓。情界之物，无不可坏；器界之物，无不可变，此谓万物无自性也）。黄垆大海，爝火飘风，则心之荫影也。公孙尼子曰：心者众智之要，物皆求于心。（《意林》及《御览》三百七十六引）其言有中。无形而见有形，志与形相有则为生。生者于此，生之体于彼，说缘生者，假设以为性。而儒者言性有五家，无善无不善是告子也；善是孟子也；恶是孙卿也；善恶混是杨子也；善恶以人异殊上中下，是漆雕开世硕公孙尼王充也（此即韩愈三品之说所本）。"

本年，完成《齐物论释》这部章太炎本人非常重视的著作。此书用《庄子》与佛理互证，用佛理解释《庄子》，对《庄子》研究和佛学研究，都开辟了新的境界。因而章太炎说：

"中年以后，著纂渐成，虽兼综故籍，得诸精思者多。精要之言，不过四十万字，而皆持之有故，言之成理，不好与儒先立异，亦不欲为苟同。若《齐物论释》《文始》诸书，可谓一字千金矣。"

"余既解《齐物》，于老氏亦能推明，佛法虽高，不应用于政治社会，此则惟待老庄也。儒家比之，邈焉不相逮矣。然自此亦兼许宋儒，颇以二程为善，惟朱陆无取焉。"（以上引《自述学术次第》）

按庄子《齐物论》共分七章（或称七节）。《齐物论释》逐章解释，加上"释篇题"，全书共分八个部分，不分卷。每章之内，逐段解释，先引原文，再加释文。

释文训诂成份不多，而按照思想意义，进行解释发挥。解释发挥中，基本是用法相宗学说，并广泛采用西方哲学家学说，也利用《荀子》等儒家学说，融汇贯通特点很明显。章太炎因《苏报》案系狱期间，精研《瑜伽师地论》、《成唯识论》、《大毗婆沙论》、《大乘入楞伽经》等法相宗经论。出狱东渡后，更多考虑应用哲学思想改造社会问题。"既东游日本，提倡改革，人事繁多，而暇辄读藏经。又取魏译《楞伽》及《密严》诵之，参以近代康德、萧宾诃尔之书，益信玄理无过《楞伽》《瑜伽》者。少虽好周秦诸子，于老庄未得统要，最后终日读《齐物论》，知多与法相相涉，而郭象、成玄英诸家悉含胡虚冗之言也。既为《齐物论释》，使庄生五千言，字字可解。"(《自述学术次第》)将佛理与《齐物论》融通，以"应用于政治社会"，大概可称为此书作意。一般认为《齐物论》的主旨，即天地与我并生，万物与我为一的思想，不足以概括《齐物论释》的主旨。章太炎在此书《序》中就说："《逍遥》《齐物》二篇，则非世俗所云自在平等也。"这篇序言如下：

序

昔者，苍姬讫录，世道交丧，奸雄结轨于千里，烝民涂炭于九隅。其惟庄生，览圣知之祸，抗浮云之情，盖齐稷下先生三千余人，孟子、孙卿、慎到、尹文皆在，而庄生不过焉。以为隐居不可以利物，故托抱关之贱；南面不可以止盗，故辞楚相之禄；止足不可以无待，故泯死生之分；兼爱不可以宜众，故建自取之辩；常道不可以致远，故存造微之谈。维纲所寄，其唯《逍遥》《齐物》二篇，则非世俗所云自在平等也。体非形器，故自在而无对；理绝名言，故平等而咸适。《齐物》文旨，华妙难知，魏晋以下，解者亦众，既少综核之用，乃多似象之辞。夫其所以括囊夷、惠，炊累周、召，等臭味于方外，致酸碱于儒史，旷乎未有闻焉。作论者其有忧患乎！远睹万世之后，必有人与人相食者，而今适其会也。文王明夷，则主可知矣。仲尼旅人，则国可知矣。虽无昔人之睿，依於当仁，润色微文，亦何多让，执此大象，遂以胪言。儒墨诸流，既有商榷，大小二乘，犹多取携，夫然，义有相徵，非傅会而然也。往者僧肇、道生，撠内外明外，法藏、澄观，阴盗而阳憎（宋世诸儒或云佛典多窃老、庄，此固未明华梵殊言之理。至于法藏、澄观，窃取庄义，以说《华严》，其迹自不可掩。自澄观至于宗密，乃复剽剥老、庄，其所引据，多是天师道士之言，而以诬污前哲，其见下于生、肇远矣）。然则拘教者以异门致衅，达观者以同出览玄。且《周髀》《墨经》，本乎此域，解者犹引大秦之算，何者？一致百虑，则胡越同情，得意忘言，而符契自合。今之所述，类例同兹。《诗》曰："受小球大球，为下国缀游。"咨惟先生，其足以与此哉。章炳麟序。

此书正文的解释发挥，紧扣思想意义，引用书极多，而落脚点在于应世和哲理发挥：

"夫以论破论，即论非齐。所以者何？有立破故。方谓之齐，已与齐反，所以者何？遮不齐故。是故《寓言篇》云：'不言则齐，齐与言不齐，言与齐不齐也。'《大般若经》四百七十八云：'若於是处，都无有性，亦无无性，亦不可说为平等性，如是乃名法平等性。当知法平等性既不可说，亦不可知。除平等性，无法可得。离一切法，无平等性。'又云：'非一切法平等性中有戏论，若离戏论，乃可名为法平等性。'此义正会《寓言》之旨。徒以迹存导化，非言不显，而言说有还灭性，故因言以寄实，即彼所云'言无言，终身言，未尝言，终身不言，未尝不言'。《大乘入楞伽经》云：'我经中说，我与诸佛菩萨不说一字，不答一字。所以者何？一切诸法离文字故，非不随义而分别说。'是与《寓言》所说，亦如符契。夫能上悟唯识，广利有情，域中故籍，莫善于《齐物论》。《天下篇》云：'内圣外王之道，郁而不发。'尔则庄生著书，非徒南面之术，盖名家出於礼官，而惠施去尊，道家本以宰世，而庄周残法，非与旧术相戾，故是舍局就通耳。老聃但说'民多利器，国家滋昏'，而犹未说圣人经国，复是天下利器，故国多利器，民亦滋昏也。老聃但说'人之所教，我亦教之，强梁者不得其死，吾将以为教父'。唯是政教分离之说，而犹未说'九洛之法，监照下土，此谓上皇'。其说出乎巫咸，乃因天运地处，日月云雨之故，不可猝知，而起大禹、箕子之畴，则以之涂民耳目，而取神器也。夫然，有君为不得已，故其极至于无王；有圣或以利盗，故廓然未尝立圣。"

"《齐物》本以观察名相，会之一心。故以地籁发端，风喻意想分别，万窍怒号，各不相似，喻世界名言各异，乃至家鸡野鹊，各有殊音，自抒其意。天籁喻藏识中种子，晚世或名原型观念，非独笼罩名言，亦是相之本质，故曰吹万不同。使其自己者，谓依止藏识，乃有意根，自执藏识而我之也。自取者，《摄大乘论》无性释曰：'于一识中，有相有见，二分俱转。相见二分，不即不离。''所取分名相，能取分名见。'"

"庄生本不以轮转生死遗忧，但欲人无封执，故语有机权尔。又其所志本在内圣外王，哀生民之无拯，念刑政之苟残，必令世无工宰，见无文野，人各自主之谓王，智无留碍然后圣，自非顺时利见，示见白衣，何能果此愿哉。苟专以灭度众生为念，而忘中涂恫怨之情，何翅河清之难俟，陵谷迁变之不可豫期，虽抱大悲，犹未适於民意。夫《齐物》者以百姓心为心，故究极在此，而乐行在彼。"

全书解释发挥，滔滔不绝，以上所引，只如沧海一粟，但仅此也可以看出：此书的着眼点，并不是虚无主义的相对论。

　　此书完成后，未即付刊。1911 年归国后，章太炎旧日朋友宗仰上人（乌目山僧）于旧历十月作"后序"一篇。从佛家特定立场来评价此书，给予肯定。大约这个时期，章太炎修改此书，成《齐物论释》定本一卷，民国元年由频伽精舍校刊单行。二本大同小异，后均收入《章氏丛书》。

宣统三年辛亥（1911）　44岁

《自定年谱》（节录）：

三月，克强集同志攻两广督署，不克，死者七十二人，所谓黄花冈之役也。是役使清大吏震怖，然同盟会才俊亦略尽矣。伯先治军严肃，为广州人忌，发愤致死，或疑为被毒，焕卿尤恨之。石屏以广州非用武地，转向江汉，集中部同盟会，共进会人多附者。其夏，四川以争铁道事，起者数十万人。秋八月，武昌兵起。余时方与诸生讲学，晨起，阅日报得之，不遽信。及暮，阅报，所传皆同。一二日知鄂军都督为黎元洪，用事者则谭人凤、孙武。孙武者，字尧卿，武昌人也，尝抵东京，与同盟会，后兼隶共进会。余故识之，不意其能成此大事。嗣闻湖南、江西相继反正，始辍讲业。以上海未拔，不得遽返。九月，东南粗定，独江宁未下，于是附轮归国。十月，抵上海。

时南方独有江宁未下，规模粗定，诸军皆推武昌为中央，遁初自许当为执政，属余作人物品目。余念同志中唯遁初略读政书，粗有方略，然微嫌其脱易，似前世刘禹锡辈。时辈既无过遁初者，因为宣布。

江宁既下，浙府属余为浙江代表。各省代表半已上武昌矣，其半尚留上海。克强欲自为大元帅，代表多屈从之。议于江苏教育会，苏浙二都督亦至。余言克强功虽高，已受黎督委任为汉阳总司令，不得以部将先主帅，且前已推武昌为中央，焉得背之……终推黎元洪为大元帅，黄兴为副元帅。

本年，革命形势发展迅猛，革命党人活动与全国人民反专制、争权益的斗争相呼应。一月，文学社在武昌举行成立大会。三月，温生才刺杀广州将军孚琦。同月，黄兴等组织广州起义，即著名的黄花冈之役。六月，宋教仁、谭人凤等成立同盟会中部总会。春夏以来，各地反对清廷铁路国有政策。五月，四川保路同志会成立。赵尔丰对保路会进行压制和镇压，激起更大规模更激烈的反抗斗争。七月初十（公历9月2日），清廷派端方由湖北率兵入川查办。同月，湖北各派革命力量策划武装起义。八月十九日（公历10月10日），武昌起义爆发，建立军政府，各省纷纷响应。

清廷自年初以来，以所谓皇族内阁行假立宪之实，并加紧对民众的欺骗和压制。武昌起义后，被迫任命袁世凯为国务总理。十月（公历12月），南北开始议和。十一月初十（公历12月29日），各省代表选举孙中山为中华民国临时大总统。

本年，康梁诸人仍将学术活动与改良运动直接联系。曾致力于创办上海、北京两地的日报，并筹划成立常识学会。梁启超著有《新中国建设问题》，当时发行单行本。另著有《中国前途之希望与国民责任》，连载于《国风报》。还有《学与术》等多篇文章。

王国维则处于学术转折时期，由文学研究转向经史和古文字研究。这一转折，受罗振玉影响很大。辛亥革命后随罗振玉移居东京，进一步投入经史和古文字研究。

苏曼殊所著《潮音》出版。

胡适在美国研究哲学与文学。

著名文人汪康年去世。康年字穰卿，进士出身，曾与黄遵宪合办《时务报》，延梁启超任主笔，影响很大。康年有《汪穰卿遗著》，又多交结学术名流，往来书札很有价值。

佛学大师杨文会（仁山）去世。杨文会是近代最著名佛学家，在南京研究佛学、刊刻佛经多年，并设佛学院招收学子研究，当时有很大声誉。

武昌起义爆发前，章太炎仍在讲学。据刘文典回忆，武昌起义消息传来时，章太炎正为众学子讲授《庄子》——"拿佛学印证《庄子》"。这一时期，是章太炎学术活动的一个高峰期，将古今中西学术融汇贯通，深入研究思考，创获极多。当年九月出版的日文杂志《日本及日本人》载有《访章太炎》一文，记章太炎当时潜心学术情况：斗室之中，到处是书，章太炎蓬头乱发，同时思考着几个学术领域的重要问题，畅谈经学、史学的源流发展，佛家学说与西方哲学的比较等等。

同时，章太炎也很关心国内形势，且有很高的敏感和洞察力，能够及时发现问题，采取相应措施。武昌起义后，在日本的满族留学生人心惶惶，有人主张向日本借兵镇压革命。日本一些人则企图利用中国内乱，进一步插手中国事务，获取利益。章太炎立即发表致满族留学生的公开信，表明革命宗旨，申明革命目的并非种族报复。"非欲屠夷满族，使无孑遗，效昔日扬州十日之为也，亦非欲奴视满人，不与齐民齿叙也。""君等满族，亦是中国人民，农商之业，选举之权，一切平等，优游共和政体之中，共乐何似！"文章还一针见血地揭露个别日本人企图乘机干涉中国的本来目的，很有力地澄清了一时的思想混乱。

上海光复后，章太炎带领一批青年学子归国，其中，直接受业弟子外，还有不少追随者。日本《内外时事月函》报道说："在京（按指东京）清国革命党领袖章炳麟氏，今日率领八十余位同志，搭乘自神户解缆的‘春日号’轮船启程回国。"

章太炎抵上海之次日，《民立报》发表《欢迎鼓吹革命之文豪》社评云："章太炎，中国近代之大文豪，而亦革命家之巨子也。正气不灭，发为国光，文字成功日，全球革命潮，呜呼盛已！一国之亡，不亡于爱国男儿，文人学士之心，以发挥大义，存系统于书简，则其国必有光复一日，故英雄可间世而有，文豪不可间世而无，留残碑于荒野，存正朔于空山，祖国得有今日，文豪之力也。"

章太炎返国后，以主要精力投入政治活动，同时由于他的学术地位和影响，又对很多文化教育团体的活动，发挥领导和影响作用。他也始终不肯中辍学术研究。他由吴淞移居上海，是经乌目山僧宗仰专程迎迓，致力于推动全国革命形势并调节吴淞、上海两个都督府对峙情况。乌目山僧 是佛学大师，他为章太炎《齐物论释》所作后序，署辛亥十月，正是当时所作，可见学术问题仍是他们的重要话题。《齐物论释》重定本刻于1912年，则其重定，当在乌目山僧作序之后。

本年，章太炎重要的学术文章，一为有关佛法诸问题的演说稿；一为将学术评价和政治问题融为一起的《诛政党》。

佛法问题的演说稿，现藏于日本京都大学人文科学研究所。原文没有总题，共分四个分题：一、佛法果应认为宗教耶？抑认为哲学耶？二、佛法亦有不圆满处，应待后人补苴。三、印度佛法，支那佛法，本自有异，不可强同，而亦有互相补助之处。四、佛法应物，即同老庄。原稿未署时间。

此讲稿淹没异国数十年，不为国人知。谢樱宁《章太炎年谱撷遗》认为此稿作于本年，即《自述学术次第》提到的归国前的那次演说："既为《齐物论释》，使庄生五千言，字字可解，日本诸沙门亦多慕之。适武昌倡义，束装欲归，东方沙门诸宗三十余人属讲佛学，一夕演其大义，与世论稍有不同。"谢樱宁从内容上作了考据分析，定为此篇。我们认为比较合理，今据谢樱宁说，摘录讲稿的第一、第四两部分于此：

（一）佛法果应认为宗教耶？抑认为哲学耶？

近代许多宗教，各有不同。依常论说来，佛法也是一种宗教。但问怎么样唤作宗教，不可不有个界说。假如说有所信仰，就称宗教，那么各种学问，除了怀疑论以外，没有一项不是宗教。就是法理学家信仰国家，也不得不给他一个宗教的名号，何但佛法呢？假如说崇拜鬼神，唤作宗教，像道教、基督教、回回教之类，都是崇拜鬼神。用宗教的名号，恰算正当佛法中原说六亲不敬，鬼神不礼，何曾有崇拜鬼神的事实。明明说出"心、佛、众生，三无差别"，说便礼佛念佛等事，总是礼自己的心，念自己的心，并不在心外求佛。这一条界说，是不能引用了。惟有六趣升沉的道理，颇有宗教分子羼入在里头，究竟天宫地狱等语，原是摩挐法典流传下来。佛法既然离了常见断见，说明轮回的理，借用旧说证明，原是与自己宗旨无碍，所以没有明白破他，只像古代中国、希腊许多哲学家，孔子也不打破鬼神，苏格拉底、柏拉图也不打破神明。现在欧洲几个哲学家，如笛卡尔、康德那一班人，口头还说上帝，不去明破，无非是随顺世俗，不求立异的意思。到底与本宗真义，没有什么相干。总是哲学中间兼存宗教，并不是宗教中间含有哲学。照这样看来，佛法只与哲学家为同聚，不与宗教家为同聚。在他印度本土，与胜论、数论为同聚，不与梵教为同聚。试看佛陀、菩提这种名号，译来原是"觉"字。般若译来原是"智"字。一切大乘的目的，无非是"断所知障"、"成就一切智者"，分明是求智的意思，断不是要立一个宗教，劝人信仰。细想释迦牟尼的本意，只是求智，所以发明一种最高的哲理出来。发明以后，到底还是要亲证，方才不是空言。像近人所说的物如、大我、意志，种种高谈，并不是比不上佛法，只为没有实证。所以比较形质上的学问，原有逊色。试想种种物理，无不是从实验上看出来，不是纯靠理论。哲学反纯靠理论，没有实验，这不是相差很远么？佛法的高处，一方在理论极成，一方在圣智内证，岂但不为宗教起见，也并不为解脱生死起见，不为提倡道德起见，只是发明真如的见解，必要实证真如。发明如来藏的见解，必要实证如来藏。与其称为宗教，不如称为"哲学之实证者"。状于布施、持戒、忍辱等法，不过为对治妄心。妄心不起，自然随顺真如，这原是几种方法，并不是他的旨趣……道德尚且不是佛的本旨，何况宗教呢？从来着了宗教的见解，总不免执守自宗，攻击异己。像印度的数论、胜论，原有可采。中国的老子、庄子意趣更高。但把佛法看成宗教的人，不论他人说是说非，总要强下许多辩难。有时见他人立意本高，就去挑拨字句，吹毛求疵。不晓得字句失当的所在，佛法中也是不免。到了这边，又必要加许多弥缝，施许多辩护。真是目见千里，不见其睫。现在且举一例。且如老、庄多说自然，佛家无不攻驳，光说道本来没有自性，何况自然。那么我请回敬佛家一句：佛法也有"法尔"两个字，本来没有法性，何况法尔，人本无我，没有自然；法本无我，连法性也不能成立了。这种话，只要以矛击盾，自己也无不陷入绝地。后来佛法分宗，也往往有这种弊病。本来专门讲学，原是要设些辩论。但据着道理的辩，总是愈辩愈精。执着宗教的辩，反是愈辩愈劣。我想陈那菩萨作理门论，只用现量比量，不用圣教量，真是辩论的规矩。可惜亚东许多高僧，从没有在这边着想。这种病根，都为执着宗教的意见，不得脱离。竟把"佛法无静"四个字忘了。若晓得佛法本来不是宗教，自然放大眼光，自由研究。纵使未能趣入实证一涂，在哲学的理论上，必定可以脱除障碍，获见光明。况且大乘的见解，本来"依义不依文，依法不依人"。可见第一义谛不必都在悉檀。地上菩萨，不必专生印度。恐怕文殊弥勒，本来是外道宗师，大乘采他们的话，就成一种最高的见解。何但文殊、弥勒呢？西向希腊，东向支那，也可以寻得几个出来。虽然不在僧伽，他的话倒不失释迦牟尼的本意啊！

（四）佛法应物，即同老庄

佛法本来称出世法，但到底不能离世间法。试看小乘律中，盗金钱、五磨洒，便负重罪，也不过依着印度法律。大乘律脱离法律的见解，还有许多依着寻常道德。这且不论，但说三界以外，本来没有四界，虽说出世法，终究不离世间，精细论来，世间本来是幻，不过是处识种子所现（处识见摄大乘论）。有意要脱离世间，还是为处识幻相所蔽。所以断了所知障的人，证见世间是幻，就知道世间不待脱离。……原来印度社会和平，政治简淡。所以维摩诘的话，不过是度险谷、设医药、救饥馑几种慈善事业。到东方就不然。社会相争，政治压制，非常的猛烈。所以老、庄的话，大端注意在社会政治这一边，不在专施小惠，振救孤穷。连兼爱偃兵几句大话，无不打破。为什么缘故呢？兼爱的话，这是强设一种兼爱的条例。像墨子《天志篇》所说，可以知其大概。若有一人一国违了天志，这个人就该杀，这个国就该灭。依然不能纯用兼爱。又像基督教也是以博爱为宗。但从前罗马教皇，代天杀人。比政府的法律，更要残酷。所以庄子见得兼爱就是大迁（《天道篇》）。又说为义偃兵，就是造兵之本（《徐无鬼篇》）。这真是看透世情，断不是煦煦为仁，孑孑为义的见解了。……所以老子的话，一方是治天下，一方是无政府。只看当时人情所好。无论是专制，是立宪，是无政府，无不可为。仿佛佛法中有三乘的话，应机说法。老子在政治上，也是三乘的话，并不执着一定的方针，强去配合。一方说："以道莅天下，其鬼不神。"是打破宗教。一方又说："人之所教，我亦教之。强梁者不得其死，吾将以为教父。"又是随顺宗教。所以说："不善者吾亦善之，不信者吾亦信之。"并不是权术语，只是随顺人情，使人人各如所愿罢了。再向下一层说，人心虽有是非善恶的妄见，惟有客观上的学理，可以说他有是有非。主观上的志愿，到底不能说他有是有非。惟有无所为的来表色可以说是真善真恶；有所为的表色，善只可说为伪善，恶也只可说为伪恶。照这样分别，就有许多判断，许多争论，在人事上岂不增许多方便么？兄弟看近来世事纷纭，人民涂炭。不造出一种舆论，到底不能拯救世人，上边说的，已略有几分了。最深意的，是《齐物论》中《尧伐三子》一章："昔者尧问于舜曰：'我欲伐宗脍胥敖，南面而不释然，其故何也？'舜曰：'夫三子者，犹存乎蓬艾之间，若不释然，何哉？昔日十日并出，草木皆照，而况德之进乎日者乎！'"据郭象注，蓬艾就是至的意思。物之所安，没有陋与不陋的分别。现在想夺蓬艾的愿，伐之使从己，于道就不弘了。庄子只一篇话，眼光注射，直看见万世的人情。大概善恶是非的见，还容易消去了；文明野蛮的见，最不容易消去。无论进化论政治家的话，都钻在这个洞窟子里，就是现在一派无政府党，还看得物质文明是一件重要的事，何况世界许多野心家。所以一般舆论，不论东洋西洋，没有一个不把文明野蛮的见横在心里。学者著书，还要增长这种意见，以至怀着兽心的强国，有意要并吞弱国，不说贪他的土地，利他的物产，反说那国本来野蛮。我今灭了那国，正是使那国的人民，获享文明幸福。这正是《尧伐三子》的口柄。不晓得文明野蛮的话，本来从心上幻想现来。只就事实上看，甚么唤作文明，甚么唤作野蛮，也没有一定的界限。而且彼此所见，还有相反之处。所以庄子又说没有正处，没有正味，没有正色，只看人情所安，就是正处、正味、正色。易地而施，却像使海鸟哕太牢，猿猴著禅服，何曾有什么幸福。所以第一要造成舆论，打破文明野蛮的见，使那些怀挟兽心的人，不能藉口。任便说我爱杀人，我最贪利，所以要灭人的国。说出本心，到也罢了。文明野蛮的见解，既先打破，那边怀挟兽心的人，到底不得不把本心说出，自然没人去从他。这是老庄的第一高见。就使维摩诘生在今日，必定也主张这种议论，发起这种志愿。断不是只说几句慈善事业的话，就以为够用了。若专用佛法去应世务，规画总有不周。若借用无政府党的话，理论既是偏于唯物，方法实在没有完成。唯有把佛与老庄和合，这才是"善权之士"救时应务的第一良法。至于说到根本一边，总是不住涅槃，不住生死，不著名相，不生分别，像兄弟与诸位，虽然不曾证到那种境界，也不曾趣入"菩萨—阐提"的地位，但是"闻思所成"，未尝不可领会；"发心立愿"，未尝不可宣言。维摩诘经所说的"虽观诸法不生，而不入正位；虽摄一切众生，而不爱着；虽乐远离，而不依身心尽；虽行三界，而不坏法界性"，难道我辈就终身绝望么！

《诛政党》一文在10月的26日、28日、31日连载于槟榔屿《光华日报》。文中一些政治观点自有可商榷之处，但文中论及后汉和晚明历史，论及汉唐宋元历代政治得失，论及欧美政治制度，反映了章太炎对这些问题的认识。而对康有为、梁启超、严复、蒋智由等一大批风云人物的评价中，包括了对他们的学术评价。如论康有为时说："治公羊学，不逮戴望甚远，延其绪说，以成新学伪经之论。"论梁启超时说："文不足以自华，乃以帖括之声音节凑，参合倭人文体，而以文界革命自豪。"论严复时说："学文桐城，粗通小学，能译欧西先哲之书，而节凑未离帖括，其理虽至浅薄，务为华妙之辞。"

再则文中还批评了一些带倾向性的学术观点，如语言文字问题："至若病汉字难识，欲尽废之，而以罗马字拼音，则年来浮薄少年，歆羡岛中蛮夷，多倡此议，固难责于祆教僧也。"

文中涉及清末民初学术史的很多问题，反映了章太炎当时的看法，值得重视。因为此文对人物不直接揭出姓名，各种问题又是错杂而谈，故引出全文：

诛政党

杨子云曰："周之士也贵，秦之士也贱，道泰业隆，乃有显懿，叔代偷薄，狙诈斯起。"故朋党之兴，必在季世。汉代党锢，起于甘陵、汝南，海内雾会，非尽正人。后世徒以李膺、陈蕃辈并有伟节，遂并矜党锢。明之季年，君荒政非，阉尹用事，党人婞直者羞与之伍，抗节死直，略同桓、灵之世，然桑荫未移，九服分崩，党祸为之也。近世礼经威仪之化尽斁，习于戎俗，士益佻偷，夸者无古人婞直之风，而有淫昏之德，外慕远西政党之名，内怀驰骛追逐之志，遨集京邑，交关豪右，食如蝗，衣如华，东泽可鉴，先马前驰，昂首伸眉，列论政事，甚乃侈陈政纲，诱惑夏众，黔首倥侗，聪明不开，以此曹为有褆民之德，死亡无日而不思自拯，不亦重可哀乎？吾乃发愤笔而诛之。

天下之至猥贱，莫如政客。挽近中夏民德污下，甚于哲人，故政之猥贱尤甚。欧、美政党，贪婪兢进，虽犹中国，顾尚有正鹄政府，有害民之政，往往能挟持不使遂行，自及秉政，他党又得议其后，兴革多能安利百姓，国家赖焉。汉土则独否。盖欧、美政党，自导国利民至，中国政党，自浮夸奔兢，所志不同，源流亦异，而漫以相比，非妄则夸也。当世党人，可约而数，观其言行，相其文质，校第品藻，略得七类：

治公羊学，不逮戴望甚远，延其绪说，以成新学伪经之论，刘歆所谓党门妒道真者也。浮兢上士，不期景从，教授岭海间，生徒以千数，风声所树，俨然大儒；上方马融，则不相逮，下亦比于徐湛。及大阉用事，四裔交侵，上书北阙，二人仅胜持举，所言虽不足观，布衣伏阙，要为数百年所仅见。不以船山、晚村之义正之，则陈东之俦也。主事之秩，亦才比于黄头郎耳。自鸣得意，谓受殊知，及今犹自焜耀。中更猖獗，欲效高欢故事以弋大官，事机败露，遄逃异国，利夫万里丧元者不能起而辩其诬也，则佁张为幻，以欺黔首，身窜绝域之表，心在魏阙之下。见侨商多金，戢戢如鹰隼，得之则辈馈名王贵人，以求赦宥，千夫十年积之异域，党人一绳输之朝贵。贿赂之外，复营菟裘，兵库海峤，巍然新宫，是未来宰相之华居也。政府立宪，意别有在，辄为露布天下，以为己功，乘此以结政党，谓中国大权，在其党徒，他日爵秩之尊卑，视今政进钱之多寡，贪饕罔利，如斯其极。向使兴以其严道之山，虽尽灭汉种，亦所甘焉。财用既充，则周游列国，以自娱乐，舟车馆舍，比于王侯，旬月之间，资以万计。其游记曰：欧西小儿，见吾衣冠华好，疑为中国贵人，皆额手为礼，遄臣身上衣，侨商额上泚也。游迹所至，多有遗行，腥德彰闻，中外共弃，独东方政客利用之，资以金钱，为之外援。大隈重信其智矣乎，以国易货。若夫学未及其师，而变诈过之，掇拾岛国贱儒绪说，自命知学，作报海外，腾肆奸言，为人所攻，则更名《国风》，颂天王而媚朝贵，文不足以自华，乃以帖括之声音节凑，参合倭人文体，而以文界革命自豪。后生好之，兢相模仿，致使中夏学扫地者，则夫己氏为之也。又往代党人，所与争者宦官外戚，碎首断胫而不顾，亦为壮也。今则曲事大珰，以求禄秩者有之矣。不特不逮汉、明，方以牛僧孺、李德裕之徒，犹有惭德，昏淫猖诈，古未曾有。是汉种将灭之妖，而政党之第一类也。

　　见天下大乱，不利立朝，荣华丘壑，又不堪其闷，乃弃官牵牛，不争于朝，而争于市。以娄襚子，不及数年，起富巨万，南金积宫中，嫔嫱充绮室，梁木表缇绣，狗马被缋罽，高台华屋，连骑击钟，剥割萌黎，以恣奢欲。班固有言，上争王者之利，下锢齐民之业，伤化败俗，大乱之道也。此曹既好货殖，不求仕进。好货殖则为白圭、范蠡可也，家既不訾，乃求比封君而抗礼王侯，束帛之币，以赂贵臣，则膺显秩而备顾问，复大结朋党，将隐握政权以便其私。论者不害，谓中国方患贫，是可以富国家而舒民困，延其声誉而名播于歌咏。呜呼！选举徒有空名，民生日即艰苦，王室倾而政出富民，欧、美之弊，吾尝见之矣，此又一类也。

尝受学于当世大师，能以文学自华，而学术未具。游学异国，结纳亡命，歃血为盟，誓复诸华，所言不出戎狄豺狼之辞，所书不出内夏外夷之义，叠山、所南之伦也。心醉利禄，一变而谈保皇，宗国幅裂，民生多艰，置夏民而为引弓者谋生计，陈义纵高，权衡已丧，将以媚大长，则尤无耻矣。惩于党魁之失，不輂金于朝贵而要藩镇，与一二党徒，激扬名声，以动听闻，大命一至，若恐弗及。屈膝穷庐，驰驱豪帅，朝习胡语，暮弹琵琶，亦云勤矣。昊天不仁，不生之于东陬，而生之于中国，身为异类，终见猜疑，载沉载浮，大官难致，向日奥援，或死或废，荃更不察，十年将不迁也。赎货无厌，至于自卖乡里，父老震恐，致届汉口，狼狈北窜，仅逃诛灵，然人而不见容于其乡，谓能谋国，何颛蒙之甚也。亦有奸人，高谈佛理，竟在欺世，能为诗歌，以钓名声，内不慈于其子，外不忠于友朋，睚眦之怨，至于告密藩镇，大者钩党，杀多士，贼烈女，以快其私，谛晓释氏之旨者而若是耶？热中利禄，无由得进，大结党徒，闻政主上，亦犹负鼎俎击牛角之意也。遭逢强暴，兽散瓦解。惧东京子弟粗刚，去而之上海，拥树景教高僧为缀旒，而自持其柄。法部主事，主上倡优狗马之所蓄也。嘉谟入告，本非其事，利其服官京师，使言政事而弹大臣，既获严谴，全党夺气。人固坐废，己亦连蹇，竭忠新主之情，既不得表见，缩头畏死，又不能追踪彭咸以自洁，见楚人之得计，乃舍灵修而曲求藩镇，挟其笔札之才，以涉历幕府，颇见倖亲，尊宠日异，知县之秩，虽不通显，所望不奢，因已满意。盖宛平万流兢进，贵游众多，既非韩嫣之善射，复非延年之能歌，二千石印，终不得佩，固不若谨身以媚节度使，犹得鹰扬虎视于清州也。谚有之曰：众偷牛不若独偷狗，其时之谓欤。此又一类也。

少游学于欧洲，见其车马宫室衣裳之好，甚于汉土，遂至鄙夷宗邦，等视戎夏。壮岁而归，才备重舌之选，上者学文桐城，粗通小学，能译欧西先哲之书，而节凑未离贴括，其理虽至浅薄，务为华妙之辞以欺人。近且倡言功利，哗世取宠，徒说者信之，号为博通中外之大儒。下者以六籍之文为诬，而信大秦之教，既奉天生〔主〕圣母矣，法当追踪保罗，继迹马太，辟路德之非，绍彼德之后，若不能仰跻先圣，则当传教里闾，以求多福，而乃连结身犯重案之人，以成良莠不齐之党，将欲借宗教以得政权耶？则当今之世，政教既分，教皇且不能作威福，何有于神甫？将欲借政党以致显贵耶？则天堂之乐，如约翰所云，胜于人世千万，驾云螭以腾丹溪，宁不愈于乘马车以趋议院。既羡天国之嘉祉，复求人世之利禄，以天使而慕人爵，居神州而梦罗马，进退失据，徒为天下笑而已。观其不自祀其祖考，而上书当涂，深以他人宗庙为忧，又似宁背教宗，只求显达者矣。至若病汉字难识欲尽废之，而以罗马字拼音，则年来浮薄少年，歆羡岛中蛮夷，多倡此议，固难责之于祆教僧也。后生观其华而不观其实，相其文而不相其质，相与禋祀之，甚无谓也。要之此曹，虽不仕官，一则服事豪帅以致科第，且得议郎；一则专树朋徒以耀声誉而求富贵。进无补于国计，退无迹于简编，诚为通事教民之雄，而未合显士之科，此又一类也。

　　家世贫贱，又不学问，以赂市官，既无其资，绝迹浚谷，复非所耐，出不能自致通显以光宗族，入不能挥豪属笔以收声誉，咨议局员，斗筲之役，复非丈夫所甘处。习闻苟偷法政者之言，以为国会可以致富强而便驰骋，于是以请开国会之名，号召党徒，海外党人，嘉其忠义，延其名于四方，遂为流俗所推慕。既游京师，朱轮竟衢，冠盖荫术，堂有珥貂之客，门结安车之轨，王公贝子，与之分庭抗礼，虽不得请，荣何加焉。峨峨高门，比于闾阎，请开国会，则得入之；玄熊之肤，肥牛之腱，请开国会，则得食之；华阁飞陛，闲宫云屋，请开国会，则得处之；燕赵佳人，丰髯垂髻，请开国会，则得近之。东鄙贱民，一旦及此，魂精泄横，瞑瞒流污，固其所矣。又此曹为民请命，行必厚赆，今日百缣，明日千金，则请开会又起富之道，是可谓党人之黠者，非真为国家也。非然者既不得请，则伏白梏，首土囊，受马通之熏，挟熟烧之镇，以死报国可也，否则自淇东海，以谢父老而励来者，犹不失为烈士，而乃凭依权豪，附托显贵，或求入海军处，或求入编查馆，公卿阍人室中，红笺厚尺有咫，识者掩口，海内嗟叹，何无耻至于斯也。狂呆者偶触藩镇之怒，衣褚关三木，全团股栗，遂不敢复请，此曹亦浸浸如死灰矣。若夫以减短四年为奇功，市酒肉张华灯以相庆者，则其中国之祥耶？此又一类也。

　　少负俊逸之才，长有乡曲之誉，崇伪耀也。乃膺民选，既入资政之院，品核公卿，裁量宰辅，讥刺内宠，讪谤朝政，一言才出，直声闻于天下，贵臣动容，黎庶色喜，群公碌碌，诚不若一士之谔谔也。执政病其害己，稍羁縻之，亦贴然以就范围，四五品京堂，名优大阍之弗屑，微蔑者得之，光宠五宗焉。爵秩既赐，谤声随衰，贵游一言，则稽首以拜大命，王公一怒，则征营不知死所。甚乃承受意旨，膏唇拭舌，甘祸生民，以效忠政府。民贼利之，如虎得伥，百姓怨恫，则假借此曹之言以塞其口。求之史册，英国选法改革以前，法国路易腓力以后，差足比之。选举议郎，以代言论，不知适以自害也。盖其非权贵适所以要权贵，谤政府适所以求政府，譬之小儿夜啼，人辄投以果饵，既而时时啼，非故欲啼也，欲果饵耳。开院一稔，四海困穷，而政府之暴滋甚，此曹无状，又较然明矣。士生鄙野，选而禄之，非不贵也，而形神不全，颜歜之言，岂虚语哉。此又一类也。

不晓学术，惟能诗歌，资目录以应对，假新党以邀名，徬徨苏轼之道左，而文学两不相逮，徒以爵命通显，毫末之长，足以倾动天下，转入保国、强学之会，与浮夸之徒更相褒重，声名翕耀，公卿倒屣，八俊三君，未足方喻。党祸既兴，并见罢斥，既已坐废，则衡门悬车可也，而乃昵迩豪帅，交欢贵臣，伺候奔走，不惶起处，其视宦官内宠，亦齐楚之间耳。近年朝野兢谈立宪，新党亦稍稍复出，上者为师傅，下亦为布政使，然则今日又其用事时矣。观其建铁路于乡里，至言好货者必称其名，贪饕可以想见。至若诗人之刺，以谒王侯，殃民之计，以献朝贵，夺齐民之业，借强国之债，逢迎当涂，以得大郡者，其罪更浮于为师傅者矣。当此曹贬黜时，天下尚有高尚其道，污秽庙堂者。今则湘川闽粤之民，思食其肉，人毁其奸，神疾其邪，有党若此，速中国之亡而已，此又一类也。

综观七类，操术各异，而兢名死利，则同为民蠹害，又一丘之貉也。中国自东汉以后，党祸相寻，魏、晋、宋、齐、梁、陈皆享国日浅，其害不著。蒙古僭盗中原，视汉人如重台，又贱儒术，为日未久，即见攘逐，故亦无朋党。向使久据神州，假借经术以诳耀诸夏，猥贱之士，与之相忘，则党祸必不在汉、唐下也。历观史册，凡四代有党，汉、明之亡国，唐、宋以之不振，朋党之祸，天下亦彰明矣。

近世朋党者，新党所从出，政党又新党之变相。中国大局，已非往代，朋党猥贱，甚于古人，其祸必更烈于先禩。即以近事观之，十年以前，党人犹以风节自高，五年以还，已专以奔走贵人为事。今日闻有受岛国之金而建议弃辽沈者矣。不出一纪，人为完用，家效容九，亡国夷种，不待著龟而可决也。苟我夏齐民，不忍亡其宗国，赫然振作，以恢九服，中国既安，各依其见为政党，内审齐民之情，外察宇内之势，调和斟酌，以成政事而利国家，不亦休乎？不然，则速速方谷，邦国随倾，既见灭于欧人，万劫将不复也。狙公赋芋，朝三而暮四，则群狙怒；朝四而暮三，则群狙喜。恶专制而喜立宪，亦犹此而已。党人以其便己变诈乖诡，以合时宜，贪夫殉财，夸者死权，不足责矣。国人不悟，睹暧昧之利，而不见显哲之祸，托命此曹，亦犹□〔鹈〕鸠之巢苇苕也。九县崩离，天地否闭，士怀夷庆，民忘华风。悲夫，吾其长为左衽矣。

民国元年壬子（1912） 45 岁

《自定年谱》（节录）：

孙公于太阳历一月一日就职。始行太阳历，以江宁为南京。

初，赵伯先之列，未有疑克强者也，焕卿不能分别，并恶之。至是，日与黄陈不合，自设光复军总司令部于上海，募兵。余告之曰："江南军事已罢，招募为无名。丈夫当有远志，不宜与人争权于蜗角间。武昌方亟，君当就蛰仙乞千余人上援，大义所在，蛰仙不能却也。如此既以避偪，且可有功。恋此不去，必危其身。"焕卿不从，果被刺死。焕卿既死，孙公延余至江宁，欲任为枢密顾问，不能却。乃曰："上海，江宁，咫尺地耳，若有献替，邮书半日即至，无必常宿直庐也。"因返上海。

余适与清故两广总督西林岑春煊云阶遇。云阶言：在清宜死社稷，在南宜北伐，无议和理。余颇是之。然以南府昏缪，自翦羽翼，不任变伐，假手袁氏，势自然也。

袁公就职，余复被任为高等顾问。四月，入都。

七月，之武昌，谒黎公。闻武昌人甚重张之洞，以为人材军实皆张氏所遗以为倡义资也。返自武昌，与袁公道之。袁公愤然曰："南皮竖儒，今犹为人引重耶？"因数张过咎数端，又言初练陆军及遣学生出洋，皆己所建明，无与南皮。剧谈至三刻顷。余始虽审袁公雄猜，犹谓非卞急者，及闻其排诋张之洞，独念曰：死者尚忌之，况于生人？褊浅若是，盖无足观矣。

会以事赴三姓，北抵卜魁，还返，乃任为东三省筹边使。命下，被冰雪赴之，冀以避地。然辛不免也。

以上节引《自定年谱》，既反映了本年国家大事，也反映了章太炎的主要活动及其思想变化。革命营垒内部矛盾加剧，光复会一派受到压制，或被排挤，或被强行解除武装，领袖人物陶成章遭暗杀。对此，作为光复会会长的章太炎，心怀悲慨。他在这一时期支持袁世凯，支持建都北京，与他所说的"南府昏缪，自翦羽翼"，无疑相关。待他北上对袁有了直接了解，才对袁氏产生怀疑警惕。到袁世凯帝制自为的野心暴露后，章太炎则挺身抗争。

本年，文化领域出现一些新的现象。民国建立后，一批学会和学术团体成立。章太炎等人参加或指导这些团体的活动，学术影响进一步扩大。

康有为、梁启超师生间产生了分歧裂痕。康有为性格固执，坚持原来的政治主张和学术见解，被看作保皇派代表、遗老式人物，其学术见解，甚至被马良（相伯）批评为"说近妖妄"。梁启超则与时推移，赞成共和制度，成为所谓温和派政治领袖，受到相当广泛的欢迎和支持。学术上梁启超放弃廖平、康有为的今文经说，对各派均予承认，客观评价，故与马相伯、章太炎联合发起"函夏考文苑"。梁启超本年著有《中国立国大方针商榷书》、《财政问题商榷书》两本小册子，均在日本写成，在国内印刷发行。

王国维在日本，整理以前研究所得，写成《宋元戏曲考》，凡十六章，系统研究了宋元戏曲的渊源、形式、影响。其研究领域和深度有开拓意义，其研究方法有清儒之精审，也运用了西方的系统方法。此书由商务印书馆出版，改题《宋元戏曲史》。郭沫若评论说："王先生的《宋元戏曲史》和鲁迅先生的《中国小说史略》，毫无疑问，是中国文艺史研究上的双璧；不仅是拓荒的工作，前无古人，而且是权威的成就，一直领导着百万的后学。"（《历史人物·鲁迅与王国维》）在王国维的文学研究中，《宋元戏曲史》可以看作最高成就和终结，此后王国维转向经史和古文字的研究。

民国成立后，蔡元培负责教育部事务，聘请许寿裳、蒋维乔、鲁迅等人到教育部工作。蔡元培发表《对于教育方针之意见》，申明有关美育的教育思想。四月份教育部迁北京，蔡元培继续聘请许寿裳等。夏季蔡元培发起"夏期讲演会"。据《鲁迅年谱》（鲁迅博物馆编）和蒋维乔《退庵日记》，知讲演科目包括东西方社会科学和自然科学，范围很广。其中章太炎讲《东洋哲学》，严复讲《进化天演》，许寿裳讲《教育学》，鲁迅讲《美术略论》。至七月份蔡元培因反对北洋官僚倒行逆施而辞职，夏期讲演会中辍。蔡元培旋往西欧考察文化教育。

辛亥革命后，一些原来做官的文人，以主要精力投入学术研究和教育事业，如罗振玉、辜鸿铭等。有一些革命派文人，在袁世凯专权后，也把精力投入学术研究和教育事业，如黄侃等。黄侃在辛亥革命爆发后，曾积极参与政治活动，当选为中华民国联合会湖北代表（参议员）。至本年夏季，在失意中整理词作，编成《绵华词》，并云："聊为怊怅之词，但以缠绵为主。作无益之事，自遣劳生，续已断之缘，犹期来世。壬子六月，编成自记。"

释敬安（八指头陀）去世。释敬安先后主持多所名刹，以修持闻名，又是一代著名诗僧，当时担任中华佛教总会会长。

严复受总统袁世凯之聘，任北京大学校长。

章太炎于繁忙政治活动中，始终留心文化学术。营救刘师培一事，在当时很有影响。刘师培曾在东京参加革命活动，归国后投身端方幕下，为清廷效力，后随端方入川镇压四川革命运动。辛亥革命后，刘师培在四川资州被拘捕，本应受到刑罚，经章太炎和蔡元培营救，未予惩罚，令其从事学术研究。

章、蔡二人曾在 1 月 11 日《大共和日报》联名刊出《求刘申叔通信》，文曰："刘申叔学问渊深，通知古今，前为宵人所误，陷入范笼。今者，民国维新，所望国学深湛之士提倡素风，任持绝学，而申叔消息杳然，生死难测。如身在地方，尚望先一通信于国粹学报馆，以慰同人眷念。章炳麟、蔡元培同白。"

此外章太炎发表宣言云："今者文化陵迟，宿学凋丧，一二通博之材，如刘光汉辈，虽负小疵，不应深论。若拘执党见，思复前仇，杀一人无益中国，而文学自此扫地，使禹域沦为夷裔者，谁之责耶？"

一月底，章太炎赴杭州，因浙江教育会选举章太炎为会长，章氏前去指导会务，发表讲演。讲演对教育制度、教材、教学科目等多有议论，颇有卓见。其中有关语文一致的看法，非常重要。这一主张包括两个方面，首先是统一语言，将古语今语统一，其次是以语言代替文字。这一方案与后来的白话文运动，有同有异。白话文运动主将钱玄同后来回忆自己受教于章太炎门下情形，特别提到这次教育会演说对自己的影响。他说："我对于白话文的主张，实在植根于那个时候，大都受章先生的影响。""我得了这古今一体，言文一致之说，便绝不敢轻视现在的白话，从此便种下了后来提倡白话之根。"（熊梦飞《记录玄同先生关于语文问题谈话》）按钱玄同于宣统二年（1910）秋季自日本归国后，先后任浙江嘉兴中学、海宁中学、湖州中学国文教员，民国建国后，任浙江教育司科员、视学。

二月，章门弟子马裕藻、钱夏（玄同）、朱宗莱、沈兼士、龚宝铨、朱希祖、范古农、许寿裳等人发起"国学会",请章太炎担任会长。国学会以讲授国学、保存国故为宗旨,当时在《民立报》发表《国学会缘起》,在《大共和日报》刊登《国学会广告》。《缘起》云:

"先民不作,国学日微,诸言治兴学,以逮艺术之微者,罔不圭臬异国,引为上第。古制沦于草莽,故籍鬻为败纸,十数稔于兹矣。……语曰:'国将亡,本必先颠。'典章制度名物训诂,玄理道德之源,粲然莫备于经子,国本在是矣。今言者他不悉知,唯欲废绝经籍,自诩上制,何其乐率中国而化附于人也。方当匡复区夏,谓宜兴废继绝,昭明固有,安所得此亡国之言,以为不祥之征耶?刘子政有言,历山之田者善侵畔而舜耕焉,雷泽之渔者善争陂而舜渔焉,东夷之陶器窳而舜陶焉,故耕渔与陶,非舜之事,而舜为之以救败也。学术之败,于今为烈,补偏救弊,化民成俗,非先知先觉莫能为,为亦莫能举其效。余杭章先生以命世之材,为学者宗,魏晋以来大儒,罔有逮者。昔遭忧患,旅居日本,睹国学之沦胥以亡,赫然振董,思进二三学子,与之适道。裕藻等材知驽下,未能昭彻所谕教,然海内学校之稍稍知重国故,实自先生始之。流风所被,不其远乎?虏廷克减〔灭〕,先生亦返国,昌言至论,既彰彰在人耳目,同人复以学会请,庶尽其广博,以贻后昆。先生许诺。且言今之所亟,亦使人知凡要,凡要微矣,诚得其故,如日星河岳然,虽月三数会,不病寡也。既获命,敢告海内贤士大夫,莫莫葛藟,施于条枝,岂第君子,求福不回。文武之道,未坠于地,十室之邑,必存忠信。宣扬而光大之,是在笃志自信者,可以固国,可以立,可以诏后生,可以仪型万世。凡百君子,其亦乐乎此也。学会规约别录如左:

"一,定名曰国学会。

"二,请章太炎先生为国学会会长,并随时延请耆儒硕彦,分科讲授。

"三，讲授科目大别有六：甲，文、小学（音韵训诂，字原属焉）、文章（文章流别，文学史属焉）；乙，经（群经通义）；丙，子（诸子异义）；丁，史（典章制度、史评）；戊，学术流别；己，释典。

"四，讲授期以壬午阳历四月七日、阴历二月二十日房日始，自后凡房虚昴星日即为会期。

"五，愿入会者，以得会员三人以上介绍而学长允许为准。

"六，凡会员暂定月纳会费银二元。

"七，凡所讲授，由会员分任，随为国学讲义，随时印行，以饷学者。刊行讲义，别有详章。

"发起人：马裕藻、钱夏、朱宗莱、沈坚、龚宝铨、范古农、朱希祖、沈钧业、张传梓、张传瓒。"

3月4日，《大共和日报》刊登《国学会广告》称："兹者中夏光复，民国底定，振兴国学，微先生其孰与能。同人念焉，爰设讲学会于湖上，乞先生主持之。"学会会址设于杭州方谷园。

五月，章太炎与于右任、王正廷、田桐、张謇、张继等人发起通俗教育研究会。《民立报》五月七日刊登《发起通俗教育研究会宣言》。《宣言》云："革命未成以前，当注力于通俗教育，而期多数人民之能破坏；革命成功而后，当注力于通俗教育，而期多数人民之能建设。""传布通俗教育之方术，不外二大端：一为借语言艺术及娱乐事物以传布者；二为借印刷出版物以传布者。"

五月十日，又于《民立报》刊登该研究会简章，宣布研究事项。研究事项也即上述两端方术之实行途径。

十月，章太炎与马良、梁启超等发起"函夏考文苑"。函夏也即华夏，见《汉书·扬雄传》。考文苑，拟效仿法国，设研究院，"提倡学风"。按马良解释，学风包括学术和风化。学术实为研究，风化则为倡导风尚、奖励著作等。

考文苑之设，深受重视，梁启超当时曾说："考文苑系神州宏举，震烁古今，匡翊之责，谊不敢让。"当时报纸也报道政府方面支持考文苑，同意拨助经费的消息。但章太炎和梁启超以主要精力从事政治活动，实际经办考文苑者为马良。马良与政府官员通信及发表于天津《广益录》的《函夏考文苑议》，收于《马相伯先生文集》。

《致徐又铮书》云："此事经太炎、任公先生及良三人发起后，正苦入手维艰，无由进行，兹有执事主持，定可即日举办。"

《致国务总理赵秉钧书》云："乃本苑发起人章梁二君各以事牵，不遑兼顾矣。"当时所拟考文苑名单为：

"马良相伯　　　　　　　章炳麟太炎

严复几道　　　　　　　梁启超卓如

沈家本子敦（法）　　　杨守敬惺吾（金石、地理）

王闿运壬秋（文辞）　　黄侃季刚（小学、文辞）

钱夏季中（小学）　　　刘师培申叔（群经）

陈汉章倬云（群经、史）陈庆年善余（礼）

华蘅芳若汀（算）　　　屠寄敬山（史）

孙毓筠少侯（佛）　　　王露心葵（音乐）

陈三立伯严（文辞）　　李瑞清梅庵（美术）

沈曾植子培（目录）

说近妖妄者不列，故简去夏穗卿、廖季平、康长素，于王壬秋亦不取其经说。"

按据名单看，马、章、严、梁四人，当系负责全局，故未言专门科。其余诸人则分别负责擅长学科。

本年，章太炎有《频伽精舍校刊大藏经序》，载于《佛学丛报》创刊号，本年9月出版。当时黄宗仰集印《大藏经》，向章太炎索序，故有此序之作。这篇序言已收入《章氏丛书·别录卷三》，题为《频伽精舍刻大藏经序》。见"48岁"条。

章太炎寄此序言给黄宗仰时，附有一函，同载于《佛学丛报》创刊号。此函论及佛学经论疏记版本，包括日本弘教书院刊本及唐疏等。能为著名佛学大师、曾主持中国佛学会的宗仰上人指点佛藏版本，足以反映章太炎佛学修养之深厚。此函如下：

与宗仰上人书

大法东渐，阅岁二千。大乘经论，唯留此土，西瞻佛国，盈细有殊焉。仁山居士昔云"中夏当为佛法之宗"，此非虚语。绛居东国五岁，数从彼土沙门宴游。标宗谈理，殊胜故乡。其于持戒习禅，则又弗逮远甚。弘教书院所印大藏，校勘甚精，句读或多误点，今者赴期摹印，未暇改更。达文字者，亦能自了。流通以后，白衣多见全经，或令末法返于正象，弥勒速于降生。则有情无穷之福也。

索序一篇，今已成办。言虽简劣，多有对治之方。录稿如别，以诒左右。再全藏所收唐疏，多有未完。如《海东起信疏》及《因明》、《唯识》二述记，此皆佚在东瀛。重归禹域，金陵即有单行本矣。其《法苑义林》章、《唯识枢要》二十、《唯识论述记》，皆窥基大师所撰。实法相之胜诠，慈宗之秘宝，并已购得。如能摹资付梓，尤私心所愉快也。

东方达梵语者，颇有数人。尝与商榷，将小乘诸论（小乘论传东土者唯"一切有部"）及外道《吠檀多经》（此宗亦不可薄，今在印度殆与佛法争明。虽以梵天为主，而义多同佛语，远非基督、天方可比）译出，为之润文，是亦参考之书矣。

书此致意，并门禅悦。

199

民国 2 年癸丑（1913） 46 岁

《自定年谱》（节录）：

设筹边署于长春，僚属才十余人耳，既鲜事，经费亦少。吉林民政司韩国钧紫石适去官，荐泰县缪学贤子才于余。子才善测绘，尝为吉林图，余甚爱之。紫石言："松花江、辽河相距二百余里，可穿运河以通之。自辽入运，自运入松花，自松花入黑龙，四五千里，皆方舟之道也，君何不为之？"余曰："昔张季直尝言是。余以辽河水少，海口易涸，果穿运河，辽水东注，则海口遂淤。且松辽南北分注，中间相隔二百余里，辽水不入松花江者，必其间有高原间之。恐穿治亦不可就。"……因召秀思测之，中间果高，其议遂寝。

汤夫人来归。

袁公就职岁余，渐恣肆。克强甚畏恶之，欲因正式国会改选总统，然己亦不理众口。余谓宜推黎公，上书问其去就。会遁初亦与黎公成言，或言其有所要挟，机事不密。三月，盗杀遁初于上海。余以四月托事南行。

以南北相持，辞东三省筹边使。

南事败坏。余念袁氏网罗密布，无所逃死，中国已覆而犹亡命，所不为也。会共和党人急电促余入都，称国民、共和二党惩于旧衅，欲复合。余念京师、上海皆不能避袁氏凶焰，八月，冒危入京师，宿共和党。戒严副司令陆建章以宪兵守门，余不得出。

本年，以袁世凯为首的北洋军阀日趋专横恣肆。宋教仁被刺杀后，章太炎南行，后辞去东三省筹边使。二次革命失败后，章太炎不肯逃亡，冒危险入北京，准备领导共和党进行议会性质的斗争，拥戴黎元洪与袁世凯对抗，但入京后即被袁世凯软禁。秋季以后，主要从事讲学著书。

康有为于本年归国，拒绝袁世凯多次邀请，不直接从政，而以在野身份从事政治活动，并拟重开讲坛。

由康有为主编的《不忍》月刊，二月创刊于上海。此刊以阐扬孔教为宗旨，内容分为政论、教说、艺林等。当时国内尊孔气氛大炽，六月，袁世凯通令各省尊孔祀孔。八月，孔教会代表陈焕章、夏曾佑、梁启超、王式通等人上书参众两院，请于宪法中明文规定孔教为国教。此后，浙江、山东、湖北、河南等省都督或民政长先后通电附和。十一月，康有为被拥举为孔教会会长。其《大同书》本年在《不忍》发表两卷。

十二月，《雅言》创刊于上海，由章太炎弟子康宝忠主编。内容分为论说、纪事、文艺、杂录等。此刊倾向，与《不忍》针锋相对，创刊号就刊载章太炎《驳建立孔教议》。此后章太炎诗文常发于此刊。

梁启超在天津办《庸言》半月刊，此刊政治思想倾向不强烈，陈衍《石遗室诗话》和姚华《蒙猗室曲话》，均长期连载于此刊。《石遗室诗话》是近代最重要诗话之一，陈衍自序说："数十年来多说诗，意有所得，辄拉杂笔之，未成书也。壬子（1912年）秋客居都门，梁任公编《庸言》杂志，属助臂指，则请任诗话，襞绩旧说，博依见闻，月成一卷，卷可万言。"《庸言》停刊后，此书又不断增补，最后成三十二卷全本，由商务印书馆出版。

姚华号茫父，著名书画家，善治曲，有校补元刊杂剧三十种、《曲海一勺》等。《菉猗室曲话》成就很高，虽然体系规模不及王国维《宋元戏曲史》，但"却有精密独到之处，如用治经史的校勘辑佚的朴学方法来治戏曲，虽其成就不及近人，但首先运用这方法治戏曲的，当以姚氏为第一人。"（叶德均《戏曲小说丛考》）

北洋军阀专权，使大批文人及学者型政治家产生内心痛苦和矛盾。梁启超致其女梁令娴的信中，吐露内心痛苦，心绪恶劣，竟至"执笔两小时乃不成一字（催稿急于星火），顷天将曙，兀兀枯坐而已"。更云："吾今拟与政治绝缘，欲专从事于社会教育，除用心办报外，更在津设立私立大学。"（四月十八日《与娴儿书》）

面对军阀专政，强奸民意，民众素质普遍低下，浑浑噩噩；一切理想事物，如宪法议会等等，若有若无，似是而非，先觉者内心痛苦，产生幻灭之感，实在并不奇怪。政治倾向、党派隶属不同的文人，都产生幻灭和痛苦，都把眼光投向学术和教育，也毫不奇怪。梁启超与政治实际绝缘，乃在数年之后，但他这种精神状态，在当时却有普遍性。辛亥革命之后，鲁迅任职教育部，尽管薪金不高，家道也早已中落，却尽力搜求古砖古镜，考索研究，并整理古籍。此无他，寻求寄托，渲泄情怀而已。

章太炎对袁世凯准备推行帝制的倒行逆施，坚决反对，表现出铮铮硬骨。敢以大勋章为扇坠，亲临总统府大骂，确实是并世无第二人。章太炎对康有为等建立孔教的活动，也给以深刻有力的批判。这个时期章太炎思想上痛苦愤懑，是自然的。对此加以指责，实在是苛求。至于修改旧作，使之更精粹允当，则是学者应有的品质和正常行为。有人对此也加以批评，说是在袁世凯帝制期间，却问津学术，修改旧作，可见思想倒退云云。这类批评，持论似高，其实空疏教条，不中事情。

章太炎的痛苦心情，见于《家书》：

"心烦意乱，亟欲思归，而卫兵相守，戒严未销，出则死耳。迩者检查厅又以语言之故，起而诉告（因病未去），亦政府使之也。吾处此正如荆棘，终日无生人意趣。""展转思之，惟有自杀，负君深矣，然他人皆无可与谋，以疏阔者多，周密者寡耳。此书恐成永诀也。"（九月二十三日）

"委心任运，聊以卒岁，而胸中愤懑，终不能自胜也。愤慨既极，惟迎诗以自遣。有时翻阅医书，此为性之所喜，但行箧此种殊少耳。家中医籍尚多，务望保藏勿失。昔人云：不为良相，当为良医。此亦吾之志也。"（九月二十八日）

"秋气萧索，浮云蔽光，京师冠盖之区，暗如幽谷，惟有终日杜门，自娱文史而已。"（十月九日）

"同人劝以讲学自娱，聊复听之，然亦未尝不招当涂之忌也。若并此不为，则了无生趣矣。"（十二月七日）

家书多通，都谈到借讲学以排遣苦闷的心情。然而实际上，章太炎重视讲学，远远超出这一用意。在这次入京之前，已有在上海开办学会之举。七月二十一日《大共和日报》已有报道。他的老朋友乌目山僧黄宗仰特为作诗，题为《太炎先生将开学会，得观云先生赞成之，赋呈志喜》。诗云：

> 河汾今不作，沧海此横流。
>
> 公论初尊孔，斯人欲证刘。
>
> 先生起坛坫，大义继《春秋》。
>
> 更喜轮扶谁，青山拜蒋侯。

章氏这一时期讲学，虽然自称是借文史自娱，实际针对当时文化逆流，作针锋相对的斗争，很有火药味和风险。当时袁世凯蓄意称帝，下令尊孔祀孔，扶植孔教会。章太炎撰文驳斥孔教之外，又把反对孔教作为讲学的主要内容。当时顾颉刚、傅斯年等人为北京大学预科学生，聆听章太炎讲学，对他们的影响极大，可说是在政治思想上、学术道路上都起了引路作用。顾颉刚《古史辨第一册自序》对此谈得很多，特别载明：章太炎"又说现在提倡孔教的人是别有用心的"。顾颉刚还录下章太炎的《国学会告白》。这一《告白》贴在讲堂的墙上，可以想见当时情形，也实为难得之文献："余主讲国学会，踵门来学之士亦云不少。本会专以开通智识，昌大国性为宗，与宗教绝对不能相混。其已入孔教会而后愿入本会者，须先脱离孔教会，庶免薰莸杂糅之病。章炳麟白。"

顾颉刚说，可惜"国学会开讲还没满一个月，太炎先生就给袁政府逮捕下狱"。但是聆听太炎讲学，却使他明辨是非，愿意"随从太炎先生之风，用了看史书的眼光去认识六经，用了看哲人和学者的眼光去认识孔子"。（《古史辨第一册自序》）

讲学正式开始，是在12月初。12月15日《家书》中说："吾今且以讲学自娱，每晚必开会两点。"

讲学地点就在化石桥共和党本部。"讲室设于党部会议厅之大楼，报名者沓至。袁氏私人受命来监察者，亦厕讲筵。讲授科目为经学、史学、玄学、子学，每科编讲义。党中此类书籍无多，先生亦不令向外间购借，便便腹笥，取之有余。讲授时源源本本，如数家珍，贯串经史，融和新旧，阐明义理，剖析精要，多独到创见之处。讲学上绝无政治上感情，不惟专诚学子听之忘倦，即袁氏之私人无不心服，忘其来意矣。"（吴宗慈《癸丙之间言行轶录》）

当然，讲学上绝无政治感情，只是不因政见而歪曲学理、歪曲事实。至于用政治观念、学术观念贯穿联系古今，则是章太炎素有的风范。当时曾作讲稿的《反对以孔教为国教篇，示国学会诸生》，与本月发表的《驳建立孔教议》相配合，在政治上学术上全面批驳了孔教一派。

　　章太炎的《驳建立孔教议》发表于《雅言》创刊号，本年十二月出版。这是针对孔教会所作的反击文章。康有为连续发表《孔教会序》、《以孔子为国教配享天坛议》等文，鼓吹孔教的主张，声势极盛。章太炎此文特从国情、从学理等各方面作正面驳斥：

驳建立孔教议

　　近世有倡孔教会者，余窃訾其怪妄。宗教至鄙，有大古愚民行之，而后终已不废者，徒以拂俗难行，非故葆爱严重之也。中土素无国教矣，舜敷五教，周布十有二教，皆掌之司徒，其事不在庠序，不与讲诵，是乃有司教令，亦杂与今世社会教育同类，非宗教之科。《易》称圣人以神道设教，斯即盟而不荐褅之说也。褅之说孔子不知，号曰设教，其实不教也。观《周礼》神仕诸职，皆王官之一守，不以布于民常。逮及衰周，孔、老命世，老子称以道莅天下，其鬼不神；孔子亦不语神怪，未能事鬼。次有庄周、孟轲、孙卿、公孙龙、申不害、韩非之伦、浡尔俱作，皆辨析名理，察于人文，由是妖言止息，民以昭苏。自尔二千年，虽佛法旁入，黄巾接踵，有似于宗教者。佛典本不礼鬼神，其自宗乃为寂定智慧为主，胜以渺论，思入无间，适居印度，故杂以怪迂之谈，而非中土高材所留意。加其断绝婚姻，茹草衣褐，所行近于隐遁，非所以普教齐民。若黄巾道士者，符箓诡诞，左道惑人，明达之士，固不欲少游其藩。由斯以谈，佛非宗教，黄巾则犹日者卜相之流，为人轻蔑，则中国果未有宗教也。

　　盖自伏羲、炎、黄，事多隐怪，而偏为后世称颂者，无过田渔衣裳诸业。国民常性，所察在政事日用，所务在工商耕稼，志尽于有生，语绝于无验，人思自尊，而不欲守死事神，以为真宰，此华夏之民所以为达。视彼佞谀上帝，拜谒法皇，举全国而宗事一尊，且著之典常者，其智愚相去远矣。即有疾疢死亡，祈呼灵保者，祈而不应，则信宿背之，展转更易，至于十神，譬多张置罗，以待雉兔，尝试为之，无所坚信也。是故智者以达理而洒落，愚者以怀疑而依违，总举夏民，不崇一教。今人猥见耶稣、路德之法，渐入域中，乃欲建树孔教，以相抗衡，是犹素无创痍，无故灼以成瘢，乃徒师其鄙劣，而未有以相君也。

古者上丁释菜，止于陈设芬香，至唐世李林甫，始令全国悉以牲牢荐奠，刘禹锡嗤其不学。自尔乐备宫县，居模极殿，宛转近帝制矣。然庙堂寄于学官，所对越不过儒士，有司财以岁时致祭，未尝普施闾阎，赒及谣俗。是则孔子者，学校诸生所尊礼，犹匠师之奉鲁班，缝人之奉轩辕，胥吏之奉萧何，各尊其师，思慕反本，本不以神祇灵鬼事之，其魂魄存亡亦不问，又非能遍于兆庶也。夫衣裳庐舍，生民之所以安止；律令文牍，国家不可一日废也。今以士人拜谒孔子，谓孔子为教主，是则轩辕、鲁班、萧何，亦居然各为教主矣。若以服用世殊，今制异古，故三君不能擅宗教者，此则民国肇建，制异春秋，土俗习行，用非《士礼》，今且废齐斩之服，弛内乱（谓亲属相乱）之诛，虽孔子且得名为今之教主乎？偪其侯度而奉其仪容，则诳耀也；贵其一家而忘其比类，则偏畸也。进退失据，挟左道，比神事，其不可以垂则甚明。

盖尝论之，孔子之在周末，与夷、惠等夷耳。孟、荀之徒，曷尝不竭情称颂，然皆以为百世之英，人伦之杰，与尧、舜、文、武伯仲，未尝侪之圜丘清庙之伦也。及燕、齐怪迂之士兴于东海，说经者多以巫道相糅，故《洪范》旧志之一篇耳，犹相与抵掌树颊，广为绅绎，伏生开其源，仲舒衍其流，是时汉廷适用少君、文成、五利之徒，而仲舒亦以推验火灾，救旱止雨，与之校胜，以经典为巫师豫记之流，而更曲傅《春秋》，云为汉氏制诰，以媚人主而棼政纪。昏主不达，以为孔子果玄帝之子，真人尸解之伦，谶纬蜂起，怪说布彰，曾不须臾而巫蛊之祸作，则仲舒为之前导也。自尔或以天变灾异，宰相赐死，亲藩废黜，巫道乱法，鬼事干政，尽汉一代，其政事皆兼循神道。夫仲舒之托于孔子，犹宫崇、张道陵之托于老聃。今之倡孔教者，又规摹仲舒而为之矣。彼岂不曰："东鲁之圣，世有常尊，今而废之，则人理绝而纲纪斁耶？"此但知孔子当尊，顾不悟其所尊之故。今不指陈，则无以餍人望。盖孔子所以为中国斗杓者，在制历史、布文籍、振学术、平阶级而已。往者，《尚书》百篇，年月阔略，无过因事记录之书，其始末无以猝睹。自孔子作《春秋》，然后纪年有次，事尽首尾；丘明衍传，迁、固承流，史书始灿然大备。榘则相承，仍世似续，令晚世得以识古，后人因以知前，故虽戎羯荐臻，国步倾覆，其人民知怀旧常，得以幡然反正，此其有造于华夏者，功为第一。《周官》所定乡学，事尽六艺，然大礼犹不下庶人，当时政典，掌在天府，其事迹略具于《诗》、《书》，师氏以教国子，而齐民不与焉。是故编户小氓，欲观旧事，则固闭而无所从受，故《传》称宦学事师，宦于大夫，明不为贵臣仆隶，则无由识其绪余。自孔子观书柱下，述而不作，删定六书，布之民间，然后人知典常，家识图史，其功二也。九流之学，靡不出于王官，守其一术，非博览则无大就；尽其年寿，无弟子则不广传。自孔子布文籍，又自赞《周易》，吐《论语》，以寄深湛之思，于是大师接踵，宏儒郁兴，虽所见殊途，而提振之功则一，其功三也。春秋以往，官多世卿，其自渔钓饭牛而兴者，乃适遇王伯之君，乘时间起，逮乎平世则绝矣。斯岂草野之无贤才，由其不习政书，致远恐泥，不足与世卿竞爽，其一二登用者，率不过技艺之官，皂隶之事也。自孔子布文籍，又养徒三千，与之驰骋七十二国，辨其人民，知其土训，识其政宜，门人余裔，起而干摩，与执政争明。夫膏粱之性习常，而农贾之裔阅变，其气之勇怯，节之甘苦，又相万也。猝有变衅，则不得不屈志以求。故自哲人既萎，未阅百年，六国兴而世卿废，人苟怀术，皆有卿相之资，由是阶级荡平，寒素上遂，至于今不废，其功四也。总是四者，孔子于中国，为保民开化之宗，不为教主。世无孔子，则宪章不传，学术不起，国沦戎狄而不复，民居卑贱而不升，欲以名号列于宇内通达之国难矣。今之不坏，繄先圣是赖，是乃其所以高于尧、舜、文、武而无算者也。

若夫德行之教，仁义之端，《周官》已布之齐民，列国未尝坠其纲纪，故上有蘧瑗、史鳅之贤，下有沮、溺、荷蓧之德，风被土宇，不肃而成，固不悉自孔子授之。孔氏书亦时称祭典，以纂前志，虽审天鬼之诬，以不欲高世骇俗，则不暇一切粪除，亦犹近世欧洲诸哲，于神教尚有依违。故以德化则非孔子所专，以宗教则为孔子所弃。今忘其所以当尊，而以不当尊者讪之，适足以玷阙里之堂，污泰山之迹耳。

谈者或曰："崇孔教者，所以旁慰沙门，使蒙古、西藏无携志。"此尤诳世之言。二藩背诞，则强邻间之，绐以中国废教；藉口其实，非宗教所能驯也。昔张居正之抚蒙古，攻讨惠绥，刑格势禁，无所不用，势已宾服，然后以黄教固之耳。今不修攻守之具，而欲以虚言羁致，是犹汉臣欲讲《孝经》以服黄巾，必不得矣。就欲以佛法慰藉者，自可不毁兰闱，又非县设孔教以相笼罩也。孔教本非前世所有，则今者固无所废；莫之废则亦无所复矣。愚以为学校瞻礼，事在当行；树为宗教，杜智慧之门，乱清宁之纪，其事不便。

这一时期，教育部召开读音统一会，讨论汉字的拼音方法。规定的注音符号，原是章太炎所定。这套注音符号的公布，受时局等因素的影响，迟至1918年，但仍沿用了三十多年。曾亲身参与读音统一会讨论的许寿裳后来回忆说："现今常用的注音符号，亦系发原于章先生。先生曾说切音之用，只在笺识字端，令本音画然可晓，故曾定纽文为三十六，韵文为二十二，皆取古文篆籀径省之形，以代旧谱。至民国二年，教育部召集读音统一会。开会的时候，有些人主张用国际音标，有些人主张用清末简字，各持一偏，争执甚烈。而会员中，章门弟子如胡以鲁、周树人、朱希祖、马裕藻及寿裳等，联合提议用先生之所规定，正大合理，遂得全会赞同。其后实地应用时，稍加增减，遂成今之注音符号。"

清末民初，统一语言问题受到学术界重视，但人们对很多问题，缺少思考和理论准备。拼音方法，国语语音标准问题，都存在长期的争论分歧。因为缺少思考和理论准备，有些人观点多变，不停追随新说，无一定之见。在这方面，章太炎早有一套稳定的系统主张，源于《国故论衡》、《新方言》等。本年，曾为胡仲曾（即胡以鲁）的《国语学草创》作序言。胡仲曾利用西方语言学手段来研究汉语，也得到章太炎肯定。序中并重申以湖北语音为基础规定国语语音的主张。此序至1919年5月载于《国故月刊》，兹节引序文：

"余向者病世人灭裂自喜，字母等韵，六书略例，皆所未达。苟欲乡壁虚造，以定声格，成简字，辄私鄙笑之。尝为声韵对转之图，撰次二十三部，补东原、拗约所未备，而仲曾综贯大秦驴唇之书，时时从余讲论，独有会悟。今见其书，乃为比合音理，别其弇舒，音有难喻，以珊斯克利及罗甸文参伍相征，令古今华裔之声，奄然和会，斯治语学者所未及也。"

"迩者以统一语言有所发舒。古之正音，存于域中者，洋洋乎其惟江汉大鄂之风，其侵谈闭口音，宜取广东音补苴之。异时经纬水陆之交，凑于汉上，语音旁达，天下为公。今者考文正读，宜逆计是以为型范，斯余畴昔所持论而仲曾亦有取焉。既撏其大旨，乃为叙录，以告国人治语学者。"

据《太炎先生著述目录初稿》，本年撰写《自述学术次第》。由文中"晚更患难，自知命不久长"诸语看，可知这部学术自述是遭幽禁之后所作。后来发表的文本，曾经修订。

这部自述首先简述自己治学经历，说明撰写本文的用意所在，然后分述了十个方面的内容。一、佛学、《庄子》及西方哲学和宋明理学，基本属于哲学范畴。二、古文经学。三、《易经》。四、小学。五、文学。六、政治学。七、法律学。八、对清初学者的研究。九、清代学术之缺陷。十、治学态度。以上分为十个方面，只是大体而分，未必精确。

这篇文章是有关章太炎学术的最重要文献，兹摘引如下：

自述学术次第

余生亡清之末，少慭异族，未尝应举，故得泛览典文，左右采获。中年以后，著纂渐成，虽兼综故籍，得诸精思者多。精要之言，不过四十万字。而皆持之有故，言之成理，不好与儒先立异，亦不欲为苟同。若《齐物论释》、《文始》诸书，可谓一字千金矣。晚更患难，自知命不久长。深思所窥，大畜犹众。既以中身而陨，不获于礼堂写定，传之其人，故略录学术次第，以告学者。……

余少年独治经史、《通典》诸书，旁及当代政书而已。不好宋学，尤无意于释氏。三十岁顷，与宋平子交。平子劝读佛书，始观《涅槃》、《维摩诘》、《起信论》、《华严》、《法华》诸书，渐进玄门，而未有所专精也。遭祸系狱，始专读《瑜伽师地论》及《因明论》、《唯识论》，乃知《瑜伽》为不可加。既东游日本，提倡改革，人事繁多。而暇辄读藏经，又取魏译《楞伽》及《密严》诵之，参以近代康德、萧宾诃尔之书，益信玄理无过《楞伽》、《瑜伽》者。少虽好周秦诸子，于老庄未得统要，最后终日读《齐物论》，知多与法相相涉。而郭象、成玄英诸家，悉含胡虚冗之言。既为《齐物论释》，使庄生五千言，字字可解。……余既解《齐物》，于老氏亦能推明。佛法虽高，不应用于政治社会，此则惟待老庄也。儒家比之，邈焉不相逮矣。然自此亦兼许宋儒，颇以二程为善，惟朱陆无取焉。二程之于玄学，间隔甚多，要之未尝不下宜民物，参以戴氏，则在夷惠之间矣。至并世治佛典者，多以文饰膏梁，助长傲诞，上交则谄，下交则骄，余亦不欲与语。余以佛法不事天神，不当命为宗教，于密宗亦不能信。

余治经专尚古文，非独不主齐鲁，虽景伯康成亦不能阿好也。先师俞君，囊日谈论之暇，颇右《公羊》。余以为经即古文，孔子即史家宗主。汉世齐学，杂以燕齐方士怪迂之谈，乃阴阳家之变。鲁学犹近儒流，而成事不符已甚。康成所述，独《周礼》不能杂以今文。《毛诗笺》名为宗毛，实破毛耳。景伯谓《左氏》同《公羊》者什有七八，故条例多为元凯所驳。余初治《左氏》，偏重汉师，亦颇傍采《公羊》。以为元凯拘滞，不如刘贾闳通。数年以来，知释例必依杜氏，古字古言，则汉师尚焉，其文外微言，当取二刘以上。……所次《左传读》，不欲遽以问世者，以滞义犹未更正也。毛诗微言，所得尤众，藏之胸中，未及著录，今则亡矣。

余少读惠定宇、张皋文诸家《易》义，虽以为汉说固然，而心不能惬也，亦谓《易》道冥昧，可以存而不论。在东因究老庄，兼寻辅嗣旧说，观其明爻明象，乃叹其超绝汉儒也。近遭忧患，益复会心。然辅嗣易注，简略过甚；康成爻辰之说，诚无足取；以《礼》说《易》，则可谓有所甄明。《易》者，藏往知来之学，开物成务之书。所叙古今事变，不专为周氏一家，则康成有未及也。近欲有所论著，烦忧未果，惟条记数事，亦足以明《易》道之大矣。
……
……

余治小学，不欲为王菉友辈，滞于形体，将流为字学举隅之陋也。顾江戴段王孔音韵之学，好之甚深，终以戴孔为主。明本字，辨双声，则取诸钱晓徵，既通其理，亦犹所歉然。在东闲暇，尝取二徐原本，读十余过，乃知戴段而言转注，犹有泛滥，辄专取同训，不顾声音之异。于是类其音训，凡说解大同，而又同韵或双声得转者，则归之于转注。假借亦非同音通用，正小徐所谓引伸之义也（同音通用，治训故者所宜知，然不得以为六书之一）。转复审念，古字至少，而后代孳乳为九千。唐宋以来，字至二三万矣。自非域外之语（如伽佉僧塔等字，皆因域外语言声音而造）。字虽转繁，其语必有所根本，盖义相引伸者，由其近似之声，转成一语，转造一字。此语言文字自然之则也。于是始作《文始》，分部为编，则孳乳浸多之理自见，亦使人知中夏语言，不可贸然变革。又编次《新方言》，以见古今语言，虽递相嬗代，未有不归其宗，故今语犹古语也。凡在心在物之学，体自周圆，无间方国。独于言文历史，其体则方，自以己国为典型，而不能取之域外。斯理易明，今人犹多惑乱，斯可怪矣。《新方言》不过七八百条，展转访求，字当逾倍。余成书以后，犹颇有所得者，今亦不能自续。弟子有沈坚者，实好斯事，其能继余之志乎。

余少已好文辞。本治小学，故慕退之造词之则，为文奥衍不驯。非为慕古，亦欲使雅言故训，复用于常文耳。犹凌次仲之填词，志在协和声律，非求燕语之工也。时乡先生有谭君者，颇从问业。谭君为文，宗法容甫、申耆，虽体势有殊，论则大同矣。三十四岁以后，欲以清和流美自化。读三国两晋文辞，以为至美，由是体裁初变。然于汪李两公，犹嫌其能作常文，至议礼论政则踬焉。仲长统、崔寔之流，诚不可企。吴魏之文，仪容穆若，气自卷舒，未有辞不逮意，窘于步伐之内者也。而汪李局促相斯，此与宋世欧阳王苏诸家务为曼衍者，适成两极。要皆非中道矣。匪独汪李，秦汉之高文典册，至玄理则不能言。余既宗师法相，亦兼事魏晋玄文。观夫王弼、阮籍、嵇康、裴頠之辞，必非汪李所能窥也。尝意百年以往，诸公多谓经史而外，非有学问。其于诸子佛典，独有采其雅驯，摭其逸事，于名理则深慭焉。平时浏览，宁窥短书杂事，不窥魏晋玄言也。其文如是，亦应于学术耳。余又寻世之作奏者，皆知宗法敬舆，然平彻闲雅之体，始自东汉，讫魏晋南朝皆然，非敬舆始为之也。中书奏议，文益加详，一奏或至五六千字。若在后代，则览者易生厌倦。故宋时已有贴黄，清初且制全疏不得过三百字。斯由繁而不杀，成此穷反也。曾涤生窥摹陆公，颇复简约。其辞乃如房行制义。若素窥魏晋南朝诸奏，则可以无是过矣。由此数事，中岁所作，既异少年之体，而清远本之吴魏，风骨兼存周汉，不欲纯与汪李同流。然平生于文学一端，虽有所不为，未尝极意非薄。下至归方姚张诸子，但于文格无点，波澜意度，非有昌狂僭规者，则以为学识随其所至，辞气从其所好而已。今世文学已衰，妄者皆务为骩骳，亦何暇訾议桐城义法乎。余作诗独为五言。五言者，挚仲治《文章流别》，本谓俳谐倡乐所施。然四言自风雅以后，菁华既竭，惟五言犹可仿为。余亦专写性情，略本钟嵘之论，不能为时俗所为也。

　　余于政治，不甚以代议为然。曩在日本，已作《代议然否论》矣。国体虽更为民主，而不欲改移社会习惯，亦不欲尽变时法制。此亦依于历史，无骤变之理也。清之失道，在乎偏任皇族，贿赂公行，本不以法制不善失之。旧制或有拘牵琐碎，纲纪犹自肃然。明世守法，虽专制之甚，乱在朝廷，郡县各守分职，犹有循良之吏。清世素不守法，专制之政虽衰，督抚乃同藩主。监司且为奴虏，郡县安得有良吏乎？逮乎晚世变法，惑乱弥深，既恶旧法之烦，务为佚荡，以长驾远驭为名。而腐蠹出于钧府，鱼烂及于下邑，夫焉能以旧法为罪也。尚新者知清政之衰，不知极意更其污染，欲举一切旧法尽废夷之，主经验者又以清政为是，踵其贪淫，而不肯循其法纪。斯犹两医同治一疾，甲断为热，乙断为寒，未知阴阳隔并，当分疏而治之也。……

言政治者，本多论常道耳。且守法之弊，能令胥史把持，得因受贿。然所取本非甚巨，亦不敢破律败度为之。议既定矣，又不保长官之觉察否也。释法之弊，胥史无受赇之门，而大臣乃为奸府。其破律败度，得以破格应变为名。其所取又十倍于胥史，而复更无长官以觉察之也。三百年以来，言胥史蠹败者多矣，清平之世，长官寡过，其忿疾胥史自可也。及于末世，士大夫之行，乃较胥史愈下，而复昌言骂詈，其忸怩不已甚乎！……

余于法律非专，而颇尝评其利害。以为当今既废帝制，妖言左道诸律，固宜删刊。其旧律有过为操切，反令不行者，与自相缪戾者，删改亦宜也。而今律之缪亦多，略论如左：余以法律之要，莫如刑名。唐律五刑，各分等次。明世新增凌迟充军重法，末戴律条。清律则兼载之矣。凌迟固无人理，而流刑未足惩奸，故别增发遣充军之法。亦仿唐之加役流，而稍峻厉。此所以弥缝其阙也。今拟新刑律者，死刑以下，独有徒刑一名。虽无期五等，迭为衰次，其名曰徒刑则一也。旧律为名者五，为等十七（二死、三流各作一等），清又加发遣及五等充军，并及准徒总徒之例，其名等已多矣。今者但有二名七等。名既阔略，则伸缩当在一等之中，而不可滥于同名之内。今之伸缩，遂有三等之差。同一罪状，而徒五年与徒六月，得以随意定之，阔绝亦泰甚矣。……

法律不与道德相谋也，法律固不与道德相谋，岂不与人情习俗相谋耶？彼干犯宗教神庙者，罪或加重。在彼亦谓人情习贯所然。自中国视之，亦若为道德耳。夫人情习俗，方国相殊，他国之法，未尝尽从一概。独欲屈中国之人情习俗以就异方，此古所谓削趾适履者矣。……

法官有枉法受赃者，则宜付守士检举，而判决法官罪状者，当别选其人。不然则法官之朋党比周，非律所制能也。清时已得蒙古，习俗与中国异状，故刑部律与蒙古律有分。卫藏新疆，未有所制焉。近世名为五族共和，然蒙古律卒不可改。新疆虽建设行省，处置回人，亦宜有与内土异状者。卫藏等于羁縻，法由彼制。则新疆宜有治理回人条例，而蒙古律亦当更定刑名。凡法律条文，不必尽从域内，惟刑名则不可差池。……

余于晚明遗老之书，欲为整理而未逮也。古称读书论世，今观清世儒先遗学，并当心知其意。若全绍衣痛诋李光地佻淫不孝，实未足以为大过。台湾之役，光地主谋，使汉绪由兹而斩。欲明加罪状则不能，故托他过以讥之也。江子屏《宋学渊源记》，不录高位者一人，自汤斌、二魏、熊赐履、张伯行之徒，下至陆陇其辈，靡不见黜。而顾黄二子为明代人物，又别为论叙以见端，诚谓媚于胡族得登肕仕者，不足与于理学之林也。……宁人之主张封建，后世不明其故，戴子高犹肆口评之，甚无谓也。宋儒欲以封建井田致治；明遗民乃欲以封建井田致乱。盖目睹胡人难去，惟方镇独立以分其权，社会均财以滋其扰，然后天下土崩，而孤债易除也。当时无独立及社会主义诸名，有之亦不可明示，托于儒家迂论，乃可引致其涂耳。自宁人以下者，斯类多矣。而清雍正、乾隆二朝，亦能窥其微旨，故有言封建井田者，多以生今反古蒙戮。又数为诏令以驳斥之，若以为沿袭宋儒迂论者，又何必忌之至是耶？……

余昔在南皮张孝达所，张尝言国学渊微，三百年发明已备，后生但当蒙业，不须更事高深。张本好疏通，不暇精理，又见是时怪说流行，惧求深适以致妄，故有是语。时即答曰：经有古今文，自昔异路。近代诸贤，始则不别。继有专治今文者作，而古文未有专业，此亦其缺陷也。十余年中，思近世学术未备，犹不止此。诸治史学者，皆留心地理官制，其他已甚瘠矣。姓氏之学，自《元和姓纂》以降，郑樵亦粗明其统绪，至邓氏辩证，渐塙凿矣。元明以降，转变增损，又益繁多，未见近代有治此者也（元史氏族志，别是一种）。刑法之学，旧籍惟《唐律》为完。汉晋南北朝之事，散在史传。如补兵以减死，督责以代杖，又皆律外方便之门。皆当校其异同，评其利病，又未见近代有治此者也。食货之学，非独关于租赋。而权度之大小，钱币之少多，垦田之盈绌，金银粟米之贵贱，皆与民生日用相系。此不可不论列者，又未者近代有治此者也。乐律之学，略有端倪。……斯四术者，所包闳远，三百年中，何其衰微也。此皆实事求是之学，不能以空言淆乱者。既尚考证，而置此弗道乎。其他学术，虽辨证已精，要未可谓达其玄极。夫学术不在大小，要能精审，则可以成天下之亹亹。自百工技艺之微，所诣固有高下殊绝者。大方之粗疏，或不如小物之精理矣。故近世小学，似若至精，然推其本，则未究语言之原；明其用又未综方言之要。其余若此类者，盖亦多矣。若夫周秦九流，则眇尽事理之言，而中国所以守四千年之胙者也，玄理深微，或侔佛法。先正以邹鲁为衡，其弃置不道，抑无足怪。乃如庄周《天运》，终举巫咸，此即明宗教惑人所自始。惠施去尊之义，与名家所守相反。子华子迫生不若死之说，又可谓管乎人情矣。此皆人事之纪，政教所关，亦未有一时垂意者。汪容甫略推墨学。晚有陈兰甫始略次诸子异言，而粗末亦已甚。此皆学术缺陷之大端，顽鄙所以发愤。古文经说，得孙仲容出，多所推明。余所撰著，若《文始》、《新方言》、《齐物论释》，及《国故论衡》中《明见》《原名》《辨性》诸篇，皆积年讨论以补前人所未举。其他欲作《检

论》明之（旧著《訄书》，多未尽理，欲定名为《检论》，多所更
张）。而时不待人，日月亦将逝矣。昔人云，百龄影徂，千载心在，
岂不痛哉！……

　　本年，章太炎曾计划组织学术研究机构，因袁世凯的敷衍态
度，因章太炎被监禁条件的变化，这个计划未能成功。

　　这个机构计划称为"考文苑"，仍用1912年考文苑计划的名
称。据吴宗慈（蔼林）《癸丙之间太炎言行轶录》，章太炎计划组
织考文苑，经黎元洪与袁世凯协商，袁世凯有条件地同意。袁世
凯只打算给章太炎这个名义和一定数量的经费，进行羁縻而已。章
太炎坚持：经费可以少给，"但必须设机关办实事"，并且拟定了
研究人员，黄侃是首要人选。袁世凯对此不肯同意，双方谈判未
能成功。

　　章太炎11月22日有《致袁世凯书》，谈到考文苑一事："独
考文苑一事，经纬国常，著书传世，其职在民而不在官，犹古九
两师儒之业。迩者方言国音、字典文例、文学史、哲学史等，皆
未编成，而教育部群史，又盲瞀未有知识，国华日消，民不知本，
实愿有以拯济之。同苑须四十人（仿法国成法），书籍碑版印刷之
费，数复不少，非岁得数十万元不就。"

　　据徐一士《章炳麟被羁北京轶事杂记》，章太炎在办考文苑不
顺利的情况下，曾计划改办小规模的"弘文馆"："章本有设考文
苑之主张，兹以规模较大，恐难即就。此机关名称拟定为弘文馆，
作小规模之进行，其工作则为编字典及其他。馆员人选，预定有
门人钱玄同、马裕藩、沈兼士、朱希祖等，盖犹师生讲学之性质
也。当玄同等以马车迎章往西城石老娘胡同钱宅与恂面谈此事时，
军警及侦探多人乘自行车簇拥于车之前后左右云。"

　　按到钱宅同钱恂面谈，因钱恂时任总统府顾问，可以帮助促

217

成此事。钱恂是钱玄同兄,长玄同 34 岁,清末曾任参赞、公使等外交官多年。其子钱稻孙后来也在北京各大学任教,曾间接受章太炎的影响。

章太炎经努力仍不能办成研究机构,得以认清袁世凯的面目。至 1914 年初大闹总统府之后,成立机构之事遂告中止。

本年所修改之旧作即《小学答问》、《文始》。三十年代章太炎向诸祖耿等学生"自述治学"时曾论及此事。说是"《小学答问》、《文始》初稿所未及,于此时足之"。故此修改,实为增添新内容,使原著完备。

民国 3 年甲寅（1914） 47 岁

《自定年谱》（节录）：

是时共和党犹以空名驻京，宪兵逼迫。余终日默坐室中。弟子独钱季中及贵阳平刚少璜时时来候。余念共和党不能久支，二月，张伯烈亚农为余谋，直往谒袁公辞别，不见，则以襆被宿其门下。从之，遂被禁锢。先属陆建章锢一军事废校中，渐移龙泉寺。当事皆走使告曰："以家属来则无事。"余念是为谲术，汤夫人亦惧袁氏有异谋，皆谢之。建章慕爱先达，相遇有礼。及移龙泉寺，别以巡警守之。警吏入见，语言瞻视，浸陵人矣。袁克定复遣德人曼德来省，且言可移处克定彰德宅中，余默不应。至六月，余以资斧空匮，饬厨役断炊，不食七八日，神气转清，唯步起作虚眩耳。旧友广州黄节晦闻书致当事，道不平。当事惧余饿死，复令医工来省，得移东城钱粮胡同。政府月致银币五百圆，赁屋治食，悉自主之。以巡警充阍人，稽察出入。书礼必付总厅检视，宾客必由总厅与证，而书贾与日本人出入不与焉。时弟子多为大学教员，数来讨论。余感事既多，复取《訄书》增删，更名《检论》。处困而亨，渐知《易》矣。

本年，袁世凯日趋专横，帝制准备加紧进行。一月，袁氏下令停止两院议员职务，二月下令解散各省议会。七月，第一次世

219

界大战爆发，中国政府宣布中立。但日本却借口对德宣战与作战，派兵强占德国租借的我国胶州湾。国难日深，袁政府却对日退让，同时加紧帝制准备。十二月，公布所谓修正过的大总统选举法，总统任期十年，且可连任，已与终身制无异。

反袁力量，不够强大，也不够团结。七月，孙中山在日本成立中华革命党，反袁姿态最鲜明，但二次革命失败所受损失尚无法弥补，当时已无力进行武装斗争。

章太炎被袁世凯囚禁，但毫不妥协，其坚定态度在当时很有影响。其身份地位、社会声誉，使袁世凯不敢下毒手；而章太炎的反袁态度和巨大影响，又使袁世凯不敢任其自由。这样章太炎长期处于囚禁之中。

康有为自归国以来，一再拒绝袁世凯邀请，坚持不入政坛，而实际则从事于复辟活动。本年八月，共和编译局出版《康梁文集》，但康梁师生间，当时关系很冷淡。康有为对梁启超参加袁政府事，激烈批评甚至于责骂。梁启超对乃师的政治态度以至学术观点，也颇有不赞成处。前此"考文苑"事，虽然由马良实际主持，但梁启超毕竟是三个发起人之一，而康有为竟被排斥于"考文苑"之外。

梁启超的思想，本来素有矛盾，从政同时，总向往学术。其矛盾和苦恼，屡见于致亲友书信中。本年，梁启超看到帝制不合历史潮流，不合民心，对袁世凯逐渐采取不合作态度，先后辞去司法总长和币制局总裁职务，而以很多精力转向著述。本年著有《清史商例初稿》、《欧洲战役史论》二书及文章多篇。

王国维受罗振玉委托，编辑《国学丛刊》。王国维所作《国学丛刊序》，表现了前所未有的学术观点，对学术类别及涵义，也作了界说。

章士钊在日本东京创办《甲寅》月刊。此刊主要评论时局，也研究传统文化，维持时间很长，影响较大。章士钊字行严，湖南长沙人，早年投身反清革命，曾主编《苏报》，与章太炎关系密切。章士钊擅于政论文章，对古文文法很有研究，晚年著有《柳文指要》。胡适曾评论章士钊说："他的文章的长处在于文法严谨，论理充足。他从桐城派出来，又受了严复的影响不少；他又很崇拜他家太炎，大概也逃不了他的影响。他的文章有章炳麟的谨严与修饰，而没有他的古僻；条理可比梁启超，而没有他的堆砌。他的文章与严复最接近，但他自己能译西洋政论家、法理家的书，故不须模仿严复。"（《五十年来中国之文学》）

这一时期，由于辛亥革命果实被袁世凯篡夺，社会和文化发展呈逆转趋势，故而消极的感伤的思想情调及文化情趣普遍存在。苏曼殊的《断鸿零雁记》、《天涯红泪记》创作于这一时期。沈曾植、陈衍、樊增祥、易顺鼎等人，则另以一种遗老的伤感，进行诗歌唱和。他们在北京、上海等地结为诗社，颇具影响，又热心于诗歌理论研究，取得一定成绩。

通俗小说方面，辛亥革命之前，宣传革命的小说大量涌现的局面完全改观，代之以鸳鸯蝴蝶派小说之盛行。两种最重要的鸳鸯蝴蝶派刊物《小说丛报》和《礼拜六》分别于五月和六月创刊。前者由徐枕亚主编，后者由王钝根主编，以后有周瘦鹃同编。鸳鸯蝴蝶派的哀情小说和社会小说盛行，甚至一些南社作家也参加于这种创作。

三月，《章太炎文钞》出版，由静庵编辑，上海中华图书馆石印。这部《文钞》的编辑出版，虽然基本属于书商射利的性质，但内容上都是学术文，以《訄书》为主，辅以部分传记、书信、哲学论文等。其中部分文章，未收入《章氏丛书》，如《解辫发》、《谢本师》、《诸子学略说》、《再复吴敬恒书》等。《文钞》编排颇具匠心，似乎是按问题的大小及性质来排列，首先是论国家、社

221

会、宗教、哲学诸文；然后论历史和文化，然后论语言文字等学术问题，然后列传记、书信及其他文章，全部五卷间，隐然有内在的联系。《文钞》目录如下：

卷一《国家论》《俱分进化论》《无神论》《四惑论》《文学论略》《建立宗教论》《人无我论》

卷二《原经》《原学》《订孔》《儒墨》《儒道》《儒法》《儒侠》（附上武论征张良事）《儒兵》《学变》《学蛊》《王学》《颜学》《清儒》《学隐》《订实知》《通谶》《原人》《序种姓上》《序种姓下》《原变》《族制》（附许由即咎繇说）《民数》《封禅》《河图》《方言》《订文》（附正名杂义）《述图》《公言》《平等难》《明独》

卷三《冥契》《通法》《官统上》《官统中》《官统下》《商鞅》《正葛》《刑官》《定律》《不加赋难》《明农》《禁烟草》《定版籍》《均田法》《制币》《弭兵难》《经武》《议学》《原教上》《原教下》《争教》《忧教》《订礼俗》《辨乐》《相宅》《地治》《消极》《尊史》《征七略》《哀焚书》

卷四《诸子学略说》《古音娘日二纽归泥说》《古双声说》《古今音损益说》《驳中国用万国新语说》《驳神我宪政说》《五朝法律索隐》《官制索隐》《神权时代天子居山说》《专制时代宰相用奴说》《古官制发原于法吏说》《古今官名略伪》《大乘佛教缘起说》

卷五《利频伽精舍校大藏经序》《新方言自序》《梵文典序》《秋瑾集序》《俞先生传》《孙诒让传》《致刘申叔书》《再致刘申叔书》《答某君论编书书》《复某书》《与某君书》《与某论朴学报书》《与刘申叔书》《复刘申叔书》《复孙仲容书》《与某君书》《与某君书》《与王鹤鸣书》《与某君书》《答祐民书》《再复吴敬恒书》《祭□□□□□□□□□□□文》《瑞安孙先生哀辞》《遣王氏》《衡三老》《悲先戴》《哀后戴》《伤吴学》《谢本师》《定经

222

师》《第小学师》《校文士》《别录甲》《解辫发》《八卦释名》《杂志》

自 1913 年夏季以来，章太炎一直处于被软禁之中，不能离京，不能发表有关时局的文章。之所以隐忍不发，是寄希望于考文苑或弘文馆的设立，以主持该机构，阐扬文化。拖延至本年，发现袁世凯只是用种种借口羁留，于是公然蔑视袁世凯的威势，强行离京未成，继而大闹总统府。一月一日致书黎元洪，既是辞行，也是诀别。书中将为民请命和阐扬文化并举，很能反映章太炎的价值观念。书云："时不我与，岁且更新，烈士暮年，壮心不已，以此为公祝。炳麟羁滞幽都，饱食终日，进不能为民请命，负此国家；退不能阐扬文化，惭于后进。桓魋相迫，惟有冒死而行。三五日当大去。人寿几何，亦或尽此，书与公诀。"（徐一士《章炳麟被羁北京轶事杂记》）

一月七日，章太炎"以大勋章作扇坠，临总统府之门，大垢袁世凯之包藏祸心"。随即被监禁，先后被禁于军事教练处、龙泉寺等地。章太炎被监禁后，舆论反响强烈，很多大报均有报道。袁世凯为欺骗舆论，改变若干监禁手段，如以暗探充门房、厨夫、仆役；如允许说经讲学文字的传抄。章太炎已将生死置之度外，决不屈服，而所关心者，更多在学术。二月二十一日《家书》中说："二十日，吴炳湘迁我于龙泉寺，身无长物，不名一钱，仆役饮食，皆制于彼，除出入自由外，与拘禁亦无异趣，下床畏蛇食畏药，至此乃实现其事矣。大抵吾辈对于当涂，始终强硬，不欲与之委蛇也。而赔偿损害，实彼所当行，吾所当要求者。考文苑等名目，但避去赔偿损害之名词耳。"

四月九日《家书》又说："惟一人独处，思虑恒多，夜至两点钟后方能熟眠，有时竟至天亮，早起则在两点前后矣。卫生之道，至此全乖，平素虽尝学佛坐禅，思虑掉举之时，却又无用。迩来万念俱灰，而学问转有进步，盖非得力于看书，乃得力于思想耳，幸得苟全，此事终不能放。过此则平生所好，又在医学。”

同月，《雅言》第六期载章太炎《题所撰初本〈新方言〉予黄侃》。这时章太炎对自己的命运已有最坏准备，生死置之度外，唯对学术不能忘情，不能放心，《题辞》中流露了对学术的关切、对弟子的期望：“《新方言》三百七十事赠黄季刚。季刚昔为我次蕲州语及诸词气，复以新所诊发者，第为十篇，都八百二十余事。余𩲡愚无所任，齿历渐衰。念今小学训诂浸益放失，不量其孱，欲自儋何。以告邦人诸友，谗慝宏多，终已不得返乡里，上先人冢墓，其他云云，复何所豈。季刚年方盛壮，学术能为愚心稠适，又寂泊愿握苦节，此八百事，赖季刚挑大之。余自分问学不逮子云喻远，身为皇汉之逸民，差无符命投阁之耻。念欲自拟幼安嗣宗，又劣弱不胜也。保氏旧文，危若引发。绝续之际，赖季刚亹亹而已。”

五月下旬，章太炎决意绝食，以死抗争，发家书向汤夫人诀别；又致书长婿龚宝铨，托求墓地，并言及“怀抱学术，教思无穷”，及对自己著述的评价。今摘引此书：

“仆遭围守者五月，幽居又五月矣。不欲以五羖鬻身，遭值穷匮，遂将槁饿，亦所愿耳。来月初旬，盖仆陨身之日也。乌乎！古之达士，吾谁敢拟，刚婞之性，往往如刘青田，亦不知其墓安在？愿为求得遗茔一抔而托处焉。”

“往昔所希，惟在光复旧物，政俗革新，不图废清甚易，改政易俗，竟无毫铢可望，而腐败反甚于前。然曩时所以不去者，亦慕宋贤程伯淳言：‘一命之士，必思有以济物。’况仆身当贞观，其敢忘百姓之忧。去岁在东三省半年，上下牵掣，卒不如志，犹幸身无妄取，微有仁声，不为士民诟病耳。”“夫成功者去，事所当然，今亦瞑目，无所吝恨；但以怀抱学术，教思无穷，其志不尽。所著数种，独《齐物论释》、《文始》，千六百年未有等匹。《国故论衡》、《新方言》、《小学答问》三种，先正复生，非不能为也。虽从政蒙难之时，略有燕闲，未尝不多所会悟，所欲箸之竹帛者，盖尚有三四种，是不可得，则遗恨于千年矣。"（见《章太炎书札》，温州图书馆藏）

六月上旬，章太炎坚持绝食，生命垂危。袁世凯害怕舆论不容，才让章太炎移寓东四牌楼本司胡同铁如意轩医院；随后许章租钱粮胡同房屋居住，派暗探改装，进行监视，但允许友人门人探访、论学。至此章太炎乃搜罗书籍，研究学问，连续致书龚宝铨，令将在南方的书籍运往北京，包括在上海哈同花园所存书，如《守山阁丛书》、《艺文类聚》、《周礼正义》、《墨子间诂》等，这批书籍可能是自日本带回。又有家中书籍，如《问经堂丛书》、《大观本草本事方》、《二酉山房丛书》、《孔巽轩遗书》、《经韵楼丛书》、《瑜伽师地论》、《唯识撰要》等。

十月十五日致龚宝铨信中求购新书云："北京书籍甚贵，新书又不可得，浙馆近印定海《黄氏遗书》，闻甚可观，并局印《论语后案》、《周季编略》，望各取一部寄来。""《藏经》哈同刻本既有删讹，其日本弘教书院本已否卖尽，亦不可知，都下无从访问。浙中日人甚多，望为转询也。"

在北京则自购了一批大型文史书籍。八月一日《家书》中说："连日购到全史。《九通》、《通鉴》，经疏诸书、官料书籍，亦已粗备。"

这一时期，章太炎弟子入京者不少，多任教于北京大学等高等学府，或在大学兼课，如鲁迅即在教育部任职，而在大学兼课。弟子们常到章太炎寓所存问，师生谈论学术，情谊深笃。《鲁迅日记》8月22日载："午后，许季市来，同至钱粮胡同谒章师，朱逖

225

先亦在，坐至傍晚归。"（按：许季市即许寿裳、朱逖先即朱希祖）《鲁迅日记》1915年2月14日载："旧历乙卯元旦，星期休息，上午季市来，交与银三百元。午前往章师寓，君默、中季、逖先、幼舆、季市、彝初皆至。"（按：君默，沈君默。中季，钱玄同。幼舆，马裕藻。彝初，马叙伦）这一时期章氏弟子在京者还有黄侃、沈兼士、胡以鲁等多人。

黄侃任教北京大学，据徐一士《再记章炳麟羁留北京时轶事》载，黄侃曾搬入章寓相伴，以慰老师寂寥，并常获请益，后因警察作梗，被迫搬出。章太炎一度再以绝食抗议。

这一时期，叶德辉以友人身份，常去看望章太炎，谈论古学。7月24日，章太炎致龚宝铨信中说："近日除念劬、柱中及诸学生外，得叶德辉一人，可与道古（叶为力攻康梁二人，遂以顽固得名，其实知识远过壬秋，而亦未尝与腐败官僚同气）。"

按，念劬，钱玄同之兄钱恂，长玄同34岁。柱中，光复会领袖之一李燮和。钱李二人均在袁政府任虚职。叶德辉字焕彬，湖南人，思想守旧，学术上宗古文，反对康梁。章太炎与叶德辉本无深交，光绪二十五年（1899）时，在《今古文辨义》、《翼教丛编书后》中，曾批评叶德辉文化上的守旧态度。然而同对待刘师培的态度一样，章太炎认为叶德辉在学术上也是难得人才，所以辛亥革命爆发后，章太炎主张保护二人生命，以便承传学术。叶德辉对章太炎心怀感激，故于章太炎被囚禁后，前来拜访，谈论学术。叶德辉返湖南后，仍与章太炎书信往还，讨论修清史事。1915年5月16日《时报》有《章太炎近状记闻》，文中也述及此事："湘潭叶焕彬吏部极精于板本训诂之学，倾服太炎甚至。太炎亦亟称焕彬。辛亥之役，长沙为革命军所占领，老辈尽逃死山谷。太炎语人云：'民军若杀叶焕彬，则湖南读书种子将绝矣。'焕彬因是于太炎有知己之感。避地湘潭，作怀人诗犹及此事。顷有书抵太炎，论修清史事，于当时执笔诸公多所讥评。太炎复书论史例，极为详备，当求其原稿公之海内也。"

《检论》完成，也即《訄书》修改增删，更名《检论》，是章太炎本年最重要的学术活动。这部著作也是他最重要、最具代表性的学术成果之一。如果作宏观的考察，这部著作的修改完成，前后历时十几年之久。如果作严格的考订，《检论》的最后完成时间，应当是在1915年年初。1915年5月9日《家书》中，章太炎谈及委托弟子康宝忠（心孚）、康宝恕（心如）兄弟在上海右文社刊印《章氏丛书》之事："右文社所作目录，乃系前两月中心孚所定，上月心孚之弟来京，早与斟酌改删，其《秋瑾集序》一篇，已在删除之中，想不日当另印目录也。心孚事乃仆所委托，并未生亦列名，故可如意张弛。"

1915年5月22日《时报》刊有《章氏丛书》广告，其末云："一、本《丛书》原由先生及门诸君编录，现复经先生自行审定，略加修改，《文录》中并增若干篇。二、《訄书》一种，先生改名《检论》，大加修改，与初印本绝异。"据此推断，《检论》的最后定稿时间，可能迟至1915年年初了。

1914年夏秋之际，章太炎多次给龚宝铨写信，要他把《訄书》的改削稿本，尽快送到北京，说要"重加磨琢"，"拟再有增修也"。可见《訄书》的修改增删，约在1914年10月底至1915年年初之间进行。我们知道，《訄书》和《检论》之间，差别非常大，然而由10月底至下年年初，时间并不长，这是因为，这段时间只是《检论》的最后修改定稿时间而已。

长时间以来，流行一种观点：说由《訄书》重订本到《检论》，反映了章太炎思想的倒退。认为《訄书》重订本完成于1902年至1903年间，也就是章太炎作《驳康有为论革命书》那个时期，思想是激进的革命的；《检论》完成于1914年至1915年间，这时伴随着辛亥革命的失败，历史进程的曲折倒退，章太炎思想也出现倒退，悲观失望、消极复古情绪占了上风，于是修改《訄书》，删除革命内容，增加守旧复古内容，想钻进故纸堆，靠复古的学术逃避现实云云。

这种颇为流行的观点，其实经不起推敲。前面对时间问题已经作了一些考察，1914 年 10 月 15 日章太炎致龚宝铨的信中，还在索要《訄书》改削本，1915 年年初，《检论》已经定稿。既然二书差别很大（具体差别见下文），其修改增删，就不是短时间所能胜任。当然，时间长短，只是一种现象的佐证，更重要的证明却在于作者的自述。《自定年谱》宣统二年（1910）条中，就说到修治《訄书》之事，而且并不是单指这一年的活动，而是对出狱东渡以来学术活动的总结："余学虽有师友讲习，然得于忧患者多。自三十九岁亡命日本，提奖光复，未尝废学……先后成《小学答问》、《新方言》、《文始》三书，又为《国故论衡》、《齐物论释》，《訄书》亦多所修治矣。"

北京图书馆今存章太炎修治《訄书》的实迹一种，是在《訄书》重订本的 1906 年再版本上，作了多处重大删削增补，这些地方布满作者增添小字。从增改的内容来看，有写于辛亥革命之前，也有写于辛亥革命之后，可能是一改再改。

从《訄书》问世，到《检论》定稿，这部著作三次结集，即《訄书》初刻本、《訄书》重订本和《检论》，其中初刻本又有名符其实的初刻和补佚本两种版本。几乎可以说，十几年间，这部著作一直处于作者的思考和修治中间。这种现象，不但在章太炎著述中不多见，在整个学术史上也不多见。要理解这种不断修改加工的现象，必须首先理解这部著作的性质和作者的写作意图。

这部著作的性质实在是非同一般。它产生于世纪之交，处于民族矛盾、阶级矛盾、中国同西方列强矛盾激烈动荡之际，处于社会性质和文化转型时期，企图考察我们的民族、社会、历史、文化背景、思想学术、经济变迁、政治得失、语言风俗等种种关系国家、民族和文化命运的大问题，从中总结得失经验，寻找可行的前进方向。这样庞大的体系和气魄，确实是少有的，对作者本人是如此，放到整个中国学术史上也如此。

章太炎是独立性极强的人，对大的问题坚持要有自己的认识，而且是富于历史文化深度的认识。本来，他被卷入政治斗争漩涡中去，还是由于同维新派的关系。戊戌变法失败当年，他因被牵连而避难台湾，次年离台湾赴日本，同流亡日本的梁启超聚首，曾经住在梁启超主持的《清议报》社及梁寓。这时他与梁启超关系不错，《訄书》初刻本即由梁启超题签。但是章太炎坚持要有自己的独立思考，对维新派的理论纲领《新学伪经考》、《孔子改制考》等，他绝不为所动。《訄书》中尽管某些政治方案，如"客帝"等与维新派基本一致，但更多的却是差异。不过康有为的理论体系，是多年准备、多年研制的结果，《訄书》却是较短时间完成，时间是紧迫的。"訄"的本意，也正是逼迫。《说文》曰："訄，迫也。"《段注》云："今俗谓逼迫人有所为曰訄。"受环境压迫，不吐不快，时间又紧迫，这些特点决定《訄书》免不了要修改。何况这部书的性质决定，它须要随社会发展和形势变化而反省自己的结论，修改自己的方案。

果然，初刻本刊行的当年，章太炎就决定增补两篇。因为插入正文需要改动原版，所以用补佚本形式出现，在五十篇正文之后，附《辨氏》、《学隐》二篇。这两篇形式上是附录，实际上革命思想的锋芒更为锐利。《辨氏》宗旨在于："大人不悲故姓之雕，而悲夫戎部代起，以滑吾宗室者。"并提出相应对策，提倡合于情理的种族革命。《学隐》则为戴震等乾嘉学者辩护，认为"处无望之世"，与其用事，为朝廷效力，不如钻研学问，以学为隐。这篇文章颇有影射意味。

很快，补佚本又落后于章太炎思想的发展。目睹戊戌以后清廷的倒行逆施，庚子国变及唐才常自立军的失败，章太炎割辫发以明志，决心反清。1902年避难日本后，他的革命思想进一步体系化，眼界更加开阔，才有1902——1903年间对《訄书》的大改动。至1904年6月，章太炎因苏报案陷身上海狱中时，这次改动后的《訄书》即重订本已在日本出版。封面题签由梁启超署改为邹容署。目录之前，首先是两篇"前录"，即《客帝匡谬》、《分镇匡谬》，用独特的"匡谬"形式，对初刻本中《客帝》、《分镇》二篇作了彻底否定。前一篇末尾有著名的自我批判语："共和二千七百四十一年，章炳麟曰：余自戊巳违难，与尊清者游，而作《客帝》。饰苟且之心，弃本崇教，其违于形势远矣！"在上海图书馆所藏作者自校初刻本上，就有这段话（作者眉批），语气更为强烈，甚至说："著之以自劾录，当弃市！"竟然论自己当处死罪，可见自我批判之强烈。

作者对客观世界，对历史文化的认识总在发展变化，他对这部作品也就总在修改增删。对《訄书》重订本的修治历时甚久，其最后成果则是《检论》。《检论》目录如下：

卷一　《原人》《序种姓上》《序种姓下》《原变》

卷二　《易论》（附：易象义）《〈尚书〉故言》（附：造字缘起说）《六诗说》《〈关雎〉故言》《诗终始论》《礼隆杀论》《辨乐》《〈春秋〉故言》《尊史》《徽〈七略〉》

卷三　《订孔上》《订孔下》《道本》《道微》《原墨》《原法》（附：汉律考）《儒侠》《本兵》《学变》（附：黄巾道士缘起说）

卷四　《案唐》《通程》《议王》《许二魏汤李别录》《哀焚书》《正颜》《清儒》《学隐》

卷五　《民数》《方言》《订文》（附：正名杂义）《述图》

卷六　　《正议》《商平》《原教》《争教》《订礼俗》

卷七　　《通法》《官统上》《官统下》《五术》《刑官》《谴虚惠》《相宅》《地治》《明农》《定版籍》《惩假币》《无言》

卷八　　《杨颜钱别录》《杂志》《哀清史》（附：近史商略）《对二宋》

卷九　　《非所宜言》《商鞅》《思葛》《伸桓》《小过》《大过》（附：《光复军志》序）《近思》

从形式上看，《訄书》初刻本、重订本与《检论》间的差别，首先就是前两种不分卷，数十篇文章按数字顺序一直排下；而《检论》分为九卷，每卷内篇数多寡不等，不是按数量分卷，而是另有分卷依据。

从内容考察，《訄书》初刻本、重订本中，各篇的排列顺序，均有内在依据，全书有内在体系。《检论》的体系性，则更完整更严密。《检论》第一卷，《原人》、《序种姓》上下、《原变》四篇，论述中国民族的起源迁徙、种姓演变、民族形成大势及生存环境。《原变》篇特别强调发展变化、与时推移的道理。"物苟有志，强力以与天地竞，此古今万物之所以变。变至今人，遂止不变乎？"强调人类智力体力均须在竞争和运用中才能发展，强调人类竞争所用的工具器物均须发展，"蜕其故用而成其新用"。此外，又强调民族进步离不开知群之道、合群之道，懂得合群之道，"有部曲进退，而物不能害"。还激烈批评了山林之士的避世离俗之风，此风蔓延，将使百姓愚蠢，遭致时代淘汰。

以上四篇，并非新作，而是据《訄书》重订本中同题四篇修改而成。但在《訄书》中，这四篇位于第16至第19，而今置于全书之首，这一位置的变化，反映了思想体系的调整。《訄书》初刻本和重订本，都把古代学术置于全书之首。今各依次列出前四篇。

初刻本为：《尊荀》、《儒墨》、《儒道》、《儒法》；重订本为：《原学》、《订孔》、《儒墨》、《儒道》。按《尊荀》实也论孔，尊崇素王；《订孔》则对孔子多所批判。不过这种差别只是具体评价的改变，二书的共同之处是，都首先论列儒墨道法等古代学术思想和思想家，俨然以学术为生民立本。《原学》篇对学术的产生，固然有相当客观的论述，但以学术为本的特征，似乎更明显了。《检论》把民族起源、民族发展放到首位，应当说更具唯物眼光。人所共知，章太炎是在完成《訄书》重订本之后才致力研究佛学，但并非用佛家思想支撑整个世界观，而只是利用佛家学说来建构道德改造理论，倡导峻洁淡荡、勇猛精进、普渡众生的理想言行。研究佛学，无损于他研究中国民族和文化时，用唯物主义倾向的眼光审视某些问题。

卷二收文十篇，均以研究"六经"为旨的。这十篇中，只有《辨乐》、《尊史》、《微七略》三篇原载于《訄书》；《六诗说》曾在1909年发表于《国粹学报》，其余六篇及两篇附录均系新作。新增了这样多研究儒家经典的文章，还多以"故言"为题目。这一卷在全书中位置又重要（《辨乐》等三篇在《訄书》中均排在第50以后），所以这一卷受到的批评最为严厉，认为这证明章太炎已经丧失了改造社会文化的积极思想，而向古代经典寻求寄托，发思古之幽情，变反孔为尊孔，等等。

我们认为，评价是非得失的依据不在于是否研究儒家经典，而在于以什么样的眼光研究儒家经典。《訄书》重订本以《原学》为首，然后依次研究儒墨道法各家，其初刻本也基本是这种体系，即首先研究先秦诸子百家学术流派史。《检论》的体系不同，第一卷研究民族起源及演变发展。第二卷的主要内容则是研究古代社会生活，包括生活方式、制度律令、婚姻家庭、礼俗、艺术、文字、历史等诸多因素，并特别注意该因素对后代的影响，由古及今、以

章太炎学术年谱

古鉴今的色彩很明显。

儒家六经，在时间上处于先秦诸子之前。要研究古代社会，必须研究六经，这同经师阐扬圣学，是截然不同的两回事。因此，关键不在于是否研究儒家经典，而在于用什么态度去研究。

《易论》首先指出：《易经》记载上古社会生活及当时人们对生活的经验把握，并非神秘的谶纬预言。"要之记人事迁化，不越其绳，前事不忘，故损益可知也夫。非谶纬历序之侪。"

"当是时，民独知畋渔，故其爻曰：'即鹿无虞，惟入于林中。'婚姻未定，以劫略为室家，故其爻曰："匪寇婚媾。'"

"农稼既兴，民之失德，乾馔以愆，而争生存、略土田者作，故其次'讼'。小讼用曹辩，大讼用甲兵。"

"此九卦者，生民建国之常率，彰往察来，横四海而不逾此，过此以往，未之或知也。"

"《易》所常言，亦惟婚姻刑法为多。"

通过《易经》研究了古代社会生活之后，又研究古代制度、习俗在后代的继承演变，并与一些少数民族比较异同。还将认识升华，提出一些规律性总结，例如："然则封建、神教、肉刑、公田四者，后王之所当废，可知已。"总之即使单纯研究古代社会生活，《易论》也已经还《易经》以本来面目，横扫谶纬流言，意义非凡；何况作者眼光绝不是封闭的，将古今打通，一直说到辛亥革命以后的反动逆流；同时对《易经》作出含蓄批评，这些，实非古今经师所敢想象。

《〈尚书〉故言》考辨《尚书》纪事真伪，《尚书》与《书传》关系。文中反映了一些学派的、个人的学术观点，如对上古碑铭文字的怀疑态度。对《尚书》某些篇章的评论，颇为独特，很值得注意，如认为："《尧典》记事，文不直遂，而以美言总摄，犹与汉世铭颂相似。"

本篇所附《造字缘起说》，一扫有关仓颉造字的神秘说法，同时高度肯定了他的贡献："夫人具四肢，官骸常动，持莚画地，便已纵横成象，用为符号，百姓与能，自不待仓颉也。《吕览》云：'未有蚩尤以前，民固剥林木以战矣。'因知未有仓颉以前，民亦画地成形，自为徽契，非独八卦始作为文字造端而已。"

"字各异形，则不足以合契。仓颉者，盖始整齐画一，下笔不容增损。由是率尔著形之符号，始为约定俗成之书契。"

《礼隆杀论》一文，立足点高，眼光开阔，对"礼"进行剖析，"礼者，法度之通名，大别则官制、刑法、仪式是也。"从周礼来讲，的确包括这几方面内容，而并非单纯是礼仪。后代儒生以理想化言辞，描绘上古礼仪之邦，才是不实之辞。文章分析实际生活情理，认为即使周代，也是更重视刑法，对周代肉刑，则表示否定。文章最具锋芒处，是批判过分隆礼，"慎固封守，一切会归于礼"的倾向。对那种等级仪式，很反感，甚至引老子的话说："礼者，忠信之薄，而乱之首"也。这种批判锋芒所指，是在后代。文章最末一段，影射当世意味很明显。为袁世凯帝制服务，崇古复礼之风，当时极盛。文章影射挖苦，辞锋辛辣，至谓"人理几于灭绝，而礼何有焉?"

《〈春秋〉故言》一文，主要内容是辨析《春秋》成书过程，赋孔子以历史学家地位；批驳了"世儒不明，或言孔子素王，将定法制以待汉家"。我们认为：肯定孔子教育家、思想家、史学家的地位，是完全应该的，是客观的。《訄书》重订本称孔子为孔氏，《检论》多改称孔子，也是应该的。《检论》反对神化孔子、把孔子奉为教主，反对建立孔教。这种态度出现于袁世凯明令尊孔，孔教会声势正盛之际，尤有不同一般的意义。兹引录这一段文字：

"世儒不明，或言孔子素王，将定法制以待汉家。汉法既不原本《春秋》，而孔子又不能草具仪法，徒以时事寄言，令人占射，其拙甚于上古结绳。若将自任为素王者，是乃规为更姓改物以创制而旌其伐。夫南面之目，继文之言，可以私家口议，而不可用于史书。当试论之，国无史则人离本。前世《尚书》剥烂断绝，诚无所任也。宣王史官之为《春秋》，暨于董孤、南史，拘系一国，不能旷观，犹不足知当世大略，人所厌窥；朝姓改易，故府倾圮，其书狗牵鼠啮，而莫之顾。史亡则国性灭，人无宗主，沦为裔夷。仲尼所以为《春秋》，徒为其足以留远耳。故郊并百王于上天（见《荀子·礼论》），禘总群庙于太祖。惟其审世系，尽端末，知前代兴废所由，则曰明乎郊社之礼，禘尝之义，治国其如示诸掌乎！然犹偏于神道，不迩人事。《春秋》作，史道兴，则禘之说可以不知。振引豪末而膏泽天下者，其惟《春秋》。综观《春秋》乐道五伯，多其攘夷狄，捍族姓。虽仲尼所以自任，亦曰百世之伯主也，故曰'窃比于我老彭'。老彭者，始自籛铿，至於大彭，身更数代，功正夏略，为王官之伯，而亦领录史臧。今以立言不朽，为中国存种姓，远殊类，自谓有伯主功，非曰素王也。"

卷三共九篇，又附录数篇。内容属于古代思想史性质，所论为儒、道、墨、法、兵等先秦诸子学派，下及汉晋间学术思想流派变化大势。论述中很放得开，多各家各派之得失比较，善于纵论横说。佛家本不在本卷论述范围，但也拿来比较，对大乘佛学与小乘佛学高低是非，颇有议论。《订孔》篇虽见于《訄书》重订本，但《检论》中，《订孔》分为上下两篇，改动成份很不少。《道本》篇系新作，由老子说起，但本篇特点即在于同各家各派的比较。《学变》篇仍论"汉晋间，学术则五变"，而所附《黄巾道士缘起说》，不载于《訄书》。这篇附录的观点很值得注意，认为道教起源，最重要的渊源是墨家而不是道家；道教创始人物中，刘根比张陵、张鲁更重要。"张陵、张鲁之徒，托于老子，则非；刘根托于墨子，颇近之矣。"今摘引此文：

235

《抱朴子·遐览篇》云："余见受金丹之经，及《三皇内文》、《枕中五行记》。"又云："变化之术，大者唯有《墨子五行记》，本有五卷，昔刘君安未仙去时，钞取其要，以为一卷。其法用药用符，乃能令人飞行上下，隐沦无方，含笑即为妇人，蹙面即为老翁，踞地即为小儿，执杖即成林木，种物即生瓜果可食，画地为河，撮壤成山，坐致行厨，兴云起火，无所不作也。"

案，《墨子枕中五行记》，乃汉末刘根所作。《御览》八百五十七引刘根《墨子枕中记钞》、《百花酿蜜书钞》；一百四十七引刘根《墨子枕内记》，云"百花醴者，蜜也"。后汉《方术列传》有刘根，不言其字。《抱朴》言刘君安，则根字君安也。神仙家本出阴阳，所谓邹子之徒、燕齐怪迂之士，与老子县远矣。若夫专为祈祷、气禁、幻化诸术者，又与神仙异流。张陵、张鲁之徒，托于老子，则非；刘根托于墨子，颇近之矣。何以言之？墨子"明鬼"，而刘根亦能"见鬼"，其道本自墨子出耳。根传云：颍川太守史祈收根诣郡，数之曰："汝有何术，而诬惑百姓？"根曰："实无它异，颇能令人见鬼耳。""於是左顾而啸，有顷，祈之亡父祖近亲数十人，皆反缚在前，向根叩头。""根嘿而不应，忽然俱去，不知所在"。是则墨子明鬼之术也。清庙之守，本近祝由，至是显箸。及费长房、左慈之伦，盖皆秉是术者，本非求长生、觊登仙也。

墨子之传，绝于汉后。其兼爱、尚同、天志之说，守城之技，经说之辩，皆亡矣，而明鬼独率循勿替。汉、晋后，道士皆其流也。前世少君、文成、五利之流，本说神仙，亦能役鬼。后及抱朴，所说亦神仙与幻术兼之。斯乃交相为用，本非一流所成也。

卷四收文八篇，仍属思想学术史范畴，承接卷三，由隋唐至晚清。《案唐》篇系新增，论唐代学术思想特点，以唐代学风、士风与魏晋相比较，对唐人多有微词。《通程》、《议王》等篇，系据《訄书》改写，与《訄书》差别很大。对二程肯定居多，对朱熹则否定居多；对王守仁不乏批评，同时又有不少辩护赞誉。《哀焚书》、《正颜》、《清儒》、《学隐》诸篇，仍纵论清代学术及学者，宏通致用的主张明显，朴学家的立场也鲜明，甚至有所加强。

卷五、卷六共有文章九篇（另附录一篇），研究与社会生活相关的种种问题，大多可称之为社会学范畴的研究。其中包括历代人口数量变迁，人口的生态条件，人口迁移及各地方言，统一语言的途径，家庭婚姻关系，宗教及礼俗等等。某些问题，一般不放在社会学领域研究，例如文字问题。但章太炎一贯的学术观点是：语言文字紧密相关，而且语言为本，所以研究语言之后，紧接着就研究文字。

卷六《正议》是新增篇目，研究从上古部落时代直到后世的政治权力问题，该权力是怎样集中怎样转移。研究的焦点在于所谓禅让，对历代事实进行分析，对禅让给以讥刺否定："最观孟、荀所论，段灼所讥，事之荒唐淫伪者，莫过于禅。曷为乃以民主选举下比耶！"当时为袁世凯帝制作准备，一批文人（还包括外国博士）鼓吹君主制度优于民主制度，美化禅让。章太炎新增此文，显然有意指射，揭明禅让之虚伪，比较袁世凯行径：

> 唐、虞之世，诸侯分立，自理其土。彼帝者，犹伯主尔。（唐虞之世，诸侯皆远因旧国，尚未如周时封建，明定等秩也。则帝者，犹今之联邦之主耳。）群后未有翼戴之言，而唐尧私以授舜，必不得也。故举其情，虽许由、善卷可以推让；（尧让许由，舜让善卷，亦见《荀子·成相篇》。）以法，虽舜、禹而不可委付。尧、舜已殁，朝觐讼狱，讴歌归于舜、禹，百辟皆宾，则践位不疑，非独舜、禹也。文王之世，殷适犹在，

虞芮质成，而文王遂受命改号矣。

夫古者法统未一，天王之位，自监牧公侯推之，尚犹不可私付其臣，况于后代郡县之主，与方伯盟主异体乎？汉世牵于经术，不省孟、荀儒家党言。新都、武平以下，仍袭篡盗，取其华名，以为当然，遭直覆败，然后被贬抑耳。独有晋世段灼，出自敦煌，未染中州之腥德也。上书武帝，陈义慷慨，以为孟、荀不取尧舜禅让，魏文不能令君子服义，"陛下虽应天顺人，同符唐、虞，法度损益，亦不异于魏文。"言之直谅，当时谁敢与同辞者？……

最观孟、荀所论，段灼所讥，事之荒唐淫伪者，莫过于禅。曷为乃以民主选举下比邪！禅让者，晚世淫名。……

隋、唐，无功前代，徒倚外亲姻亚，以致厚禄，假人威宠，无所树立，因衰怙乱，以取神器。盖唐公自太原入关，奄忽岁余，遽登坛而受胙也。是时李密、王世充、窦建德皆未翦除，而尝又称臣突厥，上无功生民，下又不能扦隋氏，何所自喜，而横效曹、马之事邪？是岂独庳于六代，其视欢、洋、黑獭之流，犹有恧焉！唐太宗赞晋宣帝曰：前忠后乱。故晋明耻欺伪以成功，石勒笑奸回以定业。古人有云：积善三年，知之者少；为恶一日，闻于天下。可不谓然乎！

卷七收文十二篇，讨论历代政治经验、官制、法律、赋税、财政、经济、对外政策等问题。这些文章一般的写法都是：通过总结历史经验而提出自己的主张，有相当浓厚的历史感。有些文章中也含有中外之间横向的比较。

卷八收文四篇。前两篇评论历代人物，基本是知识分子和官僚文人，包括扬雄、桓谭、颜之推、钱谦益、曾国藩、梅曾亮等人。《哀清史》论清代史学兼及文字狱等，删去了《訄书》重订本中《哀清史》一篇所附《中国通史略例》、《中国通史目录》。新附《近史商略》对宋、辽、金、元、明五史进行议论后，着重论析"近世为《清史》者，初定叙目"。有比较严厉的批评，并指出方志与国史的差别，进而论述史家得失。

《对二宋》系新增之文，当作于1913年宋教仁被刺之后。二宋指宋教仁与宋恕。文章记载了作者与二宋的思想交往及二宋的心路历程。

卷九收文七篇，又附录一篇。这些文章中，《商鞅》、《思葛》、《伸桓》三篇评论商鞅、诸葛亮、桓温等历史人物，这些人物均善于治军理民，局促一隅之地，却志在统一全国，分别作出非凡业绩。《非所宜言》、《小过》、《大过》、《近思》四篇，则对辛亥革命后历史进程的逆转，进行反思总结，寻找原因；对袁世凯统治下种种黑暗，加以揭露抨击；也评论一些清代人物，隐然与当代人物相比较。

这一卷的主旨是对辛亥革命的总结，同时又有浓重的历史研究的色彩。这可能是章太炎学术的特点之一，政治研究与历史研究镕铸在一起，历史研究当中注入当代政治意识，使历史成为一种当代史。对诸葛亮、桓温、陶侃等人的研究，令人想到南北关系，想到北伐，这研究中可能寄托着一种期待和思考。直接思考辛亥革命的几篇文章，愤怒揭露批判的同时，又常有沉痛悲寂心情流露。章太炎对政治对历史的研究中，常注意于人物，注意于道德的考查评判。这种学术特点，经《訄书》到《检论》，已有了体系性的调整，但还是常可以看到。《近思》篇终结全书，流露着对中国命运的忧虑，忧虑中国将沦为帝国主义殖民地。这部几次修改结集的著作，努力追求学术之淳，但这部著作内在的生命力却是：把自己摆在中国历史进程的一个点上，摆在从古到今历史进程的末端。因为历史是延续的，历史发展不会停止，所以"今天"这一端连接着过去，也连接着将来。《检论》正表现出对过去种种的因革承袭，对将来的种种设想乃至忧虑。从《訄书》初刻本到重订本，再到《检论》，并不存在封闭体系和终极真理。《检论》删去《客帝匡谬》、《分镇匡谬》、《解辫发》等名篇，事实已经证明，当初写这些文章是正确的，是光荣的先驱，但在辛亥革命以后，关注新的现实问题，显然更有意义。

《检论》中确有悲愤孤独情绪，但这与悲观倒退，是两种性质，兹不予详论。章太炎文字本来古奥，《检论》某些文章写得晦涩，则是特殊环境使然。当时他仍处监禁之中，本年十二月，即写作《检论》的关键时刻，与他同寓的黄侃被警察逐出，其他门人或友人来访也受阻，章太炎曾再度以绝食抗争。按《释名·释书契》，"检，禁也，禁闭诸物使不得开露也。"他给此书定名《检论》，正透露出囚禁中的愤郁，为保证作品能够获准外传，不得不采用比较含蓄晦涩的表现手段。

民国 4 年乙卯（1915）　48 岁

《自定年谱》（节录）：

日本以往岁取青岛，知袁公将改号，以二十一条要之，袁公惧，如约。人心始去。

三月，长女㲄、少女琺及长婿龚宝铨入都省视，遂居焉。歙吴承仕绂斋时为司法部佥事，好说内典，来就余学。每发一义，绂斋录为《菿汉微言》。时袁氏帝制萌芽已二岁矣，往日当事数遣客来伺余意，道及国体，余即以他语乱之。间亦以辞章讽刺，《宋武》、《魏武》二颂及《巡警总监》、《肃政史》二箴皆是时所为也。七月，筹安会起，劝进者日数百。余知袁氏将满贯也，顾不能无感愤，赖以禅观制止。孙少侯时为袁氏要人，柱中以狱事被胁，皆豫筹安会。余甚恶少侯，而知柱中无他，柱中来见，不甚诮让也。然柱中颇自愧，不继见矣。八月，㲄自经死。事传日本，误谓余已死。既而上海报纸依以入录，汤夫人急电问安。余复电曰："在贼中，岂能安。"露章明发，逆知袁氏技尽，无能为害也。是冬，多恶梦，自为《终制》。

本年，袁世凯的帝制活动加紧进行，日本帝国主义乘机推行变中国为其殖民地的阴谋。5月，袁世凯为换取日本支持自己称帝，接受日本提出的"二十一条"。为袁世凯效力的一批政客文人，

241

多方活动，掀起阵阵逆流。8月，杨度、孙毓筠、严复、刘师培、李燮和、胡瑛组织筹安会，以杨度、孙毓筠为正副会长，这是为帝制效劳的御用组织。同月，袁世凯的政治顾问美国人安诺德发表《共和与君主论》，鼓吹君主政体优于民主政体。9月，"全国请愿联合会"在京成立，请愿要求实行君主政体。12月，所谓国民会议代表1993人全体拥戴袁世凯为皇帝，参政院随即代行立法院向袁世凯劝进。12月12日，袁世凯宣布接受帝位，12月19日，命设大典筹备处，准备正式登基，令明年改元为洪宪元年。

孙中山、黄兴等人流亡海外，组织反袁活动。11月，中华革命党人陈其美策动肇和军舰起义，并进攻上海制造局等处，很快失败。12月，李烈钧、熊克武等人到云南，协同蔡锷、唐继尧组织护国军反袁。随着护国战争、护法战争的开展，原来的革命党人与一些原来的立宪党人及地方实力派进行了广泛合作。

12月25日，蔡锷、唐继尧在昆明通电全国宣告云南独立，组织护国军声讨袁世凯。

以梁启超为代表的一批立宪党人，由拥护袁世凯转为反对或者不合作态度，对形势发展起了积极推进作用。年初，梁启超对袁世凯采取不合作态度，避地天津，从事著述。筹安会成立后，梁启超著《异哉所谓国体问题者》，公开反对帝制，在当时影响很大。12月梁启超离开天津南下，从事反袁活动。

当时文化领域形势复杂，复古尊孔活动，声势很盛。其中有些人是为袁世凯帝制活动服务；而康有为等人宣扬孔教，则配合他们复辟清王朝的阴谋。反对孔教运动的代表人物是章太炎。

通俗文艺领域，风气日下，鸳鸯蝴蝶派小说和黑幕小说泛滥。对此痛予针砭的有影响人物是梁启超。梁启超本年有《吾今后所以报国者》一文，明确表示对政治活动的厌倦和准备致力于社会教育事业的意向。他发表《告小说家》一文，激烈批评当时小说"其什九则海盗与海淫而已，或则尖酸轻薄毫无取义之游戏文也"。认为这是造成当时社会风气一落千丈的一个原因。

9月15日，《青年杂志》在上海创刊，由陈独秀主编，群益书社发行。这个刊物是中国新文化运动之先声，而在当时，影响还不大，也更多侧重于文学方面。陈独秀在该刊一卷三号（1915年11月）发表《现代欧洲文艺史谭》。自第二卷起，此刊改名为《新青年》，1916年底，编辑部迁往北京，以后影响不断扩大。

胡适本年在美国，作有游记和诗词多篇。

鲁迅在教育部任职，教育部本年设立通俗教育研究会，鲁迅被任命为小说股主任，但当时背景下，不可能开展积极活动。1916年2月，鲁迅辞去小说股主任职。

本年，教育部设立试办注音字母传习所。

缪荃孙刊行《京本通俗小说》，他在跋语中说，这是"影元写本"的宋人话本集，后人对缪荃孙此说，有持怀疑态度者。但此书的刊行，开启了刊行研究古典小说的风气。

本年，王闿运辞去国史馆馆长职。

本年，章太炎仍处于幽禁之中。寓所服役之人，均由警察暗探充当；所交接者，仅限于友人门人，且不可谈论国事。章太炎内心苦闷之极，所幸他对学术研究深怀爱好，高度重视，精神才有寄托。四月，他有《致山田饮江书》，向这位日本故人叙说了自己对学术事业的态度："夫怨毒于人，其憯甚于矛戟，处心积虑以成于杀者，当涂之志，固恒情也。必生挫折之而不与死，虞侯满市，窥侦盈室，羁之重门，下之幽谷，虽欲为田舍布衣读书观稼而不可得也，此何心哉。夫众口足以铄金，众敧足以漂山，复有为之主谋者在也。人固有一死，功业已就，没身可以无恨，如下走者，寝疾默化，亦恬漠而终耳。所未忘者，独以国故衰微，民言咙杂，思理而董之也。政治者，当轴所忌言，国史之业，亦与人构怨于千秋万岁也。若乃究极语言，审定国音，整齐文字，仆于今世有一日之长、一饭之先焉，又无忌于秉钧用事者也。然复必欲摧其萌芽，如农夫之务去草者，则保皇党人把持之尔。审吾畴昔所以陷保皇党人者，已知彼之烈烈矣，今而修怨，亦其情也。然复有隐曲内疢者，一者其人天性狂狡，欲自比迹于罗马法皇，二者以身事异姓，堕其前言，思所以文饰之。皆非假威孔子、颠倒六经不能也。仆之学出，即其虚伪自消，是故竭力致死以争尔。盖皇皇欲揽政权，惟恐一人异己者，当涂之用心也；皇皇欲揽文化权，惟恐一人异己者，保皇堂之用心也。二者夹辅，以制一人，虽有贲、育之勇，将焉用之！昔太史公身被极刑、郑康成禁锢、赵邠卿侧身处复壁间，而不肯引决自裁者，以他人不与争文化之业也。今者世益陵迟，虽欲屏处畎亩，以理余之绪业，固不得矣。假令斯人以祖述尧、舜，宪章文、武自居，而仆被少正卯之名，戮于两观，亦奚恨焉。昨者已抵书黎公，属求死所，纵不可获，亦将有以致命遂志，故愿与君道其本末，以抒愤懑。"（手迹，上海图书馆藏）

四月，钱须弥所编《太炎最近文录》，由上海国学书室铅字排印出版。内容分为发刊辞、论说、书牍、附录四类，凡一册。文录所收，大多是章太炎辛亥革命返国后至1913年间，发表在这部报刊上的宣言、函电、演说及发刊辞等。附录类中有较多辛亥革命以前的作品。《太炎最近文录》目录如下：

发刊辞

《大共和日报发刊辞》　《新纪元报发刊辞》　《新纪元星期

报发刊辞》

论说

《先综核后统一论》 《却还内务部所定报律议》 《敬告对待间谍者》 《敬告新闻记者》 《驳黄兴主张南都电》 《论当防国民捐之弊》 《否认临时约法》 《处分前总理议》 《内阁进退论》 《参议员论》 《驳建立孔教议》

书牍

《与人论政书》一 《与人论政书》二 《与人论政书》三 《致南京参议会论建都书》 《致袁项城商榷官制电》一 《致袁项城商榷官制电》二 《致袁项城论治术书》 《覆浙江新教育会书》 《销弭党争书》一 《销弭党争书》二 《与黄季刚书》 《移让阁员书》 《却与黄陈同宴书》

附录

《中华民国联合会成立会之演说录》 《东京留学生欢迎会之演说录》 《章太炎先生答问》 《布告反对汉冶萍抵押之真相》 《诘问南京政府一等匿名印电》 《党务文告》一束 《东省实业计划书》 《杂评》一束 《革命军序》 《秋瑾集序》 《中国通史略例》 《婚礼记》

章太炎对《太炎最近文录》之编，很不满意，多次在《家书》中言及。5月26日《家书》中说："国学书室所刻《太炎最近文录》，前康心如已曾相示。右文社欲与交涉，不知其果否也。其中所登文字，今昔异情，原无关系。彼辈妄加评骘，亦属小人常态，吾心自有把握，宇内自有公评，断非一二小人腾其簧鼓所能变乱也。"

7月，《章氏丛书》由上海右文社铅字排印出版，共两函，24册。《章氏丛书》目次如下：

《春秋左传读叙录》一卷

《刘子政左氏说》一卷

《文始》九卷

　　《叙例》《略例》《韵表》

　　卷一《歌泰寒类》　卷二《队脂谆类》　卷三《至真类》　卷四《支清类》　卷五·《鱼阳类》　卷六《侯东类》　卷七《幽冬侵缉类》　卷八《之蒸类》　卷九《宵谈盍类》

《新方言》十一卷附《岭外三州语》一卷

　　《自序》　《释词》第一　《释言》第二　《释亲属》第三　《释形体》第四　《释宫》第五　《释器》第六　《释天》第七　《释地》第八　《释植物》第九　《释动物》第十　《音表》第十一　刘光汉《后序》　黄侃《后序》　附《岭外三州语》

《小学答问》一卷

《说文部首均语》一卷

《庄子解故》一卷

《管子余义》一卷

《齐物论释》一卷

《国故论衡》三卷

《检论》九卷

《太炎文录》初编五卷

　　《文录》卷一：《小疋大疋说》上、下　《八卦释名》《说象象》　《孝经本夏法说》　《子思孟轲五行说》　《驳皮锡瑞三书》　《大夫五祀三祀辩》　《夏用青说》　《毛公说字述》　《宾柴说》　《禽艾说》　《说束矢白矢》《诸布诸严诸逐说》　《说渠门》　《说稽》　《说门》《说物》　《太子晋神仙辨》　《说于长书》　《与尤莹问答记》　《与刘光汉黄侃问答记》　《文例杂论》　《征信

论》上、下　《信史》上、下　《秦献记》　《秦政记》
《五朝学》　《五朝法律索隐》　《官制索隐》　《说刑名》
　《封建考》　《说林》上、下　《释戴》　《非黄》
《思乡愿》上、下　《程师》　《二羊论》　《读郭象论嵇绍
文》　《旅西京记》　《癸卯狱中自记》　《人滩说》

　　《文录》卷二：《癸卯与刘光汉书》《再与刘光汉书》《与
王鹤鸣书》《与人论朴学报书》《丙午与刘光汉书》《再与刘光
汉书》《丁未与黄侃书》《再与黄侃书》《三与黄侃书》《与孙
仲容先生书》《与简竹居书》《与人论文书》《与邓实书》《再
与邓实书》《与罗振玉书》《驳康有为论革命书》《与马良书》
《与刘揆一书》《中夏亡国二百四十二年纪念会书》《讨满洲
檄》《驳建立孔教议》《书莽苍园文稿余后》《张苍水集后序》
《南疆逸史序》《毛诗正韵序》《重刊古韵标准序》《南洋华侨
志序》《东三省政要序》《地文学序》《国粹学报祝辞》《民报
纪念会祝词》《高先生传》《俞先生传》《孙诒让传》《黄先生
传》《邹容传》《徐锡麟陈伯平马宗汉传》《刘永图传》《书苏
元瑛事》《书清彭山县知县康寿桐事》《韵文集自叙》《瑞安孙
先生伤辞》《沈荩哀辞》《徐锡麟陈伯平马宗汉秋瑾哀辞》《熊
成基哀辞》《宋教仁哀辞》《魏武帝颂》《宋武帝颂》《陆机赞》
《唐才常画像赞》《邹容画像赞》《蕲黄母铭》《顶羯罗君颂》
《安君颂》《钱唐吊龚魏二生赋》《哀韩赋》《哀山东赋》《吊伊
藤博文赋》《木犀赋》《噢伧文》《肃政使箴》《巡警总监箴》
《艾如张董逃歌》并《序》《鸤鹊案户鸣》《山阴徐君歌》《东夷
诗》十首《秋夜与黄侃联句》《游仙与黄侃联句》《夏口行》
《广宁谣》《八月十五夜咏怀》《怀旧》《短歌》八章《长歌》《冥
厄歌》《孤儿行》《秋夕咏怀》《平原》《陇西有壮士》《丹橘》
《上留田行》《时危》四首

《别录》卷一：《中华民国解》《排满平议》《复仇是非论》《革命道德说》《箴新党论》《军人贵贱论》《代议然否论》《驳神我宪政说》

《别录》卷二：《论汉字统一会》《社会通诠商兑》《驳中国用万国新语说》《与人论国学书》《再与人论国学书》《记印度西婆耆王纪念会事》《送印度钵罗罕保什二君序》《记印度事》《答铁铮》《记政闻社大会破坏状》《汉土始知欧洲各国略说》《匈奴始迁欧洲考》《印度先民知地球绕日及人身有精虫二事》《总同盟罢工论序》《无政府主义序》《俱分进化论》

《别录》卷三：《无神论》《建立宗教论》《人无我论》《五无论》《四惑论》《国家论》《大乘佛教缘起考》《大乘起信论辩》《频伽精舍刻大藏经序》《梵文典序》《法显发见西半球说》《读佛典杂记》

《章氏丛书》所收均为学术著述，且经章太炎亲自审定，但章太炎对右文版的排印质量颇有意见，致龚宝铨信中多次谈及，并谋重新刊刻。12月19日《致龚未生书》中说："此书错乱百出，校亦难清，已书致通一，令将原稿归足下处。"12月23日《致龚未生书》中论及木刻刊行《检论》和《国故论衡》的设想，兼及对二书的评价和医药类著述："《检论》既可木刻，原稿须速取回，仆处虽有校本，而彼此邮寄，殊属不便。今以原稿存杭，初校再校即据之互对，终校则取刻本寄京，而仆以自所校本覆对，如此邮寄，不须在杭初校，再校亦有所据，此为至便矣。《国故论衡》原稿亦当取回存杭，此书之作，较陈兰甫《东塾读书记》过之十倍，必有知者，不烦自诩也。《检论》成后，此书亦可开雕，大略字数与《检论》相等（十二万余字）。幸有杨惺吾所教刻工，以此付之最善矣。《文集》且俟后议，大抵《别录》一种，不烦亟印。《文录》约亦十一二万字，错误甚多，未及校理，如欲动工，必在明年年底矣。商务合股经营甚好。医药著述，仆前此曾有数篇，亦未甚精。医药新闻恐难著手，盖精医者甚少，如彼五行六气之论，徒令人厌笑耳。中国今日未必无良医，但所谓良医者，亦但富于经验，而理论则蹶焉。恐笔端必有五行六气字样，欲免此者万无一二也。鄙意良方可制，而新闻难作，若夫药物出产，古方治效，此或可登之新闻，而药性亦不可依于纲目（以其好用五行附会），唯《大观本草》可用耳，今日有审慎之医则能言之，非者亦不能也。"

　　按《自定年谱》，吴承仕本年就学于章太炎。章为吴说内典及诸子学，兼及小学等，由吴承仕录为《菿汉微言》。这两件事情都很值得重视。章太炎治佛学及诸子学，是作为哲学来研究的。他的《自述学术次第》所论十个方面中，这一方面列为第一，可以反映这在他心目中的地位。然而，尽管章门弟子众多，有造诣有成就者不少，佛学和诸子学方面，却乏传人。章太炎对此，深怀遗憾，时有流露。朱希祖1936年7月《致潘承弼书》中回忆说："先师尝言经史小学传者有人，光昌之期，庶几可待；文章各有造诣，无待传薪，惟示之格律，免入歧途可矣。惟诸子哲理，恐将成广陵散矣。此二十年前在故都绝粒时之言也。"

　　朱希祖所忆，当指1914年绝食危殆时之感慨。及吴承仕投入门下，既有很好的国学修养，又喜好佛典及诸子哲学，令章太炎为之欣喜。客观上讲，这也促成了《菿汉微言》之完成。章太炎对吴承仕颇有期许，当时曾在给吴承仕的短函中说："常念周秦哲理，至吾辈发挥始尽，乃一大快。尽传吾学者何人耶？此问检斋近祉。"（此函北京师范大学出版社《章炳麟论学集》系年为1912年，有误。容于下文辨之）1918年致吴承仕信中又说："佛法义解非难，要有亲证。如足下则近之，季刚恐如谢康乐耳。"

　　按吴承仕后来仍未能以佛学和周秦哲理名世，这可能有多方面原因。时代思潮的变迁，对师生二人都有影响，包括影响治学方向。而吴承仕1927年脱离司法部之后，在各大学任教，研究与教学配合，遂以三《礼》和小学为主要方向。章太炎1933年致潘承弼书中曾说："前此从吾游者，季刚、绂斋，学已成就。绂斋尚存名山著述之想，季刚则不著一字，失在太秘。世衰道微，有志者当以积厚流广，振起末俗，岂可独善而已。"（《章太炎先生遗札未刻稿》第七札，《社会科学战线》1982年第4期）对吴承仕一直多有推奖。

《菿汉微言》录于1915年至1916年初，吴承仕于1916年仲春作小序付刊。后收入浙江图书馆本《章氏丛书》，今据浙图本述之。全书167则，不分卷。内容上看，类别极多。最大一类，宜以哲学称之，已将佛学、先秦诸子、宋明理学及清代儒学相融，多综合比较之论，且与西方哲学比较融通（特别是康德哲学）。章太炎在书末有"小识"，称此书"虽多言玄理，亦有讽时之言。身在幽囚，不可直遂，以为览者自能知之也"。哲学方面的讽时之言，明显者如对杨仁山（文会）宿命论的批判：

"杨仁山云今欧洲人服食起居较之吾辈，良好安适殆将十倍，必其前生信佛持名，精勤远过吾辈，故受兹多祜。此说恘陋甚矣。"

"今世言佛法者，多言命本素定，非人力所能为。宿命应富，蓝缕者未尝有为，千金可自然致也；宿命横死，虽多方趣避，怨家必自然就之也。斯言甚谬。"

"问：杨仁山撰《南华经发微》，以十大释《逍遥游》，言不剀切，所举大风、大路、大年、大我等名，体相相违，而视为同概，逍遥之旨岂如彼所说邪？答曰：《逍遥》一篇，纯是发挥常乐我净一语。学鸠、大鹏，细大有异；灵椿朝菌，修短不齐。计以常情，则宛有胜劣；会之定分，而互为悲笑。要皆拘阂于形气之里，流转于生死之域，起止成坏，未能自在。"

论孔子及《论语》多则，讽时意指甚为尖锐。"邦无道，富且贵焉耻也，而人不能无资生事，是故赐不受命，务为货殖，孔子与之。此见商贾废居，胜于事乱君受禄位矣。顾宁人称学者必先治生，盖得其意。"这显然影射时人在袁世凯乱政下的出处态度。从全书来看，讽时之言只是少数，玄理方面的学术观点，则呈现宽厚融通的基本趋势。如云：

"文孔老庄，是为域中四圣，冥会华梵，皆大乘菩萨也。文王老孔，其言隐约，略见端绪而不究，尽可以意得，不可质言。至若庄生，则曲明性相之故，驰骋空有之域，委悉详尽，无隐乎尔。《庚桑楚》篇言灵台有持以下，详说阿陀那识，与慈氏世亲所说，若合符节。"

"问：今之居士，或言孟子我见未除，其言说大人则藐之可知也。孟子果增上慢人邪？答曰：孟子我见尽否，今不审知，然说仁者爱人，有礼者敬人，及遭横逆，犹惧自反不忠。增上慢人而若是乎？高贤持世，多有扶偏救弊之谈。当孟子时，面谀之事、妾妇之行多矣，若不说藐，则世法不可扶持，本非以此为证入圣道之门也。佛道少说世法，而亦不坏世法，故以平等示人，虽戒贡高我慢，曷尝教人卑谄也。老庄言世法矣，其以濡弱谦下为表，亦由习行上礼，自伏我慢，而卒未尝为卑谄事。"

"问：陆子静言，东海西海圣人，此心同，此理同。然乎？答曰：然。以直心正趋真如，以深心乐集善行，以大悲心拔一切众生苦，此千圣之所同也。若其别愿，则有异矣。夫拔一切众生苦者，谓令入无余涅槃，此乃终局目的耳。中途苦痛，固亦多端，于是西方诸圣，有发愿令地平如掌者矣，有发愿以方药疗病者矣。此其别愿，固不必同。而此土圣哲，悉以经国宁民为其别愿。欲经国宁民者，不得不同于世俗，社会有弊，以术矫之。"

"学术无大小，所贵在成条贯。割制大理不过二涂：一曰求是，

251

再曰致用。下验动物植物，上至求证真如，皆求是耳。人心好真，制器在理，此则求是致用，更互相为矣。生有涯而知无涯，是以不求徧物，立其大者，立其小者，皆可也。此如四民分业，不必兼务，而亦不可相非，若以其所好，吡所不知，是为中德，乃凶德之首矣。精力过人，自可兼业。佛法五明谓内明、因明、声明、医方明、工巧明。言声明者，即彼土文字训诂之学，逢掖之流，彼此相诋何哉？"

论音韵文辞多则，富于独见：

"秦汉之文，不尽可法，如太史公书，常有辞不比顺，意不相属者。又如邹阳上书，缠复缴绕，转笔引事，其立意仍与上同。使今人为之，适足为笑，而古人之文，若终已不可及者，亦时执为之。立文造句，今昔不同，生当其时，则辞气自异，如郑君本非文章之士，而自今视之，若不可攀跻矣。"

全书最末一则，阐述"平生学术，始则转俗成真，终乃回真向俗"之迹，是了解章太炎学术的重要文献：

"余自志学讫今，更事既多，观其会通，时有新意，思想迁变之迹，约略可言。少时治经，谨守朴学，所疏通证明者，在文字器数之间；虽尝博观诸子，略识微言，亦随顺旧义耳。遭世衰微，不忘经国，寻求政术，历览前史，独于荀卿、韩非所说，谓不可易。自余闳眇之旨，未暇深察。继阅佛藏，涉猎《华严》、《法华》、《涅槃》诸经，义解渐深，卒未窥其究竟。及囚系上海，三岁不觌，专修慈氏、世亲之书，此一术也，以分析名相始，以排遣名相终，从入之涂，与平生朴学相似，易于契机，解此以还，乃达大乘深趣。私谓释迦玄言，出过晚周诸子不可计数；程、朱以下，尤不足论。既出狱，东走日本，尽瘁光复之业，鞅掌余闲，旁览彼士所译希腊、德意志哲人之书，时有概述邬波尼沙陀及吠檀多哲学者，言不能详，因从印度学士咨问，梵土大乘已亡，胜论、

章太炎学术年谱

数论传习亦少，唯吠檀多哲学，今所盛行，其所称述，多在常闻之外。以是数者，格以大乘，霍然察其利病，识其流变。而时诸生适请讲说许书，余以段、桂、严、王未能满志，因翻阅大徐本十数过，一旦解寤，的然见语言文字本原，于是初为《文始》。而经典专崇古文，记传删定，大义往往可知，由是所见，与笺疏琐碎者殊矣。却后为诸生说《庄子》，间以郭义敷释，多不惬心，旦夕比度，遂有所得，端居深观，而释齐物，乃与《瑜伽》、《华严》相会，所谓摩尼见光，随见异色，因陀帝网，摄入无碍，独有庄生明之，而今始探其妙。千载之秘，睹于一曙。次及荀卿、墨翟，莫不抽其微言，以为仲尼之功，贤于尧、舜，其玄远终不敢望老、庄矣。

"癸甲之际，厄于龙泉，始玩爻象，重籀《论语》，明作《易》之忧患，在于生生，生道济生，而生终不可济。饮食兴讼，旋复无穷。故唯文王为知忧患，唯孔子为知文王。《论语》所说，理关盛衰，赵普称半部治天下，非尽唐大无验之谈。又以庄证孔，而耳顺绝四之指，居然可明。知其阶位卓绝，诚非功济生民而已。至于程、朱、陆、王诸儒，终未足以厌望。顷来重绎庄书，眇览《齐物》，芒刃不顿，而节族有间。凡古近政俗之消息、社会都野之情状、华梵圣哲之义谛、东西学人之所说，拘者执箸而鲜通，短者执中而居间，卒之鲁莽灭裂，而调和之效，终未可睹。譬彼侏儒，解遘于两大之间，无术甚矣。余则操齐物以解纷，明天倪以为量，割制大理，莫不孙顺。程、朱、陆、王之俦，盖与王弼、蔡谟、孙绰、李充伯仲。今若窥其内心，通其名相（宋儒言天理性命，诚有未谛，寻诸多言，要以表其所见，未可执箸。且此土玄谈，多用假名，立破所持，或非一实，即《老》、《易》诸书，尚当以此会之，所谓非常名也），虽不见全象，而谓其所见之非象，则过矣。世故有疏通知远、好为玄谈者，亦有文理密察、实事求是者。及夫主静主敬，皆足澄心，欲当为理，宜于宰世。苟外能利物，内以遣忧，亦各从其志尔。汉、宋争执，焉用调人，喻以四民，各勤其业，瑕衅何为而不息乎？

"下至天教，执邪和华为造物主，可谓迷妄。然格以天倪，所误特在体相，其由果寻因之念，固未误也。诸如此类，不可尽说。执箸之见，不离天倪，和以天倪，则妄自破而纷亦解，所谓无物不然，无物不可，岂专为圆滑无所裁量者乎？

"自揣平生学术，始则转俗成真，终乃回真向俗，世固有见谛转胜者邪！后生可畏，安敢质言？秦、汉以来，依违于彼是之间，局促于一曲之内，盖未尝睹是也。乃若昔人所诮，专志精微，反致陆沈，穷研训诂，遂成无用者，余虽无腆，固足以雪斯耻。"

章太炎有致吴承仕信札多通。这些信札一直存于吴承仕及其后人处，多数未尝发表。1982年北京师范大学出版社出版了章太炎致吴承仕这些论学书信，题为《章炳麟论学集》，时间上起辛亥革命后，下至1936年。《章炳麟论学集》的出版，深受学术界重视和好评。此书影印原信，附加释文及标点。"出版说明"云："在信札的整理、训释和出版过程中，由启功教授标点原稿，又经肖璋教授校阅，还有侯刚、武静寰、胡云富等同志协助进行了具体工作。"北师大出版社出版此书，功德无量，自不待言，惟在信札系年上，颇有可议之处。

按系年，1911年有书两通，1912年书信甚多，1913年、1914年及本年无书信。然就书信内容看，系于1912年的多通书信，应当系于本年或1916年。如"《终制》，曾自写大件，其原写一纸即归足下存之"一通，按《自定年谱》，《终制》撰于本年，绝非1912年信中所能言及。如"所馈食物四事，悲戚中未审能自解忧否"一通，自是幽囚中语。另有多通书信所论，是《菿汉微言》中内容，正缘于章太炎口述、吴承仕笔录、又修改加工此书之事。而"常念周秦哲理，至吾辈发挥始尽，乃一大快，尽传吾学者何人耶？"一通，也是师生研讨哲理，相知既深之后语。

系于1911年之信札两通，似乎也当后移。特别是第一书署"十月十四日"，当指旧历（《自定年谱》1912年首载"始行太阳历"）。此时章太炎归国方半月，事务繁忙之极，连日与黄兴、宋教仁、程德全、陈其美、李燮和、伍廷芳、汤寿潜、张謇、于右任等要人协商军国大事，调停各派力量。当时各大报也不断报道章太炎的言论及行踪。记者访问及其他求见之人不断，常常无法接见。据《梁启超年谱长编》，梁启超当时派盛先觉为代表，访章太炎商讨国事，十月十二日连访未遇。十三日等候多时，"出甫就谈，而汤寿潜至"。十六日"午后访章太炎，托词事繁不见，仅以书答"。此书即《复梁任公书》，论清帝去就及政体，也仅是百余字短函。据这些情况看，十月十四日不可能给吴承仕写论学长信。信中殊无振奋之情，也与此际心境不合。信尾说"书不尽意，它日来过，当一二引伸之"，双方大概都在北京。意此信当在1913年或1914年。

以上所论，不敢武断。兹将系于1911年和1912年信札依次录于下，部分较长的信札作节引：

检斋足下：两得手书，推崇过当。仆辈生于今世，独欲任持国学，比于守府而已。固不敢高自贤圣，以哗世取名也。扬榷清代儒先所为忾忾不舍者，志亦若是而已。其间或有汙隆，转忘其本。然而媚于一人，建计以张羯胡之焰者，始终未有闻焉。论者诋以贤轵寡用，要其持身如此。比于魏裔介、李光地之伦，裨贩程朱，以自摧汉族者，可不谓贤钦？铨次诸儒学术所原，不过惠、戴二宗。惠氏温故，故其徒敦守旧贯，多不仕进。戴氏知新，而隐有所痛于时政，则《孟子字义疏证》所为作也。源远流分，析为数师，后生不能得其统纪，或以为爵集旧事而已。或徒以为攻击宋儒，陋今荣古，以为名高，则未知建夷入主，几三百年，而四维未终于解致，国性不即于陵夷者，果谁之力也。今之诡言致用者，又魏裔介、李光地之次也。其贪鄙无耻，大言鲜验，且欲残摧国故，以自解顺民降俘之诮者，则魏李所不为也。及今而思所以振之，视诸先正从容讲授之世，固已难矣。仆所为夙夜孜孜，以求维持于不敝者，复不能尽与前修同术。何者？繁言碎义，非欲速者所能受也；蹈常袭故，非辩智者所能满也。一于周孔，而旁弃老庄释迦深美之言，则蔽而不通也。专贵汉师，而剽剥魏晋，深憨洛闽者，则今之所务有异于向时也。大抵六艺诸子，当别其流，毋相纷糅，以侵官局。朴实稽之于古，而玄理验之于心。事虽繁啧，必寻其原，然后有会归也。理虽幽眇，必征诸实，然后无遁辞也。以是为则，或上无戾于古先民，而下可以解末世之狂醒乎？来书谓近治《说文》，桂氏征引极博，而鲜发明，此可谓知言者。王氏颇能分析，盖亦滞于形体。惟段氏为能知音，其卤莽专断，诚不能无诟訾议。要之，文字者，语言之符，苟沾沾正点画、辨偏旁而已，此则《五经文字》《九经字样》已优为之，终使文字之用，与语言介然有隔，亦何贵于小学哉！段氏独能平秩声音，抽引端绪，故虽多疵点而可宝耳。来书称歙音多合唐韵，此有由也。五胡乱而古音亡，金元扰而唐韵歇。然其绪余，犹在大江以南，且乡曲之音，多正于城市；山居之音，多正于水滨。以其十口相传，不受外化故也。昔朱元晦独谓广州音正，近世陈兰甫复申明之。以今所闻，二公之言，诚不虚也。所以不受流变者，亦由横隔五岭，胡虏之音无由递传至此耳。仆向时作《新方言》盖欲尽取域内异言，稽其正变，所得裁八百余事，未能周悉。今以一册奉上。书不尽意，它日来过，当一二引伸之。

章炳麟白

十月十四日

承教愧汗，鄙人何术之有？它日晤谈，未妨言志。学问之事，终以贵乡先正东原先生为圭臬耳。

章炳麟白

（以上两札，《章炳麟论学集》系于 1911 年）

慈氏菩萨颂赞一联已写好，奉上。暇日无事，何不来谈胜义乎？此问

检斋近祉！

章炳麟白
十五日

昨日快谈，今因自说金不含识之论，吾读陈那、护法，观所缘缘论释。彼说内色似外境现，为所缘缘，实无外境。若尔，藏识具有一切内色，何故同时同处不能普现，而以外境远近去来，成此隐显差别？论至此，陈那、护法二师亦穷矣。仆今所见，能为二师解围。自谓所见有过二师者，非我慢见，事理实然。所思且不以告足下，足下试一审思，若有所见，能解同时同处不能普现之惑，则足下进矣。此颂

检斋起居胜健！

章炳麟鞠躬
二月十七日

《齐物论释》第五章尚有未尽义，昨者读《法苑·义林章》乃悟《人间世》篇"耳目内通，虚室生白"之说，即内典所谓三轮

257

清净神变教诫世人。但以禅那三昧视之，虽因果相依，究与教诫卫君何与耶？思得此义，甚自快也。足下可携《齐物论释》改定本来，当为补入。杨仁山曾注内篇，未审其曾悟此否？此上

检斋足下

章炳麟白
一月十八日

墓铭已删改毕，足下可自来取。近复见《管子解》自证分处，《庄子》中所说有弟而兄啼，即今自然淘汰之论。常念周秦哲理，至吾辈发挥始尽，乃一大快。尽传吾学者何人耶？此问

检斋近祉

章炳麟白
二十五日

《成内色论》移书时不必题署，仍录在佛学部中可也。摩罗本是译音后造"魔"字，殊为缪俗。应依《涅槃》，但书作"磨"。《诸方等经》及唐译《俱舍论》如可得，望为代购之。此上

检斋足下

章炳麟白
初二日

检斋足下：《成内色论》尚少一救一难，今应补入。移书时望照此写。其文如左：

"论者又言，自心相分，是种非果。果则能现，种子非现。是故无普见事，应复难言。既无外境，有何所以而成此果？应一切时唯是种子，终不现果。而今有果能现，此救不成"下接"为说至此，唯识诸师皆穷。"

章炳麟白

二十二日

昨日得函，即为改润，大旨已了。其《成内色论》移书时不必标题，仍录在佛学部中为宜。前日所付《漫录》一册，其中所论古算术、医经及人种等条，究须录入。此书本是笔语体裁，若专讲玄虚，人将厌窥。譬如饭后，当有蒲桃、柑橘，始得味耳。"魔"字应依《涅槃》书作"磨"字。《诸方等经》及《三论》唐译《俱舍论》望为购取。

章炳麟白

初三日

检斋足下：前日得手书，答如左：

三界九地之说，只言梗概，非能事事密合也。且如鸟兽鳞介昆虫，同号旁生，旁生摄在欲界。而虫类现有单性动物，那落迦趣，六道最下，亦不得比于色界。而苦毒遍身，无有希求淫欲之事。以斯二者为例，金石纵不在色、无色界，何嫌于无欲乎？

金石盖无意识及眼耳鼻舌四识，而阿赖耶、末那及以身识，此三是有，既具业识，即有趣道之分。若分情、器两界，即依此密意说耳。

《杂集论》说眼、耳与鼻，各有二种，云何不立二十一界，今按十八界者，先立六尘，依此以分六根、六识，以对境为主。故两眼、两耳、两鼻不分二界也。彼说一界二所，身得端严，其说不合。来书以"串习既久，孰为端严"驳之，所说诚谛，后引近世进化论说，亦为了当。十八界中，触境最繁。皮知弹力，筋知重量。乃至人根所触，又与余体不同，然为触尘一也。是故于内只立身根、身识不复分析言之。当知佛书所说，但是知根。《数论》更立作根（舌根、男女根、足根、手根、大遗根，为五作根。其业为言、戏、步、执、除），而佛书不说者，此五作用有殊，所对尘境，等是一触，故无分耳。

十八界无可增损，动物有不备者，而未有过于十八界者，就尘境言，更无在色、声、香、味、触、法外者，故内亦不过六根、六识。《齐物论释》亦以外尘内识相对言耳。若为蠃蚌水母说法，其论自异。

佛书经、论，理有不极成者。如十二门论说，镫不到暗，《楞严经》说，食办击鼓，众集撞钟，此声必来阿难耳边，目连迦叶应不俱闻。……《楞严》每事为辩，反近支离。五尘对于五根，皆可言触。五遍行境中触位，即根、境、识三和合也。是五根、五境通为能触，五尘通为所触。佛书本有其义，但以五尘境相不同，故独谓身识所得为触耳。然按触之义，则为业用，触尘之义，则为境相。相用不同，而名言无异，反以滋惑。其实触、尘二名，当改称质、碍始得耳。

章炳麟白

《法华》、《宝积》、《宗镜》三种，望更促之。

检斋足下：前日答复内色之论，想已察入，复有疑义否邪？书稿已有三万余字，不待增益。仆因检得旧稿，有驳洛耆围氏（德人，去今不远）非忍识论一条，约五百字，必欲增入佛学部中，今写寄去。此论不出，一切唯心之论皆被摧残，即大乘亦无以自立。于义切要，不得不补。此条财有五百许字，补入稿中，所增无几也。此问起居万福！

章炳麟白
十二日

检斋足下：来问举通济大师说"眼前见山，亦如梦境"，觉、梦之喻，佛法常谈，要是比例相同，终非一事。以现前见相对正觉，此即是梦；以现前见相对梦境，此犹是觉。故明了意识不同梦中独头意识，性境不同独影境也。若令眼前见山，纯如梦境，眼前见人，亦如梦境邪？若眼前见人亦如梦境者，梦境我能见彼，彼不见我。眼前见人，何以彼我互见？若眼前见人非如梦境，唯见山河大地等物，乃如梦境者，此则同时见人，同时见山，一分非梦境，一分是梦境邪？又如死后尸骸正与大地山河无异。今有侍奉病人者，呼吸未绝，所见非梦；呼吸乍绝，所见即梦邪？通济师举山为说，而不敢举人、畜、旁生为说，正为避此攻难。非独通济为然，前此梵土论藏，亦往往同此矣。盖由佛典相承密意，分说情界、器界。后生执箸，不了地、水、水、风等是含识，但无意识及眼、耳、鼻、舌四识耳。以地、水、火、风非是含识，而亦有相可见，说为如梦。至于人、畜、旁生，既是含识，而复有相可见，乃不得竟说为梦。此则支离灭裂，自入陷坑矣。是故今说情界、器界等是含识，俱无色相。所见色相，唯是我心变现，故不同于正觉。彼自有识，非托我识，故不同于梦境。如是既使明了识、独头识不相混乱，又使情界、器界不成两概，兼与近世哲学说矿物能动者相会。窃谓世禅、法诸师，除马鸣大士以外，未有能见及此者也。足下以为何如？

章炳麟白

禅书二种收到，《宝积》、《法华》、《宗镜》三种望促其转运来京也。

得《左氏集解》一部，精美可玩。旧所有二十八册，敬以奉偿，《终制》，曾自写大件，其原写一纸即归足下存之，但斯时勿遽示人耳。此问检斋起居康健！

章炳麟手状

接到手书，不胜感忿！明日想无月色，不至动人悲怀。所馈
食物四事，悲戚中未审能自解忧否？敬领并谢！

章炳麟白
二十二日

民国 5 年丙辰（1916）　　49 岁

《自定年谱》（节录）：

　　一月一日，袁世凯所谓洪宪元年也。护国军事闻，世凯始恐。然以陈宦在四川，倚以镇慑，谓西南可无事，江上列戍，亦自谓慎固也。余虽被禁止，数闻北军败耗。时有欲迎黎公赴广西者，余闻，密书授人致黎公，劝决策。未几，广西独立，世凯自褫帝号。闻南北有议和意。夜闻西南设军务院，云阶在肇庆称都司令，所部桂军，不出湖南，顾日与龙济光竞。欲移书示以方略，检视既严，书不可达，乃取银币千圆，存交民巷日本正金银行，银行员得出入余门。因取书属展转达之。久之，军事岑寂。至五月中，陈宦以四川独立，世凯犹不信，见其露布，始怒，命秘书发电痛诋之。秘书不肯，世凯惭怖，呕血至碗许，渐不支。余时欲观南方实状，友人有在海军部者，与日本海军增田大佐、柴田大尉相知，示余易和服亡走，自铁道达天津。至期，日本驻津领事密携宪兵迎于车栈。既发，未上车，侦者踵至，称汝负我钱，何故脱逃。取指环及常弄古玉去，群曳以走，日本军官与焉。领事所携宪兵前进，夺军官去。余被曳至巡警总厅。时世凯已病，警吏气亦衰，但促归邸而已。六月六日，日将昏，朱逖先入告曰："公署学校处处皆下旗，袁世凯必死矣，且秘之。"明日，知黎公继任，即东厂胡同邸中为行府。余欲往见，守

263

门巡警尼之，乃书付逖先转达公府。

二十五日，黎公遣一卫官护行，至天津，浙江已遣戚则周来逆。是晚登舟，七月一日至上海，抵家。

余既归，适海军独立。政府下令召集国会。浙江都督吕公望戴之遣人来迎，到杭县。劝勿遽取销独立。留五日，旋归。而军务院已解。时克强亦自美洲来，闻其声嘶楚，语顿挫，不能为长言。问曰："何惫至是？"克强以数患呕血告。言及国事，嗟叹而已，终不言方略也。直徐世昌、冯国璋、张勋等有徐州会议、彰德会议，皆密谋复辟，以倾民国。余见国事日发，八月，南赴肇庆，视云阶。时云阶方攻龙济光，其军中任事者为腾冲李根源印泉，而行严次之。余问往时何不亟图长江以规形势，而局促于岭外为。

余见南方无可与谋者，遂出游南洋群岛，岁晚始归。归时肇庆都司令部已解，冯国璋已被选为副总统，克强已呕血死。人才日乏，凶暴日长，知大乱之将作也。闻主选冯国璋者为唐绍仪、孙洪伊，而溥泉亦为之关通。余见溥泉，痛责之。溥泉深自悔，明年送克强葬，伏地痛哭，至不能起。

本年，反对袁世凯帝制的斗争迅猛发展，并取得胜利。一月一日，云南军政府成立，唐继尧为都督。蔡锷任护国军总司令，随即出兵入四川。贵州当月独立，随即出兵入湖南。三月，梁启超、陆荣廷等在广西反袁。袁世凯被迫于三月下旬撤消帝制，取消洪宪年号。五月九日，孙中山发表第二次讨袁宣言。前后相继又有多省宣布独立。袁世凯在一片反对声中，于六月六日病死。次日，黎元洪代理总统。独立各省相继取消独立。但北洋政府大权，仍被段祺瑞、冯国璋、徐世昌等袁世凯旧人操纵。南北矛盾，并未消弥。

　　章太炎在袁世凯死后，获得自由，随即归上海。看到中央政权仍由北洋军阀操纵，而江浙一带缺少有力的政治军事力量，章太炎于八月到广东肇庆，会见岑春煊等实力人物，意图推动反对北洋军阀的斗争。因岑春煊等西南军阀胸无大志，争权夺利激烈，章太炎失望之余，出游南洋群岛，年底归上海。

　　本年，重要文人王闿运去世，得年 88 岁。闿运字壬秋，号湘绮，湖南湘潭人，早年曾为肃顺西宾，颇受礼重；后入曾国藩幕。其后历主四川尊经书院、湖南校经书院和船山书院。入民国，任国史馆馆长。王闿运在三个方面有重要影响。一为经学。他本人虽然兼采今古文，但发挥《公羊》学说，对廖平很有影响，也间接影响了康有为，所以梁启超等人对他执礼甚恭。二为文学。他早年即有诗名，作诗宗尚庾信、鲍照，为晚清汉魏六朝诗派首领。三为史学。他作有《湘军志》十六卷，名重一时，主持清史馆后又发凡起例，对民初史学影响很大。

　　王闿运著有《周易说》、《尚书笺》、《诗经补笺》、《礼经笺》、《礼记笺》、《春秋公羊传笺》、《尔雅集解》、《湘绮楼诗集》等。

　　蔡元培在法国，为华工学校师资班编写并讲授《智育十篇》，分为文字、图画、音乐、戏剧、诗歌、历史、地理、建筑、雕刻、装饰十部分。这部讲义涉及了新型智育教育诸方面，对后来中学教育很有影响，有 1919 年巴黎单行本，并收入《蔡孑民先生言行录》（1920 年）。这部讲义也称《华工学校讲义》。蔡元培本年并撰写《欧洲美术小史》，年底，被任命为北京大学校长。

　　康有为极力推行尊孔活动，上书请求定孔教为国教，并载入宪法。

　　陈独秀、胡适、李大钊等人积极提倡新文化。陈独秀改《青年杂志》为《新青年》，并将编辑部迁往北京。胡适在美国与陈独秀通信，讨论白话诗。《新青年》二卷二号（1916 年 10 月）发表其《寄陈独秀》。胡适本年并著《先秦诸子之进化论》（英文版题为《先秦名学史》）。李大钊在《新青年》二卷一号发表《青春》，在《晨钟报》发表《晨钟之使命》，明确鼓吹新文明新文艺。

丁福保辑成《清诗话》刊行，收诗话 43 种。此书与他的《历代诗话续编》，均属诗文评类重要书籍。

梁启超本年学术文有《禹贡九州考》。

章太炎二月间连续致书龚宝铨，催促木刻《检论》、《国故论衡》二书。"通一处《检论》《国故论衡》二稿宜即往取，阴历春间可付刻也。""《检论》《国故论衡》原稿，望速向通一处取木版精印。"又很注意乡邦优秀人物，欲借阅浙江图书馆有关书籍。"图书馆所藏书籍，如有张九成《语录》、《论语解》（张九成，字子如，号无垢，南宋人），杨简《甲乙稿》、《己易》（杨简通称慈湖，南宋人）二书，望欲借观。二公皆浙中英杰，亦不谓我不如，但以其在理学部中无理气等障碍，故欲为表彰耳。"

据许寿裳《章炳麟》一书，章太炎三月间曾致书许寿裳，嘱展转活动当局，使同意章太炎西游印度，研究佛学。这固然是脱身之计，但信文确也论析研究事："梵土旧多同志，自在江户，已有西游之约，于时从事光复，未及践言。纪元以来，尚以中土可得振起，未欲远离也。迩者时会倾移，势在不救。旧时讲学，亦为当事所嫉。至于老庄玄理，虽有纂述，而实未与学子深谈，以此土无可与语耳。必索解人，非远在大秦，则当近在印度，兼寻释迦、六师遗绪，则于印度尤宜。"

本年有致黄宗仰书信多通。据谢樱宁《章太炎年谱摭遗》，国民党党史会藏有章太炎本年致黄宗仰函，目录注云："毛笔原件，民国五年，十二件。"黄宗仰精于佛学，与章太炎相交多年，信函以讨论佛学居多。谢樱宁未见原函，不知具体时间。今姑置于上半年困居北京时期。

袁世凯病死，章太炎得于六月底返上海，受到各界欢迎。章太炎也多次在各种会议上演说，7月15日演说中，努力强调民族文化价值："国家之所以能成立于世界，不仅武力，有立国之元气也。元气维何？曰文化。不特中国然，即他国亦无不然。希腊，屏国也，然至今未亡。列强曾何爱于此弹丸之地，而必欲保存之，以其为欧洲文化之祖耳。欧人恒言曰：野蛮国可灭，文明国不可灭。可知文化所在，为世界人类之所同爱，必不忍灭亡之。然吾国自比年以来，文化之落，一日万丈，是则所望于国民力继绝任，以培吾国者耳。"（《时报》1916年7月18日《尚贤堂茶话会诸名流之演说》）

秋季，章太炎在肇庆，李根源介绍其同乡曹琨所著《腾越杜乱纪实》一书。此书记述云南腾越"回乱"事。章太炎为作跋文，跋中表现了对边疆事务、民族事务及民风问题的重视和思考。文如下：

"民国五年秋，余在肇庆。腾越李印泉出其乡曹氏所述杜乱记实示余。其叙事偏于一方，而云南回乱本末略具。余闻明世沐英破云南、殪梁王、灭段氏，其时缅甸直隶云南，异于属国。清世疆域迫削，而腾越遂为边境。地介夷汉，民气果劲，回乱自兹起，而辛亥倡义之师，亦自印泉与张文光出焉。然则始之祸乱，曷尝不为后嗣福邪？中国维首，西北在陇右，其南在滇蜀间。国之奥区，胡可以忽诸！"

此书于当年11月由上海泰东书局出版。

本年，因国史馆长王闿运去世，孙中山等人推举章太炎继任馆长。孙中山12月10日为此致电黎元洪总统：

"北京大总统钧鉴：民国既设国史以求实录，开办未有成绩，馆长王君遽逝。总统知人善任，继职者自必妙选长才。以文所见，则章君太炎硕学卓识，不畏强御，古之良史，无以过之。为事择人，窃谓最当，敢陈鄙见，以待采择。孙文叩。"

当时报纸，围绕馆长人选问题，有多方报道。各派力量，根据不同标准和各自利害，推举人选多人。除章氏外，主要有康有为、缪荃孙、樊增祥等。章太炎固然受到孙中山等人的推举，但也受到旧派力量的激烈反对。清末民初，政坛多事、人物多变，投机钻营者比比皆是，清朝顽固官僚变为民国要员者屡见不鲜，其种种罪恶行径，总想掩饰过去。这类人既知章太炎的政治态度和敢言性格，反对章太炎主持国史馆就不奇怪。一些新军阀和旧日立宪派也同样不欢迎章太炎。

章太炎本人，对当时北京的政治情况非常不满，不愿去担任国史馆长，1917年1月21日致书友人论此事，信中并谈到对正史、野史的看法。1917年2月7日《中华新报》刊载此信，并加按语：

"章君炳麟别有所志，不愿就国史馆馆长，闻于上月曾致书留京友人某氏，披沥其心事，刚直之气，溢于言表。兹录志之，以贡阅者：

"某某兄鉴：适得手书，欣慰无似。仆自入都以后，拘系三年，袁氏既殒，而吴炳湘、江朝宗辈，尚纵横辇毂，去之未恐不速也。后至肇庆，而黎公忽以电召，斯电固非诚意，又以帝制重犯尚稽诛戮，且有仍拥实权者。不及覆举，遽往南洋。三月以来，调和侨旅，亦颇有力。闻内地欲设政党，即归视之，而中山、西林诸公遽以国史相要，盖未知吾辈本情也。今之人情，信国史不如信野史，果欲表彰直道，元遗山非不可为，焉用断烂朝报为也。近闻政府相尼，此亦不足与较计矣。鄙意今之中央，已如破甑，不须复顾。阿附当事者，诚无人格，而抗志猛争者，亦为未达时务。豺狼当道，不能尽捕而诛之，驱狼延虎，亦何益焉。待其恶熟，将必自焚。异时大计，宜以迁都为主。仆在今日，且欲闲处数年，或东游日本，宣布国华……"

国史馆长之职，最后任命前清遗老缪荃孙。1917年4月，国史馆停办，国史事由教育部接管。

据《章炳麟论学集》系年，本年有致吴承仕书一通。书中论及改良政治与讲学、与道德文化修养间的关系，显示了章太炎思想与进化论改良派的差别。书如下：

> 检斋足下：数得手书，事冗未复。所问佛典教义，烦剧之际，未暇多述。迩者，士人多以人心偷薄，欲改良社会，以遏贪竞之原。时时来请讲学，鄙意以为时未可也。大抵人心所以偷薄者，皆由政治不良致之。清之末造，业多败坏，及袁政府跳梁五岁，鸡鸣狗盗，皆作上宾，赌博吸烟，号为善士。于是人心颓靡，日趋下流。然外观各省，其弊犹未如京邑之甚也。同是各省所产之人，而一入都城，泾渭立判。此则咎不在社会，而在政治审矣。若中央非有绝大改革，虽日谈道义，渐以礼法，一朝入都作官，向恶如崩，亦何益乎？来示谓皖系、官僚二者，为近人口头常语，而又亟亟以不生淮泗为自幸。所谓皖系者，本只谓皖北耳，于丹杨故鄣何与耶？官僚与非官僚之辨，则视其习气何如而定，亦非谓一膺荐任，便不齿于人伦也。仆所忧者，北方诸省将来必有大兵，京师亦废为荆棘耳。燕巢幕上，则为足下辈危之。

> 章麟炳白
初二日

民国 6 年丁巳（1917）　　50 岁

《自定年谱》（节录）：

是时宗社党遍布上海、青岛间。康有为、劳乃宣、刘廷琛、郑孝胥、章梫为著。而内与梁鼎芬、陈宝琛等通，散布揭帖，讼言无忌。余闻鼎芬献纶旅金鉴于清废主，又知彼中计画，党首皆为辅政大臣，徐世昌则辅政王也。一月末，故内阁总理凤凰熊希龄至上海，以其情报唐绍仪，且征求革命伟人同意。绍仪怪其妄。余曰："不然，革命伟人必不赞助复辟，彼亦自知之。所谓同意者，欲令同意于冯国璋耳。"

复辟祸起，国命已断。黎公避居日本使馆。孙公欲复称临时大总统，余亦谓可行也。七月三日，集议孙公邸中。

余始未有子，是夕四月，汤夫人举一男，小字曰导，以王茂弘期之也。未三月，即赴番禺。余与孙公南行，风甚。抵番禺，段祺瑞已破张勋，北人群胁黎公辞职，冯国璋得代理总统。余曰："不幸而言中矣。"孙公以护法名，属广东省议会迎致国会议员，开非常会议于番禺。未几，海军亦大至。

九月，番禺立军政府，孙文被选为大元帅。两广巡阅使陆荣廷、云南督军唐继尧被选为元帅。

（余）与议员五人授元帅印证者及宇镜、少璜偕西，自交趾抵昆明焉。

本年，国内政坛各种矛盾错综复杂，南北军事对峙局面初步形成。北京方面，黎元洪与段祺瑞矛盾加剧。段祺瑞等利用张勋复辟事件迫使黎元洪去职。冯国璋任总统后，冯段矛盾又发展激化。

孙中山领导拥护临时约法的力量，在广东召开非常国会，成立军政府。孙中山任军政府大元帅，陆荣廷、唐继尧任元帅。孙中山通电反对冯、段政府，下令北伐。陆荣廷、唐继尧等西南实力派人物，并不真心拥护孙中山领导，对北伐采取敷衍态度。南方也处于矛盾之中。

康有为、张勋等人将复辟活动推向极致，终于演出溥仪重登帝位的一幕。复辟活动虽然很快失败，但相关的思想文化斗争却由来已久，且有延续。以康有为为代表的复辟势力，自辛亥革命后，一直努力宣扬礼教，推行尊孔活动。这一活动，先是同袁世凯的帝制活动相合，袁世凯多次发布《尊孔祀孔令》、《尊孔告令》。北洋政府的《教育纲要》通令全国尊孔读经。康门弟子陈焕章等成立孔教会，创办《孔教会杂志》；康有为发表《孔教会序》、《以孔教为国教配天地议》等等，共同掀起文化思想逆流。袁世凯死后，张勋、康有为等人尊孔活动并未稍减。张勋一再致电黎元洪，请定孔教为国教，"编入宪法，永不得再议"，复辟时期更以文告形式宣布："以纲常名教为精神之宪法。"

章太炎是当时反对孔教运动的代表人物。他的特点是持论平实，从《检论》与本年致吴承仕书信中，均可看出这一点。相比较而言，他本人的《訄书》修订本及五四运动时陈独秀胡适"打倒孔家店"的主张，都要尖锐得多。当然，《訄书》修订本及"打倒孔家店"的主张，都有具体背景具体用意，未可轻易轩轾。但从学术上讲，持论平实，力求客观，却更经得起时间考验。七十多年过去，回首往事，更有感于此。

陈独秀、胡适、李大钊等人的影响，在青年学生中迅速扩大。陈、胡以《新青年》为阵地，致力反孔，努力提倡文学革命。陈独秀发表《再论孔教问题》、《复辟与尊孔》、《文学革命论》等文章。胡适发表《文学改良刍议》，并首次发表白话诗词。李大钊在《甲寅》上发表《孔子与宪法》。

　　章门高足钱玄同积极参加新文化营垒，在当时影响很大。本年他在《新青年》上发表书信和文章多篇，支持文学革命，支持白话文和汉文左起横排，他激烈批评"选学妖孽，桐城谬种"，在当时有振聋发聩之力。由于钱玄同是章门入室弟子，可称诸多问题的"专家"，所以他的意见很受重视。陈独秀当时说："以（钱）先生之声韵训诂学大家而提倡通俗的新文学，何忧全国之不景从也，可为文学界浮一大白。"黎锦熙后来在《钱玄同先生传》里则说："《新青年》编辑人中，只有他是旧文学大师章太炎先生的高足，学有本源，语多行话，振臂一呼，影响更大。"

　　本年，蔡元培《石头记索隐》印行。

　　王国维《永观堂海内外杂文集》印行，共收文 57 篇。本年作《殷卜辞中所见先公先王考》和《殷周制度论》。

　　朱孝臧《彊村丛书》编成。朱孝臧光绪进士，曾任国史馆协修、会典馆总纂、礼部侍郎、广东学政等职，工于词学，有《彊村语业》，颇受推重。《彊村丛书》是近代词学丛书中最重要的一种，收唐五代宋金元词 173 种，计总集 5 种（《云谣集》、《尊前集》、《乐府补题》、《中州乐府》《天下同文》），唐别集一种，宋别集 112 种，金别集 5 种，元别集 50 种。凡 260 卷。

　　本年，王先谦去世。王先谦字益吾，长沙人，曾任国子祭酒、江苏学政等职。辑刊有《续皇清经解》、《续古文辞类纂》等。有《尚书孔传参正》、《汉书补注》、《水经注合笺》、《荀子集解》、《东本年上半年，章太炎在上海，发起组织了亚洲古学会，参加了一些社会活动，并有与吴承仕论学书信多通。下半年章太炎同孙中山到广东领导护法运动，章太炎任军政府秘书长，随即到西南参加繁忙的军事政治活动，无暇研究学术。

亚洲古学会第一次大会于3月4日召开。《时报》3月5日刊登《发起亚洲古学会之概况》一文，作了详细报道：

日昨章太炎先生假江苏教育会发起亚洲古学会，其宗旨以研究学术、联络群谊为前提，绝不含有政治上之臭味，斯亦近日不可多得之学会也。其宣言小启略谓："亚细亚一洲，风俗人情，虽不尽同，溯其渊源，无大歧异，惟以国界所分，致有隔阂。今欲联同洲之情谊，非沟通各国之学识不为功。如溯中国自四世纪至八世纪之思潮，必探源于印度哲学；考日本民族之发展，必寻源于支那有唐以来之历史。其他亚洲各国，互有关系，如此类者，不可胜数。然山河阻隔，情志久疏，属意远交，遂忘同气。迩来西势东渐，我亚人群，有菲薄旧日文明，皮傅欧风，以炫时俗者。亚洲古学，益虑沦亡。然以日本一国，而能北制强俄，东西民族，安见其不相及。近者欧战发生，自相荼毒，惨酷无伦，益证泰西道德问题扫地以尽，而东方高尚之风化，优美之学识，固自有不可灭者。在同人等爰自发起亚洲古学会于上海，以研究亚洲文学，联络感情为宗旨。特于三月四日下午三时，开第一次大会于西门外林荫路江苏省教育会内，凡我亚人，顾念同舟共济之义，惠然肯来，不胜幸甚"云云。及至三时开会，其莅场者，有日人平川清风（《大阪每日新闻》记者）、植村久吉（《上海日报》主笔）、西本省三，暨某国人建德其昌等二十余人。首由西本省三表示赞成该会之意，次为章先生演说，略谓："予在日本时即拟发起亚洲古学会，以与全洲人士提倡旧日之文明，旋以他事牵绊，未克实行。今日此会初设，而各国人士均联袂偕来，斯则昔年筹画，或可成为事实矣。夫亚洲之土，大于欧陆者六七倍，惟以交通不便，而情谊致多隔阂；然一般人士，对于欧、美之近状，莫不了然于胸，而于同洲各国，如日本以同文之故，情谊稍为亲密，至于印度、亚剌伯等国之政俗，则瞠目不知所对，是胡可者。且亚洲学派虽多，尚无宗教之争，未若欧土教争，动辄流血。诚以欧人以物为主体，以心为客体；亚人则以心为主体，以物为客体：是则两相歧异之处也。今欲保存吾洲之古学，惟有沟通各国之文字为着手，然此事殊难，行之匪易，予拟当创一种共用之语，以为彼此联络情谊之准备。如是则古学可兴，而国家亦可得其裨益。"

亚洲古学会于 4 月 8 日召开第二次大会，章太炎主持通过学会"暂定简章"，并就佛教研究，作了发言。《时报》4 月 9 日《亚洲古学会第二次开会纪事》有报道：

亚洲古学会昨日假虹口日本人俱乐部开第二次大会，到会者有：西本省三、柏田忠一、筱崎都香佐、小川尚义、植村久吉、南井几久司、大西斋中、世古梯次、波多博、平川清风、章太炎、童亦韩、朱少屏、周越然、严浚宣、顾企渊及某某等国数人。二时开会，首由西本省三报告开会宗旨，次为章太炎君逐一朗读暂定简章，征求与会诸人意见，并由西本省三君译以日语，周越然君译以英语，结果全体通过，略加修改而已。兹将该会简章附记如下：

一，定名：本会由亚洲各国同志组合而成，名曰亚洲古学会。

二，宗旨：本会以联合同洲情谊，昌明古代哲学为宗旨。

三，责任：列如左：（一）本会有将亚洲书籍互相输送之责任；（二）本会有劝导亚洲人士互相敬爱之责任；（三）亚洲大事，本会有通信于亚洲人之责任；（四）有侮慢损害亚洲各国及亚洲人者，本会有劝告匡正之责任。

四，入会：会员资格如左：（一）籍隶亚洲者；（二）与宗旨无悖者；（三）无不正当之名誉被有指摘者；（四）有会员三人之介绍，经评议会认可者。

五，义务：会员之义务如左：（一）入会时缴入会银五元；（二）每月缴常费银一元；（三）会员有谋本会发达之义务；（四）会员有被举为职员之义务；（附）亚人之热心赞助本会及捐助经费，或力任他项义务，本会当认为名誉赞成员。

六，职员：本会职员数、任期及职务列如左：（一）本会暂不设会长；（二）总干事一，执行会务，于会员选举之，任期一年，续举者得连任；（三）干事八，分任书记、会计、庶务、调查、选举，任期同前；（四）评议员十二，评议会务，各就本国会员中公推二人或三人为之，并得互选，主任之任期同前。

七，会期：列如左：（一）大会由总干事召集全体会员行之，每年一次，会期应由总干事决定。（二）职员会由总干事召集全体职员行之，每月一次，会期亦由总干事决定；（三）干事会由总干事召集全体干事行之，会期决定同前；（四）评议会由评议主任召集全体评议员行之，会期应由评议主任决定；（五）临时会准本款第一、二两项办理。

八，出会：事由列下：（一）失第四款二、三两项之资格者；（二）一年以上不尽第五款第二项之义务者；（三）经职员议决辞退者；（附）因第四款第二项之事由而出会者，其事由解除后仍得入会。

九，会所：本会事务，暂设爱多亚路某号，其临时会所于开会前十日布告。

十，附则：此章经职员会议决定后，当即公布实行，如有未尽妥协，应于下次大会提议修改。

次为柏田忠一演说，题为《亚洲之文艺复兴》，柏田君演说毕，章君太炎即就佛教上略加研究，谓"佛教入中国，本无统系可言，确如欧土之新教，若合僧徒而一之甚难。夫研究佛教者一沙门，一居士。沙门以有宗派之分，致生门户之见。是以合一殊非易事。居士学术较深，亦无宗派争执，连络而统一之，甚易为力。吾以为凡宗教之类，上下点均同，所异者惟中间之规则等，绝端不能相同。所谓下者，如五戒等，上者如望人为善，与他教亦无不相同，若规则则各自为政。然居士于规则一项，每每脱略，而不为所泥，只求上者而研究之，故合之殊易也。夫佛教各派既已难合，而与各教更难一致，然以予观之，若欲谋亚洲佛教之联合，亦非太难之事。盖就其上下两端而统一之即是。且佛教中有大乘、小乘，又有天乘、人乘。所谓天乘者，即天堂等说是也；人乘者，即望人为善是也。至有所谓外道者即属天乘，以天乘有门户之分，故谬执天乘之说即为外道，否则均可入佛法。今中国无天乘，但有人乘而已，人乘无迷信，其入大乘甚易。彼主张天乘者，若去其门户之私，亦可入佛法。佛法如帝国，各乘如受保护者，各乘不脱离佛法，犹保护国不脱离帝国相同。故门户之见除，则各教自合。总之，各教之联络，宜于居士，不宜于僧徒也。"次为平川清风演说，略谓亚洲主义者，即保护亚洲是也。

《时报》5月22日刊登《亚洲古学会之例会》，报道第三次会议情况，这次会议议决发行机关刊物：

亚洲古学会于前日午后二时，在西门外江苏教育会内开第三次例会，中日人士与会者凡二十人。当时议决发行机关杂志（原注："由章太炎发议"）。推周越然、西本省三为会计，波多博、周越然、谢英伯为编辑，章太炎为总编辑，并为各种具体的准备，以待四次例会全体之承认。

《时报》7月2日刊登《亚洲古学会第四次常会纪事》，报导会刊《大亚洲》杂志体例等事项：

亚洲古学会，日昨假一品香菜馆开第四次常会，主席为章太炎先生，其余莅会者，为西本省三、柏田忠一、山田谦吉、平川清风、大西斋、波多博、谢英博、周越然、朱少屏、严浚宜、顾企渊等。所议之件：一，杂志之出版；二，会费之酌减。后经在会者逐件磋商，乃议决会费仍照定章，杂志则着手进行。该杂志定名为《大亚洲》，总编辑一席由章太炎先生担任，其中文编辑为谢英伯君，英文编辑为周越然君，和文编辑为波多博君，并预定9月1号出版。所有体例，约分六门：一，图画；二，论说；三，纪事；四，时评；五，杂著；六，古籍提要。迨至各件议妥，遂由主席宣告散会。

由于7月1日时局剧变，张勋等人拥溥仪复辟，章太炎与孙中山、唐绍仪、汪精卫、程璧光、萨镇冰等人连日开会，讨论保卫共和、出师讨逆事，并于7月6日同孙中山同乘军舰赴广东，亚洲古学会活动遂告一段落，《大亚洲》杂志也未见刊行。

二月，章太炎为孙中山所著《会议通则》作序。序言认为，从源流分类上看，《会议通则》应归于仪注之流，并举《曲礼》相较而谈。序言赞赏这部《通则》"不烦采究，而期于操习，其道至常"等特点。这种对于"礼"的观点，应归于既讲求礼法，又反对《仪礼》之繁文缛节，似乎更倾向于《礼记》。序言举《礼记·曲礼》篇，大概于此一致。这篇序言涉及了社会风习与礼法的关系，并为孙中山辩白，值得重视。此序收入《太炎学说》卷下，辛酉春夜观鉴庐印本。序文曰：

> 人有恒言曰："坐而言，起而行。"上古淳质之世，习劳于形躯，言议其末已，其次有造膝抵掌，以定安危之计者，言简而时促犹易也。庶务益繁，辩智锋起，发言者非一夫，而决策不在俄顷。言有绪则事不乱，言之不从而事亦泯棼矣，中国今日是也。自前世专断之主，恶臣下为朋党，剥其会聚，严其戒令，由是私室谈宴，无过辞赋文史之间；次乃围棋六博，以避上之调察，猝有大事，则长官主之，僚属虽集议，默如也。是故名家有私书，而会议无成则。

> 民国既立，初建国会，庞奇无统，至于攘臂，以为吏民鄙笑，横恣者骎骎欲解散国会，返于独裁，故临时大总统孙公有忧之，以为今之纷咬，非言之罪，未习于言之罪也。夫倡乐优戏，犹有部曲以制其越，非是则不能成节奏，况国论乎？今中国议会初萌，发言盈庭，未有矩则，其纷扰固宜，因是称国会不宜于中国则悖矣。于是采摭成说，断以新意，为《会议通则》，以训国人。草稿既就，而属炳麟序之。公之旨要，已具于自序矣，炳麟何言哉？独以世人之议公者，皆云好持高论，而不剀切近事。今公之为是书，益仪注之流耳。不烦采究，而期于操习，其道至常，乃为造次酬对所不能离；御于家邦，则议官循轨，而政事得以不扰，斯岂所谓不切近事者哉。古者《曲礼》禁僔言剿说雷同，自为儿时已习之也，礼法既失，儒家者流，议论多而成功少，用为诟病，而武夫暴

主得专宰之。公之为此，所谓有忧患而作者欤？有言责者，欲以鄙夫任天下之重，必自习公之言始矣。

　　本年有与吴承仕论学书信多通。其中两通，曾以《与吴承仕论宋明道学利病书》为题，发表于《国民杂志》一卷一期。其余各通，直至《章炳麟论学集》出版，世人才获一见，的是珍贵。这些书信的内容，涉及佛学、孔孟、老庄、宋明理学，论王学者尤多。章太炎指出："孔、老、庄生，应世之言颇广，然平淡者难以激发，高远者仍须以佛法疏证，恐今时未足应机，故先举阳明以为权说。"更明确指出："若直授佛法，未足救弊。"可见他的哲学观点并无根本改变，只是更注意现实条件，故尔阐扬王学，这可能正是他自己所说，学术由真向俗的表现。而"今日贵在引人入胜，无取过峻之论"，则显露本来面目。兹录出各札：

　　检斋足下：接手书，知《菿汉微言》销售甚少，盖京师素少学人，唯有玩弄版本者耳。即经史常业，亦无专心治之者，而况其深至者耶？昔人云："非但能言人不可得，正索解人亦不可得。"古今一概，有如是也。夫曲高则今人寡和，义精则古人寡倡。近更绅绎宋明儒言，冀有先觉，然偶中者，什无一二。其于大体，则远不相逮矣。其中亦有不讳言禅者，只为圆滑酬应之谈，未必有根柢也。且寄一二十册来，以俟人间要索，其余随足下所便耳。大抵此事常应宣说，使其易受。不然，直视此为龙宫秘册矣。书此敬问起居。

章炳麟白

　　绂斋足下：前得手书，因作漫游，未及答复。所摘尤贵讹字，甚为精审，因书已梓行，未及追改为恨。《汉书》旧解，或本无反语，而为后人妄增者，此自别一问题。至应氏所注反语，本无讹误，不容以彼概之。大抵称反语始孙叔然者，谓解经一涂耳，他书非所论也。仆近颇究医事，所涉不少，治疗亦验。向知清乾隆末有王廷相作《伤寒论注》，戴东原为之作序（见戴年谱）。是书南方不可得，不知京师有之否？若黄元御辈不足道也。足下宦况，不问可知。闻学界追逼薪水，为之悼笑，然惜政界尚未能耳。此问起居康胜！

章炳麟白

四月二十七日

　　纨斋足下：前书已复，近得明片，道法人柏格森亲证阿赖耶识事，此在儒家则王门罗达夫、王塘南、万思默皆能证之，在梵土则《数论》师能证之，其功力亦非容易。但儒家执著生机，《数论》执著神我，最后不能超出人天，此为未至耳。大抵程明道、陈白沙终身只有乐受，此乃大梵天王境界，与婆罗门所证无异。罗、王、万三子，直证本识，又较程、陈为进。乃识无边处、非想非非想处境界，与《数论》所证无异。至于真如本觉，则始终未能见到也。柏格森所证果尔，亦为难得，较哲学空言则进矣。……每见欧阳竟无辈排斥理学，吾甚不以为是，此与告季刚勿排桐城派相似。盖今日贵在引人入胜，无取过峻之论也。书此即问起居佳胜！

章炳麟白

五月二十三日

　　纨斋足下：前得手书，并《王学杂论》一册，时当扰攘，未暇作复。顷略为绅绎，所见大致无差。王学不宜于布政，前已有言。良知乃匹夫游侠之用，异乎为天下浑其心者，所论京朝旧宦之说，原不足辩。至余姚所谓良知，大概与藏识相似。要之言自证分为近，但见暴流恒转，未睹不生不灭之真如，原不可云至道。唯鄙见以为学有深浅，本无内外邪正之分，故随机应用，各有其可。今者士气消沉，非是莫能振发，要其差误之点，不妨指陈。而非如牢守宗派者以斯为不二法门也。若直授佛法，未足救弊，盖亦得于经历证验甚多，所谓卫生之谷麦，非攻疾之药石也。如不见信，试观仁山弟子志行何如，亦可知矣。此问起居不偒。

章炳麟白

六月二十六日

本年书札中，《与吴承仕论宋明道学利病书》二通，均撰于4月，1931年刊布于世。这两封信主张"先举阳明以为权说"，并且表示准备组织学会，提倡王学。信中对宋明道学、佛学和庄子思想作综合比较，富启发价值，兹作摘引：

"宋儒不满思、孟，极诋《大学》者，唯慈湖一人。举《孟子》'必有事焉而勿正心'一语以诋《大学》'正心'之说，此亦他人所不敢言者。然观其自叙，则仍由反观得入。'少时用此功力，忽见我与天地万物万事万理澄然一片，更无象与理之分，更无间断。'此正窥见藏识含藏一切种子恒转如瀑流者，而终不能证见无垢真心。明世王学亦多如是。罗达夫称'当极静时，觉吾此心，中虚无物，旁通无穷，有如长空云气流行，无有止极。有如大海鱼龙变化，无有间隔。无内外可指，无动静可分，上下四方，往古来今，浑成一片。所谓无在而无不在。'此亦窥见藏识之明证。然则金溪、余姚一派但是呔檀多哲学耳，于佛法犹隔少许也。其所谓'主宰即流行，流行即主宰'者，王学诸儒大抵称之，而流行即恒转如瀑流，主宰即人我、法我，其执为生生之几者，亦是物也。庄生所谓'以其知得其心'，是派所诣则然。"

"今之所患，在人格堕落，心术苟偷，直授大乘所说，多在禅、智二门。虽云广集万善，然其语殊简也。孔、老、庄生，应世之言颇广。然平淡者难以激发，高远者仍须以佛法疏证。恐今时未足应机，故今先举阳明以为权说，下者本与万善不违，而激发稍易。上者能进其说，乃入华梵圣道之门，权衡在我，自与康梁辈盲从者异术。若卓吾辈放恣之论，文贞机权之用，则在所屏绝久矣。要之，标举阳明，只是应时方便，非谓实相固然，足下以为何如？顷观《老子》'上德不德，是以有德；下德不失德，是以无德'，纯与佛法相合。德者，得也。《唯识》云：'现前立少物，谓是唯识性，以有所得，故非实住唯识。'此所谓'下德不失德，是以无德也'。又云：'若时于所缘智，都无所得。尔时住唯识，离离取相故。'此即所谓'上德不德，是以有德也'。孔子云：'吾有知乎哉，无知也。有鄙夫问于我，空空如也，我叩其两端而竭焉。'此谓有依他心，无自依心也。'叩'当读'控'，竭者举也。以心缘心，为带质境。中间相分，从两头生。圣人有依他心，无自依心。其闻鄙夫之问，仍依鄙夫自心。是使鄙夫以心缘心，故控引两头，而相分标举于中间，所谓两头烁起也。若非佛言证明，此语竟何处索解邪？近人或言佛法与造化斗，是说近之，而佛不自言也。"

民国7年戊午（1918） 51岁

《自定年谱》（节录）：

一月十日至巴县，礼威丹祠。南府尝赠威丹大将军，故巴人直称邹大将军也。其家无恙。时锦帆以四川靖国各军总司令建牙，与刘存厚相持。云南军已复川南，其军长顾品珍出没川南川东间。锦帆屡请莫赓东下，余亦数促之……如是十余上，莫赓终托故不出。

余电促湘桂联军总司令谭浩明亟取武汉，浩明复曰：取武汉易，守之不易。余言：岳阳亦非可守，今得武汉，纵不能进取，且为岳阳屏障。不然，虽欲端坐，得乎？浩明言：君宜速致唐公下攻宜昌，仆则可规武汉，卒不得决。

因念护法端绪，本以勉强行之。陆荣廷不肯就元帅选；唐继尧受印证而不肯称；贵州助云南出师，自号黔军，不肯用靖国军名号；其将吏常出师四川，为戴勘复仇，本不与国家事。此皆市德北廷，为伸缩地，幸以遥戴固之，使不得脱。而孙公不能力行，乃反与桂军寻忿，黠者乘间，并遥戴之名去之。前之苦心，遂为灰烬，发意欲归乡里。

自沅陵微行出常德，渡洞庭，至夏口，闻徐世昌得伪选大总统。归抵上海，十月十一日也，先一日，世昌就伪职矣。使遥戴之制不变，鼠子敢耳耶！

自六年七月以还，跋涉所至，一万四千余里；中间山水

283

狞恶者，几三千里。学殖浸落，比年亦有讲论，皆观察风土言之。初在云南，莫赓喜言姚江学，属余为将领说之。余以南中情性，有主观，无客观；将帅能破敌，不能抚民；军旅能乘胜，不能善败。因言姑近法曾涤笙，无必远师姚江为也。后在巴，士人求开示。余观四川文化，通儒特起能名其家者，不如下江；然人尽读书，鲜有不识文字之子，亦视下江为优。近世棒客横行，略及军旅，行商大贾，多受攻钞，然爱慕儒先，相戒勿劫教员，化亦美矣。乃所以不竞者，其性轻易淫泆，贵慕权势，至今如汉志所云也。因告之曰："四川重江复关，自为区域，先后割据者七矣，公孙述、刘备、李特、王建、孟知祥、明玉珍、张献忠皆自外来，而乡土无作者。杨、马、陈、李，文学为最高，盖得召南江沱之化。功名著者乃甚鲜。宋世二苏，善为章奏。范镇、张浚，则忠正之士，皆不能有大就。可数者，虞允文、杨廷和耳。清世岳、杨诸将，因主威而立功，非经纬之才也。文高而实不副，得非先浮华后器识之过欤？但习《资治通鉴》、《文献通考》、《方舆纪要》三书，斯为切要，不烦求高远也。"所得人士，云南袁丕钧、湘西修先桢，亦一方之秀。

余始在巴，闻唐绍仪拥戴徐世昌，心甚恶之。至十月，正式国会已集番禺，而北方伪国会亦选世昌。抵家，见同志无深恭世昌者，西南群帅，且屈意与和好。因念帝制复辟僭立，皆此一人为主。自袁氏死，黎公继任，海内粗安。其间交搆府院，使成大衅者，亦世昌也。二年以来，乱遍禹域，则世昌为始祸，冯国璋其次也，段祺瑞又其次也。唐绍仪以私交故，独推世昌为文治为主，变乱白黑，举国信之，何哉！发愤杜门，不时见人。

　　本年，国内政局复杂。北洋政府方面，段祺瑞为首的皖系得势，组织安福俱乐部，赦免洪宪帝制和复辟帝制罪犯。所谓安福国会选举徐世昌为总统。南方各派，矛盾加剧。五月，广东非常国会通过军政府修改法，孙中山辞去大元帅职。非常国会旋即选举唐绍仪、孙中山、唐继尧、伍廷芳、林葆怿、陆荣廷、岑春煊七人为军政府国务总裁。孙中山返回上海。唐继尧、陆荣廷等西南实力派只想扩大自己的势力，对护法战争完全取敷衍态度。

　　思想文化领域，新文化迅猛发展。《新青年》完全刊登白话文，并开始使用新式标点。《晨报》、《每周评论》创刊，扩大了新文化阵地。胡适发表《建设的文学革命论》，颇有影响。钱玄同是当时最为激进者，是最坚决主张白话文的人物。《新青年》虽然主张白话，但所刊文章，原本以文言文居多，正是钱玄同的批评和倡议下，才完全改用白话。钱玄同又造出王敬轩来信，此信痛骂《新青年》的方向，并且汇集所有保守观点，从而成为《新青年》进行反击的靶子。于是刘半农写了《复王敬轩书》，痛快淋漓地批驳守旧派。这一幕双簧戏，被称为新文化运动中的一场大仗。

　　白话诗也登上文坛，这一时期作诗者，胡适、陈独秀之外，章门弟子沈尹默、沈兼士都是重要作者，诗作数量多、质量也好。周氏兄弟也作新诗。

　　鲁迅的第一篇白话小说《狂人日记》，五月份发表于《新青年》，开始使用"鲁迅"这一笔名。

　　反对新文学的学者，当时为数不少。刘师培等人筹办《国粹丛编》，与新文学对抗。林纾发表《论古文白话之相消长》，批评白话文。

　　蔡元培作为北京大学校长，主张学术自由。新旧两派学者在北大均可充分发表学术见解，这促进了学术的发展。蔡元培本人是支持白话文的,这由他本年所作《中学国文科教授之商榷序》中,看得很明白。

北京大学还发起征集近世歌谣活动,由蔡元培亲自发启事,向全校、全国征集各类歌谣、民谣、童谣、谚语等,以辑编《中国近世歌谣汇编》、《中国近世歌谣选粹》二书。承办者共四人,沈尹默主持并编辑《选粹》;刘复初审来稿并编辑《汇编》;钱玄同与沈兼士考订方言。征稿细则特别注意方言俗字和字音之类。由这一活动的人事安排到具体规定中,都能看出章太炎的学术影响。

十一月,教育部正式公布注音字母。这套注音字母是据章太炎所定,略加增删而成。早在1913年的读音统一会上,章门弟子胡以鲁、周树人、朱希祖、马裕藻、许寿裳等,联合提议采用这套注音字母,获得会议通过(参见该年条)。试用至今,已得到普遍接受,于是教育部通令:"将注音字母正式公布,以便传习推行。"通令中说:"查统一国语问题,前清学部中央会议业经议决。民国以来,本部鉴于统一国语,必先从统一读音入手,爰于元年特开读音统一会讨论此事。经该会会员决定,注音字母三十有九,以代反切之用,并由会员多数决定常用诸字之读音,呈请本部设法推行在案。四年,设立注音字母传习所,以资试办。迄今三载,流传漫广。本年全国高等师范校长会议议决,于各高等师范学校附设国语讲习科,以专教注音字母及国语,培养国语教员为宗旨。该议决案已呈由本部采录,令行各高等师范学校遵照办理。"

本年,著名诗僧兼小说家苏曼殊去世。苏曼殊名玄瑛,曼殊是其法号。他身世奇特,才情超绝,早年投身革命,不久又削发为僧。出家后仍与革命党人来往,撰写革命文章,直到辛刻革命后,才归于消沉,以哀感顽艳小说自遣,竟尔中年早逝。苏曼殊与章太炎颇有交往。苏报案以前,苏曼殊在上海,与章太炎很密切。章太炎主编《民报》时,苏常为该报撰文。《民报》被封,章太炎想远赴印度时,曾打算与苏同行。苏曼殊诗名甚著,善于写情，不论写爱国之情或个人身世之感，均能真挚动人。他精通英、法、日文及梵文，译雨果小说和拜伦诗，名重一时，并著有《梵文典》。小说《断鸿零雁记》、《天涯红泪记》等多种，也有很大影响。

本年，梁启超基本脱离政治活动，以主要精力投入学术文化事业。这一时期他对碑刻之学兴趣甚浓，有碑帖跋文数十通。另有书籍和墓志题跋多篇。他的主要精力用于《中国通史》著述，在学术事业中感到快乐和自信。五月间致陈叔通信中说："所著已成十二万言（前稿须复改者颇多），自珍敝帚，每日不知其手足之舞蹈也。体例实无余暇作详书告公，弟自信前无古人耳。"夏秋间，致其弟梁仲策信中说："今日《春秋载记》已脱稿，都百有四叶，其得意可想，夕当倍饮以自劳，弟亦宜遥浮大白以庆我也。"后因劳累咯血，《通史》未能完成，病中又研究佛学。年底偕同蒋百里、丁文江、张君劢等赴欧洲游历，在所著《欧游心影录》中，写下12月27日夜间通宵不眠的心情："是晚我们和张东荪、黄溯初谈了一个通宵，着实将从前迷梦的政治活动忏悔一番，相约以后决然舍弃，要从思想界尽些微力，这一席话要算我们朋辈中换了一个新生命了。念八晨上船。"这一席话，反映了当时一批学者型政治家的典型情绪。

本年，章太炎展转于西南和两湖，军事策划屡屡受挫；政治上，广东北京两地的情况都不如意。乃微行渡洞庭，十月间返回上海。回到上海后，沉默了五十天，才终于吐露心声，发泄愤懑。12月2日《时报》刊登《章太炎对于西南之言论》，乃是一封长信，信中揭露批评了一些"武夫政客之流"，实指唐继尧、陆荣廷、岑春煊、唐绍仪等人。"外人徒见其宣布明电，慷慨自矜，而密电私议，实多不可告人之语，言和不过希恩泽，言战不过谋吓诈，里

巷讼棍之所为，而可以欺大敌欤！要之，西南与北方者，一丘之
貉而已。"信中对当时的国家命运政治局势，流露了相当浓重的失
望情绪。

本年著述甚少。展转流离中，作有《巴歈》、《辰州》、《桃源
叹》三诗，皆五言。有讲学数次，具体情形不详。按《自定年
谱》，自上年抵云南后，唐继尧曾请章太炎为将领们讲王阳明学说，
章太炎根据云南情况，讲了折中办法。在四川，曾为士人讲论四
川历史文化特点及川人应取的治学门径。此事也见诸《曾琦日
记》。十二月在上海，曾应太虚法师之邀，在觉社讲佛理。此事仍
见于《曾琦日记》："午后同赴尚贤堂，听太虚和尚及章太炎讲演
佛学。太炎谈理，精辟绝伦，洵不愧为海内硕儒。"（《日记》12
月1日）章太炎致吴承仕信中，也言及觉社及讲学事，对太虚法
师的见解，犹多保留。

返回上海后，有致吴承仕书信两通。信中论及学术主张、对
文化形势的看法及个人处世态度等等，是了解章太炎学术思想变
迁的重要资料。谨录于下：

绂斋足下：昨沪城某君递到手书一械，阅之快慰。仆此行自
广东过交趾，入昆明。北出毕节，至于重庆。沿江抵万县，陆行
至施南。南抵永顺、辰州，沿沅水至常德，渡洞庭入夏口以归。环
绕南方各省一匝，凡万四千二百余里，山行居三分一。西南绝域，
洞苗磐亘之地，亦间及焉。于此无益大计，而人情文野，人材优
拙颇憭憭于胸次。行虽劳苦，亦不虚也。天地闭，贤人隐，诚如
来旨，乱世恐亦无涉学者。颇闻宛平大学又有新文学、旧文学之
争，往者季刚辈与桐城诸子争辩骈散，仆甚谓不宜。老成攘臂未
终，而浮薄子又从旁出，无异元祐党人之召章蔡也。佛法义解非
难，要有亲证。如足下则近之，季刚恐如谢康乐耳。仆在此亦不
欲问时事。拙著用仿宋木刻已逾大半，然终不能如潜研堂精美。

《菿汉微言》近亦收入矣。在蜀搜得古泉数十品，葬玉一二事，聊可自慰。闻宛平铜器近甚易得，贾直亦轻，足下能为访求一二否？蜀人曾馈我一铜鼓，恨不得足下共观之也。此问起居不偁！

章炳麟白
七年十一月十三日

居贤善俗，仍以儒术为佳。虽心与佛相应，而形式不可更张。明道、象山、慈湖、白沙、阳明所得各有深浅，要皆可用。唯周、张、邵、朱亦近天魔之见，当屏绝耳。老、庄亦可道，虽陈义甚高，而非妖妄所能假借也。心学之与稽古，原不相妨。荆川、黎洲，皆以姚江为宗，未尝不读书也。但为学道，不必并为一谈，转致支离为病，属书旧语，即以"为学日益，为道日损"相授，当知吾意耳。端居无事，且思得一二铜器以为娱乐。在蜀亦得数品，北都此物仍贵，足下似亦不好，唯古钱想易识别。仆所得亦不少，而终不能完备。足下于厂肆间有所得耶？生平所厌，唯厌胜品，其余常品、奇品皆好之，足下能为罗致数品否？尤难得者，姑附一纸，可遇不可求也，勿以玩物丧志为笑。

章炳麟白
十二月六日

（第二札为节引）

本年，北京文史出版社出版《章太炎外纪》，汪太冲编著。这部传记文笔简略，但包括多方面内容，问世时间也早，不应忽视。其内容为：治经时代之太炎、论文时代之太炎、《时务报》中之太炎、排满思想之太炎、著作《訄书》之太炎、《苏报》时代之太炎、《民报》时代之太炎、讲学生活之太炎、比辑方言之太炎、革命时代之太炎、政治生涯之太炎、筹边专使之太炎、沪上结婚之太炎、幽囚北京之太炎、哀思亡女之太炎、恢复自由之太炎、太炎人物之批评、太炎逸事之鳞爪、丙午到日之演说等。

民国 8 年己未（1919） 52 岁

《自定年谱》（节录）：

二月，世昌遣帝制犯人朱启钤来与唐绍仪议和。余集同志茅祖权咏熏、方潜寰如、简书孟平等为护法后援会。破徐、唐之谋也。

孙公招余饮，言和议为外人所赞，必欲反对，外人将令吾辈退出租界。余笑，不应，归，力争如故。绍仪复开议，颇受徐世昌贿，唯以裁兵理财为文饰，未尝及护法事。五月四日，京师学生群聚击章宗祥，欲尽诛宗祥及陆宗舆、曹汝霖辈。三人皆伪廷心膂，介以通款日本者也。事起，上海学生亦开国民大会，群指和议为附贼。

盖自余始宣布徐、唐罪状，其后八次与绍仪书，道其隐情，留沪议员亦相与应和，至是徐、唐之谋暴著，和会始破。然西南议和之望，犹未绝也。余数移书两院，劝选举大总统，虽分立亦无害。两院亦有应者，然竟不行。

本年，徐世昌、段祺瑞为首的北洋政府与南方军政府继续对峙，同时在上海、广东等地进行议和。章太炎组织护法后援会，反对议和。

五四运动爆发于北京。北京大学等校学生赴天安门游行，要求罢免曹汝霖、章宗祥、陆宗舆。斗争扩大到上海和全国各地。在全国人民的压力下，北洋政府被迫罢免曹、章、陆三人职务。章太炎对此学生爱国运动表示赞成。

新旧思想文化斗争，非常激烈。旧思想文化代表人物林纾公开发表《致蔡鹤卿太史书》于《公言报》，猛烈攻击蔡元培主持下北京大学"覆孔孟，铲伦常"；"尽废古书，行用土语为文字"。

林纾此信3月18日见报，蔡元培当日作《答林琴南书》，对林说逐一辩驳，并于4月1日刊于《公言报》。蔡元培心平气和，有理有据，令广大读者心折。信中并提出"循思想自由原则，取兼容并包主义"的学术主张。

此后又有"思孟"发表《息邪》，攻击新文化阵营。胡适、钱玄同、鲁迅、孙伏园进行反击。

新文化阵营内，两种倾向的分歧也渐明显。陈独秀、李大钊等人研究共产主义学说，提倡社会主义道路。胡适发表《多研究些问题，少谈些主义》，先于7月载于《每周评论》，又于11月载于《太平洋》。陈、胡倾向不同，已广为人知。

蔡元培等发起成立国语研究会。蔡元培在呈文中说："欲用语言入文，必先调查全国之方言，博征古籍，以究其异同，详著其变迁之迹，斟酌适中，定为准则。其程度必视寻常之语言稍高，视寻常之文字较低，而后教育可冀普及，而语言亦有普及之望。"

本年国语统一筹备会成立，主要成员有蔡元培、钱玄同、朱希祖、马裕藻、沈兼士、周作人、胡适、赵元任、黎锦熙、刘复等。

钱玄同兼任国语统一筹备会常驻干事。以上活动中均可见章太炎语言学的影响。

胡适《中国哲学史大纲》卷上由商务印书馆出版，本年再版。

又由北京大学出版此书卷中。

王国维时在仓圣明智大学任教。自本年起，开始为著名藏书家乌程蒋汝藻作《密韵楼藏书目录》。

美国学者杜威来华，在北京、太原等地多次讲学，由胡适口译，毋忘、邓初民、郭绍虞笔记，连载于各大报，影响极大。

本年，著名英国传教士李提摩太去世。李提摩太自1891年任广学会（同文书会）总干事，主持《万国公报》，对中国改良运动影响很大，与康有为梁启超关系密切。1902年创办山西大学堂。著有《留华四十五年记》。

缪荃孙去世。有《艺风堂文集》等著述和辑著百余种。

刘师培去世。著述辑为《刘申叔先生遗书》。

年初，章太炎在少年中国学会讲演《今日青年之弱点》。据谢樱宁考证，此文载于《少年中国学会会务报告》发刊号上（1919年3月1日）。此文收入1921年出版的《太炎学说》上卷，文章指出：

"现在青年的第一个弱点，就是把事情太看容易，其结果不是侥幸，就是退却。""现在青年若能将这个弱点痛改，遇事宜慎重，决机宜敏速，抱志既极坚确，观察又极明了，则无所谓侥幸退却，只有百折不回，以达吾人最终之目的而已。"

"现在青年第二个弱点，就是妄想凭藉已成势力，就将自己原有之才能，皆一并牺牲，不能发展。譬如辛亥革命，大家皆利用袁世凯推翻清廷，后来大家都上了袁世凯的当。历次革命之利用陆荣廷、岑春煊，皆未得良好结果。若使革命诸人听由自己的力量，一步一步的做去，旗帜鲜明，宗旨确定，未有不成功的。"

"现在青年第三个弱点，就是虚慕文明。虚慕那物质上的文明，其弊是显而易见的；就是虚慕那人道主义也是有害的……现在中国是煦煦为仁的时代，既无所谓坚忍，亦无所谓残忍，当道者对于凶横蛮悍之督军，卖国殃民之官吏，无不包容之、奖励之，决不妄杀一个，是即所谓人道主义。今后之青年做事皆宜彻底，不要虚慕那人道主义。"

"现在青年第四个弱点，就是好高骛远，在求学时代，都以将来之大政治家自命，并不踏踏实实去求学问。"

三月，北京大学《国故月刊》第一期出版，有黄侃《题辞》和吴承仕《王学杂论》。黄侃将此刊物寄给章太炎。章太炎分别致函黄侃和吴承仕。二函均载于《国故月刊》第二期（4月20日出版）。《与黄季刚书》是训诂短文，论证"炭石训钜"之可否："《月刊》中有何人言'炭石训钜，古代所无'。我之以钜为金刚，岂创说耶？因《御览·金刚类》引服虔《通俗文》，乱金谓之钜，知前人以钜为金刚，《说文》大刚之训又相符契。若云金刚非中土物，大小篆不当预为制字。珊瑚琊离，岂中土所有，而小篆有其字，何也？以此相明，疑可释矣。""姑为弟言之，非必欲争此一事之谛否。"

《国故月刊》特将原函刊登并云："太炎先生学问文章，本社同人素所景慕。此次锡之教言，匪其不逮，极为感谢。谨将原书载入'通讯栏'，并拜嘉惠。同人以课余之暇，率尔成文，自知必多谬误，尚望硕学如先生者，时锡教言，匪其不逮。"

《与吴检斋书》就吴承仕《王学杂论》加以评说发挥："季刚寄来《国故月刊》，见足下辨王学数条甚是。大抵远西学者，思想精微，而证验绝少，康德、肖宾开尔之流，所论不为不精至。至于心之本体何如？我与物质之有无何如？须冥绝心行，默证而后可得。彼无其术，故不能决言也。陆、王一流，证验为多，而思想粗率，观其所至，有绝不能逮西人者，亦有远过西人者，而于佛法终未到也。罗念庵称当极静时，恍然觉吾此心中虚无物，旁

293

通无穷，有如长空，云气流行，无有止极，有如大海，鱼龙变化，无有间隔，无内外可指，无动静可分，上下四方，往古来今，浑成一片。王塘南称澄然无念，是谓一念，非无念也，乃念之至微至微者也，也正所谓生生之真，几更无一息之停。此二说者，非会验心相而能如是乎？然其所验得者，只阿赖耶识而已。所谓流行变化真几无停，即恒转如瀑流之谓也。真无垢识，罗、王不能验得，故于生机生理始终执著，以为心体。然较诸康德辈绝无实验者，则已远过之矣。王隆吉、刘蕺山谓意非心之发，身之主宰谓之心，心之主宰谓之意，心无时不动，妙应无元，必有所以主宰乎其中，而寂然不动者，是为意也。此已见及意根矣。所谓寂然不动者，既恒审思量之谓，亦非实验无由知此。而断绝意根，非王、刘之所解，故隆吉云，圣狂之所以分，只重主宰诚不诚耳。此乃宰执吾见与绝四之说大异矣。然则王学高材，皆实证七八两识者，较之洛、闽诸公，迥为确实。惜乎宗旨一异，趋向虽殊，黎州所谓儒释疆界眇若山河者，正坐生理生机之说为之障耳（原注：黎州实未见及此）。孔子唯绝四，故能证生空法空，此所以为大圣欤。杨慈湖但毋意为心不起意，诚令如是，不过如卧轮所谓能断百思量，对境心不起者，乃为大鉴所诃矣。"

又，本年一月，章太炎曾致吴承仕一函，收于《章炳麟论学集》。此函劝吴承仕放弃博戏，言之谆谆，可见章太炎对弟子的关心及其生活态度。论学语虽少，却深含精义。章太炎之意，犹如认为佛学也有吴派皖派之分，实发人所未发。而太炎自己的态度也自显明，虽然两派均不可废，然终有上下床之别：

绂斋足下：得书久未复，因近亦有少许烦恼也。欧阳所述，大抵故言。此即佛法中，惠定宇、孙渊如一派。倡始之初，此种不可少，渐有心得，则义解当转道矣。博戏虽无伤，然习之既久，费日耗资，亦甚无谓。娄见新进吏人，亦无他种恶劣状态，但以此故，不得不有所取求，以故夺官听勘，甚可叹悼。足下长年有智，岂可随此波流？欲断此习，当以事类相近者移之，如围棋蹴鞠之流是也。前函求访古泉，近知泉谱中有《古泉汇》一书，利川李佐贤撰，书凡四册，闻校洪氏《泉志》为备，京肆有之，烦为访购，大约不过一二圆也。

> 章炳麟白
> 一月十一日

5月20日，《国故月刊》第3期出版，载有章太炎《国语学草创序》。《国语学草创》一书是章氏弟子胡以鲁（仰曾）所作，章太炎这篇序言则作于1913年1月。按"国语"之说，在学界几乎是前所未有的。学界习用的是"国文"，指我国固有的文字文章之类，大概以为唯此才算得一门学问。而在章太炎的小学观念中，语言重于文字，文字用表语言，因此"国语"之说，不但成立，而且重要。至于明确这种提法，可能是辛亥归国后的事情了，所以在日本时期的弟子，也是未之前闻。据《国语运动史纲》、《记钱玄同先生关于语文问题谈话》、《钱玄同先生传》、《钱玄同先生年谱》等资料，1916年钱玄同任北京大学教授，他见《国语学草创》作者胡以鲁在北大开设"国语学"课程，很不以为然，甚至否定讥讽说："国语，成什么名词？国语学，算什么功课？"这以后随着白话文运动的迅速发展，人们才对国语和国语学，有了足够的理论估价，钱玄同个人也转为积极支持和参加。可能正缘于以上背景，章太炎1913年1月所写的这篇序言，才在1919年单独发表并引人注目。

从序言来看，胡仰曾此书也接受了西方语言音韵学的影响，并得到章太炎的肯定："而仰曾综贯大秦驴唇之书，时时从余讲论，独有会悟。今见其书，乃为比合音理，别其弇舒，音有难喻，以珊斯克利及罗甸文参伍相征，令古今华裔之声，奄然和会，斯治语学者所未及也。”

同期《国故月刊》还刊有《太炎漫录》，系读书札记。所读之书主要有《汉书》、《文选》等，常能就一个问题综贯数书或同书之数篇，正所谓读书能贯通。

夏季，为刘成禺《洪宪纪事诗本事簿注》作序，肯定此书的史料价值。指出袁世凯虽然败亡，“其佞臣猛将尚在，卒乱天下”，“国史虚置，为权贵所扼”，正赖野史和纪事诗存历史之真相。

十二月，作《曼殊遗画弁言》。苏曼殊去世后，蔡守、李根源出版其遗画，请章太炎作序言。这篇短序原刊于蔡李二人所编《曼殊上人妙墨册子》书首，无题目。1923年周瘦鹃辑《燕子龛残稿》，始定为今名。

本年，《章氏丛书》浙江图书馆刊本刊成。浙图本较1915年上海右文社本《章氏丛书》增加三种，计：《齐物论释》重定本、《菿汉微言》和《太炎文录补编》。

《太炎文录补编》收文八篇：《阿育王寺重修舍利殿记》(1915年)、《湘乡张君诔》(1916年)、《告癸丑以来死义诸君文》(1916年)、《黄克强遣奠辞》(1916年12月)、《勋一位前陆军部总长黄君墓志铭》(1917年4月)、《故总统府秘书张君墓志铭》(1917年)、《诚意伯集序》(1915年11月)、《终制》(1915年10月)。

《太炎文录》则略有删革。《文录》二删去《时危》四首，《别录》三删去《读佛典杂记》等。

另据谢樱宁《章太炎年谱摭遗》考证，右文版《章氏丛书》中《太炎文录别录》卷二《梵文典序》一文，浙图本已用《初步梵文典序》代替。“其实这个浙江图书馆刊本的《章氏丛书》(1919年)，及上海古书流通处发行的《章太炎先生所著书》(1924年8

月），所录都是《初步梵文典序》，只有右文社版的《章氏丛书》（1915 年 7 月）收了原载《国粹学报》上的《梵文典序》。浙刊本的目录虽作《梵文典序》，内容却是《初步梵文典序》，这是当时校对上发生的小疏忽。"

民国 9 年庚申（1920）　53 岁

《自定年谱》（节录）：

自一月患黄疸，至于三月。

谭石屏殁于上海。往吊，哭之恸。为作墓铭，承其属也。

四月，弟子曾道通一自四川来，谋逐滇黔军也。言川军亦或不靖，而顾品珍可就抚。即南与军府谋，且赴郴见谭延闿。延闿者，字组安。以文人督军，智略可任。通一既返，时川中师长吕超、石青阳皆受云南密命，起为变。余观锦帆之智，知其必能定蜀也，移书告以湘军必克。事定，宜与为唇齿援。是计既定，于是川、湘永为同盟焉。

六月三日，孙公与唐、伍及云南代表李协和联署电伪廷，言军政府已失统驭，总裁去者过半，北廷欲议和，当就吾辈，不当就广东。且令协和电致驻湘滇军，戒勿助湖南击张敬尧，静俟和议解决。余作书宣唐等罪状，并电协和痛责之，欲与孙洪伊同署。洪伊始可之，既而怛怩，故独署名焉。未几，余热病大作，几死。病中闻湘军克长沙，喜甚，跃起，以电贺组安。且言云阶于此，为能晚盖。张魏公始附汪、黄，后与会之立异，此可以解君子之讥矣。上江（焦）既清，兼得王勃山为下调胃承气汤，栀子豉汤，热病寻愈。通一复来，闻川中亦有胜算，忘其疾矣。

方是时，湘、川皆以恢复故土为号。余既议湘、川同盟，知军政府必不支，则以自治同盟为说。会溥泉自欧洲返，余为言近事，且云："川、湘恢复，于义为得正。粤人所为，亦川、湘之次。然因是覆军政府，于义不可。故余赞川、湘，不能尽赞粤军也。唯揣云阶亦终不济，军府亡，则无以拒北贼，独言自治同盟，可尽靖献之义耳，于弟何如。"溥泉为易名曰"联省自治"。因拟秋凉偕往长沙云。

九月，以病愈归余杭。去故乡十七年矣。朋辈依然，田畴无改。于是祗谒先茔，与长兄及族党欢饮十余日而返，组安所遣使者亦至。并闻川军已下重庆，于是溯江入长沙。未几，溥泉亦来。

既抵长沙，以联省自治说其人士。时组安方拟制省宪，意相得也。溥泉初甚赞之，然为国会议员周震鳞所惑，不与组安相能，因是中沮。会粤军克番禺，云阶走，明电取销军政府，且令各省亦取销自主。西南不言联省自治，则势且解散，因以入北，于是溥泉亦不能异。会四川军官来电，称承军政府令取销自主，湖南大凶。余语组安，电中军官皆署名。唯锦帆以督军不在，犹可救。联省自治之名，川中所未闻也。吾与溥泉举此以告锦帆，君亦举此以告四川军官全体，其庶几知反乎。电去，川人如酣睡始觉，即以联省自治不受南北政府支配。由是西南根本复定。

本年，南北军事对峙形势，没有大的变化，但是每方面的内部，都处于矛盾、分裂甚至战争之中。南方的军政府和临时国会，迭经变更，也没有各省各派系一致拥戴的领袖人物。而四川、湖南、广东等省，地方势力占了上风，排外情绪很普遍。

北洋军阀直皖二系矛盾急速发展，爆发战争。曹锟、吴佩孚为首的直系军阀获胜。皖系首脑段祺瑞下野，徐树铮遭通缉。但皖系力量仍图再起，而直奉矛盾加剧。

湖南等省推行联省自治主张。这一主张的主要倡导者是章太炎。他对南方军政府失望，对北洋军阀深怀警惕，认为"军府亡，则无以拒北贼，独言自治同盟，可尽靖献之义耳"。

五四新文化运动波及全国。影响巨大而深远，但新文化阵营中也很快出现了多种倾向。陈独秀、李大钊为代表的一批革命知识分子，研究共产主义学说，成立共产主义小组，准备创立中国共产党。其他人或者主张多研究些问题，少谈些主义，用实用哲学对待中国的问题；或者主张教育救国；或者希望投身学术、投身文学艺术作为归宿。

此外，一些昔日的政治家、社会活动家，感觉厌倦政治，也转向学术和教育活动，使文化领域更显得百态纷呈。

三月，梁启超自欧洲归国，放弃政治活动，从事教育和著述。着手承办中国公学，整顿《改造》杂志之外，主要精力用于著书，著有《清代学术概论》、《墨经校释》二书。又准备著《中国佛教史》，先完成《印度佛教概观》、《佛教东来之史地研究》、《佛教教理在中国之发展》等多篇文章。

蔡元培的学术活动很有特点，视野开阔，态度客观，故而富于指导价值。五四运动爆发以前，他主要是推进运动发展。本年则很注意另一极端的偏激，《白话唐人七绝百首序》强调："现代青年抱了新体诗的迷信，把古诗一笔抹杀"是不对的。肯定这部白话唐诗选本针对这批青年的特点，能恰到好处地使他们合理接受传统文化。又，蔡元培、樊增祥、沈曾植、缪荃孙等人，多方筹措，刊刻李慈铭《越缦堂日记》51册，本年付印。

教育部通令，改小学"国文科"为"国语科"，并公布《国音字典》。

胡适作《水浒传考证》、《吴敬梓传》等。

钱玄同著《国音沿革六讲》。

本年，章太炎长期患病，其后又赴湖南推行联省自治，因而著述和讲学均不多。

四月，谭人凤去世。谭人凤湖南人，1906年参加同盟会，曾与宋教仁组织同盟会中部总会，联络长江流域革命力量，对武昌起义很有贡献。谭人凤著有《石叟牌词叙录》。章太炎与谭人凤颇为相得，对谭评价很高，至此作《前长江巡阅使谭君墓志铭》。

五月，为宋教仁所著《我之历史》作序。

秋季在长沙，有《长沙何氏园》、《岳麓》二诗，均五古。后一诗中说："秋风日夕来，草静沙亦浅。成功古不易，告归今始免。笑彼上蔡豪，父子哭黄犬。"可见此际心情，确不同于以往。

本年撰《盐城陶小石遗书序》。序云："余家居，人以盐城陶小石书来，其目曰《读礼志疑》《左传别疏》《读诸子札记》，学可谓知所趋向者矣。"此序后刊于《制言》第26期。

《国学厄林》第一卷（本年五月）刊登有《毛诗韵例序》、《与吴承仕论哲学书》两文。

《章炳麟论学集》另收有本年信函两通。第一书论古钱币颇详。第二书论音韵颇审慎，对吴承仕不同常论之见，不欲轻下断语，而主张留俟后人质定。兹录于下：

规斋足下：前得手书时，仆适有肝病，胆汁迸裂，传为黄疸。调治两月，近始瘥可，芒硝已服至半斤矣。前所说藏经事，因哈同花园有议和代表，门庭闭锢，非其道无由入。（仆不愿与混混者胡搅，王辑唐时请吃茶、吃饭皆婉谢之）近得手书，言蒋君有古泉，能为求之，甚善。莽钱壮、中、幼、幺四品皆甚难得，仆曾得壮、幺二品，而皆非真。十布中，除大布易得外，差布、幼布、中布仆皆有之，其余则未能致也。皇祐、重和、靖康近皆得之。德祐、景炎本世所鲜有，亦当置为后图。

（以上节录五月五日第一书）

规斋足下：久病初起，快得君书。所说声音清浊，与常论不同，真希世仅见之义，存之以俟后人质定可也。吾乡浙西及江南诸县，平去入皆能分别清浊，唯上声浊音多转为去，湖州乃能分之耳。谓声音清浊本无定位，恐未得其真也。至于配合五音，究竟与四声能密合否，殊不可说。窃谓以字配管色者，乃随其度调高下而得之。一字所配，未必定为某色。即同在一曲尚然，况异曲哉？吕氏《韵集》以五声分五部，大抵魏晋间人未有平上去入之标目，借五音以为符号耳。亦犹今人以五行、五德配五数，非必实有此义也。而其所分五卷，今亦不可尽知。若云平声阴阳或分为二，何以陆法言辈不见遵从？且魏晋人反语，见于《经典释文》者尚多，其下一字，平声亦不分清浊，则知吕氏五卷，非阴阳上去入也。私意古人著书必有序例，或者四声各为一卷，加以序例，则为五耳。究之乐律清浊，未必与四声相依。古者已有五音，至周乃增二变，而当时语音但分平上入耳（去入同类），与五音、七音殊不相当，其证一也。今人管色用七位十三字，然南方四声完具，而度曲反无凡、乙二位；北方四声不具，而度曲反尽具十三字。多寡相配，适成反戾。其证二也。四声唯中国有之，外裔则无此分别（唯促音有分耳）。而七音则中外尽同，明其不可强配矣。其证三也。陈兰甫兼明切韵、乐律之学，而两书未尝牵以相证，恐此事不可附合耳。仆於乐律，向无实验，于此不能强论。然以多寡分剂言，仍不能相比者，故略为甄辨如此。季刚分韵太多，于音理未必无益，但最初古音，本无可考。今所谓古韵者，不过用《毛诗》为质验耳。如冬、侵二部，巽轩以来，久分为二。然仆常怪冬部文字过少，疑古人必与侵为一韵（如《诗》"凿冰冲冲，纳于凌阴"为韵，"骐骊是中，骊骊是骖"为韵，则知冲冲必读入侵部），尚欲并冬入侵，而向时沿袭旧说，未能合也。年来婴于疾疢，颇究医方，暇亦时作止观（海上时疫，真可危心。西医虽下血清，仍无可救），于他书屏置已久。学殖荒落，当为足下笑耳。南方于细辛、五味二品，难得真者，此物产于辽东，京师大药肆中或有其物，烦为各购一二两也。某君所藏古泉，有可喜者否？近得四川虎镽一具，铜质黝黑，朱绿遍满，重三十斤，聊以玩物丧志焉。此间起居佳胜。

麟白

原稿附致。

（以上第二书）

《太炎教育谈》在四川出版，题"庚申仲春刊于观鉴庐"。此书所收，都是《教育今语杂志》所载讲演。书分二卷，目次为：

一、《论文字历史哲理的大概》（原题为：《文化的根源和近代学术的发达》）

二、《说文字的通借》

三、《论常识》（原题《常识》）

以上卷一；卷二为：

一、《论群经的大意》（原题《论经的大意》）

二、《论诸子的大概》

三、《论教育的根本当从自国自心发出来》

以上各文内容见宣统二年（1910）《教育今语杂志》各文。

民国10年辛酉（1921）　54岁

《自定年谱》：

组安自去位，即居上海。而厚栽为恩施神兵所破，伤指掌及颅骨，潜来。是时西南六省，唯广西附北方。其余皆称自治，改督军号总司令，或兼省长。

溥泉时在孙公左右，余以保傅冲人属焉。其夏，竞存征广西克之。时王占元据湖北，兵数变，湖北人日求救于湖南。会锦帆游长沙，始定川、湘会师之议。然两省军行迟速不相及。锦帆归，七月二十二日，始抵巴下，议未定，湖南已出师，晨夜部署。八月十九日，川军前锋及巴东，而两湖之战已再旬矣。闻吴佩孚自将救武昌，炎午亦亲督师与战，杀伤相当。然岳阳守甚单，佩孚以军舰攻城陵矶，二十八日克之，炎午遁归。所将二师道绝不得通，长沙几危。九月一日，川军攻宜昌，湖南事始得解，与北军画汨罗为界焉。川军新下，气锐甚，宜昌戍军不能守，佩孚自将御之，顾不知城已陷也。暮夜抵郭下，见有川军，自率卫兵与鏖战。川军亦不知佩孚在，竟退师。

相持月余，杀北军过当，然终不能拔，与盟而还。是役也，湖南利湖北富庶，欲专其功，故先川师而下，几侥幸袭得武汉，卒以自困，非川军踵之而下，则亡矣。于是知亲仁善邻之益也。川、湘既旋师，广西事定。孙公赴桂林，始议道湘南取武汉。余争之曰:"岳州已尽入北军,自铁道至株洲,不半日;株洲距衡阳百余里,其趣利速。而粤军东道韶关,西道零陵,去衡阳犹远,必不能与争,徒以长沙授敌耳。今公所恃名将,则协和也,其志在江西;江西陈光远失众心,易攻。得江西,亦自可窥武汉,无徒苦湖南为也。"时孙公方恨炎午,不为意。而周、程辈亦日从臾之。竞存素幸爱陈光远,亦不肯攻,众口同辞,皆称出湖南便。余辩之急,组安亦力持。十一年,始定计出江西。谗人在侧,几使湘衡尽陷贼中。天诱其衷,得以变计,亦危矣。

本年,南方军政府与北洋军阀继续对峙。四月七日,广东国会选孙中山为非常总统,五月五日,孙中山就职。但当时湖南、四川等省都声言自治,所以军政府实际只能控制广东,以后才控制了广西。当时联省自治运动颇有声势。

北洋政府方面,总理靳云鹏与直奉两系首领曹锟、张作霖于四月底在天津会谈,决定内部划分势力范围,对外一致反对南方军政府,当时即联名通电反对广东非常国会的决议。

七月,中国共产党第一次全国代表大会在上海举行,中国共产党从此成立。大会会址在法租界望志路106号,大会后期转移到浙江嘉兴南湖游船上进行。出席会议者有各地共产主义小组推选的代表董必武、何叔衡、李汉俊、李达、陈潭秋、毛泽东、王尽美、邓恩铭、包惠僧、张国焘、刘仁静、陈公博、周佛海13人,代表党员57人。共产国际代表也参加了会议。会议通过党纲和党的任务决议,选举了中央机关,选陈独秀任中央局书记。

本年一月,新文学社团"文学研究会"成立,郑振铎、沈雁冰、叶圣陶、周作人等为研究会骨干。《小说月报》为会刊。

六月,另一重要的新文学社团"创造社"成立。郭沫若、郁达夫、成仿吾为骨干。郭沫若《女神》出版。

鲁迅继续从事新文学创作，本年完成《故乡》、《阿Q正传》等名篇。在北京各大学讲授中国小说史，同时进行古籍整理，本年校理《嵇康集》等。

蔡元培在美国考察教育，出席太平洋各国教育会议。他在美国演说《中国文学的沿革》，是兼论语言文学各方面，提倡白话文，同时合理肯定古典文学。

钱玄同本年撰写一系列研究古代典籍的文章。多数缘于同顾颉刚交往论学，考辨古籍真伪。这些文章多收入《古史辨》。

胡适筹备创办《读书杂志》。这时他的主要精力用于整理国故，包括古书辨伪及小说考证，作《红楼梦考证》、《水浒传后考》等。《胡适文存》第一集年底出版。

6月16日，胡适给《吴虞文录》作序，回顾五四运动，提出"打孔家店"这种说法。这是这种提法首次见诸文字。

梁启超著《墨子学案》，十一月由商务印书馆出版，又著《中国历史研究法》。秋季在南开大学主讲中国文化史。

本年，《佛学丛报》创刊于上海，由狄一乘、狄楚卿主持。此刊有意于佛教的改革更新。

严复去世。其著述多次结集，主要有《严侯官全集》、《严几道诗文钞》、《严复集》等。

年初，章太炎有致吴承仕书一通，论经籍旧音。久藏吴处，今收入《章炳麟论学集》。兹录如下：

绶斋足下：湘游归后，疲于人事，得足下《经典旧音序例》一首，爱其精致，未暇作答。天寒始於炉旁复书耳。旧音自《经典释文》而外，以《汉书》旧注为最多。服、应皆汉末人，邓展文颖亦仕于建安之世，其间有切音者已多，而应氏于《地理志》中所见尤众（如垫江垫音徒陕反，樊道樊音蒲北反，罕开开音羌肩反，杳氏杳音长答反，皆应音）。则知此事不始叔然（孙叔然为郑门弟子，王子雍反对郑学，而《释文》所载王氏亦有反语。此岂效法叔然哉，盖有由来也）。综观陆、颜二家所引旧音，虽在永明以前者，平上入去之分，亦与切韵无大异，则知四声不始休文也。然《切韵》定音，兼综南北，而元朗书自永嘉以后，专用南音，其北音殆以虏语视之，颜公始一引崔浩耳。若欲明《切韵》之原，恐非兼综玄应《音义》不可。此则"经典旧音"之名，或当改称"经籍"然后范围广耳。《释文》向无善本，近商务印书馆有《四部丛刊》，意在汇刻善本，而《释文》亦只据通志堂刻，亦未见优于召弓也。季刚在武昌师范，两次过汉，皆匆促未与相见，不知近有何等著撰耶？

章炳麟白
一月十四日

原稿附去。

又有《与吴检斋论说文书》一通，署立夏后一日。《太炎先生著述目录初稿》著录，并收入《章太炎书札》钞本。

《与徐哲东书》，署 4 月 19 日。《太炎先生著述目录初稿》著录。

《与吕黎两君论佛理书》，载《民铎杂志》三卷一号，写于本年 12 月。

《关于佛理之辨解》，载《时事新报》1 月 19 日《学灯》。

《实验与理想》，载《时事新报》10 月 5 日《学灯》。

《易校三国志序》，载《宗圣学报》第 25 号，写于本年 5 月。

《吊易白沙》诗，收入《文录续编》卷七，又载《华国月刊》一卷十二期。

《与杨遇夫论子字书》，《太炎先生著述目录初稿》著录。

《太炎学说》在四川出版，署"辛酉春夜观鉴庐"。书分上下二卷，上卷为演说，下卷为书信等。

　　上卷共九篇，汤志钧研究员所摘引如下：

　　《说新文化与旧文化》："近来有人提倡新文化，究竟新文化和旧文化，应该怎样才得调和，今天预备关于这层来说一下。""我最初专攻汉学，不求科举和别的职业，偶然也做过教师，当时对于学问，总求精奥，后来觉得精奥也无甚用，就讲大体，对于前人所未发明的，虽然也曾加以发明，但琐碎的是总不讲了。""所以做教师的，宜在教科书外指导学生。学生也要自己多方参考，务必要求学问底大体。那么，大体怎样去求呢？学问底大体，从前却不易求，现在却比较容易。明以前考据很疏，到清代渐渐精密，自然说来也很琐碎，但到了后来，大体却显现出来；这大体不曾错误，我们也容易求得。""我国古学，论其大者，不过是经、史、小学、诸子几种"，"一说经学。……清代治经，分古文、今文两派，不如从前的难得统系，古文是历史，今文是议论。古文家治经，于当时典章制度，很明白的确；今文家治理，往往不合古时的典章制度。……古文家将经当历史看，能够以治史的法子为治经，就没有分乱的弊病，经就可治了，这是治经的途径。""二说史学。再讲读史，学校里读，往往多做空议论，实不得法。古人像吕祖谦、苏轼等，也欢喜多做史论，但是不过是为干禄计的，所论于当时的利害，并不切当，这是毫无意义的事。我们读史，应知大体。全史三千多卷，现在要人全读，是不可能的事，《资治通鉴》和《通典》、《通考》，都合起来，不过六七百卷，可以读完的。不过这个里面，也有许多不可以读的，如五行、天文等类，用处很少；至于兵制、官制、食货、地理等重要门类，应该熟读详考。""三说小学。小学似非有师指导，不能入门径学问。其实关于小学著作中，真可观的书也没有几种。……近来应用的字，已达了在

章太炎学术年谱

三千以上的数目，专从形体上去求，实太琐碎，应该从音训上去学。文字原是言语的符号，……凡声相近的，义也相近。譬如'天，颠也'。人身最高部是颠，天也是最高部，所以音义也相近。这样去讲求，就能得着系统，得了系统就可以免去烦琐。对于很复杂的文字，不求了解彼底根源，专从形体上去讲求，既觉得纷烦而且无实用。这是小学的途径。""四说诸子。……原来我国的诸子学，就是现在的西洋所谓哲学。中国哲学，有特别的根本。外国哲学，是从物质发生的，譬如古代，希腊、印度的哲学，都以地火水风为万物的原始。外国哲学，注重物质，所以很精的。中国哲学，是从人事发生的。……如老子、孔子，也着重在人事，于物质是很疏的。人事原是幻变不定的，中国哲学从人事出发，所以有应变的长处，但是短处却在不甚确实。这是中外不同的地方。于造就人才上，中胜于西，西洋哲学虽然从物质发生，但是到得程度高了，也就没有物质可以实验，也就是没有实用，不过理想高超罢了。中国哲学由人事发生，人事是心造的，所以可从心实验，心是人人皆有的，但是心不能用理想去求，非自己实验不可。中国哲学就是到了高度，仍可用理学家验心的方法来实验。这是中胜于西的地方。印度哲学也如是。我从前倾倒佛法，鄙薄孔子、老、庄，后来觉得这个见解错误，佛、孔、老、庄所讲的，虽都是心，但是孔子、老、庄所讲的，究竟不如佛的不切人事。孔子、老、庄自己相较，也是这样情形，老、庄虽高妙，究竟不如孔子的有法度可寻，有一定的做法。那么，孔子可以佩服，宋儒不可佩服了吗？这却不然。宋儒也有考据学，不过因时代不同罢了。程、朱、陆、王互相争轧，其实各有各的用处。阳明学说，言而即行，适用于兵。朱子一派，自然浅薄，但是当当地方官做做绅士，却很有用。程明道、陈白沙于两派都不同。气象好像老庄，于为君很适当。这三派易地俱败，以阳明学去行政治，就成了专制；以朱子学说去用兵，就有犹豫不决的弊病；以明道、白沙两学说去做地方官和绅士，就觉得大而无当。……我们自己欢喜做那样的人，就去学那一派，不必随着前人诤论的，这是诸子学的途径"。"五，总论。中国学问中最要紧的就是这几种。此外，虽然还有许多门类，但不是切要的。"

《说今日青年的弱点》。这篇讲演是1919年初在少年中国学会所讲，见该年条。

《说求学》："求学之道有二：一是求是，一是应用。前者如现在西洋哲学家康德等是，后者如我国之圣贤孔子、王阳明等是。顾是二者，不可得兼。以言学理，则孔子不及康德之精深，以言应用，则康德不及孔、王之切近。要之二者各有短长，是在求学者自择而已。然以今日中国之时势言之，则应用之学，先于求是。""中国今日之急务维何？即芟锄军阀是也。盖今日中国，为从古未有之变局，欲应兹变，非芟锄军阀，则虽有优良之社会制度，终托空想，无如今人每多昧此而务彼，兹可大惧者也。""近吾国最好立异者，厥有二人，前有康有为，今有蔡元培，一则以政治维新号召，一则以社会主义动人。其实满清政治非不应改革，社会主义亦非不应研究，不过以素无研究及一知半解者，从而提倡之，未免欲以其昏昏使人昭昭，殊可笑耳。""吾于兹尚欲一言，即求学宜切戒浮华，浮华者非谓从事美衣玉食也，即务名而不求实之谓。"

《说真如》："余以所谓常乐我净者，即指真如心；而此真如心，本唯绝对，既无对待，故不觉有我，即此不觉，谓之无明。证觉以后，亦归绝对，而不至再迷者，以曾经始觉故。"

《说忠恕之道》："仲尼以一贯为道为学，贯之者何？只忠恕耳。""尽忠恕者，是唯庄生能之，所云齐物，即忠恕两举者也。二程不悟，乃云佛法厌弃己身，而以头目脑髓与人，是以己所不欲施人也。诚如是也，鲁养爰居，必以太牢九韶邪？以法施人，恕之事也；以财及无畏施人，忠之事也。""举一隅以三隅反，此之谓恕。……顾凡事不可尽以理推。专用恕术，不知亲证，于事理多失矣。救此失者其唯忠。忠者周至之谓，检验观察，必微以密，观其殊相，以得环中，斯为忠矣。今世学者，亦有演绎、归纳二涂，前者据理以量事，后者验事以成理，其术至今用之，而不悟孔子所言何哉！"

《说道德高于仁义》："道德果在仁义上矣。仁义唯有施戒忍进四度，而定智皆劣，通在上乘；道德则六度咳之，惟菩萨乘，是故其言有别。"

《说职业》："不学稼者，仲尼之职业也，因是欲人之不为稼可乎？勤四体分五谷者，荷蓧丈人之职业也，因是欲人人为稼可乎？吏农陶冶，展转相资，必欲一人万能，势所不可。自政俗观之，九两六职，平等平等；自学术观之，诸科博士，平等平等，但于一科之中则有高下耳。"

《说音韵》："在昔北音，本与南音相近。造切韵者，多是北人，而所定音切，与今世北人唇吻所发大异其趣。司马温公作《指掌图》，亦非今之北音也。自汴都覆亡，骤经金、元之乱，异种杂居北方，音韵已非华夏之旧，既失故步，反目正音为南音，故无识之人，辄斥切韵为吴语，可谓倒乱之尤矣。"

《说自心之思想迁变》，即《菿汉微言》最后一则。

下卷收：

《与吴承仕论宋明道学利病书》（见1917年）。

《与吴检斋书》。

《与黄季刚书》。此二函均1919年作，载《国故月刊》第2期。

《与国粹学报社书》。原载《国粹学报》己酉年（1909年）第

10 号。

《复张伽厂书》。原载《大中华》二卷六期，1916 年。

《会议通则序》。撰于 1917 年，见该年条。

《漫录》。即 1919 年《国故月刊》第 3 期之《太炎漫录》。

六月，《章太炎的白话文》由泰东图书馆铅字排印出版。编者"吴齐仁"，实为张静庐之笔名。书稿系张静庐在章太炎寓所索得付印。此书所收，为章太炎在日本所作，曾载《教育今语杂志》。《太炎教育谈》也有收录。此书篇目为：

一、《留学的目的和方法》

二、《中国文化的根源和近代学术的发达》

三、《常识与教育》

四、《经的大意》

五、《教育的根本要从自国自心发出来》

六、《论诸子的大概》

七、《中国文字略说》

因时处文言文、白话文激烈斗争的特殊背景下，国学大师章太炎出版白话文集，势必引人注目。此书至 1922 年 11 月就已出第 3 版。

此书作者问题，有不同说法。黎锦熙和萧一山均认为作者应是钱玄同。黎锦熙《钱玄同先生传》（1939 年）说："《教育今语杂志》中但凡署名太炎的各篇，实际上也就是他（钱）做的。后来坊间印成一本《章太炎的白话文》，其实应该叫做《钱玄同的白话文》。"萧一山基本重复黎锦熙的说法，并特别指出最后一篇是误收。

揆诸事实，黎、肖之说难以成立。书中有些文章本系演说纪录。章太炎当然不是需要别人捉刀起草，而自己只会念演说稿的人物。这样的文章，著作权不应怀疑。至于末篇系误收，钱玄同在当时就直言不讳。1923 年 5 月 2 日，他给顾颉刚的信中提到《章太炎的白话文》中，《中国文字略说》一篇是自己所作。

十二月，章太炎为吴承仕《经籍旧音》题辞。吴承仕在 1919年、1920 年间辑录经籍旧音，自汉末至唐初，大约一百余家，依照《经籍纂诂》体例，编成《经籍旧音》二十五卷及《序录》一卷。章太炎这篇题辞对吴书评价甚高，强调治古音应重反语，并肯定以《唐韵》为经纪之途径。"题辞"如下：

经籍旧音题辞

承古音之绪而为《唐韵》先范者，其汉魏南北朝音邪？往时言古音者，独取群经传记有韵之文为例，是以明部类，未足以辨纽弄。自顾宁人为《唐韵正》，稍取证於《经典释文》，其后洪稚存集《汉魏音》，亦粗具矣。顾君考辨虽详，不暇求思理；洪氏不知音，拘於汉法，独箸直音而反语俄空焉。夫所以审变迁、辨奇侈者，独恃反语刻定之耳。凡出於唇吻者，作始也简，而其末也繁，分韵固然也，虽分纽亦犹是也。汉世不见韵书，至魏晋乃有《声类》、《韵集》之流。颜之推偏《韵集》"以成、仍、宏、登合成两韵，为、奇、益、石分作四章"，是上既不同於古，不又与《唐韵》小殊；部类既异，纽亦可知也。不尽取汉魏南北朝诸师所作反语，观其会通，於道诚未备也。

歙吴承仕检斋，素好声韵之术，从余讲论，欲绍明江、戴诸公旧艺。余谓之曰：世以反语起孙叔然，盖施於经典者耳。服子慎、应中远训说《汉书》，其反语已箸於篇，明其造端汉末，非叔然创意为之。且王子雍与孙叔然说经相攻如仇雠，然子雍亦用反语，其不始叔然可知也。检斋由是剌取前代音读，以为《经籍旧音》。盖以陆之《释文》、颜之《汉书》、李之《文选》所引为宗，其余诸书有一音一读者率钩致无所遗；分别部居，以《唐韵》为经纪，取近古也。又以时有久近、生有南朔，复取诸师事状为作序传。程以三年，而后成书。其审音考事皆甚精，视宁人之疏、稚存之钝，相去不可以度量较矣。明清诸彦大抵能辨三代元音，亦时以是与《唐韵》相斠，中间代嬗之迹，阙而未宣。检斋之书出，而后本末完具。非洽闻强识、思辩过人者，其未足与语此也。民国十年十二月，章炳麟撰。

民国 11 年壬戌（1922）　　55 岁

《自定年谱》（节录）：

孙公将北伐。遣伍朝枢之奉天，与张作霖和，谋南北同起，攻吴佩孚。既成言，自桂林东下，以竞存异议，罢其省长。自将趣韶关，设大本营，令协和督许崇智、黄大伟、朱培德等出南雄。五月，兵抵赣州，陈光远之卒大崩。

十二日，黎公已复位。十七日，竞存部将叶举发难广东，孙公走。溥泉复来，言当电致北伐诸军，归讨陈氏。余曰："不可。军士前则气盛，归则气衰。今下南昌，其势如破竹，既定江西，与竞存争曲直，未晚也，归讨必败。"溥泉曰："竞存大逆无道，发电痛斥之，何如？"余曰；"亦不可。其人阴鸷，然犹好名，今虽通吴佩孚，未显也。痛斥之，则遂往矣，此危及非一省之事。"然孙公部党皆与溥泉同计，尽反余策，卒弃江西，而旋归之师亦败。小不忍，乱大谋，有如此也。黎公数电召余，余知不可为，辞之，独以勿下讨伐南方令、勿借外款为戒。告西南则言坚持自治，勿遽受命，为曹、吴所弄，幸西南犹信吾言耳。黎公始不知利害，力主统一；余数以鸟尽弓藏为戒，久之亦渐悟。八月二十九日，受勋一位。

本年春季，孙中山以两广为根据地，进行北伐。李烈钧、许崇智、黄大伟、朱培德等进攻江西。广东军阀陈炯明乘广东空虚，发动叛乱，逼孙中山下野。由于陈炯明叛乱，在江西的北伐军处于腹背受敌局面，军事受挫。孙中山被迫回到上海。

北方，直奉战争在春季爆发，结果直系战胜。曹锟、吴佩孚等迫使总统徐世昌辞职，以黎元洪代徐。黎元洪实际虚有名位而已。

湖南及西南一些省区仍主张联省自治。章太炎是当时倡导联省自治的代表人物。

七月，《新青年》杂志休刊，1923年杂志并入上海书店，实际一直停刊，渐趋解散。

九月，中国共产党机关刊物《向导》在上海创刊，先后由蔡和森、瞿秋白等人主持。

五月，《努力周报》在北京创刊，由胡适主编。《努力周报》附出《读书杂志》，提倡少说空话，多读好书，整理国故等等，以青年学生、知识分子为宣传对象。

五月，创造社刊物《创造》出版，由郭沫若、郁达夫、成仿吾主编。

冬季，中华教育改进社在北京成立，由蔡元培、陶行知等人领导。

本年，学衡派的出现，引人注意。这一文化研究流派，是由东南大学教授梅光迪、胡先骕、吴宓为核心形成。他们都是留学欧美归来，中国传统文化基础也较好，主张研究国故，保存国粹，学贯中西。本年创办《学衡》杂志。

本年"壬戌学制"以总统名义颁布。这是使教育规范化的一项制度。规定初等教育（初小、高小）时间六年；中等教育（初中、高中）时间六年；高等教育（大学及高专）时间三到六年。从此长期通行全国。

蔡元培时任北京大学研究所国学门委员会委员长，会同委员顾孟余、沈兼士、李大钊、马裕藻、朱希祖、胡适、钱玄同、周作人等，制定《研究所国学门研究规则》，旨在鼓励北大教师、学生（包括已毕业和未毕业者）及校外学者开展国学研究。可得到便利，得到指导，获得奖金；成果选入研究所杂志及丛书。这一规则有益于推进学术研究，培养北大校风。

龚宝铨（未生）去世。龚宝铨为章太炎长婿，早年参加光复会，在东京时曾从章太炎学。民国以后任浙江图书馆长，主持刊刻《章氏丛书》。

梁启超本年在北京、济南、南通、南京、长沙等地的高等学校和学术社团讲学，讲中国传统文化。编成《梁任公学术讲演集》。本年著成《大乘起信论考证》一书。

钱玄同与黎锦熙、赵元任等人编辑国语研究会刊物《国语月刊》，出版"汉字改革专号"，提倡汉字改革，改用拼音，即国语罗马字。钱玄同又在教育部国语统一筹备会上提出简化字方案，获得通过，成立以钱为首席委员的"汉字省体委员会"。

胡适著《章实斋先生年谱》、《吴敬梓年谱》、《五十年来之中国文学》。由胡适译述的《杜威五大演讲》也于本年出版。

沈曾植去世。沈氏为晚清同光体诗派代表之一，有《海日楼诗集》；精研西北史地，有《蒙古源流笺证》等。

6月15日，章太炎有《致柳翼谋书》，对南京高等师范学校教授柳诒征在《史地学报》上对自己的批评进行答复。章太炎曾在《国粹学报》上《诸子学略说》文中激烈批评孔子，说孔子窃取老子藏书，给以激烈贬责。柳诒征批 评章太炎诋毁孔子，诬蔑古代圣贤。章太炎作信答复，发表于《史地学报》一卷四期，当年八月出版。信中否定自己过去诋孔之言，说自己中年以后，已经改变以往观点，对柳氏的批评表示感谢。信中也对康有为和胡适的学术观点，作出相当严厉的批评。柳诒征原文《论近人讲诸子之学者之失》，载《史地学报》一卷一期，1921 年 11 月出版。章太炎此文，既论孔子及儒学，又论当代重要学者之学术观点，还明确言及自己学术思想之变迁，很应重视。文如下：

致柳翼谋书

翼谋先生足下：顷于《史地学报》中得见大箸，所驳鄙人旧说，如云"孔子窃取老子藏书，恐被发覆"者，乃十数年前狂妄逆诈之论，以有弟兄啼之语，作逢蒙杀羿之谈，妄疑圣哲，乃至于斯。是说向载《民报》，今《丛书》中已经刊削，不意浅者犹陈其刍狗，足下痛与箴砭，是吾心也。感谢感谢。

胡适所说《周礼》为伪作，本于汉世今文诸师；《尚书》非信史，取于日本人；（《尚书》史体未备，如《尧典》首章不详实事，有如碑颂；《甘誓》发端不记主客之类。是由当时史法未成，不得谓非信史）六籍皆儒家托古，则直窃康长素之唾余。此种议论，但可哗世，本无实证。且古人往矣，其真其伪，不过据于载籍，而载籍之真伪，则由正证、反证勘验得之。墨家亦述尧、舜，并引《诗》、《书》，而谓是儒家托古，此但可以欺不读书之人耳。长素之为是说，本以成立孔教；胡适之为是说，则在抹杀历史。推其所至，《十七史》之作者，骸骨亦已朽矣，一切称为伪托，亦奚不可；而儒家孔子究竟有无其人，今亦何从质验？转益充类，虽谓我生以前无一事可信、无一人是真可也。此其流弊，恐更甚于长素矣。足下辞而辟之，正如凤鸣高冈，鸠鹊不能以啁噍相对，此一快也。

九流之衰，足下谓由董卓之乱、永嘉之难使然，亦实语也。然书籍焚毁，始于是时，而学术衰微，则实汉武罢黜百家之故。文、景时博士尚有以诸子教者，至汉武乃专取五经，其实非只废绝百家，亦废绝儒家（孟子、荀卿之书，汉武以后不立博士也）。弟子程试，于五经尚尔分科，其余更不皇流览，所谓利禄之涂使然。观刘歆之语扬雄，称"今学者有禄利，然尚不能明《易》，又如《玄》何？吾恐后人用覆酱瓿也"。然则九流衰废，固可知已，其间有不受缰锁，闭门研寻者，则所谓豪杰之士耳（桓谭欲借《庄子》书于班嗣，则《庄子》传世已少；若如经典盛行他方，亦可迻写，何必专求班嗣也）。是故以罢黜百家归咎仲舒，本不为过，唯梁启超以仲舒为儒家，因以是为儒家之过，则鄙意甚有异同。仲舒乃今文公羊之师，于儒林列传则是矣，于九流之儒则非也。其言凌集巫史，实兼习阴阳家说。《汉志》董仲舒百二十三篇，虽入儒家，然所谓"于道最高"者，实所谓"随时抑扬，违离道本"者，不知刘、班意中，视仲舒在何等也。由是言之，九流之衰，仲舒群伦当任其过，而不得概咎儒家，望足下更为平情之论也。

　　鄙人少年本治朴学，亦唯专信古文经典，与长素辈为道背驰，其后深恶长素孔教之说，遂至激而诋孔。中年以后，古文经典笃信如故，至诋孔则绝口不谈，亦由平情斟论，深知孔子之道，非长素辈所能附会也。而前声已放，驷不及舌，后虽刊落，反为浅人所取。又平日所以著书讲学者，本以载籍繁博，难寻条理，为之略陈凡例，则学古者可得津梁。不意后生得吾辈书，视为满足，经史诸子，束阁不观，宁人所谓"不能开山采铜，而但剪碎古钱，成为新币"者，其弊正未有极。前者一事，赖足下力为诤友；后者一事，更望提挈后进，使就朴质，毋但依据新著，恣为浮华，则于国学庶有益乎？章炳麟顿首。六月十五日。

十月十日，《中华新报》出纪念增刊，特请章太炎作文"示国人以治学之津梁"。增刊刊登章太炎和爱迪生照片，上题"东西洋文化之提携"，下标"国学泰斗章太炎先生"，"世界大发明家艾迪生先生"。并加识语说："太炎先生国学泰斗，一代宗匠，吉光片羽，海内争诵。近年所作，多为关于建国问题者，论学之文，反不易见。顷者整理国故之说大倡，而率无门径。兹存先生特为本报纪念增刊撰文一首，示国人以治学之津梁。此文之出，足使全国学界获一贵重教训，固不仅本社之荣幸已也。"

章太炎文章为《时学箴言》，论治诸子学之难易得失及门径："今之为时学者，曰好言诸子而已矣。经史奥博，治之非十年不就，独诸子书少，其义可以空言相难。速化之士，务苟简而好高名，其乐言诸子宜也。不悟真治诸子者，视治经史为尤难：其训诂恢奇，非深通小学者莫能理也；其言为救时而发，非深明史事者莫能喻也；而又渊源所渐，或相出入，非合六艺诸史以证之，始终不能明其流别。近代王怀祖、戴子高、孙仲容诸公，皆勤求古训，卓然成就，而后敢治诸子。然犹通其文义，识其流变，才及泰半而止耳。其艰涩难晓之处，尚阙难以待后之人也。若夫内指心体，旁明物曲，外推成败利钝之故者，此又可以易言之耶？偏于内典哲理者，能知其内，无由知其外；偏于人事兴废者，或识其外，未能识其内也；偏于物理算术者，于物曲或多所谕，非其类而强附之，则所说又愈远。岂以学校程年之业，海外数家之书，而能施之平议者哉！今人皆以经史为糟粕，非果以为糟粕也，畏其治之之难，而不得不为之辞也。至于诸子，则见为易解，任情兴废，随意取舍，即自以为成一家之言，以难为易，适自彰其不学而已。魏、晋之清谈，宋、明之理学，其始皆豪杰倜傥之士为之，及其末流，而三尺童子亦易言之。今之好言诸子者，得无似其末流者耶？或曰：佛法至深，而禅宗不识字者亦能了之，诸子虽难知，未能过于佛法，又安用苦学为！然此非其喻也。佛法之真，不在语言文字，其聚积赀粮也，在乎修持，不专在乎学理。苟能直证心源，则虽以经论为刍狗可也。今诚能涤除玄览，则可以不读老子矣；诚能得其常心，则可以不读庄子矣；诚能绝四无知，则可以不读《论语》矣；诚能兼爱尚同，则可以不读墨子矣。而今之为九流之学者，其趣向本不在是，唯欲明其学理、通其语言文字而已，此乃佛家之讲师，非可以禅宗喻也。夫讲师则未有能舍苦学而入者矣，进无绝学捐书之才，退失博文覃思之用，此时学之所以为弊也。"

十月下旬，世界佛教居士林开会，章太炎参加并演说。其《世界佛教居士林会演说辞》载 10 月 30 日《申报》，论大小乘皆必修四谛："佛法无边，从何处说起？简单言之，无论大乘小乘，皆必修四谛。何为四谛，苦集灭道是。苦为集果，集为苦因。集者缘起之义，有情世间、器世间之建立，皆为缘起。大地山河为器世间，就矿而论，皆含有识，矿能变动，即是其识。人类为有情世间，人之生死，识为缘起，无明缘行，行缘识，识缘名色，名色缘六入，六入缘触，触缘受，受缘爱，爱缘有，有缘生，生缘老死。识分为八，眼耳鼻舌身意为六识，末那为七识，阿赖耶识为八识。前六识有情，七八识无情。八识统名藏识，故有谓即如来藏。苦之种类甚多，或名八苦，或名百千苦，总之有世间则有烦恼，烦恼即是苦。若欲断诸苦，惟有从一切缘起，灭者涅槃之义，道为灭因，灭为道果，一切佛乘皆为道。佛者觉也，悟之为觉，迷则为凡。小乘但求自度，大乘务在度人。度人即菩提心，欲证涅槃，必先修道，涅槃分有余依、无余依二种，此即大小乘之别，吾故谓无论大小乘，皆必修四谛。"

五月五日，章太炎有《论散氏盘书与寅邠》，同易培基讨论彝器古文。先是，易培基自"湘中某军官"所藏散氏盘原器拓得拓本，寄拓本与章太炎并讨论其中文字。章太炎此信考释拓本文字后，论及自己对彝器古文的看法，认为可作小学参考书，不敢尽信；又评说治彝器文字者多人。此信原载东南大学《国学丛刊》一卷一期，今据谢樱宁《章太炎年谱撦遗》节录："得书，并散氏盘拓本，字画精湛，允为名宝。……（以下太炎对拓本上的字，进行考释）……（余）向来于彝器古文，但视为小学参考书。所以然者，字体谲觚不可臆度。自宋以来为彝器款识作释文者，皆取之胸怀，既非师授，亦无显证。其比附六书者，差可信任，前一王录友筼，近一孙仲容（诒让）而止耳。阮氏（元）虽通训诂，其于形声韵类，粗疏特甚，故所释尚多臆定。陈簠斋（介祺）鉴器虽精，绝无学识（原注：曾见簠斋尺牍，真是一八股先生。有时忽论及程、朱、陆、王，不知于考彝器何与？此是高头讲章识见）。前后二吴（指吴荣光、吴大澂）亦骨董客、刻印师之流。点画声韵，似尚未辨，无论六书也。陈自知浅陋，不敢妄作释文；二吴凭臆妄定，郢书燕说，十有七八。……仆本不欲妄说，今此所释，亦未敢自信。……究之，犹属疑七事，若如二吴所为，则断不敢强效也。"

六月七日，章太炎又致易培基一信，云又考出盘中一字，并"已将拓本付装，自写释文于上"。

四月至六月，章太炎应江苏省教育会邀请，在上海主讲国学，每星期六下午讲学，前后共作十讲。青年学子和其他人士，凡有志者均可报名听讲。此事得到报纸有力配合，事前刊登预告，讲后刊登讲学纪录。一些学者并撰文评说，反响很大。讲学纪录，共有三种文本。一种是《申报》于每次讲学次日所发之报道及纪录；一种是曹聚仁整理的《国学概论》本；另一种是张冥飞整理的

《章太炎先生国学讲演集》。《申报》所载，文字并非最佳，但可了解讲学内容、听讲人数，讲学时间、地点等多方面情况。今据汤志钧先生整理依次录出：

3月29日，《申报》刊登《省教育会通告》，说明"深惧国学之衰微"，特请章氏讲演，于4月1日开始：

"省教育会通告云：敬启者，自欧风东渐，竞尚西学，研究国学者日稀，而欧战以还，西国学问大家，来华专事研究我国旧学者，反时有所闻，盖亦深知西方之新学说或已早见于我国古籍，借西方之新学，以证明我国之旧学，此即为中西文化沟通之动机。同人深惧国学之衰微，又念国学之根柢最深者，无如章太炎先生，爰特敦请先生莅会，主讲国学，幸蒙允许。兹经先生订定讲题及讲演日期时间，附开如后，至希察阅，届期莅会听讲为盼。专颂台安。江苏省教育会启。三月二十八日。

"讲演期　四月一日（星期六）起。每星期六午后，准四时二刻开讲，有志研究者，并得于讲学后质疑问难。志愿听讲诸君，务请于四时二十分齐集。

"讲演顺序　第一次论国学大概，第二次论国学派别。凡志愿听讲诸君，幸先自审量对于国学确有研究之兴味，并能按期准时听讲，不至中辍者，即日开示姓名，预向本会报告，以便预留座位。"（《申报》，1922年3月29日《省教育会请章太炎先生讲国学》）

4月1日，章氏"开讲，听者共约三四百人"，首讲"国学大概"，报载：

"江苏省教育会以国学一道亟应研究，但主讲之人，殊难其选。章太炎氏为国学泰斗，近经商定邀于每星期六日主讲，昨日为第一日。四时许，听讲者先后到会，四时半开讲，男女共约三四百人。沈信卿致词，大致谓太炎先生之学问，夫人而知，不俟再赞。

今日开讲，预备时促，筹备不周，来听讲者众，深恐座位不敷，至为抱歉。夫西人近来研究我国哲学，吾人对于我国自有之学，转置不问，良可惜也。今请太炎先生主讲。此后或能将此学问，传布世界，则于中国文化前途，极有关系。惟讲时简要，仍盼各自研究而发挥之。下次地点，或更觅较宽之所焉。众鼓掌。

"章太炎先生登坛主讲云：今日讲国学大概。先说在日本及北京讲学之经过，次论讲学之难易，次言讲学须对症发药。讲至此，遂书明所讲国学大概之标题：一、国学之体：（甲）经史非神话；（乙）经典诸子非宗教；（丙）历史非小说传奇。二、治国学之法：（甲）辨书籍真伪；（乙）通小学；（丙）明地理；（丁）知古今人情之变迁；（戊）辨文学应用。依次讲述，将国学之自体讲完，时已六时有余。沈信卿君谓：今日讲时已久，余俟下期续讲。众鼓掌。方讲述时，全堂三四百人，静肃无哗。而讲述时，引经释典，非常清晰，故听者殊有兴趣焉。所讲述者，另有纪录员纪录，以便整理，送由章氏核阅，以便发布云。"（《申报》，1922 年 4 月 2日《章太炎讲学第一日记》）

省教育会以报名者甚多，而"该会会场狭小"，商定第二讲在中华职业学校附设之职工教育馆举行，并发通告，报载：

"江苏省教育会延请章太炎先生主讲国学，已迭志本报。兹悉四月一日第一期开讲，报名者竟有六百余人之多，临时到会者又有一二百人，而该会会场狭小，仅能容纳三百五十余人，致后到者均不及招待。现该会为谋推广座位起见，已商定迎薰路中华职业学校附设之职工教育馆内，计可容座位千人，已通告于四月七日以前，继续报名领券，发券至一千号为止。查迎薰路系新辟马路，交通亦甚便利，自中华路经旧尚文门以南，即抵该路，车马可直达该校门首云。"（《申报》，1922 年 4 月 4 日《愿听章太炎先生讲学者注意》）

又云：

"江苏省教育会敦请章太炎先生主讲国学,第一期已于本月一日举行,嗣因报名听讲者异常踊跃,决定自第二期起,改在尚文门内迎薰路中华职业学校附设职工教育馆内开会,声明扩充座位至一千人。注意国学诸君,得此消息,争先前往索取听讲券,至昨日下午,已满足一千人,可谓盛矣。本日为第二期讲演,仍于下午四时半开始,听讲者须于四时二十分以前齐集职工教育馆云。"(《申报》,1922年4月8日《章太炎今日继续讲学》)

4月8日,章氏作"第二讲","到者约四百余人",续前"国学大概":

"日昨为江苏省教育会延请章太炎氏讲学之第二日,因省教育会地点不敷容坐,故改在陆家浜中华职业学校内职工教育馆。四时许,男女听讲者先后前往,至四时半,章氏登坛讲述,是日到者约四百余人,备有蓄声机,于重要名词用机传达,以便坐后者闻之清晰。开讲时,先由沈信卿氏报告改在职工教育馆之原因,并谓此间可容一千人,愿报名来听诸君,继续到场,幸勿间断。

"次章氏主讲,续前国学大概。其第一段国学之自体,上次已讲,今日续前讲述治国学之法。内分五目:(甲)辨古籍真伪。大致谓古时书籍多,学问亦杂,如经史子集,除集部中伪造者较少外,而经史子则鱼目混珠,伪造者不可胜纪,如彼伪造之书,真令人走入迷罔,姚际恒著有《古今伪书考》,略将伪书指出。盖经部伪书已不少,如《尚书》五十八篇,内二十五篇系晋代枚颐所伪造,至宋而知为伪,揭破之,然受欺者已千余年矣。夫人之所以受其欺者,为其所伪造尚近情也。明代伪书极多,如《子贡诗传》系书坊所造,然无价值者;郑康成之《孝经注》、《孟子》孙奭《疏》均伪。正史不敢伪造,而别史则伪者多矣。《吴越春秋》、《越绝书》皆伪书也。《越绝书》托名子贡者,实则为汉袁康伪造。

《汉魏丛书》中之《汉武内传》、《飞燕外传》类，系宋代人所造，此书当时或认为真，而今则知为伪矣。子部中伪本极多，吾人所知者，如《吴子》、《列子》、《文子》、《关尹子》、《孔丛子》、《黄石公三略》等，前三书略可信，而后三书则全不足信矣。《吴子》中之器具，有为现在所无者，此必六朝时人造。《列子》殆剿袭《淮南子》，《文子》要为晋代人所造。《列子》文章极好亦圆满，然此种说法，一看佛经，便能了解。盖列子有其人，而书则伪造矣，此书虽系伪造而极好。何以知其伪？以汉时人无用《列子》语者。《关尹子》不足论。《孔丛子》比《关尹子》略好，大约魏晋时人所造。又《孔子家语》为王肃所造，《黄石公三略》为唐代人所造，《太公阴符经》亦为伪造，系唐代李筌所造，此书恐在《黄石公三略》之后。夫欲讲哲理，虽伪书亦无妨，而考据之学，则差之毫厘，谬以千里矣。康有为谓汉以前之书，尽被王莽、刘歆所删改，此太武断，不足信。总之真与伪，须自辨，不能一概论，在人自抉别之耳。

"（乙）通小学。韩昌黎云：'凡欲作文，须略识字。'识字者，通小学也。《尚书》周诰殷盘，为当时之告示，今读之，则佶屈聱牙矣。《汉书·艺文志》云：《尚书》，直言也。直言，即白话也。故《尚书》为当时之白话，或者此为各地之土话，故后之读之不易明矣。《汉书》有云：《尚书》读应《尔雅》。以《尚书》中字不可解者，则于《尔雅》中求之。总之，愿读唐以前之书，须明小学，方易上口。宋以后，则与今无甚异矣。

"小学可分为三种：一，训诂，如《尔雅》；二，形体；三，谐声。朱文公好讲古书，不明小学，以致大错。如格物释为穷物。夫格训为来，来训为至，至训为极，极训为穷，转辗训诂，不明小学者，不能无误。又讲'主一无适'，适本与敌通，无适，无敌也，乃取走义，而为'无走'，不亦可笑乎？夫韩、柳之文，都通小学，故多佶屈聱牙处，盖亦彼时之土语耳。清桐城派略懂小学，然古书中不甚可解者，宁不用之。夫讲哲学，可以不通小学，然必古语完全不引，若欲援引古语，则仍不能不通小学焉。

"时已五时四十五分，因六时职业学校须用会场，故即止，余三段容下期续讲。散讲，已近六时矣。"（《申报》，1922年4月9日《章太炎讲学第二日记》）

4月12日，《申报》预告第三讲日期：

"章太炎讲学第三期，定于本月十五号，仍在职工教育会，惟时间须提早半钟，定于是日午后四时起。凡听讲者须于三点五十分钟到场云。"（《申报》，1922年4月12日《章太炎讲学预报》）

4月15日，章氏作第三讲，续讲"治国学之法"：

"江苏省教育会延聘章太炎氏讲学各节，曾纪本报。昨日为第三次讲学之期，仍在陆家浜职工教育馆，午后四时开讲，续前国学大概中之第二项治国学之法。

"（丙）明地理。谓地理本为补助他种学问之一科学，故欲贯通他种学问，不可不通地理。地理有天然、人为二者，天然者尚易讲，如古今山川，变化极少，试观古籍，亦可知其大概，而人为者则难矣。例如郡县沿革，自古迄今，不知几千万变矣，春秋封建也，而秦置郡县。今之人，于古之大区域之郡，尚能知其梗概，而小区域之县，遂不易辨别，至沿革则更非容易。故中国讲地理之书，关于天然的，如《水经注》、《水道提纲》等；关于人为者，如《方舆纪要》、乾隆府厅县志等。夫后之讲地理，必以现在为本，而说某处即古之某地耳。唐代有《元和郡县志》，考究不甚分明，曾不如后来者之明白，然此犹属官书中之可信而不诬者。又李申耆五种，古代亦有，特较简而已。要之读古文，往往与地理有关系，如春秋战国时代之晋、楚等易明者，至其细处之形势，则不易明。然不明地理，将何以知其胜败之原因？夫汉代书中之地理尚易讲，所难者为南北朝，以彼时南北互迁，有所谓'侨置'者。北人南居，往往题为某州，州之下分郡，郡之下分县，县有仅为数人者。州之名，有青州、兖州等名目，此在今之镇江地方，若误为山东之青、兖，不亦大谬乎？元代地理，扩大及于塞外，《元史译文证补》一书，讲地理尚佳，以其博证海外故也。彼不明地理而讲地理者最易错误，如《水经注》，于北方之地理尚明，而南方之地理则不合。又如郑樵，闽人也，著《通志》，讲地理极粗率。盖中国之大，地名不能无相同者，设误甲地为乙地，不亦可笑耶？又如名地而实与所名之地相隔者，诸葛亮《出师表》'五月渡泸'之'泸'字，与今之泸州相去千有余里，必读者深考其所以当时之'泸'，与后之命名'泸州'，则庶几矣。此外如典章制度，亦须明白，特其较易，故不及之。

"（丁）知古今人情变迁、社会变迁，人情随之不同。此其故，由于风俗习惯物质之有变化故也，彼粗心者易犯两病，一则理学先生认天不变，道亦不变，不知道德亦随时而会变也。盖伦理道德不变，而社会道德实变，盖政体不同，则风俗不同，风俗不同，则道德亦随之不同。例如封建时代近贵族制、而郡县时代则近平民制矣。且古之所谓家，非一夫一妇的数口之家，实百乘之家、千乘之家也。故《大学》云：'欲治其国者，必先齐其家'，其家不可教而能教人者无之。家，即大夫之家也。然唐太宗家庭大变，不可谓能齐家矣，而治国极好，此可见道德之说，亦宜审究。一则古时之贵族制盛，故周公之摄政，自称为王，晁错之被诛，见弃六国，以云道德，究竟孰是孰非乎？其时之所谓是者即是，其时之所谓非者即非，道德果千古不变乎？有因父母之丧而去官者，有不去者，甚有因长官师长妹妻而丁忧者，风俗之所关，当时不以为异，而后人见之，不觉失笑，故读古须扩大胸襟，不可拘泥也。

"（戊）辨文学应用。文学之源流，言之长也，今日姑置。文学亦极纷繁，容俟别论。《文心雕龙》一书，固专讲文体者，自来骈体散文之讼案，各按一理，百世而不能决。韩、柳主散文，宋儒攻骈体至烈，然有挟孔子之《文言》与《系辞》为驳者，此皆不必。文章之妙，不过应用，白话体可用也。发之于言，笔之为文，更美丽之，则用韵语，如诗赋者，文之美丽者也。约言之，叙事简单，利用散文，论事繁复，可用骈体，不必强，亦无庸排击，惟其所适可矣。然今之新诗，连韵亦不用，未免太简。既以为诗，当然贵美丽，既主朴素，何不竟为散文。日本和尚有娶妻者，或告之曰：既娶矣，何必犹号曰和尚，直名凡俗可耳。今之好为无韵新诗，亦可即此语以告之。古之白话，直书于书者，如《尚书》'莫丽陈教则肄肄不违'，清江艮庭谓多一'肄'字，此因其口吃而叠语之，如《汉书》'臣期期不奉诏'、'臣期期以为不可'之类，举直书白话者也。今之曲尽其力，以描摩白话，真不知白话之应用者矣。

"是日章氏讲解，颇多趣语，听者无不捧腹，以其趣语，要都从经史中证明出来故也。六时停讲，下次讲派别云。"（《申报》，1922 年 4 月 16 日《章太炎讲学第三日记》）

4 月 22 日，章氏作第四讲："讲国学之派别"，报载：

"江苏省教育会延聘章太炎氏讲学，昨日为讲学之第四日，仍在职工教育馆，原定四钟开讲，因章氏车行中途，为行人阻塞，到馆开讲，已四时有半矣。章氏登讲坛，众鼓掌。

"章氏云：国学概论中，国学之自体及治国学之法，前既述之矣，今讲国学之派别，要可分为三端：

（甲）经学之派别；（乙）哲学之派别；（丙）文学之派别。兹先述（甲）经学之派别。夫国学有不必讲派别者，如史学是，有零碎之学问，不能列为派别者，姑置不论，而论有派别之国学。盖研究国学而不明其派别，有望洋兴叹、无所适从之憾。经学二字，

329

前既言之，无特殊意味，盖经本史耳。史与经无甚区别，吾人所共知之六经，如《尚书》、《春秋》，纪事书，即历史也。《诗》似与纪事无关，然不少为国事而作者。国风略少，大雅、小雅，俱谈国事，则亦史矣。乐，制度之书也，已失传。《礼》，则《周礼》为古之官制，《仪礼》为古之仪注，凡官制等，今俱入史部。惟《易》稍异，讲道而涉及高深，与史无关。然太史公曰：'《易》本隐以之显，《春秋》推见以至隐。'盖《春秋》谈成败利钝，无论已。《易》则以无形之道，而暗指事实，故《易》实一种社会学之书，专以推知各事者，讲之甚繁。夫世界之变迁，原无一定，本学问而讲，则学问为凡事之精华也。近代视《易》为宗教书之流亚，然周末无此风习，而此风习实起于汉。汉有古文家、今文家之别，此二者，即派别之所由生也。六经自遭秦火，已不完全，后有传经者出，遂渐渐推传。约计之，《易》有田何而传之施、孟、梁丘，京即孟之后也，共四家。《书》有伏生而传之欧阳、大夏侯、小夏侯，共三家。《诗》有申公之《鲁诗》，辕固之《齐诗》，韩婴之《韩诗》，共三家，无总传者。《礼》有《仪礼》，由高堂生传之大戴、小戴。谷梁不在内，而《春秋公羊》，则由胡母生而董仲舒而严氏、颜氏，盖东汉曾定为十四博士也。总之经之原本，罕有谈神怪宗教事者，惟汉末虞翻之《易》，于卜筮之说最盛，《书》则大小夏侯，好为《洪范》五行之说，以近于宗教。'《春秋》为汉制法'一语，似孔子已知将有汉者，可异甚已。夫纬书谶书，俱近宗教。《易纬》仅如《月令》之类，《诗纬》、《书纬》、《春秋纬》讲鬼甚多。凡此恐视耶稣《创世纪》尤荒诞也。此风起源于西汉末，系今文家所捏造者。

"夫所谓古文，《易》费氏、《书》孔氏、《诗》毛氏、《礼》桓公、《春秋》左氏，是古文家也。然古文家者，亦不过知有古本者耳。意者，古文者，得有篆书之古板书；今文者，以口传而后笔录之书耳。由此观之，古今文之分别，不但文字有异，即篇数亦有不同，即事实亦不能无差异焉。秦火独不能烧诗，要因诗有韵，人人能背诵，故能烧身外之书，不能烧尽腹中之书也。《周礼》、《孟子》不甚明白，故曰其详不可得闻，又《周官》三百六十者，非三百六十员，而三百六十官名也。就当时之府吏胥徒而计之，固有五万数千官焉。又《论语》、《孝经》，古人本不认为经，而后称为十三经者，殆将诸书刊列一处，遂认为经耳。

"讲至此，时已六钟，遂停讲，下次再续。"（《申报》，1922年4月23日《章太炎讲学第四日记》）

4月29日，章氏作第五讲，继讲"经学之派别"：

"江苏省教育会延聘章太炎氏讲学，昨日午后四时，仍在职工教育馆讲述，系讲经学之派别，就五经、七经、九经，汉唐宋明清学者之派别，条分缕析，阐发无遗，听者动容，详情容续志。"（《申报》，1922年4月30日《章太炎讲学第五日记》）

5月1日，《申报》续志第五次讲学内容如下：

"江苏省教育会延聘章太炎氏讲学，第五次仍在教育馆，于四月二十九日午后四时至六时，所讲大概，曾志昨报，兹再详志如下。

"今日讲'经学之派别'。夫经学三国时经王肃之提倡，当时人渐信仰古文，及晋而渐盛，几无复信今文矣。如讲《易》从费氏，其实费氏无学说，仅传其书。故后之倡学说者，仍各主一说以相争论。郑康成与王弼说《诗》，意见相左。《左传》汉时有几家著作，如服虔、杜预，亦门户各分。汉时之讲《左传》者，每引《公羊》以为证，以致抵触极多，晋杜预著《春秋释例》以驳之。《尚书》郑康成注之，古文也，然不足信，以东汉已无古文也。如马融、郑康成，师生也，所主学说不同，文字亦不同。三国后，郑得列入学官，而伪古文之说以起，东晋时信之。南北朝时，北魏颇有文化，然派亦不同，如《易》则北尊郑（康成）而南尊王（弼），《毛诗》无甚异说，《左传》南信杜（预）而北信服（虔），《尚书》则只行于南朝耳。唐则有孔颖达、贾公彦，现行世之五经，即孔颖达注疏者，如《礼记》本非经也，而至是为经。唐又并《周礼》、《仪礼》而为七经，更加以何休所注之《公羊》、范宁所注之《谷梁》，则为九经矣。孔贾二人中，孔为北方人，北方之所尚，与南方不同。唐一统宇内，冶于一炉，宜无甚争，然北方之文化，究不及南方也。故孔虽北人，而于经则不能不舍北就南。《易》不用郑而用王，《左》不用服而用杜，卒之北并于南，虽在北而郑说失传而存王说，服说不行而存杜说，然于时南学北学之分固大炽焉。唐行科举，轻视经学，而仍用之者，以时有明经、进士两科，学者不能不攻习也。第彼时攻习经学，限于一本，自由意见，无从发展，盖用经非欲发挥经学，不过借以愚黔〈首〉耳。惟须实用之《周礼》、《仪礼》，转极发达，一时研究甚精。宋承唐后，拘守殊甚，不但文，即诗赋亦如此。有某者，于此拘束时代，特发一鸣惊人之论，释'当仁不让于师'之'师'字为'众'，文意极佳，竟舍弗取，可见彼时钳束之甚矣。《孟子》本无疏，而今传之疏实伪，宋时之明经科改为学究科，盖学究二字之价值，可以概见。明经不过尔尔，则经学之厄亦甚矣。进士科中，稍有才华，及宋不得不一大变。其变也，从孙复、欧阳修起，孙谓《春秋》左、公、谷俱不可恃，遂自为经说矣。孙之为此说，实本赵匡、哈〔啖〕助。唐刘敞说经甚好，有《七经小记》者，今不易见，其说殊可靠，既不泥古，亦不狂妄，以古解古，较为公允。王安石出，著《三经新义》，现亦不易得其板，然读其文集，王之说犹愈于欧阳修。以欧视《诗经》为男女调戏之书，致黄湘素杂记本是以为说，此其病在以臆想讲经，不知古今人情变迁，不明小学之故也。朱文公谬甚，说《河图》、《洛书》，先天八卦、后天八卦等等。清王懋竑为文以辨之。盖朱非道学家，而道术炼丹最为深信，讲'参同契'不用己名，假托邹忻，邹、朱音近，忻可训熹，良可怪矣。《尚书》文有平易者，朱疑为非古文，清代学者举认系东晋古文，此朱之功也。然《书序》决非伪，以无序不能知为某篇某篇，朱并疑之，则谬矣。朱于诗则大过，诗中之注说《小序》也，朱有称此刺淫奔之诗也云云，陈傅良大骂之，朱注'城阙为偷期之所，彤管为行淫之具'二语，真可谓荒谬绝伦。现行本中无此二语，或者被陈骂后而改之。'丘中有麻，彼留子国'等语，朱解为妬语，清代学者已驳之。果如所云，则作诗者亦如今之新文化者，专讲自由恋爱乎？吕东莱讲诗极好，惜当时不行，明则经学已无。夫清之反对朱学，最初为毛奇龄，然非之是也，而《四书改错》，则未免过甚。《河图》、《洛书》，清初胡渭（朏明）驳之，阎若璩力攻《古文尚书》，证据完备，近似汉学，然其病在本朱说。江永甚佩朱，而讲经则不佩之。清代之经学，有惠栋（定宇）、戴震（东原）二人。惠为吴派，戴为皖南派。戴非自著书而讲研究法，其以训诂解《仪礼》，以文字定训诂，以音声定文字，如此探本穷原，思过半矣。其传经之弟子，有孔广森、任大椿、段玉裁等三人，尚有一王念孙者，虽非戴之传经弟子，而能引《汉书》之甲处，以解其乙处，历代所不能通者，用此法则无不通矣。所著《经传释词》一书，为读古书者不可不读也。惠、戴而外，有庄存与、刘逢禄、宋翔凤等之常州派。王闿运等亦以经学家闻于时，惜未与惠等同时，否则相得而益彰矣。夫学派之别，初则有今文、古文之争，次则南学、北学，次则汉学、宋学，次则吴与皖南派，今又将转入今文、古文，如此循环无端，永无止息，天地混沌，而学派之争始已欤？"（《申报》，1922年5月1日"本埠新闻"《章太炎讲学第五日续记》）

5月6日，为章氏第六次讲学之期，《申报》先行介绍：

"江苏省教育会延聘章太炎氏讲学，已经五次，今日午后四时，仍在职工教育馆为第六次讲学。据闻章氏此次讲学，虽每星期一次，每次两小时，然其撷菁采华，用极浅易之说法讲授，引初研国学者入其门径，苟能继续听讲，十次讲毕，于国学之大概情形可以明白，胜闭户读书三年焉。座次仍以先到者尽前云。"（《申报》，1922年5月6日"本埠新闻"《章太炎今日第六次讲学》）

　　5月6日，章氏作第六次讲学，题为"哲学之派别"，《申报》志略云：

　　"昨日为章太炎氏第六日讲学，午后四时，在职工教育馆开讲哲学之派别。大致谓周秦以迄宋明，其学说之最新者，谓庄子为颜渊之一派。以《庄子》中虽有非孔之处，而于颜渊则阐扬最精，如心斋之类。唐代哲学，只有韩愈、柳宗元、李翱三人，内以李为最佳。次讲宋代朱、陆，次讲王阳明。是日发挥尽致，直至六时余始止。此哲学之派别，仍未完毕，俟下期续讲云。"（《申报》，1922年5月7日"本埠新闻"《章太炎讲学第六日记略》）

　　5月13日，章氏第七次讲学，"续讲哲学之派别"，《申报》志略云：

　　"江苏省教育会延聘章太炎氏讲学，昨午后四时，仍在职工教育馆续讲哲学之派别。历述元代以来之哲学家，阐发宗派，极为详尽。在有统系之听讲者，实觉津津有味，直至六时半始止。详情明日续刊。"（《申报》，1922年5月14日"本埠新闻"《章太炎讲学第七日记》）

　　5月14日，《申报》续志第七次讲学详情：

　　"江苏省教育会延章太炎氏讲学，前日为第七日。续讲元明清时代哲学之派别云。元代哲学家为吴澄（草庐）、金履祥（尚近）、许谦（白云）、王柏（会之）等，而以王说最偏。如朱文公，彼谓《诗》为淫奔期会之作，故欲自行删《诗》，亦可谓胆大妄为者矣。

明宋濂（景濂）博览群书，然非理学家也。方孝孺（正学）无甚发明，所有朱子之学说，至是而绝。陆派亦散漫，其故由于明太祖专制太过，以致学者不能自由发挥思想。要之明学派自成一代风气，非承袭宋代者，其最有名者有二人焉：一为薛瑄（敬轩），无所谓派，语亦寻常；一为吴与弼（康斋），野居而农，不应世，苦学不倦，读书又多，主身体力行，凡明代所传之学派，吴多而薛少。薛语尚正，惟行则不能无疵。吴为石亨所荐，有谓彼为石之门下士，虽有为辩者，恐亦不能免，此亦当时风气使然，不足怪。吴传派甚多，如胡居仁（敬斋）、陈献章（白沙）、娄谅等，为一时知名之士，然胡无甚发明，陈则发明不少。夫明代学者，有所发明以为尚，实自陈白沙始。陈不著书，以为著书无谓，惟诗则至富。此人系乐天派，筑阳春台，静坐三年，门下弟子从之者，亦啸傲山水以为快，其最乐诵者，为《论语》'浴乎沂，风乎舞雩'等语。至《孟子》'勿忘勿助'之语，亦殊赞成。盖彼以为'无时不乐，无一不快'也。其门下士为湛若水（甘泉）与娄谅，所传弟子王守仁（阳明），同时并起。王阳明似喜讲道教者，少时交道家不少，延某道家至家，三拜而问道，道家笑对曰：'求道而专以拜，犹宦海中习也。'后从娄谅，而与湛为友。湛之主要语，为体人天理，天理云者，自然之规则也。湛主一切顺乎自然，故湛之见解，比王为高。阳明无所畏，惟畏死，究不知死后如何，无以验，乃筑石棺以试之，卧棺中，忽跃起，而得'良知'之说，并讲知行合一，谓知即行，凡知之恳切者即行，至极精明之处即知，后复讲静坐，所著《传习录》中极多。原此良知之说，究竟有何所本。查宋胡宏（五峰）著有《胡子知言》一书中，有良知之说，惟说之未透耳，王说殆本胡氏欤？《孟子》亦云：'孩提之童，无不知爱其亲也，及有长也，无不知敬其兄也。'此从感情上说，若王则范围广矣。佛学有一、相分，二、见分，三、自证分，四、证自证分。用此以释孟、王，孟说良知，仅属见分；王说良知，即自证分、证自证分矣。王论事不恃他物证，亦不必事后考虑，盖对人不许狐疑，对己不得懊悔，故有谓王阳明之说，宜于用兵，最有决断，良有以也。

"阳明之弟子有钱德洪（绪山）、王畿（龙谿）、王艮（泰州），王艮最狂，而弟子极多。惟黄黎洲《明儒学案》不佩两王，而最佩江西之弟子，如罗洪先、邹守益、欧阳德、聂豹等四人。罗云：'人至极静时，心中未有不动者。'时有王时槐者，亦主静坐，谓无念即为一念，非无念也，而念之至微者，此即佛法中之所谓意根，恒审见量。设问曰：'我何物？'应曰：'阿赖耶识即我。何以知我？即先有意根也；恒审思量，即想我也。人对于我有怀疑，对于我决无自怀疑者。'王艮之弟子曰王栋，发明一语曰：'意与心恐有别。盖意非心之所发，意为心之所主。'湛若水寿极长，主张与王极不同，其门弟子极多，而著名者不多见。此外有吕经野者，说又与王、湛不同。要讲礼教而极纯正。有何心隐者，用术以倾严嵩，适如今之政客。李卓吾说奇异，与当世之讲男女同校者同。夫宋讲礼教过甚，至明而撤其防。穷则变，自然之势也。

"总之，宋儒讲礼教，明儒不讲礼教，此宋、明两代儒者之差异点也。王、湛本不同者，传至许孚远，则有会两说齐同之之机。至刘宗周（蕺山），则别有发阐'常惺惺'之说，此说朱文公亦尝说之。阳明同时有罗钦顺（整庵），或谓系朱派，其实不然。罗说只有礼义之心，并无气质之心也。又，宋儒谓天理人欲，不能并立，罗则云'欲当即为理'，将天理人欲二者而冶于一炉，视宋儒为进矣。盖此非袭朱文公之垂余，而罗所特出者。如王、湛二氏，俱可归为吴康斋派也。其后东林党出，如高攀龙、顾宪成等，诚有移风易俗之心，然东林派与政治有关，致为魏忠贤所谗害。李颙（二曲），王派而不自承为王派也，所说'一念万念'，究未说得明白。

"清代之学派不足论，如陆陇其（稼书）、汤斌等，无独得，不足道。江藩著《宋学渊源记》，书颇佳，所收殊富，惜其为清代官，则不足取。戴东原等固打倒宋学者，戴不主遏抑人欲，功利学派也。如罗有高、彭绍升等，瑕不掩瑜，故不取。欧洲近代有所谓唯心派者，太理想而无实验，佛学所谓有此量而无现量也。总之，佛说多备于我国历代之哲学家，然今之讲佛学者，轻名节而不顾，亦未免缺点矣。"（《申报》，1922年5月15日，"本埠新闻"《章太炎讲学第七日续记》）

5月20日，第八次讲学之期，因会场冲突，展至5月27日举行，报载：

"江苏省教育会延聘章太炎氏讲学，业讲七期。兹得确息，本星期六即五月二十日，职工教育馆因中华职业教育社开大会自用，不能同时作讲学场所，只能展缓一期，于五月二十七日续讲。省教育会闻日内即函知章氏，并设法通告听讲者云。"（《申报》，1922年5月17日"本埠新闻"《章太炎讲学展期讯》）《申报》1922年5月20日续载"讲学展期"，"延会一期，于二十七日起，继续讲演云。"

5月27日，章氏第八次讲学，"讲文学之派别"，报载：

"江苏省教育会延聘章太炎氏，在职工教育馆讲学，昨日为第八次之期，午后四时开讲，准时由沈信卿氏陪同登坛。章氏开讲文学之派别，首讲文体，谓传为纪载个人之事，本纪亦传例也，不过所纪为帝王之事，遂尊之曰本纪。论与说辨等同，如《庄子·齐物论》、贾谊《过秦论》等，初未必有论字，而论字或后加者。夫纪事之文，在文集之外者也；年谱亦属纪事之一种，传有家传，明代凡未入国史馆者，不得为家传，此误。盖传者传述其事，各传其传可也。行状与传相似，为议谥之用。六朝至唐时之行状，不过加以考语之类。自李翱主张凡行状不应仅注考语,应详注之。碑为国家大事,刻泐其功,如裴岑记功碑之类,然亦纪事也,惟庙碑不纯为纪事,墓碑为一个人者。表亦碑之一种,碣与碑同,不过碑大而碣小耳。表有表记、表颂两种,表记末无铭词者,表颂有铭词者。墓志,汉以前不见,晋后则有之,不多见。晋以汉代碑太多,故不许立碑。东晋末,直禁止立碑,遂变而为墓志,墓志固瘗于土,为人所不□也。北朝、唐代,并不禁碑,似可立碑,而不复用墓志,然碑费而墓志省,为经济计,宁存墓志焉。宋后墓志,有但述友人间之交情者。事略为纪事之文,或纪一事,或就正史中节出。奏,古无此,盖一种公事也。封事亦为公事,特一种密奏耳。表,大约为一个人者,盖举荐人时用之。议,为众所议者如石渠议礼之类,西汉盐铁论,由霍光召集多人会议而讨论者。《白虎通论》,亦石渠议礼之类也。书,上书即奏记,下官与上官者,即说帖。寻常友人以书,国际间亦以书。序,如《四库提要》,即各书之序也。然著者自序、题辞,应在文之前,跋应在后。盖就题字跋字言,应如此也。纪事叙事之处,尚有非归于文集者,有数种文体:(甲)数典之文,如官制,周之《周官》、唐之《六典》、明清之《会典》,《六典》等文法摹仿《周礼》;(乙)仪注之文,《仪礼》其初也,唐之《开元律》等俱是;(丙)目录之学,刘向《别录》、刘歆《七录》之后,有王俭《七志》、《崇文书目》、《直斋书录解题》、《四库全书〈总目提要〉》等,要皆本刘向《别录》;(丁)习艺之文,如各种算数书、农事书、医书等俱是;(戊)度地之文,即古之《禹贡》、《水经注》、《太平寰宇记》,近代《清一统志》、乾隆府厅州县志、《读史方舆纪要》等是。

"夫文学家之文章,古无派别也。派别之起自汉,如贾谊、董仲舒、太史公、司马相如、刘向等,以文著名。后之师承者,遂自倾向何方,以有派别,实则在古人未尝欲后之人附我而与人抗也。抑古之人以文学家名，未必其文果有出类超群之点，亦有文极好而并不以文学家名者，要之称为文学家，必综合其品性而称之耳。陆机之文，晋至唐称道弗衰，其文平易而有丰姿，诚难能也。张燕公、苏许公为骈文之领袖，韩愈、柳子厚以散文著，其实韩、柳固从燕、许之文来也。韩好造字，欧阳修不以为然，以致訾《大戴礼》之"甡𭹹塞耳，前旒蔽明"而非之，遭人反驳。宋之宋郊、宋祁，文佳而才气不如韩。八大家文之名，起于明，仅有八家乎，亦随集此以矫当时科举之文之失耳。清之桐城、阳湖两派，隐相对峙，而桐城盛。总之谈文章者，官名地名宜从今，而亲属等名，考之可信之《尔雅》等，实则不必故讲派别，以起无谓之纷扰也。"（《申报》，1922年5月28日"本埠新闻"《章太炎讲学第八日记》)

6月3日，为第九次讲学之期，章氏"因实有特别要事，不克临讲"，报载：

"江办省教育会延得章太炎讲学各节，迭纪前报。昨午后四时，往听讲者陆续到场，教育会职员先派车往接。至四时半，车夫持章氏回片云，章先生刻因实有特别要事，不克临讲，沈信卿氏遂即当众宣布情形，并表示事出临时，不及预告，致劳跋涉，良深歉仄，还祈下期仍到听讲云云。"

6月10日，章氏第九次讲学，续讲文学之派别，因听讲者日少，"迁回省教育会大会堂"，此次仅到七八十人云：

"江苏省教育会延聘章太炎氏讲学，业经讲述八次，曾纪前报，昨日为第九次讲学之期，地点迁回省教育会大会堂。四时开讲，到者不下七八十人。是日续讲文学之派别，为有韵之文章。

"氏云：诗，有韵之文也，然有韵之文，不以诗为限，如辞赋箴铭祭文之类都有韵者，而无韵之赋，为特例耳。如屈原之《离骚》，贾生之《鹏鸟赋》等，为有韵文中之有名者。《毛诗》三百篇，分风、赋、比、兴、雅、颂等，晋代文学家极多，陆机、潘岳为有名者，而张华之诗无力。东晋时，有孙绰、许询，俱诗家也，而孙诗至庄。其'太虚辽廓而无阂，运自然之妙有'等句，直蕴藉有味，非易得之佳句。'妙有'二字，出佛经。刘琨之诗佳而不常作。总之，彼时之诗，或为境遇所迫，而致激昂慷慨。陶渊明之诗，潇洒而脱俗，有田舍风味。其写风景，妙得自然，不加经意者也。前乎陶氏之诗，写风景者罕见，谢灵运、颜延之继陶而起，颜诗固高，然佶屈聱牙；谢诗句求凝炼而无疵。宋、齐之间，谢朓，人称为小谢，写风景远而且自然。梁时有永明体者，律诗也，以谢、颜之诗，不可卒读，故改此体。彼时之律诗，与后之律诗异，有四声谱者与曲谱等同。

《文选》中有南朝诗，无北朝诗，而《木兰从军行》，固北朝诗也。何逊、阴铿等之诗，非全篇尽佳，不过有几句佳构耳。隋杨素，武人也，又为奸雄，然诗极好，时一般诗人太清淡，而杨则气势雄壮，不加雕琢，便觉为佳矣。如'空梁落燕泥'，'庭草无人随意绿'等句，真为警句，众便称之。夫诗随时代以变迁，古今不能相同也。唐初无律诗，后有似律诗而不甚费力者，如五律诗等是。沈佺期、宋之问等气魄不大。夫文穷则变，诗亦有然。四言诗将穷，则进而为五言诗，五言诗至唐而穷，则进而为七律诗。然初倡时，必苍苍茫茫。张九龄、陈子昂、李太白等三人之诗，为复古者。陈诗与古绝似，几不能辨为齐、梁以下之时之诗。其实此时之诗，都渊源于陶渊明也。李律诗极少，气极高，复古之诗，至李而达极端矣。元稹之诗，比杜工部高，而排比者，与汉代之赋相近。杜诗佶屈聱牙，多不可解。盖古之才力厚，后之才力薄也。昌黎之诗好用典，韩与杜相同，而韩远不若杜。柳子厚作文极雕琢，诗殊不经意。宋代之诗则喜对仗。唐代作诗，好用佛经中字，王荆公喜律诗，以《汉书》字为对，无甚意味。然'正法

调狂象、玄言问老龙'之句，固工而厚焉。其以字旁之偏为对，如
'何言汉朴学，反似楚技官'之句是。盖唐诗自然，而宋诗则强以
字对矣。宋《沧浪诗话》云：诗有别才，非关学也；诗有别趣，非
关理也。此说极是，盖诗亦不可勉强也。范石湖、刘后村，亦诗
家也。夫江西派，诗七律佳，而五律则否，且起首两句，总对仗
者。明代之诗华美。王士祯、朱彝尊、查慎行等，亦诗家也。彼
时之诗，注重考据，无谓已极，盖失诗之气味矣。有作对仗诗者，
如'足以乌孙涂上茧，头几黄祖座中枭'两句，工则工矣，气息
全无，活趣索然，视白话诗益不如矣。古代之诗，全篇俱佳，晋
代则间有好句，而可以圈出者。明、清以对仗之工者为佳句，后
则更不可问矣。欲作诗，须读诗，然天才亦要紧。至无韵之诗，吾
亦应为一述，昉于何时，唐史思明倡之。其来华也，学作诗，不能，
则强为之。曰……一览志〔篮子〕，一半青，一半黄，……鄙俚已
极，可笑甚矣。世有欲为无韵诗者乎？其当奉史思明为鼻祖。"
（《申报》，1922年6月11日"本埠新闻"《章太炎第九次讲学
记》）

　　6月17日，章氏第十次开讲，讲《国学之进步》。至此，十讲
结束。

　　"日昨为江苏省教育会延聘章太炎氏第十次讲学之期，午后四
时，仍在该会楼上讲述。首由沈信卿氏报告，今日太炎先生讲
《国学之进步》。章氏遂讲云：

　　"国学之进步，要可分为三种：（一）经学以比类知原求进步。
夫求学而以略明大致即为满足，此清代之曾国藩、张之洞辈，为
官而不能悉心求学者则然，清代所以缺乏好文学家也。如欲真为
学问起见：甲，为教员者，参考互证，析疑问难，所谓温故知新
而以为师，然此未必有独特之发明者；乙，学者，不仅如上所述，
必依前人之条例，而更有所发明，以成新条理，使众人认为学者。

341

夫昔之讲经学者，要将前人所述之事迹原理，讲解清楚即是。其实讲经学不可与史学分，但究史学而不明经学，不能知其情理之所在；但究经学而不明史学，亦太流于空论，不能明其源流也。且读史必读全史，而后能明一代之史，经亦史也。吾谓比类知原者，即究经学时，可以《汉书》等而印证之。书各有本，如官制之原于《周礼》，仪典之原于《仪礼》，纪事书之源于《春秋》，年表本纪事亦本于《春秋》。又如讲地理，不可不问沿革，盖知沿革，而可以知其所变，风俗道德亦变。讲史学者不可不溯其开原之处，经即最古之历史也。如此言之，适与泰西之社会学相似，然社会学之范围广，而史之范围狭，此其异焉。总之讲学最忌第一武断，第二琐碎，必也求明其大体，斯可矣。

（二）"哲学以直观自得求进步。晋之清谈，理虽高而不足征。宋之理学，渐有征矣，然不多读书，而从事注经，绝少直观自得。清代讲学，但从文字上求之，即如陈兰甫之著书，论道德仁义，亦仅能说宋儒之错。明王阳明等各本所思，而为学说，所想不同，而归宗仍一，所谓殊途而同归，一致而百虑焉。西人之哲学，佐证极少，不过论理圆满，文章周到，而较精密耳。凡学问之道，他种不能走两极端者，独哲学则可走两极端，然极端之论除讲学于学校外，无所用之。彼讲天文者，推算太阳之距离速率，渺茫难证，然亦只可如此。若夫心则不然，固可印证焉。如不求直观自得，恐亦不过如朱子之说书耳。

（三）"文学以发情止义求进步。情，出乎自然者也；义，即法制。桐城派于文章特立法度，如吟诗之有格律，亦止于义之道也。虽然，文有发乎情而不能以法度限者，如侯朝宗、魏叔子等。明末遗民，抑郁不平，其文有情而极少法度者矣。黄黎洲、王船山诸氏亦然。顾亭林谓韩昌黎欲因文见道。夫韩之碑板甚多，见道极少，然《书张中丞传后》，为不得已而作也。东坡之文，好翻案，实则揆诸当时情形，未必吻合。盖文章之有情而无规则者极多，有规则而无情者亦不少。人谓章太炎为正统派，此非余之欲主正统，盖为文而不先绳以法度，恐将画虎不成而反为狗，曾不如守法度而遇情生时，下笔为文，则庶几矣。大抵古人情浓，故文每见佳，近几年则难及之矣。

"讲毕，沈信卿氏报告谓，本会延太炎先生讲学，已十次。就先生之学问，虽讲极长之年月不能尽，然诸君得此，亦可作为入门之径，由是而购书参阅，穷讨极研，不负先生此次指导之热诚则无愧矣。"（《申报》，1922 年 6 月 18 日"本埠新闻"《章太炎十次讲学记》）

曹聚仁的听讲记录得以成书，缘于邵力子的赏识。邵力子当时就在讲演会场，看了曹聚仁的记录稿，感觉很满意，就在自己主编的《觉悟》上连载。这部记录稿于当年 11 月由泰东图书局出版单行本，即广为流传的《国学概论》。曹聚仁六十年代在香港说："全国大中学采用最多的，还是章太炎师讲演，我所笔录的那部《国学概论》，上海泰东版，重庆文化服务版，香港创垦版，先后发行了三十二版，日本也有过两种译本。"章太炎并为日译本作序。

六月，《章太炎尺牍》出版，上海文明书局本，铅字排印，一册。

民国12年癸亥（1923）　　56岁

　　按：章太炎《自定年谱》作于1928年，自1岁起，至55岁（1922年）止。其后未再续撰。

　　本年一月，孙中山在上海发表中国国民党宣言，提出有关国家外交和经济政策、有关选举制度和人民权利的五项政策。三月，孙中山在广东成立大元帅大本营，极力经营南方各省。但是南方各省局势依然混乱。广东陈炯明、桂军沈鸿英破坏两广革命根据地的建设。湖南赵恒惕对抗孙中山支持的谭延闿。四川军队混战不已。云贵等省也有很多矛盾。

　　在北方，直系军阀曹锟、吴佩孚利用各种手段逼迫总统黎元洪辞职。总理张绍曾、陆军检阅使冯玉祥等为曹锟效力。6月，黎元洪被迫离京辞职。10月5日，曹锟收买国会议员，贿选总统成功，7日，通电就职。

　　10月10日，孙中山发布"讨曹令"，坚决不承认曹锟政府。12日，浙江卢永祥通电反对曹锟。奉系张作霖积极准备进行第二次直奉战争。

　　章太炎本年在上海，对政局极为关心，积极参与政事。不断以通电、信函宣布意见，或为有关方面策划方略，提供建议。有关方面不断以信函、电报征求章太炎意见。湖南赵恒惕、四川刘成勋、贵州刘显世等都特派代表到上海谒见章太炎，征求意见。海军将领林建章给章太炎的电报中，深表仰慕之心和追随之意。这封电报载于 4 月 21 日《申报》。另外当时报纸披露，孙中山与西南各省领袖对时局的联合通电，也是由章太炎起草。

章太炎当时的政见，一是主张联省自治；一是坚决反对直系军阀。黎元洪受直系军阀逼迫而辞职，章太炎尽力为黎元洪策划，力求对抗直系并恢复黎的总统职务。黎元洪南下到上海后，立即拜访章太炎。但是曹锟贿选成功，黎元洪于 11 月出国休养。章太炎继续开展反对曹锟、吴佩孚的活动。

本年 6 月，中国共产党在广州举行第三次全国代表大会，确定同国民党建立统一战线的方针。

2 月 7 日，京汉铁路工人发动大罢工，即著名的"二七"罢工，无产阶级革命力量迅速发展。

上海大学本年创立，于右任为校长，共产党人邓中夏主持校务。国家贫穷落后并分裂，政治黑暗，促使青年一代中，革命思想情绪高涨。

本年，鲁迅小说集《呐喊》出版。

柳亚子、叶楚伧、陈望道等人成立"新南社"，决心进行文学革命，成为完全不同于旧南社的新型文学团体。

郭沫若诗集《星空》出版。

梁启超著《朱舜水年谱》、《阳明先生传及阳明先生弟子录序》、《清初五大师学术梗概》、《颜李学派与现代学术思潮》等。

王国维《观堂集林》出版，收文章二百篇，诗词六十余首。王国维于五月完成《密韵楼藏书目录》，并于月底北上，应清逊帝溥仪之召，入值南书房。

蔡元培在欧洲，十月间在比利时讲演《中国的文艺中兴》。蔡元培对北洋政府及其教育部，采取不合作态度，遇事则以个人去就相争。对他的辞职及出国，有视为消极者，也有辩护者，成为当时文化人一大话题。胡适在《努力周报》连续发表《蔡元培以辞职为抗议》、《蔡元培的不合作主义》、《蔡元培是消极么》等等。

胡适著《西游记考证》、《镜花缘的引论》、《戴东原在中国哲学史上的位置》等。

本年，张君劢、丁文江讨论人生观问题，展开了激烈的科学与玄学论战。梁启超、胡适等多人参加。

顾颉刚在《与钱玄同先生论古史书》中，提出"层累地造成的古史"观，疑古思想明显。钱玄同复书赞同。围绕这一思想，史学界展开论战，参加者有胡适、柳诒征、容庚、傅斯年、魏建功等。论战文章多发表于《读书杂志》。论战影响波及范围更大，如鲁迅借小说《理水》，对顾颉刚观点表示不以为然。

吴承仕出版《经籍旧音辨证》。吴承仕在 1920 年左右著成《经籍旧音》25 卷，《序录》一卷，因卷帙浩繁，未能刊行。本书集吴氏对经籍旧音所发正 523 事，变更前例成书，凡七卷。章太炎对此书颇赞赏。黄侃、沈兼士等也很重视此书。

吕思勉出版《白话本国史》，属于出现较早的新型通史之一。当时在大学中学流传较广。

陈垣自袁世凯解散国会（1914 年）以来，专心著述，研究元代宗教史。历年完成《元也里可温教考》、《火祆教入中国考》等。本年完成《摩尼教入中国考》。

萧一山出版《清代通史》上卷。李大钊、梁启超、日本学者今西龙等作序。此书观念、体例之新和作者之年轻，引人注目。

本年九月，《华国月刊》在上海创刊。栏目分为图画、通论、学术、文苑、小说、杂著、记事、通讯、余兴等。由章太炎任社长，汪东任编辑兼撰述。任撰述者另有黄侃、但焘、孙世扬、钟歆、李健、孙镜、田桓等。章太炎本年学术文，大多发于此刊。创刊号上载章太炎所撰发刊辞，可见此刊宗旨。宗旨在于甄明学术，发扬国光。而章太炎对文化传统沦丧，深怀忧虑，甚至说"国粹沦亡，国于何有？故曰哀莫大于心死，可为长惧深戚者此也。"文章也对当时学风提出批评。兹引录此文：

华国月刊发刊辞

挽近世乱已亟，而人心之傲诡，学术之陵替，尤莫甚于今日。周末列强吞噬，并为六七，生民涂炭，亦已甚矣。顾其时孟轲、荀卿、庄周、墨翟，各以其道游说，辙迹遍天下。下逮刑名之学，坚白之辩，用兵如孙、吴，辩说如苏、张，莫不摇舌抵掌，自昌其术。用则见于行事，不用则著之竹素，虽或精粗不同，浅深殊量，而要皆一时之好，其流风余烈，足以润泽百世，传之无穷，故学术莫隆于晚周，与其国势之敝若相反。

今则不然，居位者率懵不知学，苟闻其说，则且视为迂阔而无当。学者退处于野，能确然不拔，自葆其真者，盖又绝鲜。大抵稗贩泰西，忘其所自，得矿礶以为至宝，而顾自贱其家珍，或有心知其非，不惜曲学以阿世好，斯盖萦情利禄，守道不坚者也。若夫浮薄少年，中无所主，遭逢世变，傥托幽忧，冒取古人及时行乐之义，而益驰骛于纷华，象棋六博，醇酒妇人，以为苟毕吾生而已足，此则志气尤脆弱者。语以讲业，抑非其伦。尝谓治乱相寻，本无足虑，寖假至于亡国，而学术不息，菁英斯存，辟之于身，支干灰灭，灵爽固不随以俱澌，若并此而夭伐之、摧弃之，又从而燔其枯槁，践其萌蘖，国粹沦亡，国于何有？故曰：哀莫大于心死，可为长惧深戚者此也。

往者息肩东夷，讲学不辍，恢廓鸿业，卒收其效。民国既建，丧乱娄更，栖栖南北，席不暇暖，睹异说之昌披，惧斯文之将坠，尝欲有所补救，终已未惶。吴县汪东，尝从余学问，其行事不随

347

流俗，今鸠集同志，创为《华国月刊》，志在甄明学术，发扬国光，选材则慎，而体例至宽，举凡《七略》所录，分科所隶，以及艺术之微，稗官之说，靡不兼收并容，意使览者有所欣动鼓舞，然后法语庄论得假之以行而其道不悖。商榷粗定，请余总持其事，余嘉其独于举世不为之秋，思卓然有以树立，且与频年所怀，亦相冥契，故乐从其请。搜集既勤，刊行有日矣。倘国故之未终丧，迷者之有复，驰骛者之喻所止，谓兹编之行，速于置邮，宜若可以操券。其或不然，岂惟学厄哉！懿人心世道之忧也。

10月15日，《华国月刊》第二期出版，有但焘《周礼政铨》一文，但焘云："曾以此稿示余杭章君，不弃谫陋，为谠正若干条。"章太炎所谠正数条，均将解释《周礼》官制与后代官制及外国官制联系比照，进而论其得失，着眼点尤在后代政治。多借古论今之言："冢宰如今国务总理，小宰兼统宫禁，则兼日本宫内省之职矣。""《周官》大体，行政权分之邦国，故《地官》少说畿外事；兵权统于王朝，故大司马掌九伐之法；司法权虽分在邦国，而王朝尚时受上诉，故《秋官》多说四方邦国之狱讼。自分为州郡以来，明时一省鼎立三司，都指挥使主军事，布政使主民政，按察使主司法，而两司尚有特权，都指挥使则未有能擅自调遣者也，亦与《周官》大体相近。自督抚之权日重，此制遂废，沿至今日，非割据不可矣。""王畿以内直隶天子，此可以普鲁士制说之，市政非其比也。""周之国军，出于六乡，而贤能亦于此举，意六乡必军阀所居，故特以三公致之。"

本年，撰《新出三体石经考》，连载于《华国月刊》，并有多通书信论三体石经事，对三体石经极为重视，思想上颇为振奋。

按三体石经即正始石经，魏正始中用古文和篆、隶三体刻石。

较之东汉一字石经（熹平石经）只用当时流行的隶书；及唐开成石经和五代广政石经只用楷书；宋代嘉祐石经只用篆隶等等，其值得重视，自不待言。实际上唐以后石经，去古已久，对研究古文字及今古文之争，意义已不大。熹平石经和三体石经，时间上相距很近，蔡邕和邯郸淳且可称为同辈人，石经之异直接同今古文之异联系起来，因而意义非同小可。

三体石经，湮没已久，七八百年未见于世间。不料1920年以后，在洛阳出土，拓片流传。章太炎在给易培基的信中，在《新出三体石经考》中，叙述自己从李根源和于右任处得到拓片和了解情况的经过，对石经评价极高：

"经文专取先秦故书，《说文》所未录，《经典释文》所阙者，于是乎可考。斯乃东序秘宝，天球河图之亚，七八百年所不睹，而于末世获之，诚非吾侪始愿所及也。"（《新出三体石经考》）

"因叹清世诸老校剔石刻，不为不勤，独于此未及，真所谓椅檢星宿，遗一羲娥者也……（经文）非独裨助小学，亦庶窥麟笔故书矣。"（《与易培基论魏正始三体石经书》，载东南大学《国学丛刊》第一卷第三期，1923年9月）

章太炎又赋《得友人所赠三体石经》诗志喜云：

> 正始传经石，人间久不窥。
>
> 洛符无故发，孔笔到今垂。
>
> 八体追秦刻，千金眄华碑。
>
> 中原文武尽，麟出竟何为。

《新出三体石经考》力求从几个角度考证三体石经古文可信，并谓其立意在于纠今文之弊："邕立一字石经，《诗》举鲁，《尚书》举伏生，《春秋》举公羊，皆当时学官所用今文经传。卢植已心非之，上书请刊正碑文，且言古文科斗，近于为实，厌抑流俗，降在小学，其与邕立异如此。淳之写古文经以待摹刻，其亦与植同旨，而近规邕之失欤！"

以此为基础，进而驳清儒万斯同、王昶诸人对三体石经的不当之论："（万、王）疑熹平石经遭董卓之乱，零落不全，故正始复补刻之。此未知文有古今，学有纯驳，有匡正之义，无补缮之责也。一字石经立于汉，三字石经立于魏，《隶释》、《隶续》、《隶辨》皆说之甚详，兰泉犹以为疑，亦由不知今古文师法之异也。"

对三体石经，此文紧扣邯郸淳的承上启下作用，以证明石经古文可信。一则论汉代古文承传渊源，邯郸淳通古文可信。再则论"石经古文，本淳所写"，纵然未能亲自书丹上石，仍当归之于淳。

此外书信数通，也从不同角度论证三体石经可信与可贵。坚持三体相检，其字有定，不容立异；而释铜器铭文则可以用私等评价。《新出三体石经考》连载于《华国月刊》第一卷第一至四期。有关书信，除致易培基书外，其余均见《华国月刊》或《章太炎书札》。今引汤志钧先生所摘：

《与于右任论三体石经书》，系于右任将胡朴安《论三体石经书》交章后发，章氏以为"石经非邯郸原笔，《书势》已有其文，然既云'转失淳法'，则明其追本于淳，若绝不相系者，又何失法之有？《书势》之作，所以穷究篆法，而非辨章六书，篆书用笔不如淳，则以为转失淳法，故其下言'因科斗之名，遂效其形'，言笔势微伤于锐也，岂谓形体点画之间有所讹误乎！朴安因是疑三体石经文字不正，失邯郸、许氏字旨之素，则未寻《书势》大旨也"。"朴安据胡氏《通鉴注》谓淳不得至正始，诚亦近理，然胡氏徒以会稽典录知淳弱冠之年，而不审淳至黄初尚在。朴安因疑淳去正始年代隔绝，竟似石经与淳绝不相涉者，斯又失卫氏《书势》之义矣。""朴安谓只足以增汗简之价值，不敢谓于文字有所发明，斯亦轻于论古矣。古文之录在《说文》者，形体已多诡变，叔重亦不敢以六书强说。盖自周室之衰，而文字渐多不正，虽孔氏亦不能尽改也。然其二三可说者，往往出于秦、汉篆文之表，《说文》所不尽者，更于石经见之。"（载《华国月刊》第一卷第四期）

12月4日，《与张伯英书》云："石经之出，不知者以为碑版赏玩，吾辈读之，觉其裨益经义，在两汉传注以上。盖传注传本，已将文字展转变易，石经则真本也。"又听说"原坑尚有碑一版"，建议"当由吾辈出资雇掘，其碑石仍归官有，而拓片则先让吾辈得之，转卖拓片，仍可还得原资，则于吾辈不为糜费也；石仍归官，则与地方古物不为损失也；雇者则利，则于其自身不为徒劳也"。并"寄去百圆，望为试办"（见《章太炎书札》）。

12月21日，《答王宏先书》云："未出石经，既在黄霜地中，正应设法，彼既不敢开掘，应厚与工赀，如其未餍，宜将原地照特价二三倍买得，则发掘之权，亦在己矣，凡此似不宜惜小费也。"（同上）

又有《与黄季刚书》，原书无年月，也谈石经，并答黄侃"所问《鲁论》异字"，以为"唯高子弑齐君，最为难了。崔抒弑光明见《春秋》，坦然明白。鲁学者，不应不见而遽改崔为高，恐亦古文真本如是"。又谓："《鲁论》别有'可使治其傅也'一条，郑无简别，而《释文》引梁书语有之，此或出《熹平石经》，或别见汉人雅记，亦似非改读，足下能说其义否？若'盍彻乎'作'盖肆乎'，此则鲁家自有驳文，不足深论。比来商量诸义，虽有证据，而皆前辈所未道"云。（同上）

本年，吴承仕刊行《经籍旧音辨证》。章太炎有书信两通论及之。第一信写于11月23日，首称"抢攘半年，殆不复亲坟籍"，是指本年忙于政治活动情形。至曹锟贿选得逞，黎元洪于本月东渡后，才得闲暇时间。信中对吴著评价甚高，谓"精审之处，皆昔人所未到，足使汉魏故言，幽而复彰"，"视臧氏《经义杂记》有其过之，无不及也"。章太炎此评，深受门人和再传弟子重视。沈兼士《吴著经籍旧音辨证发墨》和潘重规为黄侃《经籍旧音辨证笺识》所作《题辞》，都一再提及。吴承仕载此信于《经籍旧音辨证》卷首，与《章炳麟论学集》影印件有小异。今据影印本录出二信：

纨斋足下：抢攘半年，殆不复亲坟籍。昨因友人来问音韵，稍授大略。适得大著五册，续又到一册共六册。因以暇日披寻，校正《释文》，极为精当，视臧氏《经义杂记》有其过之，无不及也。间为发正数事，亦无关宏旨者。鄙人尚记《庄子音义》，其音切有殊绝者。如《让王篇》土苴土音敕雅反，又片贾、行贾二反。敕雅为韵转类隔之音，无足骇异。其片贾、行贾二反，于声纽绝远，不知何以得此二音也。猝思得此，足下如有发明之处，望补入。所论凵张口，凵象凵卢，同字，声音相转，其义极是。饭器上开，义亦由张口引伸也，杨姓音盈，更引《选》注为证。茶、恬音邪，复以茶陵为据。此类精审之处，皆昔人所未到，足使汉魏故言，幽而复彰，为之快绝。原书校后，令弟久未来取，直接寄京，恐有失误，故先复是函，望足下即着令弟来取可也。

章炳麟顿首
十一月二十三日

纨斋足下：前阅《经籍旧音发正》疑事有臧玉林所不能到者，已略加校订，付令弟寄还矣。新定宪法，制宪者虽非其人，而内容却有六七分满意。犹贾充之《晋律》，李林甫之《唐六典》，其人虽奸，其法非奸，亦可存备斟酌。京师想已有印本，望购寄一册为荷。此问纂祉，不具。

本年，有《与章行严论墨学书》二通。章士钊本年发表《墨学谈》。章太炎就此讨论发挥，用比较的方法研究墨子学说，并批驳胡适有关论点。而持论态度平和，并说："凡为学者，期于惬心贵当，吾实有不能已于言者，而非或胜于适之也。"二书均载《华国月刊》第一卷第四期。

《与章行严论墨学第一书》，认为："所论'无间无厚'一义，最为精审；'非半勿斫'一条，与惠氏言取舍不同，义亦未经人道。端为无序而不可分。此盖如近人所谓原子分子，佛家所谓极微，以数理析之，未有不可分者，故惠有万世不竭之义。以物质验之，实有不可分者。故墨有不动之旨，此乃墨氏实验之学，有胜于惠，故得为此说耳。名家大体，儒墨皆有之，墨之经、荀之正名是也。儒墨皆自有宗旨，其立论自有所为，而非泛以辨论求胜，若名家则徒以求胜而已。此其根本不同之处。弟能将此发挥光大，则九流分科之旨自见矣。至于墨书，略有解诂，而不敢多道者，盖以辞旨渊奥，非一人所能尽解。若必取难解者而强解之，纵人或信我，而自心转不自信也。"

《与章行严论墨学第二书》由墨学论及治诸子的方法，特别是校勘训诂方法的运用："前因论墨辩事，言治经与诸子不同法。昨弟出示适之来书，谓校勘训诂，为说经说诸子通则，并举王、俞两先生书为例。按校勘训诂，以治经治诸子，特最初门径然也。经多陈事实，诸子多明义理。（原注："此就大略言之，经中《周易》亦明义理，诸子中管、荀亦陈事实，然诸子专言事实不及义理者绝少。"）治此二部书者，自校勘训诂而后，即不得不各有所主，此其术有不得同者，故贾、马不能理诸子，而郭象、张湛不能治经。若王、俞两先生，则暂为初步而已耳。经多陈事实，其

353

文似有重赘，传记申经，则其类尤众，说者亦就为重赘可也。诸子多明义理，有时下义简贵，或不可增损一字，而墨辩尤精审，则不得更有重赘之语。假令毛、郑说经云，辨，争彼也则可，墨家为辩云，辩，争彼也则不可。今本文实未当赘，而解者乃改为重赘之语，安乎不安乎？更申论之，假令去其重赘，但云辩，争也，此文亦只可见于经训，而不容见于墨辩，所以者何？以墨辩下义多为界说，而未有为直训者也。训诂之术，略有三涂：一曰直训，二曰语根，三曰界说。如《说文》云：'元，始也。'此直训也，与翻译殆无异。又云：'天，颠也。'此语根也，明天之得语由颠而来。（原注："凡《说文》用声训者，率多此类。"）又云：'吏，治人者也。'此界说也。于吏字之义，外延内容，期于无增减而后已。《说文》本字书，故训诂具此三者。其在传笺者，则多用直训，或用界说，而用语根者鲜矣。（原注："如仁者人也，义者宜也，齐之为言齐也，祭者察也，古传记亦或以此说经，其后渐少。"）其在墨辩者，则专用界说，而直训与语根皆所不用。今且以几何原本例之，此亦用界说者也。点线面体，必明其量，而不可径以直训施之。假如云：线，索也，面，幂也，于经亦非不可。于几何原本，可乎不可乎？以是为例，虽举一争字以说辩义，在墨辩犹且不可，而况争彼之重赘者欤！诸子诚不尽如墨辩，然大抵明义理者为多。诸以同义之字为直训者，在吾之为诸子音义则可，谓诸子自有其文则不可。前书剖析未莹，故今复申明如此。请以质之适之。凡为学者，期于惬心贵当，吾实有不能已于言者，而非或胜于适之也。"

民国 13 年甲子 (1924)　　57 岁

一月，中国国民党第一次代表大会在广州召开，孙中山任主席。共产党人李大钊、毛泽东等参加大会。大会通过《宣言》，重新解释三民主义，制定了积极的革命政策。

二月，孙中山、廖仲恺等筹建黄埔军校。

八月，江浙战争开始，浙江卢永祥同齐燮元（江苏）、孙传芳（福建）等对抗。九月初，孙中山发表宣言，声讨曹锟、吴佩孚，声援卢永祥，并出驻韶关，举行北伐。同月，张作霖通电响应卢永祥，声讨曹锟、吴佩孚，并六路出兵，展开进攻。随后曹锟发布讨伐张作霖令，第二次直奉战争开始。

十月，冯玉祥发动北京政变，迫使曹锟下令停战，免去吴佩孚职务。十一月，曹锟宣告退位，直奉战争结束。十一月十日，孙中山发表北上宣言，准备到北京与段祺瑞、张作霖、冯玉祥等协商会谈，谋求国家统一与建设。

本年，章太炎在上海，不断以通电、宣言、信函、谈话等方式发表政见。章太炎对曹锟、吴佩孚持反对态度，主张联省自治，中央取行政委员制，行政委员数人，主席则岁易一人，不得永久主席，以防专擅。对冯玉祥驱逐溥仪出故宫，章太炎完全支持。孙中山北上路过上海，"先生（章）入谒为别。及孙公在宛平不豫，先生手疏医方，属余致之左右。"（但焘《章先生别传》）

本年，梁启超《中国近三百年学术史》出版。梁启超本年有研究戴震的文章多篇。

语丝社于本年成立，出版《语丝》杂志。发起人有孙伏园、钱玄同、鲁迅、周作人、林语堂等。

柳亚子、陈望道等新南社成员在江苏、上海等地鼓吹新文学新文化。该社发展很快。

郭沫若翻译日本学者河上肇的《社会组织与社会革命》一书，开始倾向社会主义。

鲁迅《中国小说史略》下册出版，上册已于1923年出版。本年所作后记，述上册中未及增修之处。又，本年七月在西安讲学，纪录稿即《中国小说的历史的变迁》。

《胡适文存》二集（一至四册）出版。

萧一山《清代通史》中卷出版。

中华教育文化基金会成立。这是中国政府利用美国退还的庚子赔款而设立的。由颜惠庆、孟禄（美国人）主持。

印度大文学家泰戈尔来华游历讲学，先后到上海、北京等地。当时报纸报道较多。

夏曾佑去世。夏字穗卿，号碎佛，笔名别士。精于佛学，能诗，曾与梁启超共同提倡小说。有《夏别士先生诗稿》。夏曾佑在1896年、1897年与章太炎多交往，曾劝章太炎治佛学，并相与讨论经学。

林纾去世。林纾字琴南，号畏庐，以翻译西方小说知名于世，所译约一百八十余种，影响很大。林纾长于古文，宗桐城派，著有《畏庐文集》、《畏庐琐记》、《韩柳文研究法》等。

本年，章太炎的学术活动主要包括：明末清初历史研究、医学研究、三体石经研究及针砭当时学风，指导研究国学等等。

在《华国月刊》上，先后发表《史考》八篇。计：

记永历帝后裔　　　　记李赤心后裔

记袁督师家系　　　　再书李自成事

书张英事　　　　　　书李巨来事

书吕用晦事　　　　　书梅伯言事

这八篇中，"李巨来""梅伯言"二事外，其余六篇也都属于明末清初历史范畴。《再书李自成事》，驳李自成死于九宫山之说。这件事本属史家一大疑案，引人注目。本文据《清世宗实录》驳《明史》，并推测《明史》何以产生矛盾，颇具洞察力：

"余前以《明史》记李自成死事不实，作六疑以难之。近阅《清世祖实录》靖远大将军阿济格等疏报自成死事，则在闰六月，与《明史》所载在九月者又殊。

"按其事曰：'闰六月甲申，靖远大将军和硕英亲王阿济格等疏报，流贼李自成亲率西安府马步贼兵十三万，并湖广等所属各州县贼兵七万，共计二十万，声言欲取南京，水陆并进，我兵亦分水陆两路蹑其后，追及於邓州等七处，大破八次，贼兵力穷，入九宫山。随於山中遍索自成不得，有降卒及被擒贼兵俱言，自成窜走时携随身步卒仅二十人，为村民所困，遂自缢死。因遣素识自成者往认其尸，尸朽莫辨，或存或亡，俟就彼再行察访，俘自成两叔，并自成妻妾，又获伪汝侯刘宗闵等，及术士伪军师'云云。是自成败窜九宫，本在五月，而清臣则於闰六月奏报，或存或亡，究不得而辨也。秋七月壬子，摄政王谕阿济格等曰：'尔等先称流贼已灭，李自成已死，故告祭天地太庙。今闻自成逃遁，现在西江，岂有如此欺诳之理？'以此不遣使迎王等。

"据此清廷于自成之死，固知其虚造矣。合之《明史》《永历实录》所载，隆武帝及闽中朝士皆疑自成未死，则知缢死殂击悉为誷言。由今度之，阿济格奉命征讨，则务于虚报战功；何中湘抚安高李，则利于速了旧案；高李竭诚反正，则惧于引起猜嫌；故无肯证明自成未死者。乃隆武帝与清摄政王固知之，是非诚伪，不可诬如此。皂角出家之案，诚有其因缘也。《明史》欲言自成死于五月，则碍于摄政王七月之谕；欲言自成不死，则又有护惜寇贼之嫌。叙述之道即穷，于是强移其事于九月，冀以此弥缝焉，万先生于此可谓进退维谷矣。"

《书吕用晦事》为吕留良辩诬，良多感憾。论清初诸儒，尤多卓见：

"明末诸遗逸不入姚江之藩者，宁人桴亭所成就为远大，其学盖主经世，与勃窣理窟者稍殊。次如应潜斋、张杨园皆密近朱学，苦节艰贞，为时辈所不逮。此与夏峰、二曲诸公立言虽异，其躬行皆足以为人师，不专以著述重也。

"若吕用晦则以侠士报国者，本非朱学，其始馆黄太冲于家，用晦与子公忠皆北面请业。后与太冲立异，则以祁氏淡生堂书之争。所为者不过《礼记集说》《东都事略》二种。太冲发怒，因削其弟子籍。用晦遂以朱学与太冲对抗，购书细故，成此大邮，用晦则诚薄矣。然祁忠敏本蕺山弟子，身既死节，其子倾家为国复仇，竟坐遣戍。太冲乘其衰落，入化鹿寺，载其书十稛而出（梨州年谱）。又藉用晦资力以取之，亦於故旧为恝也。用晦以太冲主王学，欲借朱学与竞，乃观用晦文集，尚信吕洞宾事，是果为朱学者邪？……

"或视用晦为坊肆评选之士，则不知用晦者。用晦本豪侠，祖父为明淮府仪宾，家既给富。北都亡，年始十六，散万金以结客，往来铜炉石镜间。窜伏林莽，数日不一食，事竟不就。清顺治初，为怨家所讦，从子亮功论死，而用晦得脱。为保宗计，始易名光轮，出就试。至清康熙五年，仇复事定，乃弃诸生（见张符骧

《吕晚村先生事状》)。然性善治生，欲以家资有所就。公忠称其大治宴饮，不失一匕。清世宗称其日记所录，微及粪壤。皆善治生之证。其选录时文，盖亦为营业计。且以其易传播，使人渐知有天盖楼书耳。今方灵皋之徒不幸而诛，遗书尽燔，则人亦徒知其为科举之俊也。

"吾侪生二百年后，不能为科举文，读其狱辞，犹能勃然发愤，以蹈胡清。是岂其科举与程选所感耶？用晦举事既不就，以被迫应童子试，旋即弃去。其名留良，取子房报韩义。"

《书梅伯言事》考梅曾亮是否入仕太平天国。章太炎的看法是确曾入仕，但不满意梅曾亮事后的表现。最后并说："余谓《清史》传伯言者，入之文苑，不如入之逆臣。清之逆，非中国之顺欤？"下作摘引：

"上元梅曾亮伯言善文章，能言政事，在清时官部郎，老归其乡，至今江苏人言伯言尝受洪氏尊礼为三老五更。余观吴敏树为伯言诔辞，以名高为嘲，以卒於颠倒为诟，因疑传之者非无因。

"民国初，遇桐城马其昶于京师，因问伯言事。其昶言：'闻洪氏破金陵时，伯言不及走，为所掠，令担水，老不胜任，则厉声诵诗以助力。见者怪之，良久，知为金陵尊宿，担水之役得弛。其后仕洪氏以否，不敢知也。'今岁余以事赴金陵，入其图书馆，见金陵儒先著述，检得《柏枧山房集》，以馆长钟某为金陵士族，因问：'伯言仕洪氏至三老五更信乎？'钟答曰：'不敢质。然金陵城中积口相传尽如是。'……

"伯言先世本宣城人，移家南都，其闻弘光间事，视他人为切至。晚迫於洪氏，受其尊礼，亦自谓无损大节也。以伯言之才辅相新主，虽未足比於刘基、陈遇，必不在宋濂、陶安下。顾洪王非有太祖之略，虚致尊养，终不采纳其言。而伯言亦老矣，以子孙为累，则去之亦宜。按《柏枧山房集》，癸丑岁无文辞，续集乃录其诗甚多，有《癸丑春避地王墅村》诗及《六无叹》，是时犹未遇洪氏也。其《借衣叹》诸诗，则多重九前后作，又已去洪氏也。《杂咏》五首在夏时，则正处洪氏军中。……

"昔刘公辅明祖，礼貌甚至。然犹时归括苍，有大事则以书问计。伯言之归王墅，其果与洪氏绝否，犹不可知也。自赴盐城后，则托於南河总督杨以增，以讫於死。其於前事，即汲汲以文章自解。且其在南都不过数月，讳之甚易。癸丑诸诗疑有事后为之者，若王右丞《凝碧池口号》，正为免罪计，岂果在禄山时所作耶？由今观之，伯言本算师梅定九裔，定九杜门习数，未尝求闻达，而终以献书自禳。其孙曰珏成者，少养於君，仕至都御史。然亦执方技以事上，不能以大儒节概责也。伯言挺然学於姬传，以文行自饬。而姬传亦故降臣姚文然后也，世宦虏朝，终身不敢言夷夏事。视戴名世辈，盖有薰莸之辨矣。伯言之受洪氏尊礼，虽由羁致，然受之不辞。是明知虏非吾主，死节为不足尚，视曾国藩之伦以死力为虏爪牙迷以终身者，其相去岂不甚远矣哉？假令守之不退，虽为其父与师斡蛊可也。然以进退不恒，既去洪氏而复不能隐遁，寄食淮上，以媿辞自解免，所谓卒於颠倒者，盖有之矣。然吴敏树数亲国藩，亦不足以诋伯言也。余谓《清史》传伯言者，入之文苑，不如入之逆臣。清之逆，非中国之顺欤？"

本年在《华国月刊》上，还发表《与吴承仕论满洲旧事书》八通。查《章炳麟论学集》，本年论满洲旧事书共十二通，不过有几通性质不易确定，因为既谈三体石经，又谈满洲旧事；或者谈黄侃趣事等，均在一封书信内，只好按比重作大概的划分。

这些书信所论，主要是满族政权初起时的世系，与明政府的关系等等。这个时期章太炎作《清建国别记》，初稿已成，但为了求实求精，想作进一步的考核修改，故托吴承仕在北京查阅晚明各朝实录等书籍。往来书信也主要议论这方面的收获及问题。信中谈到查阅 这些资料的用意，也可借以了解《清建国别记》所要解决的问题，了解这部"别记"的价值：

"鄙人近得明代官书及编年书数种，乃知满洲旧事，《清实录》及《开国方略》等载爱新觉罗谱系，其实疏漏夺失，自不知其祖之事。明史于此，亦颇讳之，乃笔其事，为《清建国别记》一篇。逆知清史馆人，必不能考核至此，而鄙意犹以旁证过少，更欲得他书详之。明代册籍，自清修明史后，当遭毁灭，闻前岁内阁搜出旧案数百麻袋，其中多清初旧事，并明代公牍，亦有存者，望为访其踪迹。"

六月一日书中说："仆今但求清初遗事，至雍正后则缓之。最要乃在太祖开国时代。盖近考明代书籍，所记清事，与实录甚异。如清祖有范察者，《实录》言其隐身以终，更不知有何事。明人书则载其事甚详，而其亲族在天顺、成化间犯边亦甚剧，不知清人何以不知，并《明史》亦吞吐其辞焉。又清之兴京，即明之建州卫。建州头目受明官号者，明人书载之甚详，而清人皆不知。大抵明代敕书底簿存于内阁，一检即知。清则前代本无文字，太祖倡乱，已将敕书焚毁，故于世系反不能了，亦犹《辽史》书太祖事往往"不备"，而温公《通鉴》反详之也。其后景显二祖，《清实录》则谓附王杲遗孽，为明戮死，明人书则谓从征王杲，死于兵火。当时有巡抚奏案，有辽阳、辽东两兵备道会勘案，事必非诬。但黄石斋书中则谓李宁远忌功陷之死地。清《开国方略》亦姑引黄说以存疑，而终以党叛被戮之说为主，殊可怪也。如此之类，清官书既有所讳，而案牍小文，或反有泄漏实情之处，足下试为检取数事，钞以相示，则幸甚矣。"

通过吴承仕查抄资料（钱玄同、沈兼士也查抄了部分资料），章太炎了解到《明实录》完具，产生了重修《明史》的想法：

"作此书毕，喟然叹息。前在金陵东南大学，教习柳翼谋颇谙史学，欲重修《明史》。翼谋尚未知《明实录》完具不阙，仆亦以为难事，因谓无已则修《明通鉴》耳。今知《实录》具存，他日或当与翼谋果此愿，而此《清建国别记》，其发轫也。"（8月15日）

章太炎对《清建国别记》感觉满意："年来著述颇稀，唯《三体石经考》、《清建国别记》自觉精当。"（8月9日）

这批信中，章太炎还根据吴承仕治学特点及客观条件，指导其治学方向。已不主张吴承仕治佛学，这或许也可反映章太炎本人学术思想的变化。他说：

"大著近想更富，既有《淮南》旧注校理，又勘《论衡》，功亦勤矣。然此种书单行未必为人所贵，惜友朋皆贫，政府亦不悦学，不能将原书精刻附以校语，使价重千金耳。足下于学术既能缜密严理，所得已多，异时望更为其大者。佛典已多解辨之人，史学则似非君素业，以此精力，进而治经，所得必大。且自《三体石经》发出后，古文之疑，当可尽释，后来作者，必又有以过段、孙诸儒矣。次则宋明理学，得精心人为之，参考同异：若者为撷拾内典，若者为窃取古义，若者为其自说，此亦足下所能为。昔梨洲、谢山，不知古训，芝台、兰甫，又多皮相之谈，而亦不知佛说。非足下，谁定之？所属书签附上

章炳麟顿首

八月九日"

《清建国别记》原稿不长，补入吴承仕及钱玄同、沈兼士抄录的历朝实录，也不足两万字。8月24日致吴承仕信中，章太炎说："拙著大致已成，原稿约一万四千字，补入实录，又增四千余字。

足下于此，助我不浅。"

　　然而为此著作，索要材料，考核材料真伪的信函字数，却远超著作本身的字数。有些材料是向外人借钞，上一信中说"借钞者，必书其名姓地址；足下此举，更特别言之"。还曾专为此事给吴承仕寄钱："足下去馆甚远，仆仆往来，殊为劳苦，今由邮递上二十圆，供车马信札之费。"（8 月 15 日）此中反映的章太炎不掩人之美的精神和认真态度，令人惊叹。

　　认真态度尤多反映于治学上。约九月初一信，询问《太宗实录》的来源。10 月 23 日信中，在著作已定稿情况下，犹力求精益求精，将对《明实录》的检索，上推到明代中叶，足见治学之精审：

　　"来书所云《太宗实录》系近年补钞者，不知于何处得来。据《亭林文集》，《实录》藏于皇史宬，其稿则焚之，故民间不得见。万历末始许流传，然部帙繁重，非千金不能得。有摘钞者，则称为《圣政记》。其时梨洲家有《实录》，盖即万历后所钞者。今闻梨洲此书后归卢抱经，顷岁抱经家又出转卖，有人得之，亦零碎不具，不知图书馆从何处移写，烦询徐君，或因此知民间副本也。

　　　　　　　　　　　　　　　　　　　　炳麟又白"

　　"仆前作《清建国别记》承足下为检《明实录》而于孝宗、武宗、世宗三朝未检阅，明人记载此三朝建州事绝少。然其承袭爵位，《实录》仍当有文。因缺此未检，于彼世系，终有怀疑。近如得暇，请将此三朝《实录》从头至尾一检，其有建州事状者，悉为录示。倘《清建国别记》中或未谛，仍当改定也。此问著祉。

　　　　　　　　　　　　　　　　　　　　　　麟白

　　　　　　　　　　　　　　　　　　十月二十三日"

《清建国别记》出版，聚珍仿宋本，由中华书局代售。内容含：

叙

清为金裔考

建州方域考

范察董山李满住事状

范察董山李满住事状后考

卜哈秃兀者秃木事状

伏当家事状

孟特穆福满考

觉昌安塔克世奴儿哈赤事状

附：述奴儿哈赤收鸭绿江事

附：述奴儿哈赤与南关事

附：佟氏考

医学著述主要有《猝病新论》。1923年至本年著。屡经修改，共有五卷：

卷一　《论五藏附五行无定说》第一　《论旧说经脉过误》第二　《论三焦即淋巴腺》第三　《论太阳病非局指太阳》第四

卷二　《论阳明病即温热病》第五　《论阳明病分胃肠非分经府》第六　《论治温者用药之妄》第七　《论温病十八法十三方》第八　《杂论中风伤寒温病及医师偏任》第九　《论伏暑说无据》第十　《论肠窒扶斯即太阳随经瘀热在里并治法》第十一

卷三　《论少阴病属心不属肾》第十二　《论少阴热证寒症》第十三　《论厥阴厥证并再归热》第十四　《论房劳伤寒证治》第十五　《杂论温病》第十六　《驳六气胜复及论热病暑病同异》第十七　《论病时温度内外不俱进退》第十八　《论微生菌非伤寒热病因》第十九　《论猝病侵肺各种证治》第二十

《论阳毒温毒证治》第二十一　　《论肠澼》第二十二

　　卷四　《论霍乱证治》第二十三　　《论乾霍乱寒疝藏结同异》第二十四　　《论鼠疫即阴毒并治法》第二十五　　《论急性粟粒结核证治》第二十六　　《论痉》第二十七　　《论大厥尸厥与中风异》第二十八　　《论百合颠狂》第二十九　　《论狐惑及疠》第三十　　《论疟非一因》第三十一　　《论脚气证治》第三十二《论刖足伤寒证治》第三十三

　　卷五　《论素问灵枢》第三十四　　《论本草不始于仪》第三十五　　《论伤寒论原本及注家优劣》第三十六　　《论中藏经出于宋人》第三十七　　《论古今权量》第三十八

　　医学类论文及书信有：

　　《与张破浪论医书》（《华国月刊》一卷五期）

　　《伤寒论单论本题辞》（《华国月刊》一卷六期）

　　《仲氏世医记》（《华国月刊》二期一册）

　　《保赤新书序》（《太炎先生著述目录初稿》）

　　《伤寒误认风温之误治论》（《三三医报》一卷二十期，1924年2月）

　　《论脏腑经脉之要谛》（《山西医学杂志》第十八册，1924年4月）

　　《杂病新论》，包括：《论诊脉有详略之法》《论十二经与针术》《论十二经开阖之理》《论伤寒传经之非》（《三三医报》一卷二十八期，1924年5月）

　　《温度不能以探口为据说》（《中医杂志》1924年6月）

　　《治温退热论》（《中医杂志》1924年12月）

　　《论肺炎病治法》（《山西医学杂志》1924年12月）

本年，继续研究三体石经。给吴承仕信中说："仆前作《三体石经考》，近又增修。"（9月30日）给王宏先的信中，嘱王宏先、张伯英等设法发掘石经碑。去年给张伯英信中曾提出："当由吾辈出资雇掘，其碑石仍归官有，而拓片则先让吾辈得之。"本年《与王宏先书》中说：如"更有所得，则宝藏尽出，非徒以为美观，实于经学有无穷之益。所谓一字千金者，并非虚语"。本年有《与吴承仕论三体石经书》二通，写于9月30日和10月14日，均载《华国月刊》第二期第四册。信中论及碑文真伪及利用三体石经整理典籍等事。第一书说："来书称徐君曾赴洛阳，得《熹平石经》、《正始石经》残片，所摹熹平残片，其迹近真。正始残片不知何似？前岁之冬，石经既出，随有伪作残片者自洛阳来，仆因与原石相比，则往往取三四字摹刻之者，以是不信。随有伪作三体以品字式作之者，其篆体肥俗，或疑宋时《嘉祐石经》，然此不应出于洛阳，且行体亦不合。决知其伪。乃罗叔蕴、王国维等尚信之，岂真不辨篆法工拙邪？盖习于好奇，虽伪者必切之也。仆意除丁氏所得一石，及朱圪塔村所得二石外，如有残余，必其篆法瘦逸，而又非在曾得之石之中者，且其文义可读者，然后始信为真。不知徐君所得亦有合于斯例乎？暇问之，则可知也。再者，《正始石经》古文依壁中张苍原本，隶书依汉儒定读，篆乃依隶书之。而《春秋公羊》先立学官，《左氏》至贾景伯乃以三家经考校异同，往往改《左氏》古经以从二家。"

第二书说："绲斋足下：两接手书，云将唐本《尧典》释文，补正吴阙，此事仆先亦有志为之，以伪古文不足邵，故未著笔。……由今观之，马、郑皆称古文，而文字多异，盖皆其训读之字。若原本，则尽依壁经，断无歧异之理。恐当时说经，与宋人钟鼎款识相近。首列摹本，次则真书，后则释文。行款虽不必同，而三者必皆完备。摹本者，即移写壁经也。真书者，即以己意训读之

章太炎学术年谱

本也。释文者，即已所作传注也。是故马、郑本见于《经典释文》者，皆其训读之本，而非其移写壁经之本也。东晋之时，马、郑移写者已亡，然尚知训读之本非真壁经。而梅氏所献，多与《石经》相会，是以信之不疑尔。"

本年，章太炎对当时国学研究的弊端、青年学子治学风气、大中学校教学方法等问题很有看法，作《救学弊论》长文，载于《华国月刊》一卷十二期。兹予摘引：

"士先志，不足以启其志者，勿教焉可也。尊其所闻则高明，行其所知则光大，不足以致高明光大者，勿学焉可也。末世缀学，不能使人人有志，然犹什而得一，及今则亡。诸学子之躁动者，以他人主使故然，非有特立独行如陈东、欧阳澈者也。且学者皆趣侧诡之道，内不充实，而外颇有诔闻，求其以序进者则无有，所谓高明光大者，亦殆於绝迹矣。

"凡学先以识字，次以记诵，终以考辨，其步骤然也。今之学者能考辨者不皆能记诵，能记诵者不皆能识字，所谓无源之水，得盛雨为潢潦，其不可恃甚明。然亦不能尽责也。识字者古之小学，晚世虽大学或不知，此在宋时已然。以三代之学明人伦，则谓教字从孝，以《易》之四德元合於仁，则谓元亦从人从二，此又何责於今之人邪？若夫记诵之衰，仍世而益甚，则趣捷欲速为之。盖学问不期於广博，要以能读常见书为务。宋人为学，自少习群经外，即诵荀、扬、老、庄之书。自明至清初，虽盛称理学经学者，或於此未悉矣。"

"余观大学诸师，学问往往有成就者，其弟子高材勤业亦或能传其学，顾以不及格者为众，斯乃恶制陋习使然。制之恶者，期人速悟，而不寻其根底，专重耳学，遗弃眼学，卒令学者所知，不能出於讲义。习之陋者，积年既满，无不与以卒业证书，与往时岁贡生等。故学者虽惰废，不以试不中程为患。学则如此，虽仲尼、子舆为之师，亦不能使其博学详说也。夫学之夐鄙，无害於心术，且陋者亦可转为娴也。适有佻巧之师，妄论诸子，冀以奇胜其侪偶，学者波靡，舍难而就易，持奇诡以文浅陋，於是图书虽备，视若废纸，而反以辨丽有称於时。师以是授弟子，是谓诬徒，弟子以是为学，是谓欺世，斯去高明光大之风远矣。其下者或以小说传奇为教，导人以淫僻，诱人以倾险，犹曰足以改良社会，乃适得其反耳。苟徵之以实，校之以所知之多寡，有能读《三字经》者，必堪为文学士，有能记鲍东里《史鉴节要便读》者，则比於景星出、黄河清矣。"

"他且勿问，正以汉学言之。汉人不尽能博习，然约之则以《论语》《孝经》为主，未闻以《公羊》为主也。始教儿童皆用《仓颉篇》，其后虽废，亦习当时隶书，如近代之诵《千字文》然，未闻以铜器款识为教也。盖为约之道，期於平易近人，不期於吊诡远人。今既不能淹贯群籍，而又以《论语》《孝经》《千字文》为尽人所知，不足以为名高，於是务为恢诡，居之不疑，异乎吾所闻之汉学也。子夏曰：'贤贤易色，事父母能竭其力，事君能致其身，与朋友交言而有信，虽曰未学，吾必谓之学矣。'子夏为文学之宗，患人不能博习群经，或博习而不能见诸躬行，於是专取四事为主。汉世盖犹用其术。降及明代，王汝止为王门高弟，常称见龙在田，其实於诸经未尝窥也。然其所务在於躬行，其言学是学此乐，乐是乐此学者，为能上窥孔颜微旨。借使其人获用，亦足以开物成务，不必由讲习得之。所谓操之至约，其用至博也。诚能如是，虽无识字、记诵、考辨之功何害？是故汉宋虽异门，以汉人之专习《孝经》《论语》者与王氏之学相较，则亦非有殊趣也。"

"张之洞少而骄蹇，弱冠为胜保客，习其汰肆，故在官喜自尊，而亦务为豪举。以其豪举施於学子，必优其居处，厚其资用，其志固以劝人入学，不知适足以为病也。自湖北始设学校，其后他省效之，讲堂斋庑备极严丽，若前世之崇建佛寺然，学子家居无是也。仆从周备，起居便安，学子家居无是也。久之政府不能任其费，而更使其家任之，学子既以纷华变其血气，又求报偿，如商人之责子母者，则趣於营利转甚。其后学者益崇远西之学，其师或自远西归，称其宫室舆马衣食之美，以导诱学子。学子慕之，惟恐不得当，则益与之俱化。以是为学，虽学术有造，欲其归处田野，则不能一日安已。自是惰游之士遍於都邑，唯禄利是务，恶衣恶食是耻，微特遗大投艰有所不可，即其稠处恒人之间，与齐民已截然成阶级矣。向之父母妻子，犹是里巷翁媪与作苦之妇也。自以阶级与之殊绝，则遗其尊亲，弃其伉俪者，所在皆是。人纪之薄，实以学校居养移其气体使然。"

"然今之文科，未尝无历史，以他务分之，以耳学圉之，故其弊有五：一曰尚文辞而忽事实。盖太史兰台之书，其文信美，其用则归於实录，此以文发其事，非以事发其文，继二公为之者，文或不逮，其事固粲然。今尚其辞而忽其事，是犹买珠者好其椟也。二曰因疏陋而疑伪造。盖以一人贯串数百年事，或以群材辑治，不能相顾，其舛漏宜然，及故为回隐者，则多於革除之际见之，非全书悉然也。《史通》曲笔之篇，《通鉴》考异之作，已往往有所别裁。近代为诸史考异者，又复多端，其略亦可见矣。今以一端小过，悉疑其伪，然则耳目所不接者，孰有可信者乎？百年以上之人，三里以外之事，吾皆可疑为伪也。三曰详远古而略近代。夫羲农以上，事不可知，若言燧人治火，有巢居桧，存而不论可也。《尚书》上起唐虞，下讫周世。然言其世次疏阔，年月较略，或不可以质言……好其多异说者，而恶其少异说者，是所谓好画鬼魅，恶图犬马也。不法后王而盛道久远之事，又非所以致用也。四曰审边塞而遗内治。盖中国之史自为中国作，非泛为大地作。域外

369

诸国与吾有和战之事，则详记之，偶通朝贡则略记之，其他固不记也。今言汉史者喜说条支、安息，言元史者喜详鄂罗斯、印度，此皆往日所通，而今日所不能致。且观其政治风教，虽往日亦隔绝焉。以余暇考此固无害，若徒审其踪迹所至，而不察其内政军谋何以致此，此外国之人之读中国史，非中国人之自读其史也。五曰重文学而轻政事。夫文章与风俗相系，固也。然寻其根株，是皆政事隆汙所致，怀王不信谗，则《离骚》不作，汉武不求仙，则《大人赋》不献。彼重文而轻政者，所谓不揣其本，求之於末已。且清谈盛时，犹多礼法之士。诗歌盛时，犹有经术之儒。其人虽不自襮於世，而当世必取则焉。故能持其风教，调之适中。今徒标揭三数文士，以为一时士俗，皆由此数人持之，又举一而废百也。扬榷五弊，则知昔人治史，寻其根株。今人治史，摭其枝叶。其所以致此者，以学校务於耳学，为师者不可直说事状以告人，是以遁而为此。能除耳学之制，则五弊可息，而史可兴也。"

　　《华国月刊》第二期第二册（12月出版）又发表章太炎《中学国文书目》。这个书目与前文批评"学弊"是相反相成的。不过前文强调读史，本书目则求全面了解国学。章太炎说："余既为《救学弊论》，或言专务史学，亦恐主张太过。求为中国作国文书目，意取博泛，不专以史部为主，于是勉作斯目，顾终不以自夺前论。穷研六书，括囊九流，余素殚精于此，而前论皆以为不急。盖乱世之学，不能与承平同贯也。是目但为中学引导，知者当识其旨趣。"

　　书目的范围相当广。经学中未列《易经》，但其余各经加后代儒学书，仍属最大一类。这些书中包括"全阅"和翻检查阅两部分，计有：

　　《尚书孔传》、《诗》毛《传》郑《笺》、《周礼》郑《注》、《春

秋左传》杜《解》、《史记》、《资治通鉴》、《续通鉴》、《明通鉴》、
《清五朝东华录》、《老子》王弼《注》、《庄子》郭象《注》、《荀
子》杨倞《注》、《韩非子》、《吕氏春秋》高诱《注》、《中论》、
《申鉴》、《颜氏家训》、《文中子》、《二程遗书》、《王文成公全书》、
《颜氏学记》、《古文辞类纂》、《续古文辞类纂》、《古诗源》、《唐诗
别裁》、《说文句读》、《说文解字注》、《尔雅义疏》、《广韵》、《经
传释词》、《世说新语》、《梦溪笔谈》、《困学纪闻》翁《注》、《日
知录》黄《释》、《十驾斋养新录》、《中华民国宪法》、《中华民国
刑律》、《仪礼·丧服篇》、《清服制图》。

本年论学文章及序跋还有：
《与汪旭初论阿字长短音书》
《璞庐诗序》
《墨子大取释义序》
《书顾亭林轶事》
《大雅韩奕义》
《杂说》
《王文成公全书题辞》
《指南针考》等等。
（这些文章都载《华国月刊》，大多收入《太炎文录续 编》）
《复李绎之书论太平天国事》（载李绎之《太平天国志》卷
首）
《秦量刻辞跋》（《太炎先生著述目录补遗》）
《跋杨邃庵遗墨》（《太炎先生著述目录补遗》）
本年，为支伟成所著《清代朴学大师列传》作《论订书》一
篇，并有与支伟成《问答》一篇。支伟成此著，收清代著名朴学
家三百七十余人传记，分类编排。按朴学训诂考据名物，范围本

宽。本书分类为经学、小学、史学、地理学、金石学、校勘目录学、诸子学、治事学、历算学、博物学等。而诸学之前，先列朴学先导大师；诸学之后，又列提倡朴学之显达人物。而在经学一类中，又有北派、吴派、皖派、常州今文派、湖南古今文兼采派等等细目。其中一人见于数类，或某人分类为难等情形极多。支伟成因而在书稿著成后，请章太炎论订，得以增删修改。

章太炎为论订数事：于"先导大师"一类中有所进退，增加朱鹤龄、陈启源二人，删去毛奇龄。增删理由均予阐述。

史学类不应分为"浙派"和"别派"，而应分为"作史"和"考史"。章太炎指出："史有三长，谓才学识。作史者必兼具三事，考史者只须一'学'字耳，其难易不同。然今之作史者，不过及一二代，而考史者乃通贯古今，则范围又有大小，是以两者不容轩轾，而不得不分也。"

校勘目录学中，分别功罪。认为私家校书有功于古书；官局校书，如《四库全书》，纪昀等人，随意删改，有罪于古书。

今文学不专在常州一派，今文家法不能以常州家法概之。今古文不分者颇有人在，偶说今文经传，不可遂称常州派，宜称吴派之变迁。

此外，龚自珍不可纯称"今文"经学；魏源不可附于常州派；王闿运亦非常州派，而是古今文兼采，等等。

《问答》涉及问题更为具体，均属分类分目之难点，答辞均很明确。

以上《论订书》和《问答》均在夏秋间江浙战争时。支伟成修订此书后，于11月28日写成凡例。此书于1925年由泰东书局出版，《论订书》和《问答》均载于书首。

本年，《章氏丛书》上海古书流通处印本出版。

民国 14 年乙丑（1925）　　58 岁

　　本年，政局动荡多事。临时执政者段祺瑞在一月初向各方面
各地区领袖人物和社会名流发出电报，邀请参加善后会议。拟通
过善后会议解决各种军政问题。但是国民党、西南实力派及章太
炎等名流反应冷淡。2 月 1 日，善后会议召开。2 月 2 日，国民党
通电全国，不赞成善后会议。

　　3 月 12 日，孙中山逝世。7 月，广东成立国民政府。11 月，广
东国民政府组织东征军，东征潮汕一带的陈炯明。东征获得胜利。
广东革命根据地得到巩固。

　　江浙地区，战火屡起。1 月 7 日，卢齐战争开始。卢永祥和奉
军击败齐燮元，控制江苏和上海。10 月，控制福建、浙江的孙传
芳进攻上海、江苏，奉军败退。

　　11 月初，冯玉祥国民军发动反奉战争，占领保定。奉军将领
郭松龄倒戈进攻关外，张作霖一度大受挫折。

　　章太炎本年参加政治活动很多。年初，明确反对善后会议。3
月，担任上海孙中山治丧筹备处负责人。6 月，为"五卅惨案"发
出抗议通电，主张对英"经济绝交"。9 月，到湖南主持县长考试，
影响很大。10 月以后，参与东南五省"废督运动"，主张省长民选，
等等。

　　清华学校国学研究院于本年开办。梁启超、王国维、陈寅恪、

赵元任等人被聘为导师。3月至7月，梁启超与王国维就研究院招生考试的出题方法和试卷评定等问题，书信交流意见。梁启超本年进行《中国文化史》的写作，并出版《要籍解题及其读法》。梁启超本年并出任京师图书馆馆长。

王国维自溥仪被逐出宫后，经过犹豫，于本年初接受清华研究院之聘，随即迁入清华园，投入西北地理、蒙古史、元史的研究。

赵元任本年兼任"国音字典"起草委员，并与刘半农、钱玄同、黎锦熙等组织"数人会"，研究语言文字，尤重音韵学。

钱玄同研究语言文字，提倡"国语罗马字"之外，致力于考证古书，有《论春秋性质书》、《论庄子真伪书》等多篇文章，收入《古史辨》第一册下编。

吴承仕研究《尚书》古文，撰写《尚书古文辑录》，又作《尚书集释》等。

黄侃对吴承仕《经籍旧音辨证》进行笺识。

胡适研究《儿女英雄传》、《三侠五义》、《老残游记》等小说，各作序言，又考证故事源流。

陈垣作《中西回史日历》、《二十史朔闰表》。

范文澜组织朴社，出版学术著作，尤重古籍。他个人的《文心雕龙讲疏》也于本年出版。

章士钊主编的《甲寅周刊》复刊。

马裕藻、沈尹默、鲁迅、钱玄同、李泰棻、沈兼士、周作人等就北京女子师大学潮在《京报》联名发表宣言，支持学生。

本年，章太炎有《与吴承仕论尚书古今文书》多通。《华国月刊》第二期第六册、第七册各载两通。写信时间分别是1925年3月5日、3月11日、4月3日、4月4日。

3月11日信中认为："汗简引石经，盖得其真。引古文《尚书》，未敢信其悉合旧本（梅氏旧本）。且其所引，又有古《周易》、古《周礼》、古《毛诗》、古《论语》等。魏晋以来，未见有是，即三体石经，亦不闻有此数者，疑皆出唐人，犹清世篆文《五经》耳。其文或与《说文》、石经应者，则唐时功令，固以此课书学也。"

4月4日信中说："昨复书以伪古文为郑冲所作，似可决定。""冲耽玩经史，博究儒术百家之言（唐修《晋书》本传），必不轻率改定，以启人疑。""故冲在魏末必不敢妄改明矣。故疑二十五篇中二十二篇为冲作，《泰誓》三篇又出其后也。然伪书自刘梁立学以前，其可疑者犹多。"

据《章炳麟论学集》系年，本年6月19日、7月3日各有书信论及《尚书》古今文。6月19日信中说："大著《杜孔异同考》近数日始由邮便递至，亦可谓稽迟矣。展览一过，大体无病。唯伪孔注本，多同子雍，偶有相涉者，乃杜之取王，非王之冒孔也。"

按《左氏杜注书孔传异同考》为吴承仕《尚书三考》之一，论析杜义同孔者及异孔者共35事，另有杜注无说者9事，条分缕析，颇为坚实。知吴承仕研究方向已转向经学。

本年，章太炎有《致知格物正义》、《康成子雍为宋明心学导师说》两篇文章发表于《华国月刊》二期三册。这两篇文章反映章太炎此际对王阳明心学不但推崇，而且将心学与汉魏古文大师郑玄、王肃直接联系起来，考察思想上相通之处，也论相异之处。此外还同佛家进行比较，也指出相通之处。

第一篇文章说："夫郑、王二说虽异，皆深达心要，又不违于孔孟，非大儒尽心知性者，何以能道此！""新建知行合一之说正同郑君，其说《大学》乃以致知为致良知，格物为正物，盖以郑君兼举善恶，有所不惬耳。"

后一篇文章说："王伯安为知行合一之说，则曰知之笃实处即行，行之精明处即知，其于郑义无所异也。王子雍伪作《古文尚书》及《孔丛子》。《古文尚书》所云'人心惟危，道心惟微，惟精惟一，允执厥中'者，乃改治孙卿所引道经之文，而宋儒悉奉以为准，然尚非其至者。《孔丛子》言心之精神是谓圣，微特于儒言为超迈，虽西海圣人何以加是？故杨敬仲终身诵之，以为不刊之论。前有谢显道，后有王伯安，皆云心即理，亦与此相会焉。"

又有：

《书秦蕙田五礼通考后》（《华国月刊》）二期三册）

《书段若膺明世家非礼论后》（《华国月刊》二期六册）

《读论语小记》（《华国月刊》二期八册）

《疏证古文八事》（《华国月刊》二期十册）

《与检斋论丧服书》（《制言》第 27 期）

还有一些考据文章颇饶新意。《伯夷叔齐种族考》认为此二人"为山戎种，所谓鲜卑大人者是。其姓墨胎，亦虏姓，非汉姓也。"首阳山所在地，前人已有异说，章太炎认为是在今辽西地区。

《铜器铁器变迁考》（《华国月刊》二期五册）

《夏布说》（《华国月刊》二期八册）

这两篇文章是形而下寻常物品的考证，文章较长，颇为用力。前一文章并非考证器物，而是考证铜铁器在古代生产和战争中的使用情况，并论冶炼锻造之术。后一文考证：一般麻布被棉布取代后，夏布何以流行不衰，其优长之处何在。

《与欧阳竟无书》（《章太炎先生著述目录初稿》）

《与太虚上人书》

据谢樱宁所见，此书载于太虚《人生观的科学》（1925 年 3 月泰东书局出版），当属后序之一。此信反映章太炎当时调和释与儒学，特别是宋明理学的思想倾向。此信写作时间不详，从信中思想看，当是这一时期所作，姑系于此。信中说："昨日快聆清论，所发明起信大义，洞若观火，拜服拜服。更论人乘大乘关系，尤有益于世教。昔人云：俗昧远理，僧滞近教。宋明理学诸师，所以不肯直趣佛法者，只以其道玄远。学之者，多遗民义，故为此调停补苴之术。然苟识其情，厉行六度，亦与儒术相依，唯有漏无漏为异。若拨弃人乘之义，非独不益世法，亦于六度有亏矣。大抵六度本自等，十善乃其细者。在家出家，皆不能离十善；东圣西圣，亦并依于六度。以此倡说，自然殊途同归。"

《致太虚法师书》是本年 11 月 24 日所写，由章太炎和殷芝龄同启，邀请太虚法师于翌日到"戈登路槟榔路北，本校第二院讲演，俾全校学子，得瞻清范"。谢樱宁由《海潮音》、《太虚大师年谱》考得此事。认为此信价值在于，可以考得章太炎此际身份。按章太炎任国民大学校长，为招生和迁移校址事，在报上发启事，又改革校务，增加机构等事，均载于 1926 年夏季报纸上。但章太炎本年已经是国民大学校长，则无从得知。由此信可知，章太炎何时出任该校校长。戈登路为国民大学所在地，殷芝龄其人，1926年 6 月 23 日《申报》载："昨由校长章太炎氏聘请殷芝龄博士为总务长。"1927 年国民党上海市党部呈请通缉所谓"学阀"时，殷芝龄与章太炎、黄炎培、沈恩孚、张君劢、蒋维乔、张东荪、刘海粟等著名学者，同在名单中。

本年有医学论文三篇：

《阳明证变法与用麻桂二汤之正义》（《中医杂志》第十四期，1925 年 3 月）

《与张蔚西论脉书》（《群治大学年刊》第一期，1925 年 7 月）

《论中医剥复案与吴检斋书》

这封信发表于《华国月刊》三期三册，1926 年 6 月出版，而信末署"七月六日"。《章炳麟论学集》系此信于 1925 年，亦可互证。这封信对中医学有宏观议论，对视中医为哲学医、视五行说为可信等观点，提出批评。又指出中西医各有所长，等等。兹予引录：

纨斋足下：得某君《中医剥复案》，明中医之不可废，是也。然谓中医为哲学医，又以五行为可信，前者则近于辞遁，后者直令人笑耳。禹之六府，曰水、火、金、木、土、谷，此指其切于民用者也。五行之官，曰句芒、祝融、后土、蓐收、玄冥，亦犹今世有盐法、电气、河道之官，因事而施，亦切于民用者也。逮《鸿范》所陈，亦举五行之性耳。生克之说，虽《鸿范》亦无其文，尤在泾《医学读书记》举客难五行义，语亦近实。在泾欲为旧说弇护，不得不文饰其辞，然亦可知在泾意矣。医之圣者，莫如仲景，《平脉》、《辨脉》及《金匮要略·发端略》举五行事状，而佗篇言是者绝少。今即不言五行，亦何损于中医之实邪？医者之妙，喻如行师，运用操舍，以一心察微而得之。此非所谓哲学也，谓其变化无方之至耳。五行之论，亦于哲学何与？此乃汉代纬侯之谈，可以为愚，不可以为哲也。且五藏之配五行，《尚书》古、今二家已有异议，郑康成虽从今说，及注《周官·疾医》云："肺气热（配火），心气次之（配土），肝气凉（配金），脾气温（配木），肾气寒（配水）。则犹从古说也。以此知五行分配，本非一成，犹在天有赤道、黄道及月行之九道。近代变九道称白道，于测天之实，不相干也。某君所持论，似皆不足以驳余氏。至论医学进步，谓四家进于《千金》、《外台》，叶、徐又进于四家。以仆所验，实不其然。且叶氏自作聪明，徐氏志在复古。二家者，又不可同论也。仆尝谓脏府血脉之形，昔人粗尝解剖，而不能得其实，此当以西医为审。五行之说，昔人或以为符号，久之妄言生克，遂若人之五脏无不相孳乳，亦无不相贼害者。晚世庸医藉为口诀，则实验可以尽废，此必当改革者也。中医之胜于西医者，大抵《伤寒》为独甚，温病、热病，本在五种伤寒之中。（栀豉汤、白虎汤、大承气汤，非治温、热病而何？）其治之各有法，而非叶天士辈专务甘寒者所能疗也。脏府锢病，则西医愈于中医，以其察识明白，非若中土之悬揣也。固有西医所不治，而中医能治之者，仆尝于肺病、里水二症实验其然。（有肺痿西医称不治者，仆以钟乳补肺汤为丸疗之；有里水西医放水至三次仍不愈者，仆以越婢加术汤疗之，皆痊愈。）若夫肠痈用大黄特丹汤，与刲割无异。霍乱用四逆汤，与盐水注射无异，则所谓异曲同工者也。如曰幸而得之，不治于西医，而治于汉医，则不可云幸而得之也。如曰治疗虽善，未足以成医学，《伤寒论》固参合脉证，以求病情，然后处方，亦不可云徒善治疗也。仆与余氏往来频数，观其意，似以《伤寒》、《金匮》、《千金》、《外台》为有用，而上不取《灵素》、《难经》，以其言脏府血脉之多违也。下不取四大家，以其言五行之为辞遁也。剽剥太过？亦信有之，以仆所身验者，汉、唐两宋之术，固视金、元为有效。若乃不袭脏府血脉之伪，不拘五行生克之论者，盖独仲景一人耳。（《平脉》、《辨脉》、《金匮·发端》诸论，涉及五行，是其淘汰未尽者。）凡人之善于技者，苟有可录，虽串医亦当咨焉。执一说以蔽天下之是者，其失则隘；揭己之短而以为长者，其失则戆；不知某君以为何如也。此复，即颂起居贞吉！

章炳麟顿首

七月六日

民国 15 年丙寅（1926）　　59 岁

　　本年，国民党召开第二次全国代表大会，坚持联俄联共政策。共产党人参加会议者甚多，李大钊、林伯渠、吴玉章等人被选为国民党中央执行委员，毛泽东为候补中央执行委员。会议将邹鲁、谢持、居正等右派开除出党。

　　七月，广东国民革命军进行北伐，蒋介石为总司令。湖南、江西、武汉等省市均在年内攻占。

　　邹鲁、谢持、居正等国民党右派组织孙文主义学会，多方活动，反对左派。

　　北方，张作霖奉军、李景林直鲁联军共同进攻冯玉祥国民军。吴佩孚则从湖北进攻河南国民军。国民军失败，冯玉祥西走。至下半年，随着北伐军节节胜利，冯玉祥率其残部再起西北，响应北伐。

　　至年底，湖北吴佩孚、东南孙传芳均严重受挫，但仍顽抗。张作霖出任安国军总司令，联合孙、吴共同抗拒北伐。同时他们强化统治，李大钊于 1927 年被捕被害。孙传芳于本年 12 月底密令逮捕苏皖浙三省联合会领袖蔡元培、董康、褚辅成、沈钧儒等人。

　　本年章太炎在上海，处于多种矛盾中。他对"蒋中正得政"，对北伐，持反对态度；同时对张作霖、吴佩孚、冯玉祥都有看法。也反对北京政府徒有虚名的临时执政段祺瑞。章太炎认为解决全国局势的最好办法是前总统黎元洪复职。也重申类似联省自治的主张："就各军所据之疆域，维持不动，各修内政，互止侵陵，俟他日各省自治完成，再图建置中央政府。"（章太炎领衔与张一麔、董康、马良、褚辅成等人共同发表的《对时局主张》）与这种态度有关，他同占据江浙五省的孙传芳保持交往关系，但也颇有距离。认识这种态度和关系，就可以比较客观地看待章太炎参加孙传芳的投壶古礼一事。因鲁迅《趋时和复古》一文对此批评，这件事已成为研究章太炎思想的重要事件，无法不予重视。其后，褚辅成等人开展和平运动，又主张南北军队均不攻上海，孙部也不驻上海。褚辅成等人随即遭孙传芳严厉压制。这一时期章太炎退处缄默，因各种矛盾交织，感慨无奈而苦无良策。以他的性格而论，不会因外力压迫而缄口。

梁启超本年出任北京图书馆馆长（中华文化基金会所办）。致力于合并各小馆，筹建大型国家图书馆："鄙见以为最好是东方文化会、中华文化基金会、国立京师图书馆三方合作，成一规模较大之馆。"梁启超本年有《中国历史研究法补编》、《王阳明知行合一之教》等著述。

王国维入清华研究院以来，著述颇丰。两年时间里，著有《鞑靼考》、《宋元时代蒙古考》。校注有《圣武亲征录》、《长春西游记》、《元秘史》、《黑鞑事略》等十余种。多成于本年。

邓之诚《骨董琐记》出版，此书载明清掌故甚多，且较翔实。邓之诚任北京大学史学教授，并曾任国史馆编纂，与章太炎有交往。

王云五《四角号码检字法》出版。有蔡元培序，序中论列历代字书，对王云五此举，很是赞赏。胡适序中也很赞赏。

吕思勉《中国文字变迁考》出版。

顾颉刚所编《古史辨》第一册出版。

胡适赴英法等国博物馆研究敦煌文书。

鲁迅写成《汉文学史纲》。

钱玄同、黎锦熙等人致力于《国音字典》的增修工作。

张謇去世。张謇字季直，前清科举状元，清末热心立宪运动。民国后任南京临时政府实业总长、袁世凯政府农商总长，袁将称帝时辞职。张謇曾与章太炎共同发起组织民国联合会，又改组为统一党，相当熟稔。张謇热心兴办教育。著述有《张季子九录》等数种。

本年上半年及夏秋间，章太炎参加社会文化活动较多。春季，章太炎与太虚法师、王一亭、丁福保、熊希龄等人组织佛化教育会，夏季曾以此会名义招待新闻界。

5月16日，出席世界佛教居士林新址开幕礼。《申报》报道，参加者约千人，重要来宾有章太炎、王一亭、程德全等。

时任国民大学校长。《申报》6月23日有《国民大学行政之改组》报道："戈登路国民大学，近因校务发达，自下学期起，该校行政组织业由评议会修改，经校董会通过。"行政组织之修改指增加机构事。

《申报》6月28日又有《国民大学暨附中招男女生》广告："本校现招大学本科国学、英文、报学、哲学、史学、商学、教育、图书馆学、社会学、政治经济等系。国学、英文、报学、商业、师范专修科及中学各班。"

《申报》8月29日《国民大学本学期之课程》报道，国学系作文、诸子学、五经学、文字学、国学研究、古书校读法等课程，由章太炎和胡朴安担任。

同时，章太炎又与董康同任上海法政大学校长，见6月份

《申报》所载招生广告。

8月9日，章太炎应五省联军总司令孙传芳、江苏省长陈陶遗之聘，在南京担任修订礼制会会长。当时报纸对此报道甚为详尽。按孙传芳当时力倡复古，举行投壶古礼，并成立修订礼制会。原定请章太炎担任大宾，主持投壶礼，但8月6日举行时，章太炎未来，临时改请姚子让。章太炎于8月8日夜间到南京，下榻教实联合会，8月9日下午参加修订礼制会成立会，并致辞（详后），当日即乘夜车返上海（《致李根源书六八》）。以此行迹来看，章太炎对孙传芳之举，显然颇冷淡，勉强应付而已。有关文字也可佐证。

按孙传芳实力和基础本来不强，1925年10月至11月的浙奉战争中，乘奉军有后顾之忧才夺取上海和江苏，控制苏皖闽浙赣五省。本年奉军有南下复仇之势，而广东国民政府已在6月发布北伐动员令，7月三路北伐，闽赣两省为两路兵锋所指。孙传芳提倡礼乐，既非其人，更非其时，无非想安抚人心，故作镇定闲暇而已。章太炎对蒋介石、张作霖都很不满，又提倡联省自治，故尔应付孙传芳之邀，但内心并不以为然，这当是他此际实际心情。所谓食古不化，突发异想，企图借军阀之力，复三代古礼，开历史倒车云云，陈义似乎深刻，却未免套语凿空。

章太炎参加修订礼制会，聆听作乐之后，作一长诗，能够反映心情。诗题《观郑觐文作乐》：

> 郑生儒者能清讴，乐综古今姚且幽。
> 曾奏满城风雨曲，担夫在道皆回头。
> 金陵幕府素好事，招我观乐升南楼。
> 钧天云门杂众技，编箫长笛和箜篌。
> 鸣琴窈窕驻鸾鹤，引竿骎骎开华骝。
> 清曛瓷斗人酢齿，锦瑟倍弦鱼出湫。

鼙鼓间作亦赴节，好奇不用铜丸投。

忽度清商翻楚调，潜气内转殊凡喉。

飘忽便起陵云思，大人轻举风前猴。

曲终吹律中夷则，惜哉鼓簧如对牛。

风生黄葛送举酒，满堂神动惊清秋。

顾视壁间陷神谶，东吴灵气今不存。

郑生郑生歌且休，铜马遍地争王侯。

九韶如可化蛮越，罗闉何事陈戈矛。

（《太炎文录续编》卷七下　又"曾奏满城风雨曲"下有注云："郑自制。"）

诗中不断称赞郑生之技，对孙传芳却只称金陵幕府，已属冷淡主人，竟又加"素好事"三字，贬意已显。曲终而律中夷则，本来不错（夷则为古十二乐律之一），却紧接"惜哉鼓簧如对牛"，当指有要人在曲终后鼓如簧之舌，而其言甚不入耳。以下数语，揭破歌舞升平假象，越来越不留情面。章太炎当夜便回上海，其缘由其场面，真堪想象。说章太炎当时不反孙传芳，这可能是实情。说章太炎想借孙传芳之力复古制，行古礼乐，则非实情。当时"致辞"具在，态度很明白，章太炎说："我国古昔，甚尊视礼制，自君主政体革命后，知识界即屏而不谈。在洪宪时代，颇有议及之者，然其主张，尊卑之分太严，我辈实不敢赞同，以过犹不及，流弊易生，势必成为帝制之糟粕也。今日之学校，既置礼教于不讲，而强权者赎武相兢，又迄未得睹统一之效，在此种潮流中，修订礼制，固为当务之急。然实亦甚非易事，鄙见以为不必过尊古制。古制在今日，多有窒碍难行者，而一般社会之习惯，则必博访周知，尽量容纳。卑之无甚高论，将来议有端绪，著为典章，务有一般社会览而易知，知而易行，使国民知我国尚有此礼制，为四通八达之大路，则礼制终有观成之日。总而言之，一欲易于遵行，一欲涤尽帝国主义而已。"（《申报》，1926年8月12日"国内要闻"《江苏修订礼制会纪详》）议定："一、修订易行者；二、'避免帝制时代之陋习'；三、'修订一般社会所需要者。'"（同上）

按礼节礼制，既有阶级性，也有民族性。君臣尊卑之礼是阶级性；古今中国人均不喜拥抱接吻之礼，则可称为民族性，称为一种民族文化传统。这种传统可以继承，部分古礼可用于今日（如作揖、抱拳礼节又行于今日，且有专家撰文称赞其科学卫生）。因此，合理继承古礼，又尽量容纳一般社会习惯，简便易行，力戒繁琐，适用于普通民众，这些主张是合理的，置之今日亦然。章太炎当时特别强调避免帝制陋习的尊卑之礼，这更无可厚非。1917年章太炎为孙中山《会议通则》作序，既主张讲礼制规矩，又赞赏"不烦采究，而期于操习，其道至常，乃为造次酬对所不能离"，观点一脉相承。今人评价，理论尺度和评价原则应当一致。

本年六月，章太炎曾手书《通告及门弟子》："果有匡时之志者，当思刘晔有言，昏世之君不可赎近，就有佳者，能听至言，十不过三四，量而后入，不可甚亲，乃得免于常绁。昔人与汉高、句践处，功成便退。若遇中材，一事得就，便可退矣，毋冀功成也。入吾门者，宜观此。"（手迹，署丙寅六月）

这既可看出章太炎对弟子的关怀，更可看出章太炎对军阀的态度。

本年有下列医学论文：

《黄疸论》（《绍兴医药月报》一卷四号）

《疟疾论》（《绍兴医药月报》一卷五号）

《温病自口鼻入论》（《绍兴医药月报》一卷六号）

《中土传染病论》（《绍兴医药月报》一卷八号）

《论厥阴病》（《绍兴医药月报》一卷十号）

其他文章有：

《与吴承仕书》（5月25日，《章炳麟论学集》）

《释秦量》（《章太炎先生学术论著手迹选》）

《欧阳氏母黎太夫人墓志铭》（《文录续编》卷五）

《腾越宝峰山佛殿碑记跋》（见《景邃堂题跋》）

本年五月，王文濡所编《当代名人尺牍》由文明书局出版。下卷收章太炎书牍，篇目如下：

《致志远书》

《复张伽厂书》

《与罗振玉书》

《与章行严论改革国会书》

《与汪旭初论阿字长短音书》

《答曹聚仁书》

《与刘光汉书》

《甲寅五月二十三日家书》

《甲寅六月二十六日家书》

民国 16 年丁卯（1927）　60 岁

本年 3 月，北伐军占领上海、南京等地，控制东南地区。4 月 12 日，蒋 介石在上海发动政变，屠杀共产党人，解除工人武装。7 月 15 日，汪精卫在武汉宣布与共产党决裂，屠杀共产党人。至年底，南京国民政府暂时解决了内部矛盾，蒋介石任国民革命军总司令，控制了军政大权。

8 月 1 日，周恩来、朱德等共产党人举行南昌起义。8 月 7 日，中共紧急会议撤销陈独秀领导职务，确定武装斗争政策。会后，毛泽东组织了秋收起义。12 月，张太雷、叶剑英等组织了广州起义。

本年，北方大部分地区由张作霖控制。吴佩孚已在上一年被北伐军打垮，逃往四川依附地方军阀。冯玉祥在陕西等地响应北伐军，但力量较弱。阎锡山采取观望态度。张作霖加强镇压，杀害共产党人李大钊等二十余人。6 月，张作霖称中华民国军政府陆海军大元帅，准备对抗北伐军。

"四·一二"政变后，上海一些团体"纪念五四"通过决议，呈请国民政府通缉学阀，指定章太炎、张君劢、黄炎培等十余人学阀。决议同时呈请南京国民政府讨伐武汉国民政府（当时武汉国民政府还同共产党人合作）并肃清上海各学校的共产党分子，等等。

6 月份，国民党上海市特别党部临时执行委员会又呈请中央通缉著名学阀，仍以章太炎为第一学阀，同黄炎培、沈恩孚、张君劢等十余人一并呈请明令通缉。

章太炎对南京国民党政府的态度是不承认其合法性。"盖以为拔五色国旗，立青天白日旗，即是背叛民国"（本年 11 月《致李根源书七一》）。而五色国旗被取代，即是民国灭亡，稍后曾自称中华民国遗民。然而当时形势已不容许他公开发表政见，从此他长期处于缄默。

本年 3 月 31 日，康有为在青岛逝世。作为近代改良主义思想领袖，他对中国近代思想文化发展起了巨大影响。作为今文经学大师，他把《公羊》三世说和《礼运》大同思想结合起来，给经学开辟了一个新的领域。他的代表著作《新学伪经考》、《孔子改制考》都在戊戌变法以前就已刊行，而《大同书》却直到 1935 年才刊行。

6 月 2 日，王国维投湖自尽，学术界损一奇才。其《红楼梦评论》、《宋元戏曲考》、《人间词话》、《殷周制度论》、声韵研究、金甲文字研究、西北地理及元史研究等等，均堪传世。自沉前两天仍在撰写之文为《金界壕考》。著作汇编为《海宁王静安先生遗书》。

梁启超仍任清华研究院导师、北京图书馆馆长等职。本年起，主持《中国图书大辞典》编纂，企图对中国目录学作系统整理研究，但只完成了第一部分即"官录与史志"。

蔡元培在南京政府出任大学院长和中央研究院院长，致力于中央研究院的筹建组织工作。

北洋政府方面，清史馆馆长赵尔巽去世，柯劭忞代理馆长。年底，金梁赶印《清史稿》成。

胡适《国语文学史》出版。整理古典小说，为乾隆壬子本《红楼梦》和《官场现形记》作序。

唐文治刊刻《茹经堂文集》、《茹经堂奏疏》等。

陶行知乡村师范学校（晓庄学校）开办。

吕思勉《字例略说》出版。

陈垣《回回教入中国史略》出版。

蒋维乔辞去东南大学校长职，致力于《中国佛教史》的写作。

吴承仕辞去北洋政府司法部佥事，接任北京师范大学国文系主任。

黄侃到东北大学任教。

汪东任中央大学（南京）文学院院长，汪为章门弟子中专治文学者。

钱玄同等人在《新生》杂志社出《国语罗马字运动特刊》（一卷八期），发表《历史的汉字改革论》、《为什么要提倡国语罗马字》、《国语罗马字的字母和声调拼法条例》、《关于国语罗马字字母的选用及其他》等文，全力推进国语罗马字运动。

本年，章太炎参加文化教育活动不多。2月13日，参加法苑开幕。法苑由太虚法师主持，标举新僧运动。《申报》2月15日载《新僧运动之法苑开幕》，报道开幕之日有章太炎等六百余人参加，太虚主持开会，章太炎演说，主张"当以佛教之大施主义以救人救世"。

11月27日致李根源信中说："蔡子民辈近欲我往金陵参预教育"，自己因政见原因而谢绝。按蔡元培时任大学院长、中央研究院院长等多种职务，但他的志趣在中央研究院，1928年就辞去其他职务，集中精力于研究院。1927年蔡元培正邀聘著名学者，组建中央研究院。不知章太炎所说，具体是何机构。大学院基本相当于高教部，与信中"教育"二字相合。

本年1月，章太炎为连璜（雅堂）所著《台湾通史》作序。署

《台湾通史题辞》，文中盛称郑成功勋业，表景仰之情，寄希望于继郑氏而起者。

2月，为金松岑《天放楼文言》作序。金松岑吴江人，出身江阴南菁书院，学有根底。其诗文、评论俱佳，陈衍等人均很推崇。金松岑也喜小说，曾与曾朴合作《孽海花》。1903年金松岑在爱国学社，曾与章太炎共事。至此把历年文章结集，请章太炎作序。章太炎此序视野开阔，对文章奇偶之争，对唐宋八大家、明代唐宋派及清代诸家，均有论及，并提出自己正面主张：以言之醇驳取文，而不以文章奇偶取文；重内质而轻外美，等等。兹予引录：

天放楼文言序

余壮岁与吴江金松岑交，论文则规镬周秦，而松岑风议感概，文在季汉三国间。遭离患难垂三十年，余文辞数变，松岑亦老，不屑意当世。民国十五年冬，以其文几百首称《天放楼文言》者示，且属为之题辞，视之匪色益壮，气体又下兼南北暨于隋唐，视壮年所为亦少变矣。乃为序曰：

自明茅顺甫采唐宋八家为文章艺极，其后归、方、姚、恽取之，虽才力有异，其所饩禀一也。及其弊，则专取格势，有名言，无情实，明季陈夏已渐异趣，始规摹洛京，顾辞采稍缛，寡渊古之气。近代汪、李为之，加以节制，高者往往似晋宋，而文章奇偶之争亦自此起。余谓韩、柳与宋六家固异，夫其含元气，入无间，天实纵之，乃若积势造辞，则近自燕、许来。退之碑铭，效后汉石刻，转益瑰怒。子厚亦多为俪体，非若晚世分北之严也。与韩、柳先后者，有若李华、独孤及、吕温、刘禹锡、皇甫湜之属，大体多相似。今独举韩、柳二家，则不足尽其原也。宋世效韩氏为文章者，宋子京得其辞，欧阳永叔得其势，二家已不类。是时，苏子美高材而黜，独为屈奇，而尹师鲁近悫，刘原父涓选至严，义尽则辞止。近世戴东原颇方物焉。最醇者乃莫如司马公。北宋苏、尹、刘、司马五家者，能事异欧阳，其差弟亦相若，今悉不取，独取曾、王、苏与欧阳为六，又不足以尽其变也。宋时俪语，丰杇肉称，而几於谐矣。观六家之文，两制用俪语者勿论，然常文或时不检，亦以是糅入焉。此尚不足与宋莒公颉颃，况晋宋之翔雅者乎？由是言之，苟醇矣，奇偶皆古之流可也。苟驳矣，奇偶皆俗之变可也。文章之多术，犹味之广，乐之繁，各专其美，而不以相易，其可以一端尽诸？

　　松岑之为文，盖抗志于古之作者矣。然其意气骏发，常恐局促跬步之间，欲必恢之以尽其才，故节制不能如汪、李，视陈、夏则骎骎过之矣。《易》曰："穷则变，变则通。"文之久而变者，亦易道然也。虽然，文者所以宣其质也，苟内屡空而美于外，美之将焉用？昔梅伯言习于姚氏，顾谓世禄之文，徒能不失律度，有豪杰之文者，则恢张王霸是也。夫姚氏则世禄矣，所谓豪杰者，伯言不凿指，而其文或为方、姚所诃，若唐杜牧之近世易堂九子犹近。观松岑读五代史诸首，极论前事以刌今兹之弊，明若燿火，效若蓍龟，岂所谓豪杰之文者耶？于是宜观其质也。民国十六年二月章炳麟序。

　　11月2日，有《与吴承仕书》，此信论及宋明理学和佛学，有融合贯通之势，而且更重儒术，是了解章太炎思想变化的重要资料。此信《章炳麟论学集》系于1926年，但该年5月25日信中说"得本月十八日书"，而此信开头就说"不得手书逾九月"，时间显然不合。此信内容也是1927年事。一为黄侃离京前往东北大学；二为吴承仕辞去司法部职务，是1927年4月29日事；三为信中所说"夏秋间从事止观，颇得禅悦，而宴坐过久，心脉过旺，遂止不为，时以宋明儒书为乐"云云，同 1927 年 11 月 16 日《致李根源书七〇》中所说极相似："老夫自仲夏还，居同孚路赁寓，终日宴坐，兼治宋明儒学，借以惩忿。如是四月，果有小效，胸中磊砢之气，渐能消释。惟把捉太过，心火过盛。重阳后，因即停止宴坐。"两信所说，当是同时事。至于给吴承仕信中所说"今岁唯闲居自适"，更非 1926 年情状。现录此信于下：

> 絸斋足下，变故以来，不得手书逾九月。今日接挂号信，悲喜何似！季刚性情乖戾，人所素谂。去岁曾以忠信笃敬勉之，彼甚不服。来书所说事状，先已从季刚弟子某君闻其概略，彼亦云吴先生是，而先生非也。在都与诸交游断绝，欲来上海，就暨南学校教员。适诸校党争激烈，有暗杀校长教员者。友人或告以畏途，遂止不来。来书云，季刚已去，是否往关东耶？足下辞去法部职务，可谓竟信其志。其实南方之强，更甚于北方也。仆今岁惟闲居自适，夏秋间从事止观，颇得禅悦，而宴坐过久，心脉过旺，遂止不为。时以宋明儒书为乐，其中利病，颇能寻究。大抵佛法究竟，不过无我二字，则孔子绝四，颜渊克己，正与之合。自孟子、濂溪以至白沙，后及王门数传弟子，以至东林之高景逸，所得虽深，实是数论神我之见，所谓天乘者也。中庸归本于天，即中国之婆罗门。横渠近之，又不如数论也。明道、上蔡、慈湖，庶于佛法相近，而王门之王心斋，以安身为极则，乃是汉初黄老之学。若象山、阳明、瞋恚未断，只是人乘。高贤所得，乃不如其弟子，晦翁又不如二公。然欲维持世法，即朱、陆已足，而范希文、司马君实辈，亦未必不如朱、陆也。友人多言救世当用佛法，仆谓不本儒术，则王摩诘、裴相国之伦，何益人事？佛、儒相资，杨大年、赵清献辈乃可与有立耳。足下自言以恕待人，违道不远，勉力行之可也。朋友隙末，最可痛心。然仆所经历，如此者尤多，亦只可以理自遣。季刚性行，恐难免於乱世，是则深可忧耳。书复，

即颂起居暇豫。

章炳麟顿首
十一月二日

《章炳麟论学集》本年有论丧服书两通。第一通署"民国十六年十一月廿八日",第二通署十二月十七日。第一书对丧礼作了宏观的论述,并可见师生观点之差异,今予节引:

"缦斋足下:得书论丧服废兴之义,今世衰道微,虽亲死不葬,临殡入内,世亦谁以为訾者?若因循颓俗,无事以名实征诘也。其犹欲酌损旧制,令当今可行耶?昔人云,毋轻议礼。盖东原与任幼植书已举以为戒矣。……所举丧服三事,尊降独封建有之,《开元礼》以来铲削殆尽,此当与时变易者也。为人后者,降其父母,此本后大宗尔。晚世之为人后者,非后大宗也,犹为所后者斩,而为其父母齐衰,不杖期,斯乃缪于礼经,亦宜举正者也。唯父在为母齐衰杖期,此古制之可间者。大抵殷周间母系犹一二未绝,亟为矫正,则不免过其直。顾念《荀子·礼论》有言,"至亲以期断,然则三年何也?曰,加隆也。"今父在为母期者,直不加隆尔,非有所减损明矣。且杖期与不杖期其别有二:一,不杖期,首尾十三月,杖期有禫,则首尾十五月也。以十五月,故容有经三甲子者。故古者亦谓之三年之丧。"

"来书又谓遮拨礼教,与提倡礼教者皆非。夫今之遮拨礼教者,非固情有所不安也,怵于异国之俗,而慕其虚华,或妄为论议以通之。是乃华裔之辨,非是与非之辨也。提倡者所苦无其学术,高者为礼经所困,下者为胡清习俗所渐。然与夫一意遮拨者,固不可同日而语矣。"

"或曰,古吉服殊衣裳,凶服亦依其裁制为之。今吉服皆筒袖长衣,独凶服顺古,此龃龉不相入也。夫变冠以为帽,变衣裳以

393

为袍衫，唐宋已然，而凶服不变者，以凶服不必与吉服同制也。且今之军服，固与吉服异，法官又依仿古服为之。于此不责其同，独凶服必责其同耶？今所以存国情者，固非独丧服一端，然苟有存者，不敢废也。何必震于殊俗，怵於异言，以变吾之故常哉。所论礼古经事，他日当审之，今先为此以报。

章炳麟顿首

民国十六年十一月廿八日"

仲冬，撰《中国医药问题序》，论述中医自立于当代的途径和中医之利病优劣：

"余以为今之中医，务求自立，不求断断持论与西医抗辩也。何谓自立，凡病有西医所不能治，而此能治之者。"

"乃若求其利病，则中医之忽略解剖，不精生理，或不免绌于西医也。独伤寒热病之属，其邪浮而无根，非藏府症结比。自仲景以来，论其脉证独备，而治法亦详，中医能按法治之者，率视西医为胜。"（收入《制言》第 59 期）

10 月 29 日，有《与余云岫书》（见《太炎先生著述目录初稿》，列入医药类）。

本年作诗较多。11 月 16 日致李根源信中说："暇时以诗自遣，苦无唱和。"这一时期对诗有较大兴趣。孙世扬 1938 年所写《钞校编印太炎文录续编始末记》说，太炎晚年单篇诗文，自己未尝编定汇刻，"唯六十岁时手写民国五年以后所作诗三十八首，付之装潢。六十后作诗不多，亦未尝写定也。"因此，这三十八首诗，可算是章太炎自己编定的。其中系年于本年的最多，起于《避地》，止于《生日自述》，共十首。这些诗既是自己写定，又是六十岁时所写，系年时间无疑准确。

围绕《生日自述》一诗，汤志钧和谢樱宁两位专家间，有一场小小公案。汤志钧认为此诗作于公历 1927 年 1 月 3 日，谢樱宁认为作于公历 1927 年 12 月 23 日，都是农历 11 月 30 日。前一生日为，自此日起，进入 60 岁。这种计算方法完全可以。1926 年 1 月 14 日《申报》有《章太炎昨日寿辰之热闹》报道，称"昨日为章太炎五十晋九寿辰"，就是这样计算。后一生日为，至此日足 60 岁，这样计算也完全可以。1924 年 1 月 6 日《申报》有《章太炎昨日之寿筵》，称昨日"为章太炎五十六寿辰"，则是这种足岁计算。

我们的看法是，系此诗于公历 12 月 23 日较为合理，根据章太炎写定的本年十首诗的顺序，此诗位于最后，当是年底所作。再则，从诗中的心情看，也不是年初之作。诗云：

> 蹉跎今六十，斯世孰为徒？
>
> 学佛无乾慧，储书不愈愚。
>
> 握中余玉虎，楼上对香炉。
>
> 见说兴亡事，挐舟望五湖。

诗中不愿过问政治的思想甚至隐逸之念是很清楚的。而在一月，宁沪杭等地还在孙传芳控制下，蒋介石同武汉国民政府矛盾很大，战局、政局均不明朗。章太炎 1 月 5 日给章士钊的信中，说自己"补天回日之志，竟不能灰"，并鼓励章士钊"尚当努力奋斗"。（《复章士钊书》，《甲寅》一卷四十号）1 月 14 日，章太炎还领衔率领 30 余人向孙传芳推荐浙江民政长官人选。这些与诗中心情显然不符。经过国民党上海市党部呈请通缉，经过夏秋间终日静坐惩忿等等，才能产生诗中那种萧索苍凉的感情。

本年还有其他诗数首，其中《四思》值得注意，此诗发表于《太平杂志》一卷二号（1929 年 11 月 15 日），诗题下署"丁卯"年。所谓四思，一思李秘监（李邕），二思马贵与（马端临），三思王元美（王世贞），四思黄太冲（黄宗羲）。均为思想文化名人。与

《说林》等多种著述相较，对黄宗羲的评价较前宽和。

12月9日有《答汪旭初论诗书》。此书载于《制言》29期，1936年11月出版。书中"录一月前近体二首"，所录即《简童亦韩徐仲荪》和《生日自述》二诗，均章太炎手写的本年之作。章太炎说自己之诗"欲脱化于唐人之外，则不能也，然芜杂之病，庶可免矣"。

民国 17 年戊辰（1928）　　61 岁

　　本年，南京国民党政府继续北伐。6 月，奉军战败，退回东北。张作霖回沈阳时在皇姑屯被日本关东军暗杀。12 月，东北易帜，南京政府控制了全国大部分地区。

　　4 月，毛泽东、朱德两部红军在井冈山会师，随即扩大根据地，建立湘赣边界工农民主政府。共产党人还建立了湘鄂边、鄂豫边、豫东南、皖西等根据地。

　　5 月 1 日，北伐军进入济南。日本军队在 5 月 3 日进攻中国军队，屠杀中国军民五千多人。国民党政府山东特派交涉员蔡公时被日军割去耳鼻又遭杀害。是为济南惨案。

　　本年，章太炎居于上海，绝少公开露面，但内心愤郁，不承认国民党政府。6 月，为黎元洪作挽联，署"中华民国遗民"。11 月 21 日，在招商局轮船公司股东代表招待新闻界席上，对国民党政府作了猛烈批评："他们现在说以党治国，也不是以党义治国，乃是以党员治国，攫夺国民政权，而对外仍以中华民国名义。此与袁世凯称号洪宪后，仍以中华民国年号对外，意义相同。袁世凯个人要做皇帝，他们是一个党要做皇帝。这就是叛国，叛国者国民应起而讨伐之。故吾谓革命尚未成功，国民尚须努力。"为此，又遭国民党上海党部呈请通缉（见当月《申报》）。

　　本年 6 月，中央研究院建成，为我国首创国家级综合科研机构。8 月，蔡元培坚请辞去其他职务，专任研究院长。研究院于院长之下，分行政、研究、评议三系统。行政系统设总干事一人，管理全院行政，由杨杏佛担任。研究系统分设十个研究所，其中地质所长李四光，气象所长竺可桢，历史语言所长傅斯年，心理所长汪敬熙，社会科学所长陶孟和，等等。评议系统设评议会，院长所长任评议员外，由院长和国立大学校长以投票选举30位权威学者任评议员。评议会制定研究方针，决定院长候选人，实为最高科研决策机构。

梁启超8月以前带病组织《中国图书大辞典》的编写工作。他本人撰写唐宋元词集目录和明代别集部分。给胡适的信中说："一年以来，督率门人数辈，昕夕从事。"并说要使此书成为一部有新系统的《四库提要》。8月因病重停止这一工作。9月坚持作《辛稼轩年谱》，至10月，书稿尚未杀青，病情急剧恶化，遂成绝笔。

钱玄同、黎锦熙等人组织《中国大辞典》编纂处，设于国语统一筹备会内。

大学院于9月正式公布"国语罗马字"。

无锡国专校长唐文治《茹经堂文集》二编、《尚书大义》刻成。又著《家谱世系传状艺文志》成。

马叙伦完成《说文解字六书疏证》。

胡适《白话文学史》上卷出版。发表《校勘学方法论——序陈垣先生的〈元典章校补释例〉》。又与梁实秋、陈源创办《新月》杂志。

蒋维乔《中国佛教史》著成。《杨墨哲学》、《道教概说》由商务印书馆出版。

郭沫若东渡日本，研究中国先秦史，写成《周易的时代背景与精神生产》等论文。

黄侃离东北大学，入中央大学任教。

辜鸿铭去世，有《读易草堂文集》等。

本年，章太炎论学的文章、书信、序跋等，有：

《与马通伯书》（8月3日）。马通伯（其昶）自吴汝纶去世后，已成为最主要的桐城派代表人物。他又担任过京师大学堂教习、《清史稿》修撰等职，在当时影响较大。这时他积极提倡《大学》、《中庸》、《孝经》三书，以求改变士风学风。章太炎则认为，当时情况下，《中庸》不是最急需的，《儒行》则是亟需倡导的："尊意欲以三经导俗，谓《孝经》为圣人弭乱之原，鄙人正复同此，犹谓世情婥娜，非高节琦行之士出为表仪，惧不足以振起。宋世儒学，倡之者实在高平，高平所持，只在以气节厉俗耳。此如人病痿痹，非针引阳气，必不能起，其余犹后也。《戴记·儒行》一篇，昔与《大学并重，所谓不尽中行。大氏狂狷之才，斐然成章者也。后代儒者，视为豪气不除，或有所訾议矣。不知豪气之与善柔，相为屈伸，豪气除则善柔自至，欲其振起，岂可得邪。自鲁连以逮汉之王烈、田畴，于十五儒者，财得一端。今视之，即邈乎不可及。宋、明诸贤行谊比于东汉，犹未也。二程尝谓子路亦是百世师，后儒视此，反漠如焉。故鄙意《儒行》一篇，特宜甄表，然后可以起痿痹，振罢软尔。"

《重订三字经题辞》。这篇"题辞"直至章太炎去世后才发表于《制言》。提倡了解历史，是章太炎一贯的主张。这篇题辞注意到当时青年学生的实际状况，肯定通俗的教育途径："余观今学校诸生，或并五经题名历朝次第而不能举，而大学生有不知周公者，乃欲其通经义、知史法，其犹使眇者视、跛者履也软？今欲重理旧常，使人人诵《诗》、《书》，窥纪传，吾之力有弗能已；若所以诏小子者，则今之教科书固弗如《三字经》远甚也。间尝举以语人，渐有信者，然诸所举人事部类，其切者犹有未具。明清人所

399

增尤鄙。于是重为修订，增入者三之一，更定者亦百之三四，以付家塾，使知昔儒所作非苟而已也。"（《制言》第62期）

《中华民国开国前革命史序》。此书冯自由著，本年11月出版。章太炎序于7月。序中述及开国前革命史，褒扬光复会诸人的功绩，对一些历史人物作了评论。序中也述及章太炎本人在二次革命时的活动，可补其他资料之阙。序中还涉及作史及"史德"性质的问题，兹予节引：

"自亡清义和团之变，而革命党始兴，至武昌倡义凡十一年，自武昌倡义至于今又十七年。事状纷拏，未尝有信史。故旧或劝余为之，余犹豫未下笔，盖身不与其事者，非审问则不敢言。身与其事者，所见乾没忮戾之事亦多矣，书其美不隐其恶，或不足以为同志光宠，是以默而息也。南海冯自由，与同盟会最久，又尝为稽勋局长，以其所见，又遍访故旧，而作《民国开国前革命史》。虽未周悉，然阿私之见少矣。其以开国前名者，以为情有诚伪，事有轻重，事后之所为者，不得与事前比。且将以前之艰难晓示后进，使无敢侮耆旧擅兴作也。"

"自民国九年以后，知当时实事者已少，夸诞之士，乃欲一切笼为己有，亦曷足怪乎？且革命者，非常之事，固志士仁人之所慎也。开国以还，惟蔡锷起抗帝制，有恢复功。其余或事易不足数，或其始颇循名义，而终自负其言。操之太蹙，则于国家人民祸福未可知也。自由之为此，盖痛生民之无告，念乱流之不已，谓其本皆由不窥前事致之，亦可谓发愤有作者矣。

"余于开国前后诸大事，闻其谋与其役者颇众，虽不敢谓有功，自视亦庶几无疚。独民国二年，以宋教仁之死，同志发愤与中央政府抗，余亦颇与焉。稽之大法，盖不可以为至当矣。顾其时清故恭亲王潜谋复辟，因缘张勋，与南方人士相闻，同志不深观其利病，欲因势就用之。余力言其非，始已。不然，与宗社党同污，所谓志士者竟安在耶？此犹可以自慊者也。综观开国以来十余年中，赞帝制，背民国，延外患，参贿选，及诸倍义卖友之事，革命党之不肖者皆优为之，独复辟事不与，则事前训练之功犹不可没。此余所愿举以告天下者也。民国十有七年七月。章炳麟序。"

11月为李希白《治平吟草》作序。李希白为李根源堂兄，军官出身。章太炎序，持诗主性情之论，并为豪犷之作辩白。兹予节引：

"诗以道性情，六义衰，性情之间始有伪饰者，然唐以上犹少是，隐遁则有长往之辞，军旅则有不可犯之色。荣辱得失，亦各如其所遇。以形于言，虽乾没如宋之问辈，亦举念不忘富贵而已。自宋以后，诗与性情离，怙权而称恬退，冯生而言任达，得意恣欲而为牢愁之声，虽有名章曼辞，为世所称道者，欲依咏以观其志，则不能已。"

"始余与希白遇於苏州，未知其能诗，及观吟草，洒然有风人之思，其功力亦副之。意其少时必素习诗者，恨篇什不多见，独其近作存耳。世言介胄之诗，贵在安闲，不欲其过豪，豪即近犷。余以为不然，如曹公、刘越石所作，岂以犷为患哉？希白处吴下久，见其山水佚丽，而士女温恭，诚不能数作豪语。然其伤往古，悼逝者，感慨之气，犹时见声律间，斯正性情之真也。晚世夸诬之子，好为异言，以街谈巷语为诗，谓之清真，然观其人，则汲汲为货利者，而诗中隐晦，如故匿其性情，则言已饰伪矣。焉论其辞之文质也？因序希白诗，纵言及之。中华民国十七年十一月。余杭章炳麟序。"

6月，为黄侃《游庐山诗》作序。序中表露了对庐山之美的看法：美在山川之胜和往史之迹，而不在西方人经营的牯岭。序中对黄侃诗风诗品，也有简短精要的评论："世之道庐山者，率以远人赁居之地为根，佗直附赘耳，名曰记庐山，其实记牯牛一岭也。侃所观者，乃在山川之胜，往史之迹，于赁地略一道，盖罄而语之，非有流连荒亡之乐，斯所以异于俗士也。""侃为诗素慕谢公，及是篇什多五言，犹近古。七言或杂宋人唇吻，独其所为四言，上不逮仲宣，而下几与叔夜元亮伉矣，亦足以见其所抱也。"（这篇序言载于《制言》第 39 期，收入《太炎文录续编》卷二）

据黄侃遗著《石桥集》（载《制言》第 36 期），本年有论诗书四通。寒食日及 2 月 21 日，致汪东两通，均甚短。

4 月 10 日致黄侃书中说："大抵诗人须兼犷气。刘越石、李太白皆轻侠之流。谢公虽世为将相，观其平生行事，自谓江海人，亦固不谬。"

4 月 26 日答黄侃书中说："来书商作七言古诗，吾辈平日好谈建安，次外陶谢，于七言殊少精思。仆能作数句换韵及歌长短诗，其一韵到底者，殊不甚善。"

据《太炎先生著述目录初稿》卷下，5 月 8 日有《与黄季刚书》。今不知其内容。

据《黄季刚先生手写日记》（潘重规辑，台北学生书局 1977 年 6 月出版），本年春章太炎有《题手抄本阮大铖诗集》：

"大铖五言古诗，以王、孟意趣而兼谢客之精炼，律诗微不逮，七言又次之。然榷论明代诗人，如大铖者尟矣！潘岳、宋之问，险诐不后于大铖，其诗至今存。君子不以人废言也。"

据 10 月 22 日致李根源书说："仆今年只以作诗遣累。"但见于刊发者仅四首：《春日书怀》、《寒食诗》、《铜雀》、《季刚旭初行摄山得大小徐题名以墨本见示》。

本年医学类文章有：

《论少阴病》（1928 年 2 月，《绍兴医学月报》四卷四号）。

致李根源问病札十四通。李根源患重病，情况危急。章太炎很焦急，但当时行动不便，故连日抵书为李治病的医生，询问病状，商量治法。这十四封信曾辑入《苏州国医杂志》第10期（即《章校长太炎先生医学遗著特辑》）中，题为《太炎先生问病遗札特辑》。

《伤寒论辑义按序》。此序为恽铁樵而作。恽铁樵武进人，名树珏，长于古文，有文名于时，也擅小说，曾主编《小说月报》数年，有创作多种。中年以后，弃文习医，创办中医函授学校，有意于精研中医理论。恽铁樵取日人所作《伤寒论辑义》作"后按"，辩论剀切。而当时上海中西医之争正趋激烈。这本属西学东渐以来两种学说的自然碰撞，但一些偏激者视中医为一无是处，相信中医，甚至被看作守旧的标志；而另一种偏激则肆意攻击西医。章太炎此序认为：医学之争，不贵在学理之辩，而贵在治病之实效。他承认西医生理学说精于中医，但认为中医价值不可抹煞，中医也有优于西医之处。这种看法，他对李根源、吴承仕等多次阐发。如说"中医迂缓而有神效，其失也糊涂；西医切实而直速，其失也执着"（《雪生年录》卷三）。本序强调应重治疗实效，对《伤寒论》则深为推重。今摘录此序：

伤寒论辑义按序

武进恽铁樵少知棋道文学，壮而治医方，尤长於中风五水，晚见医术之偷，穷治《伤寒论》数岁，取日本丹波元简辑义为之后按，辩论剀切，要於人人易知，属序於余。是时中西医师方以其术相倾，而铁樵固欲为中医立极者也。乃序之曰：

自《素问》、《灵枢》说藏府经脉之状，於今多不验，讦者遂谓中土无医。余闻之庄生，筌者所以在鱼，得鱼而忘筌。蹄者所以在兔，得兔而忘蹄。夫医者以愈病为职，不贵其明於理，而贵其施於事也。不贵其言有物，而贵其治有效也。治苟有效，无异於得鱼兔，安问其筌与蹄为？今有剧病，中外国工所不疗，而铃医不识文字者能起之，人亦不能薄铃医也，况过於是者哉？……前世论生理虽有岐异，必不若近世远西之精也。治锢病者，不素习远西新术，病所不定，诛伐无过，不可以言大巧。《金匮要略方》虽在，不中要害者犹什二已。若夫伤寒卒病，略校脉证，则病所易知，然其因循之害，误治之变，乃危於锢病远甚。微汗小下，而疾不去，劫之以冰，而变愈多。迁延始愈，则曰病衰待时也。变剧至毙，则曰热甚宜死也。以校仲景，高天下泽，不足以为优劣之比，是故他书或有废兴，《伤寒论》者无时焉可废者也。

观其纲领病状，包五种伤寒，正治权变救逆之术，靡有不备，违之分秒，则失以千里。故曰寻余所集，思过半矣。宜奉其文以为金科玉条，举而措之，无不应者，固无以注释为也。顾自宋金以下，六经有一日一传之说，太阳病有三方鼎立之论，拘文则以太阳为旁光，妄称传足不传手，则以少阴为肾，方喻之徒又以己意变乱，其后张锡驹、陈念祖虽少慎，而更以五运六气相皮傅，瑾瑜匿瑕，川泽纳汙，使人违之不能，从之不可，为后按者但以简前注之误，使大论还於纯白，斯止矣。

《伤寒论》诸本有注者，以成氏为最先，然於文义或多疏略，而东土训诂独详，故铁樵依丹波辑义为本，次下己意，以为后按。其取材博，其持论审，於近世为希有。以大论文辞奥雅，方术亦奇正相变，阙疑者犹百之二三，要其大指不合者鲜矣。虽然，医者以愈病为职者也。由博而返约，推十以合一者，又精义之事也。吾愿世之治《伤寒论》者，不蕲於为博士，而蕲於为铃医。大义既憭，次当谙诵论文，反覆不厌，久之旁皇周浃，渐於胸次。每遇一病，不烦穷思，而用之自合。治效苟著，虽樵采於山泽，卖药於市间，其道自尊。然则渔父可以傲上圣，漉盐之氓可以抗大儒矣，岂在中西辩论之间也？戊辰仲秋。章炳麟序。

本年撰写《自定年谱》，由清同治七年1岁起，至民国十一年55岁止。

章太炎逝世后，苏州章氏国学讲习会刊行这部年谱，题《太炎先生自定年谱》，对原稿略有删节。

民国 18 年己巳（1929）　　62 岁

本年，中国共产党领导的武装斗争迅速发展。毛泽东、朱德率领红四军由井冈山东进，开辟了赣南和闽西根据地。其他根据地也都巩固和发展。

1 月，国民党军队的编遣会议召开，发表"裁兵救国誓言"，但各派均欲裁减别派兵力，而扩大自己实力，所以国民党新军阀的内部矛盾更加激烈和明朗化。3 月，蒋桂战争爆发，蒋军进攻武汉。4 月，桂系战败，李宗仁、白崇禧退回广西。

1 月 19 日，梁启超在北京去世，年仅 57 岁。关于梁启超的学术特点、成就和地位，他本人在《清代学术概论》中，以第 25 节、第 26 节两个整节的篇幅（全书共 33 节），作了相当客观的论述，兹不详说。他的著述，总字数约在 1100 万字（或说约 1400 万字）。"全集"性的结集，前后有多次，多种版本。最重要者为《饮冰室合集》，40 册，约 920 万字，是梁启超去世后，由家属和亲友请林志钧编辑的，始编于 1929 年。1932 年中华书局出版。

梁启超去世后，北京、上海均有相当隆重的公祭，上海《新闻报》、《申报》对公祭情形有比较详尽的报道，未见章太炎参加。但据《梁启超年谱长编》，知章太炎曾寄函梁启超之子并撰有挽联（详后）。

本年，故宫博物院《清史稿》审查委员会呈请南京国民政府禁止此书发行。按围绕"清史"的编撰，自1914年设立清史馆以来就素有争论，先争论编纂指导思想和体例，随着工作的进行，特别是金梁在北伐军到达前夕赶印《清史稿》成，并偷改原稿，对此书的批评意见就急趋严厉，终至禁止发行。但事情仍有余波，为此书辩护者仍有人在；认为此书有一定史料价值，未可全废者也有人在（如孟森、容庚等），又导致30年代重新检校此书。此事前后变化，对当时史学界颇有影响。

本年，所谓胡适问题，在文化界相当引人注目。1928年，胡适在上海任中国公学校长，并与梁实秋、徐志摩、陈源合办《新月》以来，不断撰文批评国民党专制，其中胡适和罗隆基的文章比较尖锐。胡适本年有《人权与约法》、《新文化运动与国民党》等尖锐文章。对此，国民党当局组织力量攻击胡适，出版《评胡适反党义近著》一、二集。本年，教育部行文给胡适"警告"处分。胡适拒绝这一处分，并于12月编成《人权论集》付刊。但以后胡适妥协，1930年底辞去中国公学校长，返回北大任教授。

本年春季，上海有废止中医风潮，激起中医药界反对。在此风潮中，章太炎实际成为中医界领袖。据陈存仁遗文《师事国学大师章太炎》（台湾《传记文学》第58卷6期，1991年6月出版），知章太炎当时引导中医界创办学院，进行系统的理论学习："民国十八年，章师又助秦伯未、严苍山、王一仁、章次公诸君创办中国医学院并任院长之名。民国廿年间，又助章次公、陆渊雷、徐衡之三位创办国医学院，章师亦任院长。民国廿五年又任苏州中医学校校长。所以追本寻源，章师在中医界训导的功绩，是不可抹煞的。"

按，据今所见材料，本年创办的是国医学院，7月份国医学院院刊创刊，章太炎曾为题辞。因时间久远，陈存仁所记或有误，但基本情况是可靠的。陈存仁是港台著名中医,任"中国医学会"理事长,"中国针灸学会"名誉会长,有《中国药学大典》(章太炎曾为此书作序)等著述。他自1924年就拜章太炎为师学习古文,1928年陈存仁在南京路望平街转角悬壶,章太炎为篆"诚敬勤朴"匾额。30年代初章太炎到杭州讲学,即由陈存仁、章次公陪同。陈存仁同于右任等也颇有交往,习知旧事。

章太炎家族世传中医,其师俞曲园也能处方治病。治病救人,于儒家兼济独善理想相宜,儒门事亲,自须研习医术。章太炎精研中医学,绝不以小道视之。被囚禁北京时,家书中曾有不为良相,即为良医语。据陈存仁回忆,章太炎虽喜仲景古方,但也常向友人和学生辈学习时方、铃医方和西医方。今由章太炎多种著述印证,他虽维护中医,但不薄西医。他虽然多次讲,中医的长处在于治慢性病,但他的医学专著《猝病新论》却是研究急性病。其中《论三焦即淋巴腺》、《论微生菌非伤寒热病因》等篇,借用西医学说来研究中医,在当日纷争背景下,见识非凡,故尔对中医界有"训导的功绩"。

本年,蒋维乔《中国佛教史》由商务印书馆出版。

唐文治《中庸大义》、《论语大义》刊行。

吕思勉《中国社会经济史稿》出版。

潘菽《心理学概论》出版。

顾颉刚开始主编《燕京大学学报》。

蒋智由去世。蒋智由号观云,是"诗界革命"代表诗人之一。一度参加光复会,但与康梁一派关系更密切,曾主编《政论》。有《居东集》、《蒋观云先生遗诗》等。章太炎有挽蒋观云三联。其一云:"越人以参佐擅场,博如王仲任,通如章实斋,小说怜他干县令。高士有义方教子,隐则宗少文,见则种明逸,将才竟尔出清

门。"（按：蒋观云曾与梁启超、夏曾佑提倡小说，其子蒋尊簋曾任浙江都督，故联语及之）

1月，章太炎有《答吴检斋书》，论治三礼名物。附言并嘱吴承仕注意文辞平易，不宜求醇古。今据《章炳麟论学集》摘引：

"检斋足下：得书知欲为《三礼辨名记》，此事体大，恐非一时所了。既以礼为郑学，而又不满于郑君傅会之说，则用思益不易。鄙意《周礼》、《仪礼》本无纠葛，唯《小戴记》杂以今文，郑君欲为会通，遂不免于辞遁。今于《小戴》不合者，直驳斥之可也。至夏、殷文献，本无可徵，郑说原非有明据。然如封建地域之事，亦不能谓其尽诬。旧说夏殷建国，诸侯大者无过百里。据玉帛万国之文，则知其区域不过如此。"

"《春秋》所谓大事、有事者，因事须褒贬而书，故与烝尝异文，又非烝尝之外别有大事、有事也。《春秋传》称烝尝禘于庙，明禘即烝尝所行。《楚语》称'日月会于龙䐺，百嘉备舍，群神频行，国于是乎烝尝，家于是乎尝祀'。韦解'群神频行'曰：'频，并也，言并行欲求食也。'然则大烝合祭，正遂群神并行求食之志。其非别有禘祭明矣。此鄙人所新见，不知足下云何？"

"《王制疏证序》大致近是。先师以为素王新制，真乃率尔之言。观其别言周尺，又言今以二百四十步为亩，是岂孔子豫识其事？纵未必尽出汉文博士，亦必在秦汉间矣。足下以为《新书》、《繁露》之流，拟议亦合。《戴记》多杂汉初著作，非独《王制》一篇。如《大戴记·公冠篇》且明著孝昭冠辞矣。书不能尽，且粗举大较以复。

炳麟白

一月三十日

"再《王制疏证序》文辞宜稍令平易，不必慕为醇古，方令习者易了。

4月，为马宗霍《音学通论》题辞。论述音韵学源流及章太炎个人主张，简捷明了。此文收入《文录续编》，今予摘引：

音学通论题辞

余昔治古今音韵，弟子蕲黄侃最能通其理，歙吴承仕亦尝审汉魏南朝旧音，然皆能调之口舌，非徒以毫素传者。衡阳马宗霍后及吾门，以音韵教于学官，尝有所滞，则趋走以问。

余曰：顾、江、戴、钱、段、孔、严七家理古音备矣。虽然，求古音者，必先明今韵，今韵者则《广韵》是，不明《广韵》无以知声音之畛界，而治古音将有所惑。自顾、江二君以古韵正今韵，其声势有异者，必以反语明之，使可宣於唇吻，顾纲纪未是也。戴氏始以影母之字标韵，合平入凡二十五。钱氏始明古音无舌上轻唇，然后条理整娓，隐秘毕宣，虽起古人於丘冢与之对语可也。余次加以讨论，则知娘日二纽古皆归泥，视钱氏稍密。……是故不置权衡，不可以辨轻重，不陈绳墨，不可以知曲直，妄者乃以今音特殊者悉为古音，此诬之甚者也。

宗霍受吾言，退而求方域殊语，乃知其合者半，不合者半也。余又语之曰："昔人以反语起孙叔然，今观服应二君注《汉书》，悉有反语，尚在孙叔然前，明汉末明是已久。不然，王肃与孙素有异同，安得承其反语之术也？昔人以《广韵》所注同用独用起许敬宗，余疑为宋初所定，不然，张说李白之诗以东江同用，清青同用，何以与是异也？"宗霍受吾言，退而检《汉书》旧训。著反语者，尚有文颖苏林，文在孙前，苏亦与孙同时者也。又检唐人诗歌，起贞观讫大历，脂微同用，东冬钟同用，寒桓先仙同用者，往往而是。其有意效古者不与焉。乃知敬宗所定，大氐仍依齐梁成式，而非今《广韵》所注也。由是广略韵书，次及等韵门法诸家，通其思理，别其瑕非，成《音学通论》九篇四十四章。盖古今韵纽之流变略具是矣。其以教授诸生，不必具用，固将以质世之知音者也。既成，属余为题辞。

夫古音者，其人与骨俱朽矣，不能招之与晤言也。今音者，陆法言、孙愐之书韵纽毕备，于今方域殊言，未有能尽其声者也，劳心于是何为哉？不明古音，则文字形声不可知，而于声类假借多惑，则训诂无以理。不明今音，则韵部声纽不能得其都数，于北方之无入声，闽粤滇黔之无撮口者，皆以为音理本然，且或以诬古矣。是故审音者，将以有所施也。虽然，今之人固不欲求古训，浅者且取异域侏离之语以求古音，前者废弃以自荒，后者傅会以滋谬，学校虽以音韵列科，徒文具耳。然则宗霍为是，固将以质世之知音者也。乃为序而归之。中华民国十八年四月。章炳麟。

本年，作《春秋左氏疑义答问》。按，《黄侃手写日记》1929年11月30日云："师出《春秋疑义》一册三卷，今看得细读一过。"则知此书本年至少完成三卷。1930年4月4日章太炎有《答黄季刚书》，解释此书何以异于旧说。当是黄侃阅读以后，师生间往还讨论。此书编入《章氏丛书续编》，章太炎1932年交付钱玄同、吴承仕刊刻。章太炎对此书极为重视，曾在《与吴承仕论春秋答问作意书一》中说此书"为三十年精力所聚之书，向之繁言碎辞，一切芟薙，独存此四万言而已"。

本年，曾在上海震旦大学讲演，题为《说我》，发挥王阳明学说，强调主观进取精神。此文收入《制言》第48期。

本年医学论文有：

《国医报题辞》（《上海国医学院院刊》一期）

《与余云岫论脾脏书》

《论骨蒸五劳六极与某君书》

《张仲景事状考》

《古今权量考》（以上《上海国医学院院刊》二期）

《伤寒论讲词》（《上海国医学院院刊》一期）

本年，有《与梁世兄书》，悼梁启超并寄挽联。今据《梁启超年谱长编》录出："至客腊闻尊公疾笃，未及，竟于报纸得讣。平生知友零落殆尽，恻怆何极。所致挽联，虽无奇特，然以为能写尊公心迹，亦即鄙人与尊公相知之素也。进退上下，式跃在渊，以师长责言，匡复深心姑屈己。恢诡谲怪，道通为一，逮枭雄僭制，共和再造赖斯人。"

按，联中"式跃在渊"，《制言》第25期孙世扬辑《菿汉大师连语》作"或跃在渊"，是。或跃在渊，出于《易经》，《梁启超年谱长编》抄录有误。惟《长编》中短札，前此似未见刊布于世。

本年有《长夏纪事》诗，五古。寄与黄侃汪东，有短书一通，说："夏日吟咏，往往少山水风景，则以避暑不出故也。仆则蛰居于此，四时不异，故亦不废斯事。""此诗略脱向日窠臼，虽然，不追步陶谢，恐与苏黄作后尘矣。"

11月，为潘崇圭易名。据香港1990年《大成》杂志刘大希文载，黄侃由南京中央大学携弟子潘崇圭至上海为章太炎祝寿。章为潘易名。事后黄侃书一横幅云："己巳冬月晦，为吾师太炎先生六十二生日，偕潘生如上海祝之。师见潘生而喜之，为之易名曰重规，所以爱之者深矣。呜呼，名字之美，抑尽之矣，将何以副之哉，重规其勉之！黄侃书于上元石桥。"

按，刘大希为潘重规舅父，曾于民国八年师事黄侃，后因潘重规故，与黄平辈论交，但很尊敬黄侃。其所提供资料当可靠。

本年冬有《论书法题记》一篇，甚短。

民国 19 年庚午（1930）　63 岁

本年 4 月，蒋冯阎中原大战爆发。阎锡山、冯玉祥及其他国民党地方军阀同蒋介石在河南、山东交战，双方投入军队一百多万人。9 月，阎锡山、汪精卫、冯玉祥、李宗仁在北京成立"国民政府"，阎任主席，与南京政府对抗。同月，阎冯战败下野，北京"国民政府"垮台。

本年 11 月，蒋介石调集军队 10 万人，对红军革命根据地进行第一次大围剿。至 12 月底，红军粉碎这次围剿。此后，红军同国民党军队的战争，成为国内战争的主要形式。

本年 1 月，马其昶去世。马其昶字通伯，晚号抱润翁，和吴汝纶同被称为桐城派殿军，曾任京师大学堂教习、清史馆总纂。编写《清史稿》中儒林传和文苑传稿。章太炎对时人文章少见许可，唯对马其昶推重，称其文"如孤桐绝弦，盖声在尘埃之外矣"（《题抱润轩遗文》）。马其昶有《抱润轩文集》、《桐城文录》、《存养诗钞》等著述二十余种。章太炎《挽马通伯》联语云："一朝史事付萧至忠，虽子玄难为直笔；晚岁文章愧李遐叔，知颍士别有胜怀。"章太炎后又有《马通伯先生像赞》。

本年，郭沫若《中国古代社会研究》出版。此书运用新的指导思想和新的方法研究古代社会，对史学界特别是年青学者，影响较大。

冯友兰《中国哲学史》卷一完成。陈寅恪作《冯友兰中国哲学史审查报告书》（一）。

顾颉刚完成《五德终始说下的政治和历史》。

马叙伦《庄子义证》由商务印书馆出版。

《胡适文存》三集（一至四册）出版。胡适《中国中古思想史长编》（九章）写成。

吴承仕任北师大教授，兼任中国大学国学系主任。自本年起，经范文澜和中大学生齐燕铭、张致祥介绍，开始研读马克思主义著作。

本年4月，章太炎有《答黄季刚书》，论《春秋疑义》一书，可参看"62岁"条。信中说，此著"虽与旧说多异，然恐实事正是如此。顷有人赠宋叶水心《习学记言序目》一书，其论《春秋》谓一切凡属书法，皆是史官旧文，唯天王狩河阳、侨如逆女、齐豹三叛四事，为孔子所书，传有明文。又谓《春秋》因诸侯之史，录史变，述霸政，所谓其事则齐桓、晋文者，此《春秋》之桢幹也。至于凡例条章，或常或变，区区众人之所事者，乃史家之常、《春秋》之细尔。其论与鄙见甚合。宋儒说《春秋》多务刻深，唯永嘉诸子颇为平允，而水心特为卓荦，乃知公道自在人心。唯天王狩河阳一事，据《史记》尚是旧史所书，孔子特因之而已，而赵鞅书叛，据《史记》乃是孔子特笔，则水心考之未尽。盖水心非徒不信传，并太史公亦不尽信，此则未知《春秋》大旨，全由太史公而传，其间时有羼杂《公羊》者，则芟薙未尽尔。宋儒终是粗疏，于刘、贾以前古文诸师传授之事，绝未寻究。今之所作，则异于此矣。足下再审杜著，评其得失，何如？"（《章太炎书札》，钞本，温州图书馆藏）

本年有《答汪旭初论碑文书》，载于《制言》第29期。主张

"上规汉文，下录中唐，使之平而不滥，遒而不涩，庶将得其中道，要此乃为碑文立准。若小小墓志之属，初无成则，亦无取高论也。"按《制言》此信未署写作时间，今据《太炎先生著述目录初稿》卷下，民国十九年《与旭初论碑文之法书》系于此。或有不当。

本年夏季有《释秦量》一文，收入北京师范大学出版社《章太炎先生学术论著手迹选》。

秋季有《三界重修水阁记》，收入《太炎文录续编》卷六。

《谢君马夫人六十寿序》，载《制言》第42期。此文议论男女平等问题，而非一般寿序文字。文中说："余以为男女平等，其说亦久矣。古者称夫妇曰伉俪，又曰：妻者齐也，是阴有其意，而不尽施于法制。韩非载华士在齐，不臣天子，不友诸侯，妻老而拜之，竟以是为太公所杀。汉樊英疾，妻遣婢候之，英下床拜，曰：妻者，齐也，礼无不答。时虽举是为美谈，效之者亦少。至于今，法制所具，盖几于平等矣。然人之相与，其度量至不齐，彼以智能相君势利相倾者，固非法制所能均也。曩时虽有贵男贱女之俗，及以才能权力自怙，则父有屈于子，舅姑有屈于妇者矣，况闺房之际乎？余尝疑文化愈进，男女之阶愈以不齐。昔骊山女佐周为元勋，高凉洗夫人亦以兵佐梁、陈有功，此皆僻在羌蛮，故女子得为其雄长，及华夏则无是。母后时有听政者，而举世以为昏制也。古者君主之世，有命夫命妇，唐以来，妇人之封，与其夫散阶相应。今者散阶既废，夫虽仕宦至国相，其室人犹与贩妇均也。名义且吝之，何有于实？或虽许女子入官，然得仕者亦希。由是言之，法制者，徒文具耳。其必有谢、马扶义之事（指谢一尘及其妻马氏），而又资以郝、王之学（指清代郝懿行、王照圆夫妇），然后权位宠禄不足言，智能又不足以俛仰之，坦然相处，左右平平以相率从，斯齐之至已。"（《制言》第42期）

本年有诗作《题瞿太保及孙简讨像》、《宾川百岁泉》。

民国 20 年辛未（1931） 64 岁

本年 4 月至 9 月，国民党军队连续对红军革命根据地进行第二次、第三次"围剿"，共出动军队 50 万人。红军经过艰苦战斗，粉碎了这两次"围剿"。

9 月 18 日，日本关东军突然进攻沈阳，史称"九·一八事变"。日军 19 日占领沈阳，接着向辽吉黑三省各地进攻。国民党军队不抵抗，撤至山海关内。至 1932 年 1 月，东北全境沦陷。

11 月，日本天津租界驻军和汉奸便衣队向驻天津的中国军警不断武装挑衅。11 月 29 日，国民党当局命令天津驻军撤退。是为天津事件。

12 月 17 日，南京发生珍珠桥惨案。全国各地学生代表游行要求政府抗日，游行队伍在珍珠桥遭军警血腥镇压，死伤多人，被捕百余人。惨案发生后，各地学生示威抗议。上海学生捣毁国民党地方党部。

章太炎自 1927 年以来，一直处于缄默。"九·一八"事变后，本年仍处于缄默，但心情极愤怒，12 月《致马宗霍书》说："东事起后，当局已不能禁人言论，而老子终无一言者，盖拥蒋非本心所愿，倒蒋非事势所宜，促蒋出兵，必不见听，是以默尔而息也。逮今拟划锦州为中立区域，则放弃东三省之志已决。学生群呼打倒卖国政府，亦奚足怪。"

本年，国立大型图书馆北平图书馆落成，建碑纪念。碑文为蔡元培新作《国立北平图书馆记》。

蔡元培发表《三十五年来中国之新文化》（美术部分）。所称美术是广义概念，包括美术学术、博物馆与展览会、建筑术、摄影术、书画摹印、音乐、文学、演剧、影戏、留声机与无线电播音机、公园等门类。将这些门类自戊戌变法到30年代初的新发展，作了简要的论述。

胡适出版《崔述年谱》，后与《崔东壁遗书》合印。又出版《中国中古思想史提要》（十二讲）等。

钱玄同作《刘逢禄左氏春秋考证书后》、《重论经今古文问题》、《十八年来注音符号变迁的说明》等文。

中国大学创办《国学丛刊》，由吴承仕编辑。《序例》说："此中所录，以考订国故之文为多，有实事求是之诚，无专己守残之意。"分为学术、文章二门，双月刊。第二期起，因与师大所出刊物同名，改名为《国学丛编》。章太炎在这个刊物发表文章多篇。

郭沫若《殷周青铜器铭文研究》出版。

吕思勉《理学纲要》、《宋代文学》出版。

陈垣《校勘学释例》完成。

本年，樊增祥去世。樊增祥清末曾任江苏布政使、护理两江总督等职事，又曾师事李慈铭，熟悉掌故。入民国后，被目为史才。樊氏擅诗，是同光体代表作家，又长于骈文。有《樊山全集》。

朱祖谋去世。祖谋一名孝臧，号彊村，是近代著名词学家，个人能词，又辑历代词集为《彊村丛书》。

《新月社》著名诗人徐志摩去世。

哈同去世。哈同本犹太人，后入英国籍。在华多年，开设哈同洋行。长期定居上海，建有哈同花园，内设仓圣明智大学，曾聘请一批知名学者在该校任教，如王国维任该校教授近五年之久。辛亥革命后，章太炎一度在哈同花园居住，有一批书存放这里。至此为作哈同墓志铭，称二十年来，"数从燕饮，如平生欢"。

本年，章太炎论学书札较多。

2月，作《与黄季刚论大衍之数书》（温州图书馆藏《章太炎书札》），此篇用算学勾股弦之理解《易·系辞》大衍之数。信中说"因作《大衍说》一首，自谓妙合自然"。

4月，作《与季刚论司马门书》（同上）。

《与黄侃论韵书》二通，载《制言》第4期。

《与季刚论故杀字书》（《太炎先生著述目录初稿》卷下）

《与季刚论理学书》（同上）

《与季刚论诗韵古文书》（同上）

本年夏，孙思昉（至诚）拜谒问学。章太炎为"论文曰：文求其工，则代不数人，人不数篇，大非易事，但求入史，斯可矣。"并评论文士数人，又说佛法（孙至诚《谒余杭章先生纪语》，《制言》第25期）。

又有《与孙思昉论果报书》（《章太炎书札》）。

《与孙思昉论学书》（《制言》第46期）信中说："为学之要，若言精求经训，非自《说文》、《尔雅》入手不可。足下疲于吏事，恐不能专意为之，但明练经文，略记注义，亦自有用。诸子自老、庄、管、荀、吕、韩皆要；史自四史而外，《通鉴》最要；诸家文集关涉政治者，陆宣公、范文正、司马温公、叶水心最要。文章之道，亦本与学术相系，欲求其利，先去其病，凡与录语小说报纸相似之语，宜一切汰之。稍进则场屋论文如东莱，台阁体如宋景濂，皆宜引为深戒者也。"

9月，为孙至诚所著《老子政治思想概论》作序。序文不长，却多提要阐微之言，认为老子如大医，其术宜于治世。序中并流露了对国事的忧虑关注和治世之念。今录序文：

老子政治思想概论序

老子以内圣外王之道自持，得其政治之术者，莫若韩非。其后微言渐绝，其绪余犹足以为天下，汉孝文皇帝所行是也。次及王辅嗣辈，始以玄言号召天下，晋治以衰。盖老子尚朴，而玄言之徒贵华，其根株不同，故其藏於心术以发於事业者，其治乱不同亦如此。

余三四十岁时，绅《解老》、《喻老》之文，稍得指要，其论议散在诸篇。今年夏浚县孙至诚思昉来及吾门，以所著《老子政治思想概论》求正。思昉固尝读吾书者，故议论亦颇相似，与苏文定、吴文正异流，要之於老子亦得其一端者也。

余尝谓老子如大医，遍列方齐，寒热攻守杂陈而不相害，用之者则因其材性，与其时之所宜，终不能尽取也。其言有甚近民治者，又有倾於君主独裁者，观韩非《扬权篇》，义亦如是。是所谓遍列方齐，任人用之者也。汉世传其术者甚众，陈平得之为阴谋，盖公得之为清静，汲黯得之为卓行，司马迁父子得之为直笔，数子者材性不同，而各以成其用。与夫墨氏之徒，沾沾守一隅之术者异矣。夫民治之与独裁，其道相反，独孝文能兼用之。处承平之世，独裁如商君、武侯，民治如今远西诸国可也。若夫奸人成朋，贵族陵逼，上以侵其主，下以贼其民庶，非有老子、韩非之术者，固无以应之。盖孝文为能得其一二，后之晓此者寡矣。今国家之乱，甚於春秋七国之间，思昉诚有意为国，於此得无深思之乎？余耄矣，无以佐百姓，愿来者之能任是也。中华民国二十年九月。章炳麟序。

11月13日，有《与吴承仕书》（见《章炳麟论学集》），概述《汉儒识古文考》大意，并论治《三礼》名物之途径：

绲斋足下：得书，并先寄《国学丛刊》三册，俱悉。近作《汉儒识古文考》二首，大致谓汉代学者说经或有是非，至于文字，则无臆决之事。一由汉初八体试吏之法尚严，二由汉初故老未尽，故读古文经者，得尽识其字，无所疑滞。逮及元鼎以后，始有古文专家之业。而自儒生以外，吏人犹往往知之，于汉碑可验也。后之作钟鼎释文者，绝无传授，以臆释为何字，此所谓不知而作者矣。已属鹰若缮写，当即寄奉。洛阳所出晋《辟雍颂》，应先参考《晋书》，始可论定（近人伪作古碑者多）。未知足下有此暇晷否耶？闻足下治《三礼》名物，学子或言须有古器质验，斯语甚缪。古器唯金石堪以永存，若布帛革木，势不能久，非凭旧儒传说，何以为徵耶？亦可见近代学子之愚也。书复，即问兴居安隐。

麟　白

十一月十三日

《汉儒识古文考》分为上下，刊载于《国学丛编》一期五册和六册，出版已在1932年初。文中所论问题，关系到章太炎对后人释铜器款识文字的看法。今予摘引：

"世疑汉儒识古文与今人释铜器款识者无异，此未识古今之变也。款识之学，始宋时杨南仲、刘原父，欧阳氏《集古录》用之。杨、刘二子，非有所从受也，直臆决之耳。"

"自杨、刘以下，若吕大临、王俅、王楚、薛尚功之徒，转相承袭，或加穿凿，皆于字书无徵。近代则阮元、龚自珍，大体如此。而吴大徵尤诞妄，观其所说，有甚于安石字说者矣。聚诸家所诠释，终止无一器可以卒读者，持之既无故，言之又不成理，夫汉人岂若是乎？"

"武帝所藏铜器，案刻即知为齐桓公物，而太史公十岁即诵古文。若如今之释款识者，伏念浃岁，始成释文，而又彼此互异，交相疵点，然则铜器且不可骤决，而况读其书邪？盖汉初以八体试吏，史篇未缺，大篆固易知，而太史掌集遗文古事，又主课八体，故古文则太史氏习之。其可以博访者，则《七略》所谓问诸故老是已。自秦焚书，以逮景武间河间王、鲁王广得古文之时，财七八十年耳。故老者何？当高、惠、吕后朝，有娄敬、叔孙通、陆贾，固尝识古文，其弟子虽不传古文经，必有传其字者。其余郡国不遇之士，以古文转相传授，令百家书可得习读，如贾祛之伦者，盖什伯于此。景武间孔安国说《古文尚书》，桓公说《古文礼》、《逸书》多二十四篇，《逸礼》多三十九篇，此不能以他本对校者。献王于《周官》，安国于《论语》亦然。今其存者，唯《尚书》数篇难读，《周官》、《论语》悉明白如家人言。彼著录款识者，曷能若是？是无他，则由先问故老，不决则问太史，非以臆穿凿故然也。《春秋》古经及《左氏传》十九万言，张苍以授贾生，遂为训故。计贾生在汉廷得事张苍，裁一岁所耳。是时《公羊》未著竹帛，虽经文犹无可对核，而况于传？一年之中，张苍为贾生说十九万言，此岂字字讲画之哉？亦通其假借，辩其国邑世系云尔。所以传授如此其速者，贾生生高帝中，计其父知文字，当在秦焚书以前，其所事吴公，少尝师事李斯，知文字亦在秦焚书前，是以贾生之于古文，豫有所从受也。若如近代释款识者，十九万言之书，恐说之百年亦不尽。尽矣，其文义尚绵戾难知，安得条达如此邪？亦由文字有定，不以臆穿凿故也。"

"元朔以后，通一艺以上得补卒史，于是八体试吏之法衰。司马迁下腐刑，其后太史专主星历，不与文史之事，而太史可以不诵古文。虽诸故老知古文者，亦渐零落以尽。独治古文逸经者，以是传授，始为专家之业耳。"

12月2日，《与吴承仕书》（见《章炳麟论学集》），又论治《三礼》途径。章太炎对《礼记》郑注有所怀疑，表示不敢专依郑氏，但也不欲深究古礼，"说礼固自不易"，当然是一个重要原因，但更重要的原因，看来是因为古礼已不适用于后代，详加考释，也只有考古的价值，而不能通经致用。实际上，章太炎在《三礼》中，对《周官》政治制度很关注；在"礼记"部分着力提倡的，似乎只有《丧服》、《儒行》二篇，后者可以说是精神气质的追求，而非仪注程式的的恪守。这封信对吴承仕，实际有一种委婉的劝阻。师生间的差异，并不如人们所想象。老师并非唯古是好，唯古是求。章太炎曾写信（1930 年）劝过吴承仕，文辞不必醇古，应该平易一点。景宋《民元前的鲁迅先生》，则记述钱玄同经常建议章太炎写古字的有趣情形。这类事情正提醒人们：不能根据印象，把章太炎想得很"古"。12月2日这封信如下：

绂斋足下：前寄《汉儒识古文考》二通，想已接到。得来书并释祧一首，大体不误。古庙制宜再精考。韦玄成、刘歆与郑氏义多不同，即《记》称诸侯不敢祖天子，而鲁有周庙，郑祖厉王，亦非记所能通，此事恐须博考经籍，非一家之言所能了。禘祫说鄙人亦不敢专依郑氏，盖三祫五禘之说，不过《公羊》与《纬书》所言，于鲁且未必然，况可云百王通制耶？审思说礼固自不易。盖孔壁逸经与七十子后学者所撰《礼祀》，今皆不存。如近代定海黄氏之伦，研精覃思，亦无过管中窥豹而已。足下更有何术可以解疑祛滞，愿深思之。此问兴居清胜。原稿附上。

章炳麟顿首
十二月二日

再者：马氏注《礼》，唯《丧服》一篇。三国以来，解此数十家。后来补苴遗漏者，文在《通典》，大体可知。鄙意以为古礼可说，及今尚循用者，唯有此事。

麟又白

4月5日，有《致李印泉书》一通，指出《安徽通志列传》中苗沛霖传，还应考索斟酌。据信文看，这部书是金松岑所作，李根源似也参预其事。信中又答应接受潘景郑来门下求学。这封给李根源的信，得由潘景郑保存，当是因为信中谈到潘氏，李根源就把信给了潘景郑。1982年，潘景郑把自己保存的章太炎信函共十札，交《社会科学战线》发表，并加跋语说这十封信是1931年至1933年所作。后文引用信札，不再引此跋语。跋语曰：

"右先师太炎章公手札，都十通，为行笈仅存遗泽之一。溯自弱冠后，李丈印泉知予方治文字之学，即寓书章公，为执贽之请。公复书谓"偶有一粗毕五经者，诚心问学，吾亦拱立而接之"云云。由是得李丈导引谒公于沪上，北面执弟子礼。洎后数年，岁时来沪，辄趋谒奉教。迨壬申癸酉间，公讲学苍吴，时与记录之责。后公徙居吴中，创设学会，编刊《制言》，并皆参与其事。先后垂十年，谆谆诲谕，亲益实深。顾以梼昧，朴樕无成，负公期望，弥以疚心。此遗札于抗战时掇拾所存，携沪付之装潢。内容悉为辛未至癸酉三岁中所赐谕言。兹谨录以付实《社会科学战线》，并以公致李丈一函冠首，以志丈挈携后生之高怀，而予徒伤老大，有负二公之启迪。四十年后，缅怀前尘，为之怆然！时一九八二年一月。潘景郑跋于沪上寓庐。"

信涵共十札，题为《章太炎先生遗札未刻稿》（《社会科学战线》1982年第4期），第一札云：

印泉老弟左右：奉到手书并《说文古本考》，《安徽通志列传》各一通。松岑作此，盖特有意趣，其中苗沛霖一传，录《湘军志》居半，恐沛霖事迹，尚须有考索者。其人本一生员，并能书画，以谈道部勒子弟支柱清军、太平军间，人莫能破，盖古代剧孟一流。观其授官至监司而终不肯服翎顶绣补，其志可知。惜不得当时记录，乃使与李兆受等同日而语。然皖北父老，犹多传说，宜更斟酌之也。潘景郑年在弱冠，文章业已老成，来趣吾门，何幸有是。世道陵夷，偶有一粗毕五经者，诚心问学，吾亦拱立而接之，况如景郑辈耶？书复敬问起居。麟白。四月五日。

本年论文及序跋文字还有：

《古骊室记》（见《制言》第9期，《文录续编》卷六）

《栖霞寺印楞禅师塔铭》（《国学丛编》一期二册，7月出版。又见《制言》第10期）

《中国观人论题辞》（《制言》第11期，《文录续编》卷二）

《周易易解题辞》（同上）

《周易易解》为章太炎好友沈瓞民的父亲沈竹礽所著，专治形法之说。据沈瓞民介绍，其治《周易》盖聚诸家说解至二千种，凡所采择，上极汉师，下兼综宋世先天之术。章太炎则考虑到，汉宋说解不同，京虞陈邵，孰是孰非，不易会通。《题辞》只是曲折宛转地表达了这种意思，但对如何治形法之说，如何治《周易》，却能引人思考。今摘录此序：

周易易解题辞

余少尝遍治诸经，独不敢言易，尝取乾坤二卦以明心体，次乃观治乱之所由兴，与忧患者共之而已。君明仲翔之多端，康成之专固，余不敢知之也。季长慈明庶几洒然有当于心，然亦不欲极其义也。故人沈瓞民，以其先人竹礽先生《周易易解》来，且云："先生故善形法家言，所至必观其山川条列，著书为葬师宗。其治《周易》盖聚诸家说解至二千种，凡所采择，上极汉师，而下兼综宋世先天之术。"

余谓自言汉易者观之，必曰京虞是陈邵非也。虽然，等之多端，亦何足以相非笑哉？而余终不敢知也。形法之说，自《山海经》以来，变迁亦多矣。先生既专志于是，其于《周易》宜有所会通者。易道大矣，诚无所不具，顾余尝取八卦方位观之，知古之布卦者，以是略识中国疆理而已。……八卦成列，义如此其精也。为先天之图者，离东坎西，犹有说，及以南处乾，以北处坤，则于方位大舛矣。彼徒以阴阳相配，不知庖牺之作八卦，尝观地之宜也。唐人作《疑龙》、《撼龙》诸经，以识形法，其人盖尝巡见山川者，然于江河岭外犹相及，自蜀以西南，自燕蓟以东北，则不能至焉。括囊大体，孰有如易之至者乎？余不获识先生，无由知其观览所极，逝者不可作已。瓞民固善继其术者，其不以余言为澶漫否乎？于是以题其端也。民国二十年八月。章炳麟。

《论古韵四事》（《国学丛编》一期四册，又载《制言》第5期，题《韵学余论》，收入《文录续编》卷一），纠正自己旧说数事。交待原因很清楚，纠正失误，并无掩饰，今录其一：

"孔氏固云冬古音与东钟大殊，与侵最近。乃不能并冬于侵，盖创作之始，不敢不慎也。余向作《文始》，尚沿其说，及作《二十三部音准》，亦未考正。由今思之，古音但有侵部而已，更无冬部也。书已刻行，不及追改，然学者当知之。"

医学类论文有：

《湿温论治》（《上海国医学院院刊》第3期，1931年1月出版）

《伤寒新论》（收入《中医新论汇编》）

《伤寒今释序》（1931年8月，《制言》第60期）

《桃仁承气及抵当汤之应用》（同上）

《猩红热论》（同上）

《劝中医审霍乱之治》（同上）

据陈存仁遗作《师事国学大师章太炎》（台湾《传记文学》第58卷第6期，1991年6月），章太炎在二十年代末、三十年代初，困居上海，经济相当窘迫，又耿介自守，不肯向人启口。曾积欠房租，由董康发现而代付。为杜月笙作祠堂记，经济上不无小补，随即有杭州之行。杭州之行，随行者为陈存仁、章次公二人。

陈存仁的回忆，时间模糊，但陈章二人都多年追随章太炎，有关书信不少，还有序跋文字，所以基本情况可信。根据文中前后事件，姑系此行于本年。其中值得注意的事情有二：

其一，章太炎在杭州，来访问求教者乃至拜师者不少，其中不乏可教之材。章太炎就进行讲授，竟而形成规模越来越大的讲学。后来因有误传，说上海住房被盗，章太炎害怕藏书有失，急忙回去，讲学才中止。

其二，在此期间，章太炎曾到当年诂经精舍俞曲园所居的"曲楼"凭吊。诂经精舍在西湖孤山，废置已久，有些房舍另作他用，曲楼则很破败。当天章太炎很郑重，备好香烛水果，穿上马褂，并令陈、章二人也穿马褂。但看守曲楼的老年女佣，耳朵不好，解释不清，不许他们入内。章太炎在门外等候两个时辰之久，并告诫二人，为拜祭老师，应效程门立雪。后来遇到别人，才得入内。见到"春在堂"匾额虽然破旧剥落，却依然悬挂，章太炎乃点香烛，行三跪九叩之礼，又久久留连。

这则记述，有助于全面了解章太炎对俞曲园的态度。

民国 21 年壬申（1932）　　65 岁

　　本年 1 月 28 日夜间，日本驻上海租界的军队进攻闸北，制造
"一·二八"事件。驻沪第十九路军坚决抗战，双方激战一个多月。
后在美、英、法等国调停下停战，双方签订《淞沪停战协定》。

　　1 月 30 日，国民党政府由南京迁都洛阳，本年 12 月，又返回
南京。

　　3 月，由日本帝国主义扶植的傀儡政权"满洲国"在长春建立，
清废帝溥仪为"执政"，年号为大同。

　　本年，国民党军队继续进攻红军革命根据地，其中鄂、豫、皖
根据地大别山一带，战事甚为激烈。

　　国内民主救亡运动，形势高涨。12 月，宋庆龄、蔡元培、鲁
迅、杨铨（杏佛）等人为首的"中国民权保障同盟"成立。

　　章太炎对国事长期沉默之后，忍无可忍。1 月 13 日，会同熊
希龄、马相伯、张一麐、李根源、沈钧儒、章士钊、黄炎培等人
联名通电，痛斥当局不抗日，要求"召集国民会议，产生救国政
府"。6 天之后再次通电，要求抗日救国。2 月 23 日，章太炎北上，
在北京会见张学良，劝其抗日。又会见吴佩孚及很多将领，恳切
动员抗日爱国，产生了积极影响。

　　本年，教育部正式公布《国音常用字汇》，同时废止民国 9 年
公布的《国音字典》。钱玄同对此书出力甚多。黎锦熙《钱玄同先
生传》说："这部《国音常用字汇》，从民十二到民二十一，整整

的经过十年才成功，可以说是钱先生一手编定的。"

钱玄同发表《古音无"邪"纽证》，对黄侃古音十九纽说提出修正。

郭沫若《两周金文辞大系》、《金文丛考》两书在日本出版。

孟森在北京大学任教，研究《清史稿》，编《清史传目通检》。这些研究为他重新评价《清史稿》打下基础。同时或稍后，容庚、金毓黻、傅振伦等人也注重研究《清史稿》。

萧一山在英国剑桥大学考察研究，并搜访法、德、荷兰等国图书馆资料，集中注意力于太平天国史料。为编纂《太平天国丛书》、《中国近代秘密社会史料》、《关于中国的大英政府文书总目》等书籍做好准备，有力地推进了太平天国研究。

著名今文经学家廖平去世。

蒋维乔《中国近三百年哲学史》出版。

本年，章太炎有书札多通，论《春秋左氏疑义答问》。此书对早年所作《春秋左传读》颇有修正，与《刘子政左氏说》也很不同。章太炎对此书极为重视，信函中谈到，治《春秋》已四十年，而《春秋左氏疑义答问》为三十年精力所聚之书。

本年论《春秋左氏疑义答问》，可能起于吴承仕问学。章太炎春季在北京，将《章氏丛书续编》稿交吴承仕、钱玄同，令校勘梓行。其中有此书，吴承仕请教此书作意，章太炎乃有6月24日《与吴承仕论春秋答问作意书》。信中说此书为三十年精力所聚，又告吴承仕说："原稿在季刚处，此本乃潘重规所手录者。手录以后，又增入数条。"但钞录款式与《丛书》不同，须请人重抄，而校勘亦须加精。并说："《春秋》终是史书，汉世唯太史公为明大体，其作《自序》，始则自比《春秋》，引董生之言以为准则，终又言余所谓整齐其世传，非所谓作也，而君比之《春秋》，缪矣。盖当时所谓《春秋》者，公羊家支离傅会之说，太史公甚不欲与之同比。究其实，孔子亦是整理世传而已。鲁《春秋》旧文删改者不过数事，而所取周室史记，则以为考证事实之用，即今《左传》所著者也。故曰：孔子亦不过整齐其世传也。是说本是平常，然浅识者视之，则反以为非常可怪。吾书成后，亦难与俗人言也。"

因吴承仕连复两书，讨论"《春秋》作意"，章太炎 7 月 14 日又作《与吴绖斋书》，论思想变迁之迹，也即成书过程和此著主要特点："仆治此经，近四十年。始虽知《公羊》之妄，乃于《左氏》大义，犹宗刘、贾。后在日本东京，燕闲无事，仰屋以思，乃悟刘、贾诸公，欲通其道，犹多附会《公羊》，心甚少之。亟寻杜氏《释例》，文直辞质，以为六代以来，重杜氏而屏刘、贾，盖亦有因。独其矫枉过正之论，不可为法，因欲改定《释例》而未能也。民国以来，始知信向太史，盖耕当问奴，织当问婢，《春秋》本史书，故尽汉世之说经者，终不如太史公为明白。观《十二诸侯年表序》，则知孔子观周，本以事实辅翼鲁史，而非以剟定鲁史之书。又知《左氏春秋》，本即孔子史记，虽谓经出鲁史、传出孔子可也。简练其义，成此《答问》，虽大致略同杜氏，然亦上取荀、贾，以存大义。刘、贾有得，亦不敢轻弃焉。"（见《制言》第 12 期，1936 年 3 月 1 日出版）

10 月 6 日有《与徐哲东论春秋书》，对自己治《春秋》的经过及观点，作了极简要概括："《春秋左传读》乃仆少作。其时滞于汉学之见，坚守刘、贾、许、颍旧义，以与杜氏立异，晚乃知其非。近作《春秋左氏疑义答问》，惟及经传可疑之说，其余尽汰焉，先汉贾太傅、太史公所述《左氏》古文旧说，间一及之，其《刘子政左氏说》，先以刻行，亦间牵摭《公羊》，于心未尽慊也。"（《制言》第 17 期，1936 年 5 月 16 日出版）

关于自己治《春秋》的经过，特别晚年思想变迁发展的具体情况，及对《春秋》的评价，章太炎1933年4月在苏州，曾对弟子们详细叙述。诸祖耿《记本师章公自述治学之功夫及志向》（载《制言》第25期），记录较详，今摘引供参照比较：

"方余壮时，《公羊》之说盛行，余起与之抗，然琐屑之谈，无预大义。出都后，卜居沪上，十余年中，念孔子作《春秋》，语殆非实。孔子删《诗》、《书》，正礼乐，未加一字，《春秋》本据鲁史，孔子述而不作，倘亦未加一字。一日，阅彭尺木书，知苏州有袁蕙缥者，言孔子以鲁史为《春秋》，未加笔削，心韪之。至苏州，求其书不得，人亦无知之者。又叶水心《习学纪言》亦言《左传》有明文，孔子笔削者无几。天王狩于河阳，史官讳之，非孔子笔也。于是知孔子之《春秋》，亦如班固之《汉书》，非为褒贬作也。褒贬之谈，起于《孟子》。《孟子》谓'孔子成《春秋》而乱臣贼子惧'，非谓为乱臣贼子作《春秋》也。大氏古人作史，以示君上，非为平民，司马温公作《通鉴》以进神宗，其事可证。"

"历世说《春秋》者，杜预为可取，余皆愈说愈远。啖助、赵匡、胡安国辈，均不可信。昔崔浩作《国书》三十卷，立石以彰直笔，后遭灭族之祸。孔子而若浩，不畏灭族之祸耶？太史公衔武帝，其书仍称今上，未贬名号。《春秋》于举事过当者，书之曰人，人本人也，无可非难。自啖赵至胡安国，惟叶水心说《春秋》不谬。明高拱作《春秋正旨》，拱有经国致用之才，语亦可准。"

本年著述还有：

《丧服依开元礼议》（载《制言》第12期）

《与黄季刚书》（8月27日，见《制言》第35期）

《致鲁韵安书》（载《制言》第20期）

《明史钞略跋》（7月，见商务印书馆版书尾）

《黑齿俊志跋》（9月，见《太炎先生著述目录初稿》）

《黑齿常之志跋》（同上）

《王之涣志跋》（同上）

《天放楼续文言序》（本年9月，见《天放楼续文言》书首）

《刘𬇙誓众碑跋》（据《太炎先生著述目录补遗》）

10月3日、10月11日，有《致潘景郑书》两通，是在苏州讲学毕回到上海后写的。内容是为潘景郑的祖父撰写墓志事。《章太炎先生遗札未刻稿》（《社会科学战线》1982年第4期）共十札，顺序由潘景郑编定，并说明写信时间是1931年至1933年。在上引两札之前，有署7月6日一札，论《尚书》等，信中说到北京大学受日本势力迫胁，当为"九·一八"事变后情况，故系此札于本年（摘引）：

"景郑仁弟足下：北京大学受东人迫胁，令姊丈顾君想已南来，汇刻古文《尚书》之举，究竟有端绪否？仆自得三体残石及释文残卷后，亦颇欲穷问斯事。古文《尚书》见引于颜氏《匡谬正俗》，其事不诬。至宋次道所得者，晁公武以之刻石；薛士龙以之作训，虽未必枚氏原本，然《经典释文》至开宝始易新本，其未经改窜者，北宋人当见之，如贾昌朝即其一也。宋次道等盖采撝释文原本而为此，虽非枚氏原本，而字体固无异也。若《汗简》所录，则在释文未改之先，尤可信任。东方所谓足利本者，盖亦采撝《释文》原本所成，非必真自唐时携至也。今以莫高窟《释文》残卷与薛氏古文本校，颇有《释文》所引《说文》异字而薛本即据为真者。若足利本果自唐时携至，当一一同于《释文》（残卷）大字，不以所引《说文》乱之。若犹取《说文》异字，则与宋次道本异苔同岑耳。此中源流之辨，一勘即可知也。枚氏书本采石经古文，故当时为人所信。"

"凡此之类，恐枚氏当时已然，非必宋次道等之误，又不知足利本何若也？此事核实，断非难行，但恐今人粗心者，都不能比勘耳。顾君如已南来，即欲与之一叙，望足下为介绍也。书此即问起居康胜，章炳麟顿首。7月6日。"

本年医学论文有：

《答王一仁再论霍乱之治法》（《中医新论汇编》1932年1月出版）

《对于统一病名建议书》（《医界春秋》第81期，1932年7月出版）

《覆刻何本金匮玉函经题辞》（1932年10月，《昌明医刊》第2期）

本年讲学活动较多。集中而言，春季在北京各大学、秋季在苏州讲学，均有较大反响。

3月31日，北师大研究院的历史科学门、文学院的国文系和历史系，共请讲学。讲题为《清代学术之系统》。对清代的诗、词、古文，评价均不高，认为清代文化之特长，就在于学术著述。清代小学、经学、史学、算学、地理学等，都很有成绩。并分别作了讲述。这次讲演由柴德赓记录，记录稿刊于《师大月刊》第10期。

3月24日，在燕京大学讲《论今日切要之学》，批评明代知识分子知今而不能通古；更批评清代知识分子通古而不知今，只能考证枝叶，不能通晓大体，缺少处理实际事务的能力。号召青年学子既要学习历史，也要学习实用的本领。这篇讲演稿载《中法大学月刊》五卷五期。

4月20日至22日，在北京大学国文研究所讲《广论语骈枝》，分三日讲完，由钱玄同翻译章太炎的余杭语音。这次讲演在周作人日记里有明确记载（见《知堂回想录》）。讲演记录稿由王联曾整理，发表在《中法大学月刊》二卷二期。1933 年钱玄同、吴承仕等章门弟子出资刊刻的《章氏丛书续编》中，收入此文，但颇有增动。

从周作人日记中，可以知道章太炎在北大时，前去拜见的，除当年及门弟子外，还有马叙伦、俞平伯、刘半农、胡适等人。

章太炎这次北行，黄侃陪同。黄侃、钱玄同曾因学术观点分歧，在章太炎面前激烈争论。1935 年黄侃去世，钱玄同《挽季刚》挽联后序说："与季刚自己酉年订交，至今已二十有六载，平日因性情不合，时有违言。惟民国四、五年间商量音韵，最为契合。二十一年之春，于余杭师座中一言不合，竟致斗口。岂期此别，竟成永诀！"按黄侃、钱玄同之争，在于黄侃主张继续深入研究音韵学，反对钱玄同搞注音字母，钱玄同则激烈反击。二人学术，同出章太炎，研究古音韵和设计注音字母，统一国语，也同得自章太炎，唯趋向不同，竟各不相让。章太炎当时做了调停，并强调说，国难当头，快要被迫学习日本话了，还有什么可吵！

5 月 29 日，章太炎在青岛大学讲演，发挥"行己有耻，博学于文"意。这次讲演，《申报》、《大公报》均有报道，但未见记录成文。据《中华英烈》1987 年第 1 期《章太炎先生晚年与抗日战争》，知这次讲演对培养当地文人和学生的爱国心及人格修养，作用很大。

秋季，在苏州讲学。当时金松岑、陈衍、李根源、张一麐等人在苏州发起讲学，由金松岑致书章太炎，请赴苏讲学。章太炎先后在公园县立图书馆和沧浪亭讲学数次。已刊、未刊讲演稿有：

《记太炎先生讲儒行要旨》（诸祖耿记录，载《苏中校刊》第 67 期，1932 年 10 月）

《记太炎先生讲大学大义》（诸祖耿记录，载《苏中校刊》第 68 期，1932 年 10 月）

《经义与治事》（吴大琨记录，诸祖耿校，《苏中校刊》第 68 期）

《记太炎先生讲文章源流》（诸祖耿记录，《苏中校刊》第 69 期）

《尚书大义》（朱学浩记录）

《诗经大义》（潘承弼记录）

民国 22 年癸酉（1933）　66 岁

本年，日本帝国主义加紧侵华，侵占热河，并向长城一线进攻。中国军队在喜峰口、古北口等地奋起抗敌，进行了著名的"长城抗战"。

5 月 26 日，冯玉祥、吉鸿昌、方振武等在张家口组织民众抗日同盟军。冯玉祥任总司令。当时通电全国，要武装保卫国土，收复失地。至 9 月，同盟军失败。

国民党政府于 5 月设立"北平政务委员会"，由黄郛、何应钦负责，执行对日妥协政策。7 月，又设立庐山军官训练团，加强专制控制。

2 月，国民党政府调集军队 50 万人，对红军革命根据地进行第四次围剿。这次围剿失败后，又于 10 月调集军队百万人，开始第五次围剿。

11 月，十九路军将领蒋光鼐、蔡廷锴联合李济深等人，在福建成立"中华共和国人民革命政府"，宣布反蒋抗日。至 1934 年1 月，福建政府失败。

本年，章太炎多次与马相伯等人联名发表宣言和通电，呼吁抗日，反对日本占领东三省，支持冯玉祥领导同盟军抗战，等等。这些活动影响较大，如《申报》2 月 10 日刊载《马相伯章太炎联合宣言》并加案语："案此为中国第一流学者联合对外宣言，将能代表其数千弟子、名教授、科学家以及教育界正服务者。为拥护中国固有主权，向全世界作公正宣布，证明东三省当属于中国。"

本年，马叙伦《说文解字研究法》出版。

唐文治《紫阳学术发微》十二卷、《阳明学术发微》七卷、《诗经大义》九卷均刊行。

傅振伦《刘知几年谱》出版。

冯友兰《中国哲学史》下卷完成。

陈寅恪作《冯友兰中国哲学史下册审查报告》，对冯氏此书颇为推重。按冯氏此书诸多精义、观点乃至提法，如孔子正名主义，墨子功利主义，孟子理想主义，老庄楚人精神，法家三种派别及程朱陆王异同等等，分析精辟，常发人所未发。冯氏以新实在论哲学精神用于共相殊相分析，故能自建解释框架。陈寅恪报告评论新作的同时，也有自己的精辟发挥，如论外来学说与本民族地位的关系，如对新学说在中国命运的预言，均给人历久长新之感。二人之作，堪称双璧。

郭沫若《卜辞通纂》在日本出版。

邓之诚《骨董续记》出版。邓之诚时任燕京大学史学教授，致力于中国通史的编著，至本年秋，完成上古至宋元部分。曾与章太炎通信讨论著通史问题。其所著未完通史即1934年出版的《中华二千年史》上、中册。下册出版则在20余年之后。

吕思勉《先秦学术概论》出版。

范文澜《群经概论》出版。

胡适《评论近人考据〈老子〉年代的方法》出版。又跋庚辰本脂评《石头记》。

顾颉刚编《古史辨》第四册出版。

柯劭忞去世，有《新元史》、《文献通考注》等传世。

本年，章太炎把很大精力投入讲学和培养学术传人。1月，国学会在苏州成立，李根源、陈衍、章太炎、金松岑等人为主要参加者。李根源被推为主任干事。国学会的成立，是 1932 年秋季讲学后商定的。章太炎在《国学会会刊宣言》中提到：1932 年春季讲学后，章太炎感到"扶微业、辅绝学之道，诚莫如学会便"。秋季苏州讲学毕，将回上海时，便提出效顾炎武读经会制，成立学会，后由其他人商定成立国学会。章太炎起草的这篇宣言，强调了砥砺名节，振起末俗的精神。自日寇侵华以来，章太炎一再强调气节，讲"行己有耻"，足见深心。这篇宣言刊载于国学会会刊的创刊号，即《国学商兑》第一卷第一号上，本年 6 月 1 日出版。全文如下：

国学会会刊宣言

自清末讫今三十有余载，校官失职，大经斁而贼民兴，其有秉德树惇，不失教本者，盖百不过四五，然犹为众所咻，无以流泽于世，奸言朋兴，覃及校外，察其利害，或不如绝学捐书为愈。余去岁游宛平，见其储藏之富，宫墙之美，赫然为中国冠弁，唯教师亦信有佳者，苦于熏莸杂糅，不可讨理，惜夫圣智之业而为跖者资焉。或劝以学会正之，事绪未就，复改辙而南，深念扶微业、辅绝学之道，诚莫如学会便。其秋，苏州有请讲学者，其地盖范文正、顾宁人之所生产也，今虽学不如古，士大夫犹循礼教，愈于他俗。及夫博学屡守之士，亦往往而见。忾然叹曰：仁贤之化，何其远哉！顾念文学微眇，或不足以振民志，宜更求其远者。昔范公始以名节厉俗，顾先生亦举"行己有耻"为士行准。此举国所宜取法，微独苏州！顾沐浴膏泽者，莫苏州先也。于是范以四经而表以二贤。四经者，谓《孝经》、《大学》、《儒行》、《丧服》；二贤者，则范、顾二公。其他文献虽无所不说，要以是为其萶。视夫壹意章句、忽于躬行者，盖有间矣。讲浃月，将还海上，自恐衰老，不能时诣苏州，又念论述古义，学者或不能得其本，效顾先生读经会制，以付与会者主之，其事甚质，而基莫固焉。是于他州或不能举，苏州则有能举之者也。后数月，诸子复定名曰"国学会"，以讨论儒术为主，取读经会隶之。时有所见，录为会刊。乌呼！斯会也，其于中国，犹大山之礨空而已，尚未得比于五季之睢阳、衰晋之凉州诸子也。持以弘毅，何遽不可行远。凡事有作始甚微，其终甚巨者。仲尼云"人能弘道"，与会诸子，其勉之哉！民国二十二年一月，章炳麟。

3月，章太炎在无锡国学专修学校讲学。按无锡国专，为当时国学重镇。始办于1920年，初名国学专修馆，著名学者唐文治为馆长。1928年改名后，唐文治仍任校长。国专师资雄厚，又常请陈衍等名家讲学，培养了不少出色国学人才。3月14日，章太炎讲《国学之统宗》："今欲改良社会，不宜单讲理学，坐而言，要在起而能行。周、孔之道，不外修己治人，其要归于六经。六经散漫，必以约持之道，为之统宗。""社会腐败，至今而极，救之之道，首须崇尚气节。""余以为今日而讲国学，《孝经》、《大学》、《儒行》、《丧服》，实万流之汇归也。不但坐而言，要在起而行矣。"（诸祖耿记录，见《制言》第54期）

3月15日，在省立无锡师范学校讲《历史之重要》，讲学习历史的意义，尤其是应当怎样学："国学不尚空言，要在坐而言者，起而可行。《十三经》文繁义赜，然其总持则在《孝经》、《大学》、《儒行》、《丧服》。《孝经》以培养天性，《大学》以综括学术，《儒行》以鼓励志行，《丧服》以辅成礼教，其经文不过万字，易读亦易记，经术之归宿，不外乎是矣。经术乃是为人之基本，若论运用之法，历史更为重要。""夫人不读经书，则不知自处之道；不读史书，则无从爱其国家。即如吾人今日，欲知中华民国之疆域，东西南北究以何为界，便非读史不可；有史而不读，是国家之根本先拔矣。""昔人读史注意一代之兴亡，今日情势有异，目光亦须变换，当注意全国之兴亡，此读史之要义也。经与史关系至深，章实斋云'六经皆史'，此言是也。""复次，今日有为学之弊，不可盲从者二端，不可不论。夫讲西洋科学，尚有一定之规范，决不能故为荒缪之说，其足以乱中国者，乃在讲哲学讲史学，而恣为新奇之议论。""余以为欲导中国入于正轨，要自今日讲平易之道始。三十年后，庶几能收其效，否则推波助澜，载胥及溺而已。""又今之讲史学者，喜考古史，有二十四史而不看，专在细致之处吹毛求瘢，此大不可也。""夫讲学而入于魔道，不如不讲。昔之讲阴阳五行，今乃有空谈之哲学、疑古之史学，皆魔道也。必须扫除此种魔道，而后可与言学。"

同日，并在无锡师范学校讲《春秋三传之起源及其得失》，仍由诸祖耿记录，后刊于《制言》第 56 期。按《章太炎先生著述目录初稿》卷下，此题下注时间为 1934 年 3 月 15 日，其他相同。查 1934 年 3 月 15 日上海《申报》，章太炎为营救廖仲恺亲属事，与公安局有交涉，似乎未到无锡，且章太炎每到一地讲学，一般不是只讲一题目，但 1934 年 3 月间，未见章太炎在苏州、无锡讲学。故疑《目录初稿》有误。

此外又有《章太炎先生讲经学》（张如愈、翁衍桢记录，《无锡国专季刊》1933 年 1 册）、《章太炎先生讲史学》（卢景纯记录，《无锡国专季刊》，1933 年 1 册）。

4 月 18 日，在苏州十全街曲石精庐，为众弟子讲个人治学经历。诸祖耿记录为《记本师章公自述治学之功夫及志向》，载《制言》第 25 期。此文距《自述学术次第》和《菿汉微言》又有多年，是了解章太炎晚年学术思想及其变迁的重要资料。今录此文于下：

记本师章公自述治学之功夫及志向

诸祖耿

民国二十二年四月十八日，本师章公寓苏州十全街曲石精庐，为乘六、沄秋、仲荦、希泌诸兄道此。祖耿得从旁记之。二十二年八月十二日识。

余今日须为弟辈道者，一治学之功夫，二治学之志向也。

余家无多书。年十四五，循俗为场屋之文，非所好也。喜为高论，谓《史》《汉》易及。揣摩入八比，终不似。年十六，当应县试，病未往，任意浏览《史》《汉》。既卒业，知不明训诂，不能治《史》《汉》，乃取《说文解字》段氏《注》读之；适《尔雅》郝氏《义疏》初刊成，求得之。二书既遍，已十八岁。读《十三经注疏》，暗记尚不觉苦，毕。读《经义述闻》，始知运用《尔雅》《说文》以说经。时时改文立训，自觉非当，复读学海堂南菁书院两《经解》皆遍。二十岁，在余杭，谈论每过侪辈，忖路径近曲园先生，乃入诂经精舍，陈说者再，先生率未许。后先生问：《礼记·明堂位》有虞氏官五十、夏后氏官百、殷二百、周三百。郑注周三百六十官，此云三百者，记时《冬官》亡也。《冬官》亡於汉初，周末尚存。何《郑注》谓《冬官》亡乎？余谓：《王制》三卿五大夫，据《孔疏》，诸侯不立冢宰、宗伯、司寇之官，　小司徒、小司寇、小司空、小司马、小卿而无小宗伯，故大夫之数为五而非六。依《周礼》，当减三百之数，与《冬官》存否无涉也。先生称善。又问：《孝经》，先生有至德要道，先王谁耶？《郑注》谓先王为禹，何以孝道一始禹耶？余谓：经云先王有至德要道以顺天下者，明政治上之孝道异寻常人也。夏后世袭，方有政治上之孝道，故孝道始禹。且《孝经》之制，本於夏后。五刑之属三千，语符《吕刑》。三千之刑，周承夏旧，知先王确为禹也。先生亦以为然。余於同侪，知人所不知，颇自矜。既治《春秋左氏传》，为《叙录》驳常州刘氏。书成，呈曲园先生。先生摇首曰：虽新奇，未免穿凿，后必悔之。由是锋芒乃敛。时经学之外，四史已前毕，全史局本力不能得，赖竹简斋书印成，以三十二版金得一部。潜心读之，既毕，谓未足。涉《通典》四五周，学渐实。三十后有著书之意。会梁卓如要共革命，乃疏书卷。及亡命东瀛，行箧惟《古经解汇函》《小学汇函》二书。客居寥寂，日披大徐《说文》。久之，觉段、桂、王、朱见俱未谛。迨钱夏、黄侃、汪东辈相聚问学，遂成《小学答问》一卷。又以为学问之道，不当但求文字，文字用表语言，当进而求之语言。语言有所起，人仁天颠，义率有缘。由此寻索，觉语言统系秩然。因谓仓颉依类象形以作书，今独体象形见《说文》者，止三四百数，意当时语不止此。盖一字包数义，故三四百数已足。后则声意相迻者孳乳别生，文字乃广也。於是以声为部次，造《文始》九卷。归国后，叶奂彬见而善之，问如何想得出来。答：日读《说文》，比较会合，遂竟体完成耳。民国二年，幽於京师，舍读书无可事者。《小学答问》《文始》初稿所未及，於此时足之。《说文》：臑，臂羊矢也。段氏不解，改臂羊矢为羊矢臂。孙仲容非之，谓羊或美之讹；矢或肉之讹。余寻医书《甲乙经》，知股内廉近阴处曰羊矢，方悟臂羊矢义。又，《说文》：设，常也。段亦不解。余意设职同声。《说文》：职，记微也。《周礼·司常》掌九旗之物名，各有属以待国事。《郑注》：属谓徽识也。徽即小旗，古人插之於身。《说文》有职而无帜，於是了然於设常之义。又，《说文》：斫，二斤也，颙，大徐音语斤切。余谓质从斫，必为斫声。《九章算术刘徽注》，张衡谓立方为质，立圆为浑。思立方何以为质，乃悟质即斫，今之斧也。斧形正方而斜，《九章》中谓为堑堵形。斤本作"𣂕"，小篆变

441

乃作尺。两斧堃堵形颠倒相置，成立方形。立方为质者，此之谓也。所当读质，非语斤切，由此确然以信。凡此之类不胜举，皆斯时所补也。

方余壮时，《公羊》之说盛行，余起与之抗。然琐屑之谈，无豫大义。出都后，卜居沪上。十余年中，念孔子作《春秋》，语殆非实。孔子删诗书，正礼乐，未加一字。《春秋》本据鲁史，孔子述而不作，倘亦未加一字。一日，阅彭尺木书，知苏州有袁蕙纕者，言孔子以鲁史为《春秋》，未加笔削。心韪之，至苏州，求其书不得，人亦无知之者。又叶水心《习学纪言》，亦言《左传》有明文，孔子笔削者无几。天王狩於河阳，史官讳之，非孔子笔也。於是知孔子之《春秋》，亦如班固之《汉书》，非为褒贬作也。褒贬之谈，起於孟子。孟子谓孔子成《春秋》而乱臣贼子惧，非谓为乱臣贼子作《春秋》也。大氐古人作史，以示君上，非为平民。司马温公作《通鉴》以进神宗，其事可证。三传同有弑君称君君无道也文。《谷梁》谓称国以弑君，君恶甚矣。《太史公自序》亦谓有国者不可以不知《春秋》。前有谗而弗见，后有贼而不知，为人臣者不可以不知《春秋》。守经事而不知其宜，遭变事而不知其权，为人君父而不通於《春秋》之义者，必蒙首恶之名。为人臣子而不通於《春秋》之义者，必陷篡弑之诛，死罪之名。人君读《春秋》，鉴往事，知为君之难，必多方以为防。防范多，斯乱臣贼子惧。喻如警备严明，盗贼自戢。若书名以示贬，如朱晦庵之《纲目》，何能使乱臣贼子惧耶？历世说《春秋》者，杜预为可取。余皆愈说愈远，啖助、赵匡、胡安国辈，均不可信。昔崔浩作《国书》三十卷，立石以彰直笔，后遭灭族之祸。孔子而若浩，不畏灭族之祸耶？太史公衔武帝，其书仍称今上，未贬名号。《春秋》於举事过当者，书之曰人。人本人也，无可非难。自啖赵至胡安国，惟叶水心说《春秋》不谬。明高拱作《春秋正旨》，拱有经国致用之才，语亦可准。

《尚书》诵习多年，知其难解。江艮庭孙渊如所说，文理前后不通；喻如吴某演说，三句之后，意即旁鹜。余思古人既称古文读应《尔雅》，则依《尔雅》解《尚书》，当得其真。《尔雅》一字数训。前人守一训以为解，无或乎其难通也。意者《尔雅》本有其训，释书者遗而不取，故《尚书》难解乎。《无逸》康功田功。《释宫》：五达谓之康，则康功者路功也。《盘庚》用宏兹贲，《大诰》敷贲，语均难通。《释鱼》：龟三足贲。古通称蓍蔡之蔡曰龟，则用宏兹贲者，用宏此龟也。敷龟者，陈龟也。康为路，贲为龟，《尔雅》明著其训，释书者遗之，遂不可通。以故余所著《古文尚书拾遗》，似较前人为胜。

《春秋》专论大义，《尚书》务通训诂，拘囚北京而还，说经主旨如此。

余常谓学问之道，当以愚自处，不可自以为智。偶有所得，似为智矣，犹须自视若愚。古人谓既学矣，患其不习也。既习矣，患其不博也。既博矣，患其不精也。此古人进学之方也。大氐治学之士，当如童蒙。务於所习，熟读背诵，愚三次，智三次，学乃有成。弟辈尽有智於余者，功夫正须尔也。

余幼专治《左氏春秋》，谓章实斋六经皆史之语为有见；谓《春秋》即后世史家之本纪列传；谓《礼经》《乐书》，仿佛史家之志；谓《尚书》《春秋》，本为同类；谓《诗》多纪事，合称《诗》《史》。谓《易》乃哲学，史之精华，今所称社会学也。方余之有一知半解也，《公羊》之说，如日中天。学者煽其余焰，簧鼓一世。余故专明《左氏》以斥之。然清世《公羊》之学，初不过人一二之好奇。康有为倡改制，虽不经，犹无大害。其最谬者，在依据纬书，视《春秋经》如预言，则流弊非至掩史实逞妄说不止。民国以来，其学虽衰，而疑古之说代之，谓尧舜禹汤皆儒家伪托。如此惑失本原，必将维系民族之国史全部推翻。国亡而后，人人忘其本来，永无复兴之望。余首揭《左氏》，以斥《公羊》。今之妄说，弊更甚於《公羊》。此余所以大声疾呼，谓非竭力排斥不可也。

《说文》之学，稽古者不可不讲。时至今日，尤须拓其境宇，举中国语言文字之全，无一不应究心。清末妄人，欲以罗马字易汉字，谓为易从。不知文字亡而种性失，暴者乘之，举族胥为奴虏而不复也。夫国於天地，必有与立，所不与他国同者，历史也，语言文字也。二者国之特性，不可失坠者也。昔余讲学，未斤斤及此。今则外患孔亟，非专力於此不可。余意凡史皆《春秋》，凡许书所载及后世新添之字，足表语言者皆小学。尊信国史，保全中国语言文字，此余之志也。弟辈能承余志，斯无愧矣。

10月，章太炎又到苏州、无锡讲学。据李希泌回忆："苏州讲学，讲坛设公园图书馆内。章先生讲演凡二十余次，我每次都作了记录，其中有两次讲演——《辛亥革命》与《儒家之利病》的记录，我很快整理出来，请章先生审正。章先生逐字逐句修改，像改课卷一样。"（李希泌《章太炎先生的两篇讲演记录》，《兰州大学学报》1980年第1期）

李希泌交兰州大学学报刊出的这两篇讲演辞中，《辛亥革命》一篇的内容，完全同于《民国光复》。《民国光复》也是1933年10月10日，李希泌记录。曾收入章氏国学会排印的《太炎先生讲演录》中，并收入《著述目录初稿》卷下。何以内容相同，题目不同，李希泌或有记忆失误的可能。这篇文章论清代反抗思想之发展，多举诸儒言行和著述；论政治制度之改革，多比较历代制度，富于学理。今予摘引：

"按清入主中原三百年间，反清之意见，始载于书籍，以鼓励人民之同情。今举其为一代所宗大儒之言论，以概其余。顾亭林

《日知录》中，解《中庸》"素夷狄行乎夷狄"，见目录而解义删去。然见抄本《日知录》中说曰："居处恭，执事敬，与人忠，虽之夷狄，不可弃也，是之谓素夷狄行乎夷狄，非谓可仕于其朝也。"又解《论语》"管仲不死子纠"，谓君臣之分，所关者在一身，华夷之防，所关者在天下。故夫子之于管仲，略其不死子纠之罪，而取其一匡九合之功。即见亭林之志矣。王船山亦谓，一朝之变革不足论，惟宋之亡于夷狄，则中国失其为中国矣。又云，种族不能自保，何仁义之云云。二先生学问极大，见地独高，故彰明于世，学者宗之，而草野户牖中诸儒，与二先生论调同而名不显者，不知几何也。吕留良之意见与顾、王相同，及曾静狱兴，事乃大露，清廷因之大兴文字之狱。以集《四库全书》之名，焚禁天下诋毁清廷之篇籍。秦始皇焚书，刘向校书，二者不可得而兼，惟清四库馆则兼而行之，其防制可谓无微不至，然不知此种观念已深入人民心中，故洪秀全、杨秀清、李秀成、孙中山虽未读顾、王诸先生之书，亦能起兵抗清，何必读书之士为能然耶？"

　　"今论政治之改革。政治至今，只有纷乱而无改良。盖革命党人忠实者固多，而好勇疾贫，行险侥幸者亦不少，其于政治，往往隔膜，当革命未成时，群目宋教仁为将来之政治家，然宋氏仅知日本之政治，处处以日本之政为准。如内阁副署命令，两院决可否，矜为奇异。不知此二制度，中国已行于唐宋。副署之制，唐时诏令俱然，并谓不经凤阁、鸾台，不得为制敕。其所谓墨敕内降者，则出乎法外者也。逮宋亦然。明之内阁大学士，实即唐之翰林学士，只是天子秘书，故不能副署诏令。清亦沿明制，然如军机大臣奉上谕，内阁奉旨，虽不以人署名，而以机关署名也。则未尝无副署之意。下此，则州县决狱，典史亦须副署，此何足矜为奇创耶？又两院议可否，唐之门下省，给事中，即议诏令可否者也，有封还、涂归、批敕诸名，宋明因之。清则将给事中并入都察院，无封还诏令之权，只能分发诏令与各衙门，所谓邸抄者也。唐给事中四人，明设六科，亦只数十人，而国会议员至数百人之多。当时所选者半非人望，议员以可否权之奇货自居，于是势凌总统，敲诈贿赂，无所不至，国会名誉扫地无余矣。而宋之在政府，亦以副署权陵轹元首，终蒙杀身之祸。由今观之，其政治知识实未备也。"

《儒家之利病》一篇，一直未见对外刊行。数十年后，此文才现于世间，实堪宝贵。文如下：

儒家之利病

儒者之称，有广狭二义。以广义言，凡士子皆得称之；以狭义言，如汉儒、宋儒始可谓儒。今姑论狭义之儒。

儒自古称柔，少振作。《汉书·艺文志》云："儒家议论多而成功少。"惟孔子及七十子则不然。春秋以后，儒家分为二宗：一曰孟子；二曰荀子。大抵经学之士多宗荀，理学之士多宗孟，然始儒者能综合之，故兼有修身、齐家、治国、平天下之功。汉儒如贾谊之徒，言词虽涉铺张，然文帝纳之，施之于政，灿然可观。是时儒者，非惟能论政治，善用兵者亦多。段颎、张奂平西羌，度尚平南蛮，卢植平黄巾，植经学政治军略，均卓尔不群，即三分鼎足之刘备，亦师事卢植。及后即帝位，犹谆谆教其子读《礼记》，非儒而何？曹操、孙权，皆举孝廉，亦儒之流也。唐之儒亦能综合孟、荀，故如魏征、陆贽辈之相业，彪炳千古。至有宋理学之儒出，尊孟抑荀，于是儒者皆绌于军国大事。窃谓孟子之学，虽抗言王道，然其实郡县之才也。如"五亩之宅，树之以桑，七十者可以衣帛矣……"云云，足征其可造成循吏。即孟子得时乘权，亦不过如黄霸、龚遂耳。不如荀子之规模扩大。故宋儒服官者，多循吏，而于国家大政则疏，其所由来者渐矣。

昔人言，儒相推葛、陆、范、马。然诸葛治蜀全任综核，法家之流，非儒家也。当推魏征为宜，明之刘健、徐阶，亦堪称之。余定古今儒相为魏、陆、范、马、刘、徐六人。若姚崇、宋璟亦法家也，李泌则道家也，李德裕、杨一清、张居正则善用权谋者也。

后世之儒，少有论兵者。于王阳明之武功，亦非群儒所喜，盖孟子之不论兵有以致之。若荀子则有《议兵》篇。在荀子《议兵篇》论古兵制曰："齐之技击，不可以遇魏氏之武卒；魏氏之武卒，不可以遇秦之锐士，秦之锐士，不可以当桓文之节制；桓文之节制，不可以敌汤武之仁义，有遇之者，若以焦熬投石焉。"

骄吝，亦儒者之深病。子曰："如有周公之才之美，使骄且吝，其余不足观也已。"而宋儒率多自尊大，其悭吝亦深。林栗远道求学于朱子，朱子待之以脱粟饭，致林栗怀恨去。然此非徒理学诸公有之，英雄如曹操，良相如司马温公，亦不免有吝字。操临终时，尚恋其裘服，最为可笑。温公遇某生欲纳妾，贷钱二千缗，公以长函责之。如清末所称之曾国藩，政治不足述，军事有足纪，其战胜之关键，在熟读《方舆纪要》，知地理，明形势，以扼敌于死也。然亦辞不得吝字。闻李鸿章为其幕僚，月得薪水十二两。又观其家书，嘱其夫人日纺纱四两，何异臧文仲之妾织蒲、张安世家僮七百各有手技。公仪休为相，拔园葵，去织妇，以不欲与民争利也。而后世乃以此为美，亦异乎吾所闻矣。大抵儒之吝者，皆杂有墨家之风。荀子曰："墨子汲汲为天下忧不足。"惟孟、荀时，儒颇阔大，多不吝啬，以后之儒，则似不然。范文正、顾亭林则出泥不染，可法也。

理学至宋之永嘉派陈止斋、叶水心，专述制度，较余派为有实用，亦尚不免迂阔。如慕唐府兵，而以为不须糜饷。此盖信三时务农、一时讲武之说。然欲兵之选练，征兵亦须在行伍，岂得三时务农乎？至清颜习斋、李恕谷之学，重礼、乐、射、御、书、数，而射御尤重，可谓扼要。其说之夸大者，则谓一人可兼水、火、工、虞。若陆桴亭之学，亦甚切实，惟误信致知格物之说，《思辩录》中喜论天文，其于兵法信八阵图（八阵图见唐李荃太白阴经），戚继光鸳鸯阵，亦不免于迂也。

孔子之门甚广大，非皆儒也，故云："夫子之门，何其杂也？"子贡纵横家，子路任侠之士而又兼兵家。然儒家之有权谋者，亦仍本乎道家。即前所指六相中，除魏、马、刘外，陆、范、徐皆善用权谋。即尚论周公，岂非儒家之首，然其用太公主兵，足征亦任权谋矣。太公，道家也。然其所使权谋，皆露而不隐，范蠡、陈平即其流亚。反不如管仲处处守正，深沉不露。若老子则尤微妙不可测矣。如范蠡在孔子之门，亦未必见摈也。至孟、荀皆不尚权谋，其反间燕世子事，如邯郸效矉，卒致于败。故知任天下之重者，权谋本非所禁，然亦非迂儒之所可效也。

同月在无锡国学专修学校讲学有：

《适宜于今日之理学》（诸祖耿记录，1933 年 10 月 22 日，《著述目录初稿》卷下，《制言》第 57 期）

《中国人种之起源》（诸祖耿记录，1933 年 10 月，收入《著述目录初稿》卷下）

国学会会刊《国学商兑》于 6 月 1 日出版第 1 号，陈衍为总编辑。章太炎认为这个刊名不妥，给潘景郑信中说："《国学商兑》名不甚合（方氏《汉学商兑》本为排摈汉学而作，今云《国学商兑》于意云何？），拟改'商榷'为便。"自第 2 期起，《国学商兑》改名为《国学论衡》。在此会刊上，也刊载章太炎讲演记录：

《丧服概论》（潘景郑记录，《国学商兑》一卷一期）

《儒行大意》（诸祖耿记录，同上）

《述今古文之源流及其异同》（潘景郑记录，《国学论衡》第2期）

《讲学大旨与孝经要义》（金震记录，同上）

本年论文、序跋和论学书信，数量也较多：

《古文六例》。此文刊于《中央大学文艺丛刊》一卷一期，本年11月出版，又见《国学论衡》第3期，收入《文录续编》卷一。文末附《余杭先生与黄季刚书》、《黄季刚上余杭先生书》。章太炎素重古文，所论六例为：

"古文器异则体异，亦如秦书八体之例"。认为钟鼎杂有古籀，笔势或有增减，尚不为异体。鸟篆、金布文则属异体。龟甲文若果为古物，其文诡异，亦自为一体。若以龟甲文而疑古籀正书，犹见秦玺而疑秦碑秦权。

"八卦为未具体之古文"。认为苍颉造字以前，已有画卦，画卦符号已具文意，诚如荀子所说：好书者众矣，苍颉独传者一也。故八卦堪称苍颉之前的古文。

"古文已有草书，杂入正体"。

"古文有形音同而字异者"。

"《说文》所录古文，或有声近通借之字"。

"《说文》不录古文俗字"。认为小篆有俗字，古文也有俗字。《说文》于小篆俗字则录之，于古文俗字则不录，无非求严谨。

《日知录校记序》（《归纳》第1期，1933年10月，收入《文录续编》卷二），此文亦因黄侃而作。序中说昔时读《日知录》，总有若干疑问甚至不快之感。去年听说张继得一雍正写本，方知昔时所见《日知录》经改窜抽毁，已非原貌。今春黄侃据写本做详细校记，价值非凡云云。

《辞通序》（11月撰，载《辞通》书首）

《庐山志题辞》（《制言》第 24 期，《文录续编》卷二）

《孙仲容先生年谱序》（12 月撰，《瓯风》第 2 期，《制言》第 20 期）

《孙太仆年谱序》（12 月撰，《瓯风》第 2 期，《制言》第 59 期）

《墨子大取释义序》（12 月撰，《制言》第 39 期）

《禹庙碑》（《制言》第 1 期，《文录续编》卷五）

《与马宗霍论近人伪造碑版书》一、二（分撰于 2 月、11 月，《制言》第 43 期）

《答吴检斋书》（6 月 25 日，见《章太炎书札》）

《与吴承仕论形声条例书》一、二（《国学论衡》二期二册，本年 8 月出版）

《与吴承仕书》，据《章炳麟论学集》，本年 3 月 5 日撰有此书，内容是论古文经传等。今作摘引：

"绂斋足下：来书称古、今《尚书》原本，皆古文，传习皆今字，其说近是。鄙意昔人传注本与经文别行，古文家每传一经，计有三部，与近世集钟鼎款识者相类。其原本古文，经师摹写者，则犹彼之摹写款识也。其以今字移书者，则犹彼之书作今隶也。其自为传注，则犹彼之释文也。但彼于一书中分作三列，而此乃分为三书耳。伏书旧简，盖未尝传之其徒，所传者，只其移书今字之本。孔书旧简，虽入秘府，而摹写古文之本，与移书今字之本，必并存之。何以知其然也？《后汉书·卢植传》：'植上书曰：古文科斗，近于为实，而厌抑流俗，降在小学。中兴以来，通儒达士，班固、贾逵、郑兴父子，并敦悦之。今《毛诗》、《左氏》、《周礼》各有传记，其与《春秋》共相表里，宜置博士，为立学官。'则知汉世所称古文经者，其科斗之书并在，非独今字移书而已。"

"《说文序》称壁中书及张仓献《春秋左氏传》，而谓郡国所得鼎彝，其铭即前代之古文，皆自相似。则知壁书、仓传，许氏曾见其摹写之本，故得与鼎彝相似也。是故追论原始，则古、今文皆是古文。据汉世所传授者，则古文家皆摹写原文，而今文家直移书今字，实有不得强同者矣。至同一古文经典，而诸家文字或异，此乃其训读之殊，非其原文之异。《经典释文》所云某家作某者是也。然自马氏以上，本经与传注分行，故经文与训读之文有别。……扶微保阙，唯《三体石经》倘见其真，其余则文字近古者差觑耳。若乃立说同异，古文家亦不尽有徵。非徒成周之制不可以说四代，经文简质，行事不尽详。古文师所说事状，其果有根柢否也？《大传》为今文之祖，伏生生秦时，其言或有徵。顾古事异论，自周末诸子已然，伏生视诸师差前，于诸子则晚。其所记录，亦犹蒙恬述周公事矣。仆谓四代之事，难尽悉也。周事辅以它书，则不如《逸周书》。太史公《周本纪》述克殷事，盖全取《逸周书》文，以为考迹古文者宜然。"

　　本年有致潘景郑书多通。这些书信中除论学外，还有很多笔墨涉及国学会会刊的编辑磨勘；更注意对弟子的培养，对潘景郑、朱季海、戴镜微寄有厚望，也论及黄侃、吴承仕等人。这类内容，代表章太炎学术活动的一个方面，值得珍视。今录出潘景郑辑定的《章太炎先生遗札未刻稿》本年诸札。潘景郑所编各札序号未作改动。

第五札

　　景郑仁弟足下：别后车已坐满，抵家粗适。季海以仔肩国学自任，其学识又足以副之，真所谓千里驹也。独其用力过勤，胸会受伤，宜自将护，幸从旁慰谕之。《国学商兑》名不甚合（方氏《汉学商兑》本为排摈汉学而作，今云《国学商兑》，于意云何？），拟改称商榷为便。前此编次，亦未精密。如论龟甲文，直以《周易》出孔、墨后，谓为庄周所作。此等凭虚不根之论，虽今文学家亦不肯道，涂污楮墨，甚矣！此后关系经学小学者，编成后，足下可与戴镜徵（戴于《春秋》亦涉二传之见，然是有师法者）加以磨勘，如有此等议论，必与芟薙。篇幅不足，量附辞章诗词可也。袁蕙缲《春秋说》前允借，此既孤本，邮寄恐有遗失，俟便借观为宜。手肃即问起居清胜。麟白。十月三十一日。

第六札

景郑仁弟足下：归后三日，即付一函，……至磨勘《国学商兑》中经学小学文件，愿弟辈切勿辞谢。言有秕稗，非徒损害学会之名，亦且贻误阅者。今日所患，在人人畔经蔑古，苟无以匡救其失，虽一人独醒，阿胶不能解黄河之浊也。……章炳麟顿首。十一月十日。

第七札

景郑仁弟足下：得复书知门内为疾所困，近想全愈。……校勘《玉篇》岁只什一，缘此乃朴拙事，虽上智不能速就，但观足下材力可为者，当不止此。此书以十余年功力视之不为迟暮。自有余力，可图他业也。贝、汪二子，贝才敏而学疏；汪根柢略具（熟诵《尔雅》，阅注释四十余种），精力似非甚健。但使仲琪不入歧途，不务速成；青在能优游博观，加之覃思，皆有成就可冀。……每念清世吴、皖大师，定宇门下，高材苦少，得一江艮庭，尚非能继承师学者。王西庄亦优于艮庭无几耳。东原以提倡绝业自任，门下鹰若、怀祖、巽轩，可谓智过其师。仆岂敢妄希惠、戴，然所望于足下辈者，必不后于若膺等三子也。前此从吾游者，季刚觊斋，学已成就。觊斋尚有名山著述之想，季刚则不著一字，失在太秘。世衰道微，有志者当以积厚流广，振起末俗，岂可独善而已。明年定当南徙吴中，与诸子日相磨礲，若天假吾年，见弟辈大成而死，庶几于心无欿，于前修无负矣。……书复即问起居康胜。麟白。十一月十四日。

第八札

景郑仁弟足下：得书欣慰。《商兑》事想与戴朱二生已有成议。仆更致书佩诤，属其解释于金、李二公矣。相宅防市侩狡诈，阅世之言，敢不藏之胸府。前所询袁蕙纕事，苏人鲜知其生平者，只于《二林集》见之。今思袁又恺有《红蕙山房集》，又恺是否别号蕙纕，知不足斋录其《红蕙山房吟稿》，文集则缺，想苏地必有其书。如集中有论春秋文字，则为一人无疑，愿足下为留意。书此即问起居康胜。麟白。十一月二十五日。

第九札

景郑仁弟足下：得书考袁蕙纕事，终鲜实证，盖又恺文集不传之由。又恺在乾、嘉间，不为无闻，文集竟无觅处，可悲也！所得残石一片，西夏、金源，俱未可定，缘金人亦以汉字偏旁并合成文。乾陵有《皇弟经略》、《郎君行记》，是其遗迹。惟彼字兼行楷笔势，而此却有隶笔为少异，应问石所从来，按地求之，庶几可得。然当时陕境皆已入金，惟甘肃北部在夏，此则不可混乱者也。述今古文源流一篇，纪录颇有误处，校勘亦多疏失，今将原书校识一过，即寄致祈察。此复即问起居康胜。章炳麟顿首。十二月廿六日。

第十札

景郑仁弟足下：数日不见，未审又得几种异书？顷因讲习会须出杂志，欲劳足下稍以笔著协助，望弗推辞。绒斋处墨印丛书，是否寄到？……麟白。四日。

《章氏丛书续编》本年校定。章太炎 1932 年春季在北京讲学时，将《续编》稿交吴承仕、钱玄同等校刊行世。至本年 6 月初，校刊初成。当时章太炎曾做校勘，他在 6 月 25 日《答吴绒斋书》中说："拙著样本三册，其中尚有脱字误字，今校出寄去，增改宜速。"《章氏丛书续编》共收著作七种：

《广论语骈枝》一卷

《体撰录》一卷（内《太衍说》、《极数定象答问》、《说周量》、《说汉量》）

《太史公古文尚书说》一卷

《古文尚书拾遗》二卷

《春秋左氏疑义答问》五卷

《新出三体石经考》一卷

《菿汉昌言》六卷

按，此书虽题民国 22 年刊本，但实际刻成已在 1935 年初夏。

民国 23 年甲戌（1934）　　67 岁

本年，国民党军队近百万人，继续对红军根据地进行第五次"围剿"。红军未能粉碎进攻，于 10 月进行战略转移，开始长征。

中日间在察哈尔、绥远等地的军事对峙，暂时处于平静状态。

抗日救亡民主运动，在国民党高压之下，暂时处于低潮。

本年，章太炎关于时局的文字和言论不多。但抗日和收复失地之志不变，明确说："只以长城为界，其危如累棋。"反对苟安态度。

本年，陈垣完成《元也里可温教考》。此书经二十年时间，四次修订，至此成为定本。其对元史和宗教史研究的贡献，备受中外学术界称道。

吕思勉《中国民族史》出版。

蒋维乔、杨大膺《中国哲学史纲要》出版。

顾颉刚创办《禹贡》半月刊，为历史地理学的专门刊物。

吴晗、夏鼐、汤象龙、罗尔纲等史学界青年学者，成立史学研究会。

吕振羽《中国社会史纲》的第一分册《史前期中国社会研究》出版。

本年，语言学界有"国语罗马字"与"拉丁化新文字"之争。前者有钱玄同、黎锦熙、赵元任等，后者由瞿秋白、吴玉章、萧三与苏联语言学家在苏联发起。当时各不相下，后来认为均属汉语拼音方案中的可行方案。

本年，钱玄同发表《古韵二十八部音读之假定》，与黄侃古韵二十八部的分部有异同。此文运用国际音标构拟古韵音读，为当时语言学界之创举。

本年，吴承仕创办《文史》，为一新型学术刊物。这一时期吴承仕同齐燕铭等革命学生接触密切，阅读马克思主义著作，思想变化极大。吴氏旧学根底深厚，受章太炎影响很深，又接受了新的思想方法，故成为当时学术界不可多得的学者。其特点是用辩证唯物观点分析接受传统文化。《文史》创刊号上《五伦说之历史观》一文，批评了一见"五伦"二字就摇头的摩登青年，也批评了一味膜拜纲常伦理的老先生。同期所载《中国古代社会研究者对于丧服应认识的几个根本观念》，第二期所载《语言文字之演讲过程与社会意识形态》等文章，都有这类特点。这些文章多次引用章太炎的观点，可见继承演变之迹。

本年，章太炎学术论文及有关书信、序跋、墓志之类有：

《今字解剖题词》，为诂经精舍同门王纯甫《今字解剖》而作。此书十三篇，言形者六，言音义者七，是根据青年学子实际情况而作的特殊字典。章太炎的《题词》，议论"字书"同时，更对金甲文字加以评说，坚持文字应以篆籀为根据的观点：

"小学至清而盛，亦至清而衰，桂、段、严、王诸公，专志许书，眇达神旨，由形体以洞声义，自是故训可通，经记可说，流泽被于学者广矣，故曰盛。清廷自为《康熙字典》，编次者多鄙生白徒，分部舛戾，点画乖缪，而学官弟子多宗之，故曰衰。世之学者，不逮学官弟子之众，虽盛犹不足以偿衰也。"

"余同舍生王纯甫，事德清俞先生最后，比遭世变，而纯甫亦颁白矣。数以文字教授诸生，常苦篆隶殊形，诸弟子莫能窥其原本．喟然曰：凡事矫枉过正难为力，因势利导易为功。与其力崇小篆，斥今隶之非，不如旁捃今隶，跻小篆之末，因是作今字解剖十三篇。其言形者六，言音义者七，亦不得已而为之者已。按前世《玉篇》《类篇》，皆以今隶为本，而分部与说文无大殊绝，盖沿流以得原，数茎以寻本，虽今隶固可通於小篆。清初诸鄙生不知，始强以今隶自为区处，过在其人，不在今隶。纯甫之作，盖亦窥顾、马二公之意者也。鼓箧之士，得其书读之，豪素间亦可以无大过矣。抑今世之所患者，非字典俗书而已。穿凿之徒，皮傅彝器，随情定字。夫其游谈不根，盖有过於安石《字说》者，重以龟书刻骨，真伪难知，而妄者乃欲以倾夺籀斯。彼其灭裂故书，宁独如字典而止乎？纯甫诚有意六书，於此亦宜加之意也。民国二十三年五月。章炳麟。"

此文载该书书首；《制言》第 24 期；又收入《文录续编》卷二。

《古诗选评注序》（本年 5 月，见《制言》第 57 期）。

《疑年拾遗》（《国学论衡》第 3 期；《制言》第 19 期，又收入《文录续编》卷一）。此文对《尚书·无逸》、《礼记·檀弓》等经典中所载周文王、武王，孔门贤人子夏、曾子等人的年寿提出怀疑，甚至断定不实。还分析了帝王很少长寿的原因。

《与邓之诚论史书》（本年 2 月 9 日，见《制言》第 51 期）。此信批评时人考史的态度，坚持以正史和其他史书为考史的主要根据："鄙人提倡读史之志，本为忧患而作。顷世学校授课，于史最疏，学者讳其伧陋，转作妄谈，以史为不足读，其祸遂中于国家。""今人之病，以经为基督圣书，以史为《虞初》小说，名实既缪，攻击遂多，甚者谓考史必求物证以为持论之根。不悟唐、宋碑刻，今时存者正多，独于爵里世系小小之事，颇为得实。至其谋之臧否，行之枉直，不及史官审正远矣。若三代彝器，作伪者众，更

457

有乍得奇物，不知年月名号者，其器既非可信，而欲持是以为考史之端，益见其愚诬也。总由史部繁富，躁人不及审观，而又耻其不知，故不惮多为妄论以摧破之。今欲使学校中历史一科得以稍稍振起，其事盖不可就，以史书宜于阅读，不宜于演讲也。然苟因是使学子得见崖略，所谓聊胜于无者。若诚欲昌明史学，非学校改制不可。"

《与邵瑞彭论太誓书》（《国学论衡》第 3 期）

《与黄永镇书论古韵源流》一、二（商务印书馆《古韵学源流》，1934 年 9 月）

《与欧阳竟无论惮宗传授书》（本年 9 月，见温州图书馆藏《章太炎书札》）

《与王宏先书》（本年 12 月，论三体石经，见《章太炎书札》）

《与马宗霍论文体书》（本年秋，见《章太炎书札》）。先是马宗霍请章太炎为湖南桃源茶商饶子写寿序，章太炎因论这种寿序文体："此种题目，无可铺叙，唯有翻空见奇耳。世言文章之难，莫难于寿序，真是识甘苦之言。文士以十百数寿序，竟无一篇可传诵者，此亦足证。至于铺陈功德，作台阁体一类文字，本不足齿数也。"

《桃源饶子六十寿序》（《制言》第 46 期，并收入《文录续编》卷三），就是写这种文体的一次思考和试验。首先谈寿序文的现状，分析这类文字已不能动人的原因，然后做"翻空见奇"之笔，由桃源地名说到陶渊明《桃花源记》的避秦之士，又说到当今如何宁心持性，养生市井，不失古高士之风。这样写，避免了胡乱歌功颂德的俗套，又使文章起伏动人，耐人品味。由这篇寿序和给马宗霍的信中可知，章太炎对这次文体试验是满意的。文章中谈构思活动和写作技巧，也包含了审美趣味，这样的文章在章太炎著述中是很少见的。文章采用边议边叙的写法，议寿序文体发展过程及常见弊端；叙饶子夫妇值得尊重，议其事不足以震发文章，又变换角度写桃源和饶子心境，等等。因为叙议结合，不断思考不断试验，竟不易摘引段落。全文如下：

桃源饶子六十寿序

桃源饶子，以商起家。年六十，其夫人谢氏与同岁。余弟子衡阳马宗霍介为祝辞。寿序之兴，盖近自元明间，至昆山归氏以来转盛。顷世鸿笔巨材，靡不为之。归氏所为祝者，多乡里老儒，其言平淡则宜。及近世或以施於将相有成名者，辞多矜张，无山泽之仪。综明清以来文士可称者四五十家。其寿序使人往复讽诵者几何？余顷岁亦时应人所求，其辞气非不谛慎，於事亦不敢缘饰。既成视之，往往多公家言，未有卓然可以动人者。岂辞之不至？将其事之不足以振吾辞？盖亦参而有焉。以是为此益倦，几不欲著纸笔矣。

今饶子与粤人竞贸茶之利，数数折阅转益增炽。湘茶行於海外者，必以饶子为有声。既展国利，又使山农无饥馑之色，业非不闳也。家既给足，即所居芦花潭，修舆梁，设学校，举平粜，皆费巨万就之，功非不劭也。谢夫人虽富，犹躬操作，日夜教子女平明而起，无得后时。应物端和，常以余财振乏，内行非不备也。然计其事犹不足以震发文章，固吾辞之不至欤？将自有限之者也。必也不恃其业，不有其功，不伐其行，尘芥外物，而深固根柢，则庶可以祝其长世乎？

盖桃源者，昔陶靖节张之，以为有避秦之士，人人老寿，讫晋世犹在，固长年者生聚之域也。而桃源置县始宋时，其地与辰之沅陵连界，山水奇峻。靖节所述，违此当不远。饶子夫妇既产其地，得山川之气，其寿固宜。顾秦世黔中邈远，吏役徵调尤希，

459

是故其民宁壹，避世者居之，足以长寿。今洞庭之船，一日千里，桃源去之咫尺耳。任辇辐辕，良贾稗贩，无日不至。饶子又以贸茶足国算，穷秋豪，果得与昔时处桃源者比耶？虽然，为寿者亦宁其心而已，地之尘嚣，殊不足以滑吾性也。后汉时，武陵蛮凡五叛，刘尚之败，马援之困，皆在是。今沅陵尚有刘尚城，而壶头则援所为曳足望敌者也。是时四郊多垒，人无固志，虽避世者奚以自安？卒以致虚守静，不扰其真，虽烽燧遍起，吾心澹泊自若也，故能持形以度乱世。逮及晋时，亦几忘刘马事矣。

今饶子所处，稍近市间，以是勤生，固非有汉代兵事之棘也。故曰为寿者亦宁其心而已。地之尘嚣不足以滑吾性也，且今之世，非全盛之世也。他日或有效避秦之事者矣。险阻日夷，固不能以窟穴求全。虽曩之高士遇之，亦将混迹市廛，缘督以养其生而已。饶子苟知是，虽今之桃源，亦何以异於古之桃源也。以是起吾辞，宜与世之祝者少异矣。

本年有《清故龙安府学教授廖君墓志铭》（载《制言》第1期，《文录续编》亦收录）。按，廖平为近代今文经学重要人物，对康有为影响极大，而章太炎是古文经学代表人物。这篇墓志铭，一般是不会请章太炎来写的，但廖平之孙廖宗泽颇有见识，以为"先生持论与大父不同，无阿私之嫌"。而章太炎此文，虽坚持古文经学立场，不回避学术分歧，但对廖平评价还是比较公允的，对其人品，尤有称颂，并为廖平辩诬：廖平思想敏捷奇特，学说多变，"而有为之徒见君前后异论，谓君受之洞贿，著书自驳，此岂足以污君者哉！"此文对康有为作尖锐批评，斥康有为自拟圣人，也能着其要害。堪称近代经学史上重要文献。文如下：

清故龙安府学教授廖君墓志铭

　　君讳平，井研廖氏，海内所知为廖季平先生者也。余始闻南海康有为作《新学伪经考》《孔子改制考》，议论多宗君，意君必牢持董何义者。后稍得其书，颇不应。民国初，君以事入京师，与余对语者再，言甚平实，未尝及怪迂也。后其徒稍稍传君说，又绝与常论异。君之学凡六变，其后三变。杂取梵书及医经形法诸家，往往出儒术外。其第三变最可观，以为《周礼》《王制》，大小异治。而康氏所受於君者，特其第二变也。

　　职方氏大表中国疆域，面相距为万里。君以清世版图，外及蒙古伊犁，南北相距六千里，故推《周礼》以为治地球之书，岂未考古今尺度有异耶？语曰："圣人不考，时变是守。"自《周官》之行，逮春秋末，阅岁已五六百，中更霸制，朝章不能无变异，《春秋》所记地望，南不暨洞庭，西不及蜀，虽圣人恶能张大之？谓《春秋》无太平制，足以破董何，其大小何足言？《王制》者，特后儒摭拾残缺所为，愈不可为典要，其言东不尽东海，地反陕於春秋，海暆尽弃，小亦不得矣，顾君或未之思也。君之言绝恢怪者，以六经皆孔子所作，虽文字亦孔子造之，与旧记尤相左。人亦不敢信。

　　初，君受学湘潭王翁，其后说渐异，王翁颇非之。清大学士南皮张之洞尤重君。及君以大统说《周礼》，之洞遗书，以为风疾马良，去道愈远。而有为之徒见君前后异论，谓君受之洞贿，著书自驳，此岂足以污君者哉？君学有根柢，於古近经说无不窥，非若康氏之剽窃也，应物端和，未尝有倨容，又非若康氏自拟玄圣居之不疑者也。顾其智虑过锐，流於谲奇，以是与朴学异趣。康氏无儒行，其后数传，言益乱俗，而君持论以教孝为立国根本。事

461

母先意承志，如恐弗胜，乃不为末学狂稚者所借，亦可以知君雅素矣。

君著书一百二十一种，年八十二而卒，则民国二十一年六月也。清时尝成进士，以知县用，改教职，受五品封，配李宜人。有丈夫子八，女子子五。其年九月，葬荣县陈家山之阳。逾二岁，其孙宗泽以状来，曰："先生持论与大父不同，无阿私之嫌，愿铭其幽。"余闻庄生有言，圣人之所以骎世，神人未尝过而问焉，次及贤人君子亦递如是。余学不敢方君子，君之言殆超神人过之矣，安能以片辞褒述哉？以君学不纯儒，而行依乎儒者，说经又兼古今，世人猥以君与康氏并论，故为辩其妄云。铭曰：

斯也燔经，不可以罪孙卿。虑也劫后，不可以诬高密之叟。廖君之言多扬诩，末流败俗君不与。

据《章炳麟论学集》，本年有致吴承仕书三通，时间为"一月九日"、"十四日"、"七月二十日"，均询及刊刻《丛书续编》事。

第三书并谈及青年学子，表现对学术承传的关心甚至焦虑之情："在苏新收学子数人，视前者皆不相及，盖根柢素薄使然。季刚、旭初辈在金陵教学数年，学子成就者亦无过三四人，此皆可遇不可求者。人材难得，过于隋珠，未知后起者又何如也？"

医学文章有：

《时师误指伤寒小柴胡证为湿温辨》（《医报》一卷十一、十二合刊，1934 年 3 月 10 日）

《中国药学大辞典序》（1934 年 9 月，见《制言》第 50 期、陈存仁《中国药学大辞典》书首）

按，章太炎医学著述颇丰，药学论述却极少，故录出此序，以见一斑：

中国药学大辞典序

医师陈存仁以其所著《中国药学大辞典》求序，余颇识医经利病，然於药物知其名不识其形，疏方治病虽不识，可谓之知医，不可谓之知本草也。虽然请尝言之，药物者本於自然，自蛇噬各有其治金创之药，而况于人，其始得之，犹人食五谷菜蔬食荐，适以果腹则止矣，岂尝讨论然后用之哉？其次铃医用之，十愈其九，则遂以为行药，渐有本草别录集之，其次大医和齐数味，以为大方，然或上病下取，下病上取，药不必与疾相应，而效捷於桴鼓，此不可以其方论药也。其次有化验之术，有饵兽之术，论药渐精，然有机不与无机同效，庶物好恶，或与人殊，试之亦未尽其道也。故余以为问药於中西大医，不如问之铃医为审，虽古之增益本草者，岂医师孟浪而言之，与强以理定之哉！其大半亦出於铃医也。今陈子之为书，图象明审，援引中外著述，近百余家，抑可谓勤於搜采者矣。使求药者不惑於真伪，不暗於大宜，不误於处方，大齐如是以下也。有以求之今人而穷，宜莫如退而反古，反古者非谓宗师桐雷，以重其言，则访诸铃医是矣。余素不甚辨药物形式，又老耄不暇为，陈子方壮，宜以是求进。

民国廿三年九月章炳麟序

本年秋，章太炎由上海迁居苏州，至冬至腊月间，因"与国学会旨趣不合"，发起章氏国学讲习会。故 1935 年讲学，归于章氏国学讲习会及章氏星期讲演会，还有短时间的章氏暑期讲习会。1933 年和 1934 年在苏州所作大型讲学，则归于国学会讲学。这样分别，不是今日繁琐之举，而是当时的实际状况，自有其根据和背景。今观《太炎先生著述目录初稿》卷下附录的讲稿部分，就

463

可知当时认真分别的情况。章太炎还专门发布《启事》，声明独立性。（见《制言》第 12 期）本年讲学有：

《读史与文化复兴之关系》（王乘六、徐澂记录，1934 年 10 月 1 日讲。《著述目录初稿》卷下）

另有国学会讲稿数篇，当是 1933 年至 1934 年所讲，具体时间则不详，今据《太炎先生著述目录初稿》卷下录出：

《论无韵之文》　　　（诸祖耿记录）

《九流之比较》　　　（诸祖耿记录）

《明清之际略论》　　（诸祖耿记录）

《十六国略论》　　　（诸祖耿记录）

《三国略论》　　　（诸祖耿记录）

《周易概说》　　　（诸祖耿记录）

《论汉宋学可否和会》　　（诸祖耿记录）

《汉学之利弊》　　　（诸祖耿记录）

《中国历代兴亡之关系》　　（王乘六记录）

民国 24 年乙亥（1935）　　68 岁

本年，红军长征到达陕北。

日本帝国主义加紧侵华，制造"张北事件"，国民党政府派秦德纯与日本代表土肥原签定丧权辱国的《秦土协定》。日本又制造"华北事变"，迫使国民党政府签订《何梅协定》，欲使中国丧失冀察两省主权。日本又策动汉奸进行"华北五省自治运动"，并成立"冀东防共自治政府"。国民党政府准备成立"冀察政务委员会"，以适应日本的要求。民族危亡，迫在眉睫。

12 月 9 日，北京各校学生示威游行，主张停止内战，一致对外，坚决抗日。军警对学生进行镇压，学生进行总罢课，并进行更大规模示威游行，是为著名的"一二·九"运动。运动很快扩展到全国各大城市，形成人民爱国运动新高潮。

章太炎本年迁居苏州，加之患病，评论时局的言论和文字不多。但当他得知"一二·九"运动学生受镇压消息后，立即致电宋哲元说："学生请愿，事出公诚。纵有加入共党者，但问今之主张何如，何论其平素？"平津卫戍司令宋哲元回电解释，并说"先生之嘱，自当遵办也"。12 月 25 日，上海学生到南京请愿，火车至苏州被困。章太炎夫人汤国梨率章氏国学讲习会代表持食品、水果前去慰问。章太炎对记者发表谈话，"对学生爱国运动，深表同情"。上述言论举动，见诸当时报纸，产生了较大影响。

本年，康有为《大同书》刊行。此书以 1885 年撰写《人类公理》为开端，1902 年写成初稿，又屡经增补，但除 1913 年《不忍》杂志发表两卷外，全书（十卷）至今才面世。此书糅公羊三世说、《礼运》大同思想、欧洲空想社会主义、达尔文进化论为一体，提出"无邦国、无帝王，人人平等，天下为公"的大同世。令人惊叹康氏思想超前的一面。正因为康有为热心于保皇和复辟，其中的思想文化内涵才愈为复杂。也就是本年，蔡元培作《中国新文学大系总序》，其中说："康氏有《大同书》本礼运的大同义而附以近代人文主义的新义……然终以迁就时人思想的缘故，戴着尊孔、保皇的假面，而结果仍归于失败。"蔡元培这样评价，当然简单，然而对于康有为，也足为悲壮又悲哀的论定。

本年起，良友图书公司出版《中国新文学大系》。蔡元培作《总序》，在中西对比格局下，论列中国思想文学由古至今的发展，着重论述五四新文化运动和文学成就，欲作"总审查"，寄希望于新发展。

本年，郑振铎主编的《世界文库》，由生活书店开始出版，欲成一古今中外文学精华别集（初定为六百余种）的系列总集。也是由蔡元培作总序。

本年，何炳松等十教授发表《中国本位的文化建设宣言》（《文化建设》一卷四期），强调"此时此地的需要，就是中国本位的基础"。反对全盘吸收外来文化，主张有选择的吸收。

胡适发表《评所谓中国本位的文化建设》、《充分世界化与全盘西化》等文，与何炳松等论战。胡适的理论支点是：文化自身有惰性，即维护自己，排斥外来者。取法其上，仅得其中，所以"不妨拼命走极端"，"全盘西化"，然后通过文化本身的惰性折衷生成"中国本位新文化"。

胡适编选的《中国新文学大系》一集（建设理论集）出版。《胡适论学近著》出版。

钱玄同编成的第一批《简体字表》由教育部公布。为汉字简化的最初实践成果。简字原则，颇为严谨，多用草体和常见俗体，所集之体，几乎无一字无来历，又能照顾一般接受水平，使人见而易识。

顾颉刚《汉代学术史略》出版。顾颉刚组织谭其骧等人成立"禹贡学会"，进行历史地理研究。

黄节去世。黄节字晦闻，为著名学者简朝亮弟子。1905年同邓实创办并主编《国粹学报》，同章太炎、刘师培、黄侃等人多交往。其诗文以保存国粹、鼓吹革命为宗旨。入民国任广东教育厅长、北京大学教授等。有《汉魏乐府风笺》等著述多种。

黄侃于10月去世。黄侃是章太炎最重要的弟子，小学、经学、文学均有过人造诣，尤以小学最为知名，人称其为三百年来古韵学之殿军。黄侃著述不多。章太炎致潘景郑信中曾说"季刚则不著一字，失在太秘"。章太炎屡催促黄侃著书。本年春间，黄侃五十寿辰，章太炎犹借寿联致意："韦编三绝今知命，黄绢初裁好著书。"不料中年早逝。其后中央大学《文艺丛刊》出《黄季刚先生遗著专号》，共收录19种。1964年中华书局上海编辑所据以分类重排为《黄侃论学杂著》，但有抽删。今综合述之，这19种为：《说文略说》、《说文解字常用字》、《音略》、《声韵略说》、《声韵通例》、《诗音上作平证》、《说文声母字重音钞》、《广韵声势及对转表》、《谈添盍帖分四部说》、《反切解释上编》、《求本字捷术》、《尔雅略说》、《春秋名字解诂补谊》、《蕲春语》、《讲尚书条例》、《礼学略说》、《汉唐玄学论》、《文心雕龙札记》、《冯桂芬说文略注考正书目》。此外，潘重规辑成《经籍旧音辨证笺识》，黄焯编成《文字声韵训诂笔记》，题"黄侃述，黄焯编"，1983年上海古籍出版社出版。而在日本时期的很多文章及诗词作品和书信尚未编集。章太炎《黄季刚墓志铭》说，《三札通论》和《声类》已粗有次第，惜未整理成书。章氏国学会又印有《尔雅正名评》，等等。

本年，章太炎抱病著述讲学，取得丰硕成果。自去年腊月成立章氏国学讲习会以来，本年上半年，为较大规模的正式讲学做准备。同时自4月起，举办章氏星期讲演会，不无过渡之意。星期讲演会印行讲演稿，效果良好。

这时，章太炎患鼻衄之疾。3月29日，黄花冈辛亥革命烈士纪念日之际，蒋介石派丁惟汾（鼎丞）来慰问，以"都下故人"名义，赠送一万元治病，还送来药品。丁惟汾是章太炎故人，并请黄侃同行。在此之前，章太炎曾谢绝李烈钧、居正请他到南京担任高等顾问的动议。这次情况不同，便接受这笔赠款，用于讲习会。他在4月5日《与王宏先书》中说："此既都下故人之情，有异官禄，故亦不复强辞；然无功受贶，终有不安。因去腊已在此间发起讲习会，即以此款移用，庶几人己两适耳。"（《章太炎书札》）于是一面修筑讲堂，购置教学用具，一面在星期讲演会讲学。

章太炎在章氏星期讲演会上共讲九期，讲稿每期印一册，共印出六册，另有三期未刊稿：

《说文解字序》（王謇、王乘六等记录，章氏星期讲演会第一期，四月）

《白话与文言文关系》（王謇等记录，第二期，四月）

《论读经有利而无弊》（王謇等记录，第三期，五月，并载《大公报》、《国光》、《国风》、《正论》等）

《论经史实录不应无故怀疑》（王謇等记录，第四期，五月，并载浙江图书馆馆刊）

《再释读经之异议》（王謇等记录，第五期，五月，并载《国光》、《正论》）

《论经史儒之分合》（王謇等记录，第六期，六月，并载《光华》)

《论读史之利益》（王謇等记录，第七期，未刊稿，六月）

《略论读史之法》（王謇等记录，第八期，未刊稿，七月）

《文学略说》（王乘六、诸祖耿记录，孙世扬校，第九期，未刊稿，十一月)

这批讲稿中，影响最大的是《论读经有利而无弊》，载于许多报刊。天津《大公报》6月15日、16日连载此文，署章氏弟子金东雷"寄自苏州"。这篇文章针对争论激烈的敏感问题，作态度鲜明之议论，因而引人注目。兹作摘引：

论读经有利而无弊

居今而言读经，鲜不遭浅人之侮，然余敢正告国人曰："于今读经，有千利而无一弊也。"兹分三段论之：

一、论经学之利；

二、论读经无顽固之弊；

三、论今日一切顽固之弊，反赖读经以救。

一、所谓经学之利者，何也？曰：儒家之学，不外修己、治人，而经籍所载，无一非修己、治人之事。《论语》："兴于诗，立于礼，成于乐。"又："不学诗，无以言；不学礼，无以立。"皆修己之道也。《周易》爻象，太半言修己之道，故孔子称："五十以学《易》，可以无大过。"夫修己之道，古今无二，经籍载之，儒家阐之，时有不同，理无二致。孔子以后，儒分为八，论其归趣，不相乖违。孟、荀二家，论性有别，而祁向攸同。厥后汉儒重行，宋人尚理，或实事求是，或旁参佛、老，要之，不能不以经为本。

是故无论政体如何改易，时代如何不同，而修己之道，则亘古如斯；治人则稍异，古今异宜，习俗不同，不得不斟酌损益，至于尽善。吾人读二十五史（《史记》至《清史稿》），法其可法，戒其可戒，非语语尽可取也。《尚书》、《周礼》、《春秋》，性质与历史为近，读之亦当如是。夫读史之效，在发扬祖德，巩固国本，不读史则不知前人创业之艰难，后人守成之不易，爱国之心，何由而起？

二、所谓读经无顽固之弊者，何也？曰：经学本无所谓顽固也。谥经学以顽固，盖出诸空疏不学辈之口，彼略识点画，苦于九经、三传之不尽解，而又忝拥皋比，深恐为学子问难所穷，故尽力抹杀，谥以顽固。少年浮躁，利其便已，从而附和，遂至一世波靡，良可愤叹。夫经史本以记朝廷之兴废，政治之得失，善者示以为法，不善者录以为戒，非事事尽可法也。《春秋》褒贬，是非易分，而《尚书》则待人自判，古所谓《书》以道政事者，直举其事，虽元恶大憝所作，不能没也。……兴废大端，不得不载，岂尽可为法哉？孟子曰："吾于《武成》，取二三策而已矣，以至仁伐至不仁，何其血之流杵也。"《武成》今佚，据《汉书·律历志》所引，文与今《逸周书·世俘解》略同。观其所言，知"武王伐纣，杀人盈亿。"语虽过甚，要之，总不能尽诬，此与后之项羽伐秦何异？秦已无道，而羽之烧宫室、坑降卒，毒螫所及，更甚于秦，此岂可以为训。而史官书之，所以然者，兴废大端，不得不载也。苟有是非之心，不至如不辨菽麦之童昏，读之无有不知抉择者，孟子言之甚明，何谓读经必致顽固哉？

若夫经国利民，自有原则，经典所论政治，关于抽象者，往往千古不磨，一涉具体，则三代法制，不可行于今者自多。

三、所谓今日一切顽固之弊，反赖读经以救者，何也？曰：有知识之顽固者，泥古不化之谓也；有情志之顽固者，则在别树阶级，不与齐民同群，声音颜色，拒人于千里之外也。夫知识之顽固易开，而情志之顽固难料，信如是，则今日学校毕业之士，其能免于顽固之诮者几希！吾观乡邑子弟，负笈城市，见其物质文明，远胜故乡，归则亲戚故旧，无一可以入目。又，上之则入都出洋，视域既广，气矜愈隆，总觉以前所历，无足称道；以前所亲，无足爱慕；惟少数同学，可与往还，舍此，则举国皆如鸟兽，不可同群。此其别树阶级，拒人千里，非顽固而何？昔日士人，涵咏《诗》、《书》，胸次宽博，从无此等现象，何者？"君子忧道不忧贫，士志于道，而耻恶衣恶食者，未足与议"。"衣敝缊袍，与衣狐貉者立而不耻。"（均见《论语》）此等言语，濡染既久，虽慕富贵，患贫贱之心不能遽绝，而自有以维系之也。若夫盐商子弟，无过人之才，恃钱刀之力，纳赀入官，小则州县，大则道员，顾盼骄人，俨然自命为官长，此最顽固之甚者，而人之嗤之者众矣。然如此者，为数亦不甚多，非若今之学校，每年必铸造数千百人也。……今学校之弊，既至如此，而国家岁费巨亿，以育人材，卒造成特殊之盐商子弟，长此以往，宁堪设想。论者不自病其顽固，而反惧经学之致顽固乎？

余以为救之之道，舍读经末由。盖即前者所举《论语》三事，已可陶熔百千万人。夫如是，则可以处社会，可以理国家，民族于以立，风气于以正。一切顽固之弊，不革而自祛，此余所以谓有千利无一弊也。质之诸君，以为然耶、否耶？

章氏暑期讲习会讲稿有两种：
《孝经讲义》（诸祖耿记录，未刊，七月讲）
《吕氏春秋行览与孝经之关系》（沈延国记录，未刊，七月讲）

本年春夏间，章氏国学讲习会加紧准备课堂和住宿条件，并发布《讲习会简章》。6月19日章太炎《与王宏先书》中，批评当局对外政策，并述讲习会事："迩来讲学，仍自竭力，非曰好为迂阔，自靖自献，舍此莫由。吾辈本无权藉，幸无以陆秀夫见诮也。寄致《星期讲演稿》五册，并《正式讲习会简章》四册，望察收。鼎丞、楚伧、觉生处，前已寄致讲稿，其简章望各分一也。此问起居清胜。章炳麟顿首。二十四年六月十九日。"

同时，章氏国学讲习会筹备创办《制言》半月刊，以配合讲学。8月，各种筹备均就绪，在报纸刊发消息。8月16日《申报》载：

"朴学大师余杭章太炎先生，自卜筑苏州以来，日以著书自娱。今春国府致送万金，以示敬老，章氏即以该款充作讲学会筹备费，俾得建筑讲堂，广设学座，招收四方学者来苏听讲，寄宿会中。兹悉该会筹备工作业已就绪，所有讲堂宿舍膳厅等均已竣工，而暑期中所授之讲学班，亦经结束。自九月十六日起，正式规模宏大之讲习会，刻正征求外埠学者前往报名，章程函索即寄。该会会址为苏州城内锦帆路五十号。闻现在报名之各地学者，即边远省区亦络绎而至。他日昌明文化，复兴国学，一线生机，胥系于此。

"又闻该会自九月份起，将出版《制言》半月刊一种，专以阐扬国故为主旨，内容分类，暂定"通论"、"专著"、"义林"、"文苑"、"别录"、"杂录"等门，其有前贤遗著，未经印行者，以付该刊，可特为登载，刻已推定太炎先生主编，其弟子孙鹰若、葛豫夫、金东雷、王佩净、诸佐耕、王乘六、潘景郑、吴得一等为理事会委员，分任编辑、发行等事。特约撰述人均海内名流，有黄季刚、邵潭秋、钱玄同、汪旭初等数十人。又该会上半年之星期讲演会，章氏讲词，已出版至第六册，定价每册二角，函购照寄云。"（《申报》1935年8月16日"教育新闻"《章太炎在苏讲

学》)

讲习会的筹备，得到不少名流支持。7月6日《申报》就曾刊载《马相伯赞助章太炎讲学》：

"九六老人马相伯先生因章太炎在苏讲学，特为撰文唱导云：'余杭章太炎先生，朴学鸿儒，当今硕德，优游世外，卜筑吴中。兹以及门之请求，启讲坛而授业，高弟都讲，才士贤媛，值风雨如晦之秋，究乾坤演进之道，体仁以长，嘉会为群，网罗百家，钻研六艺，纲纪礼本，冠冕人伦。行见郑公乡里，蛮触不知；董子帐帷，贤良多策。欣斯盛举，乐我退岭。书此用为后起者庆。'"

9月16日，章氏国学讲习会正式开讲，发起人为朱希祖、钱玄同、黄侃、汪东、吴承仕、马裕藻、潘承弼等，赞助人有段祺瑞、宋哲元、马相伯、吴佩孚、李根源、冯玉祥、陈陶遗、黄炎培、蒋维乔等。会址设苏州锦帆路五十号，"以研究固有文化，造就国学人才为宗旨"（《章氏国学讲习会简章》，下同）。讲习期限二年，分为四期，学程为：

第一期：小学略说　经学略说　历史学略说　诸子略说　文学略说

第二期：说文　音学五书　诗经　书经　通鉴纪事本末　荀子　韩非子　经传释词

第三期：说文　尔雅　三礼　通鉴纪事本末　老子　庄子金石例

第四期：说文　易经　春秋　通鉴纪事本末　墨子　吕氏春秋　文心雕龙

当时在章氏国学讲习会授课教师，除章太炎本人主讲外，尚有章太炎老友王小徐、蒋维乔、沈瓞民等。章氏门弟子多人，也任授课教师，主要有：朱希祖、汪东、马宗霍、马宗芗、孙世扬、诸祖耿、潘重规、黄焯、潘景郑等。

473

教学行政事务，由章夫人汤国梨先生和孙世扬负责。

前往就学者，人数极多，其中苏州、上海和江浙人固占多数；遥远省区之虔心求学、欲拜名师深造、不远千里而来者，也有相当数量。沈延国说："各地学子，纷纷负笈来苏。据学会中统计，学员中年龄最高的为 73 岁，最幼的为 18 岁。有曾任大学讲师、中学国文教师的，以大学专科学生占大多数。籍贯有十九省之不同。往宿学会里，约有一百余人。"（《记章太炎先生》，永祥印书馆 1946 年 6 月版）

正式入学者之外，尚有不少听讲者。其中有些人颇有学术造诣，如李源澄，本为廖季平弟子，又曾受教于欧阳竟无，后任无锡国专教师。自本年春间与章太炎书信论学后，倾心章氏学问见识，故自讲习会开讲以来，不断前来听讲，执礼甚恭。

讲习会开讲后，学员程度差距悬殊造成的问题日见明显。有些学员，已大学毕业多年，曾在大学中学任教；有少数学员，未上过大学。即使同有大学学历者，程度深浅不同，差别也极大。因此，讲课中有人深有会心，欲更深入一层；有人则无此余力；甚至有人手执书本却不知讲到哪里，勉强跟上进度，很快又不得要领了。这是因为章太炎讲课，广徵博引，举一反三，纵横议论分析，而非照着书本逐句讲解。这样，没有相当基础者难以消化贯通。

章太炎这一时期，特别重视学术人材的发现和培养。上年致吴承仕信中曾感叹"人材难得，过于隋珠"，可遇而不可求，寄希望于来者。至此，学员程度悬殊，影响了教学深度，但又不能摒弃一般程度的学员，章太炎决定选拔优秀者为研究生，特出布告通知：凡学员有著作者，经审定著作后，可录取为研究生；无著作者，需参加专门考试，根据成绩录取研究生。经过考试，录取了金德建、汤炳正、姚奠泰、李恭、孙立本、柏耐冬等人。

研究生也听讲大课，同时各自选择专门研究方向，可以随时到章太炎书房接受指导。许寿裳《章炳麟》书中，曾引王基乾《忆余杭先生》文，文中回忆章太炎"按日约同人数辈至其私室，恣意谈论，即细至书法之微，亦无不倾诚以告。"

此"按日约同人数辈至其私室"，正是当日指导研究生情形。章太炎学问既博，对授业解惑热情又高，每论一事，滔滔不绝，并喜欢学生置疑。然而看似恣意谈论，实有统系在。论完正题后，方及其他。谈论书法，确是章太炎当时很喜欢的话题。章先生书法，本以古文字学为基础，以篆书为根基，与孙星衍、邓石如、吴大澂诸家相比，学问胸襟，既远过诸人，晚年又潜心体味新出土的三体石经，每每独有会心，书势古拙朴茂，饶具韵味。章太炎此际最为推重三体石经和《天发神谶碑》，但主张初学者当以汉碑头和《石门颂》入手，上窥篆隶。

章太炎本年在章氏国学会所作讲学，均由弟子记录，编入《章氏国学讲习会讲演记录》中，计有：

《小学略说》上、下（王乘六、诸祖耿记录，孙世扬校，《章氏国学讲习会讲演记录》第一、二期）

《经学略说》上、下（王乘六、诸祖耿记录，孙世扬校，《章氏国学讲习会讲演记录》第三、四期）

《史学略说》上、下（王乘六、诸祖耿记录，孙世扬校，《章氏国学讲习会讲演记录》第五、六期）

《诸子略说》上、下（王乘六、诸祖耿记录，孙世扬校，《章氏国学讲习会讲演记录》第七、八期）

同章氏国学讲习会相配合的《制言》半月刊，创刊也在9月份。刊物的栏目分类、编辑部组成及主要撰稿人等，已见前引8月16日《申报》报道。创刊号上，有主编章太炎的《制言发刊宣

475

言》：

"今国学所以不振者三：一曰，毗陵之学反对古文传记也；二曰，南海康氏之徒以史书为帐簿也；三曰，新学之徒以一切旧籍为不足观也。有是三者，祸几于秦皇焚书矣。其间颇有说老庄、理墨辩者，大抵口耳剽窃，不得其本。盖昔人之治诸子，皆先明群经史传而后为之，今即异是。皮之不存，毛将焉附耶？

"其次或以笔记小说为功，此非遍治群书，及明于近代掌故者，固弗能为。今之言是者，岂徒于梦溪、鄱阳远不相及，如陆务观、岳倦翁辈，盖犹未能仿佛其一二也。此则言之未有益，不言未有损也。

"余自民国二十一年返自旧都，知当世无可为，讲学吴中三年矣。始曰国学会，顷更冠以章氏之号，以地址有异，且所招集与会者，所从来亦不同也。言有不尽，更与同志作杂志以宣之，命曰《制言》，窃取曾子制言之义。先是集国学会时，余未尝别作文字；今为《制言》，稍以翼讲学之缺。曾子云"博学而孱守之"，博学则吾岂敢，孱守则庶几与诸子共勉焉。章炳麟。"

《制言》以保存国学、研究国学为基本特点，而且《发刊宣言》中所举的国学之所以不振的三点原因，又显示出古文经学和六经皆史等学派特色。章太炎去世后，章氏国学讲习会继续编印《制言》，出至第 47 期，苏州沦陷，被迫停刊一年多时间。1939 年1 月，《制言》在上海复刊，期数续前，但改为月刊，共出版 63 期。

章太炎本年发表的论文、序跋等，大多载于《制言》。主要有：

《汉学论》上、下（《制言》创刊号，收入《文录续编》卷一）。此文题目虽大，篇幅却并不很长，写法简捷明瞭，辞气多直陈。上篇攻驳公羊学、彝器款识和方东树《汉学商兑》；下篇则多论汉晋关系，其中说到自己治《左氏春秋》的得失变化，以说明文有古今、学无汉晋，颇有晚年定论之感。今作摘引：

汉学论上

清时之言汉学，明故训，甄度制，使三礼辨秩，群经文典得大通，为功固不细。三礼而外，条法不治者尚过半。而末流适以汉学自弊，则言《公羊》与说《彝器款识》者为之也。

循《公羊》之说，周可以黜，鲁可以王，时制可以诡更，事状可以颠倒。以《春秋》为史耶？则沈约、魏收所不为。坚指以为经耶？则吴广之帛书，张角之五斗米道也。清世言《公羊》以乱视听，今《公羊》之学虽废，其余毒遗蠚犹在。人人以旧史为不足信，而国之本实蹶矣。循《彝器释文》之说，文不必见於字书，音义不必受之故老。苟以六书皮傅，从而指之曰，此某字也。其始犹不敢正言，逮及末嗣，习为故然。直以其说破篆籀正文，而析言乱名者滋起矣。……

方东树之属不悟，为《汉学商兑》以弹之。商兑可也，其所商兑非也。彼以明故训甄度制为碎，以疏弃宋儒为败俗。按清初顾炎武、张尔岐皆独行之士，志节过人。次如臧琳、陈启源辈，亦尚贫而乐道者也。其后制行渐窳，然犹循履名检，愈於佗不学者。及孙星衍之徒作，不修小行，渐以点汙，亦仅仅一二人耳。素位故不闻有邢恕之倾险也，守经故不闻有胡寅之绝母也。学之碎无害於人之躬行。宋儒之制言，不能越於群经。人固有乐群经而厌宋儒语录者。且行己之道，群经已粲然明白矣。必以疏弃宋儒为非者，后汉之士，大氐放道而行，其时乌睹所谓宋儒书耶？

477

汉学论下

余弟子黄侃尝校注疏四五周，亦言清儒说经虽精博，其根柢皆在注疏，故无清人经说无害也。无注疏，即群经皆不可读。其说视闿运为实。要之清儒研精故训，上陵季汉，必非贾、孔所能并。其说《三礼》，虽本之郑氏，然亦左右采获，上窥周逸，旁摭汉师遗说，不局於郑氏而止。谓其根柢皆在注疏，是亦十得六七，未足以尽之也。

余谓清儒所失，在牵於汉学名义，而忘魏晋幹蛊之功。夫汉时十四博士，皆今文俗儒，诸古文大师虽杰然树质的，犹往往俛而汲之，如贾景伯、郑康成皆是也。先郑、许、马儒俗说为少，然其书半亡佚。后人欲窥其微，难矣。黄初以来，始立《毛氏诗》，《左氏春秋》，《尚书》亦取马、郑，而尽废今文不用，逮《三体石经》之立，《书》《春秋》古文一时发露，然后学有一尊，受经者无所怔惑。故其时有不学者，未有学焉而岐於今文者，以是校汉世之学，则魏晋有卓然者矣。郑冲无俚，盗《石经》之字以造《古文逸书》，为世诟病。今所谓《伪孔尚书》是也。然今人知伪孔之非，为训说以更之者数家。猝然遇章句蹇棘，终已不能利解。就解其一二语，首尾相次，竟不知说何事。此有以愈於伪孔乎？无有也。

余少时治《左氏春秋》，颇主刘、贾、许颖以排杜氏，卒之屡施攻伐，杜之守犹完，而为刘、贾、许颖者自败。晚岁为《春秋疑义答问》，颇右杜氏，於经义始条达矣。由是观之，文有古今，而学无汉晋。清世经说所以未大就者，以牵於汉学之名，蔑魏晋使不得齿列。今退而求注疏，近之矣。必牵於注疏之名以为表旗，是使何休、郑冲之徒，复乔乔然而居上也。

《黄晦闻墓志铭》(《制言》第 2 期)称道黄节对辛亥革命的贡献，而论黄节对诗的态度，值得注意。学说启人思，诗歌增人感，且通过增人感，渐引人入其思乎？兹节引：

"晦闻讳节，广东顺德人，弱冠事同县简先生朝亮。简先生者，与康有为同师，而学不务恢怪，尤清峻寡交游。事之数岁，通贯大体，冠其侪。归独居佛寺读书，又十年，学既就，直清廷失政，群仳用事，遂走上海，与同学邓实等集国学保存会，搜明清间禁书数十种作《国粹学报》，以辨夷夏之义。时炳麟方出系，东避地日本，作《民报》与相应，士大夫倾心光复自此始。简先生闻二生抗言以为狂，颇风止焉，而二生持论如故。清两江总督端方知不可奈何，欲以赂倾之，不能得。香山孙公主中国同盟会，闻晦闻贤，以书招之，亦不就。及民国兴，诸危言士大氐致通显，晦闻独寂寂无所附，其介特盖天性也。

"始自广东高等学堂监督历京师大学文史教授，凡在北平十七年，中间尝出任广东教育厅长、通志馆长，岁余即解去。其为学无所不窥，而归之修己自植。然尤好诗，时托意歌咏，亦往往以授弟子，以为小家琦说，际乱而起，与之辨则致讻讼，终不可止。诗者在情性之际，学者浸润其辞，足以自得，虽好异者不能夺也。其风旨大氐近白沙，而自为诗激卬庮峻过之。自汉魏乐府及魏三祖、陈王、阮籍、谢灵运、谢朓、鲍照诗，皆为笺释，最后好昆山顾氏诗，盖以自拟云。

"晦闻始因京师大学校长蔡元培招充教授，然论议与元培不相中。其后睹学制日颓，与人言辄愤咤久之。民国二十二年，简先生殁，晦闻哭尽哀，自是始病，二十四年一月卒於北平，春秋六十有二。先卒时人为刻其《蒹葭楼诗》二卷，然诸涉风刺者，亦略删之矣。"

《黄季刚墓志铭》(《制言》第 5 期)除称道黄侃学术,于其志行,也特予表彰:辛亥革命前曾在蕲春成立孝义会鼓吹革命;武昌起义后与黄兴同去援助,曾返蕲春召集三千人;筹安会时曾力拒刘师培;侍母至孝,等等。论黄季刚学术时,除盛称其治学严谨,能成家法外,又说到其性行品格:外狂傲而内宽厚。这大概是有为而发,黄季刚使酒任气、狷介狂傲的性格举世皆知。章太炎以前书信中,对此不以为然,而今一再论及性情,宛然辩诬,深蕴着一片爱心。对黄季刚未及多著书而死,感慨不已,发"良道之不可隐"之叹,又可见章太炎心性。兹予节引:

"季刚讳侃,湖北蕲春人也。余违难居东,而季刚始从余学,年逾冠耳,所为文辞已渊懿异凡俗。因授以小学经说,时亦作诗相倡和,出入四年,而武昌倡义。其后季刚教於北京、武昌、南都诸大学,凡二十年,弟子至四五传。余之学不能进以翻,而季刚芳颖骏发,所得视曩时倍蓰,竟以此终。

"世多知季刚之学,其志行世莫得闻也。黄氏出宋秘书丞庭坚,自徙蕲春至季刚如干世。考讳云鹄,清四川盐茶道,署按察使事,以学行著。所生母周。季刚生十三岁而孤,蕲春俗轻庶孽,几不逮学,故少时读书艰苦,其锐敏勤学亦绝人。既冠,东游学日本,慨然有光复诸夏之志。尝归集孝义会於蕲春,就深山废社说种族大义及中国危急状,听者累千人,环蕲春八县皆向之,众至数万,称曰黄十公子。清宣统三年,武昌倡义,季刚与善化黄兴、广济居正往视,皆曰:'兵力薄,不足支北军。'乃返蕲春集义故谋牵制,得三千人,未成军,为降将某所袭,亡去,之九江。未几,清亡。

"……民国四年秋,仪徵刘师培以筹安会招学者称说帝制,季刚雅与师培善,阳应之,语及半,即瞋目曰:'如是,请先生一身任之。'遽引退,诸学士皆随之退。是时微季刚众几不得脱。

"初，季刚自始冠已深自负，及壮，学成。好酒，一饮至斗所。俾倪调笑，行止不甚就绳墨。然事亲孝，丧生母哀毁几绝，奉慈母田如母。尝在北京召宾友会食，北方重蟹羹，季刚自垣一方问母："得蟹羹不？"母无以应。即召庖人痛诃谴之，世以比茅容、阮籍云。

"性虽傲异，其为学一依师法，不敢失尺寸。见人持论不合古义，即眙视不与言，又绝类法度士。自师培附帝制，遂与绝，然重其说经有法。师培疾亟，又往执挚称弟子。始与象山陈汉章同充教授，言小学不相中，至欲以刀杖相决，后又善遇焉。世多怪季刚矜克，其能下人又如是。为学务精习，诵四史及群经义疏，皆十余周，有所得辄笺识其端，朱墨重沓，或涂剟至不可识。有余财，必以购书，或仓猝不能具书籚，即举置革筒中，或委积几席皆满。得书，必字字读之，未尝跳脱。尤精治古韵，始从余问，后自为家法。然不肯轻著书，余数趣之，曰：'人轻著书妄也，子重著书吝也，妄不智，吝不仁。'答曰：'年五十当著纸笔矣。'今正五十，而遽以中酒死。独《三礼通论》《声类》目已写定，他皆凌乱，不及第次。岂天不欲存其学耶？於是知良道之不可隐也。"

其他文章还有：

《王伯申新定助词辨》（《制言》第 3 期）

《驳金氏五官考》（《制言》第 6 期）

《孟子大事考》（《制言》第 7 期）

《答欧阳竟无书》（《制言》第 9 期）

《实用文字学序》（商务印书馆本年版书首）

《蜀语》（《川南师范特种国文选》）

本年论学书信中，与廖平弟子李源澄讨论数次，所论多属今古文两派争论的主要问题。

《与李源澄论公羊书一》（本年3月2日，见温州图书馆藏《章太炎书札》）

《与李源澄论公羊书二》（本年3月，同上）

以上两书，虽然维护《左传》，但并不薄《公羊》，主要以董仲舒等汉代经师和后代今文学家为攻驳对象。节引如下：

"成周之法，见于六官，下逮共和纪年，《春秋》始作，已三百余岁矣。鲁《春秋》又起于其后百年，时王之制，不能无更变，量以文、襄霸制，亦列国所承用，其不能无异于《周官》者势也。"

"仲舒之徒，未尝参考《左氏》，乃云文家五等，质家三等，以就其改制之说，岂独诬《春秋》，亦诬公羊子矣。盖《春秋》者，以拨乱反正为职志，周道既衰微，桓文起而匡之，则四夷交侵，中国微矣。故就其时制以尽国史之务，记其行事得失，以为法戒之原。"

"乃如王鲁改制之说，又《公羊》本文所无有。汉世习今文者，信其诬罔，习为固然。《白虎通》多采今文师说，《五经异义》虽备古今，要其所谓古文说者，亦特不本经传，而本师家新义。由是言之，以《礼》证《春秋》，亦何容易。"

"《左氏》之与《公羊》，其书自有优劣，而足下重微言，轻事实，以《春秋》是经非史，以《左氏》为档案，是犹有赵、庄刘之见也。"

"以《春秋》是经非史者，悉晚世经师之遁辞，自刘逢禄始张大之，足下何取焉。"

《答李源澄书》（附李来书，《制言第5期》）

《答李源澄论戴东原〈原善〉〈孟子字义疏证〉书》（《学术世界》一卷七期，1935年12月）

6月至8月，章太炎与金祖同讨论甲骨文，有书信四通：

《与金祖同论甲骨文书一》（6月28日，载日本《书苑》一卷

一号，1937 年 3 月，又收入金祖同《甲骨文辨证》）

《与金祖同论甲骨文书二》（6 月 30 日，同上）

《与金祖同论甲骨文书三》（8 月，收入《甲骨文辨证》）

《与金祖同论甲骨文书四》（8 月，同上）

前二书中，主要讨论甲骨文之真伪。后二书中，论如何治殷商史，可否据甲骨文史料补商史等。基本观点是：探文字源流，必须求诸《说文》，而甲骨文则真伪难知，今人释文，更多有不可靠者。以甲骨文补商史，也只能补其小者，于大局无补。与以前观点相比，则可以看出一些变化。以前认为金文真伪难知，甲骨文则不足凭信，现在认为金文可信者，什之六七，甲骨文则真伪难知：

"文字源流，除《说文》外不可妄求，甲骨文真伪且勿论，但问其文字之不可识者，谁实识之？非罗振玉乎？其字既于《说文》碑版经史字书无徵，振玉何以能独识之乎？非特甲骨文为然，钟鼎彝器真者固十有六七，但其文字之不可识者，又谁实识之，非托始于欧阳公、吕与叔等乎？字既无徵，欧、吕诸公何以能独识之。""要而言之，钟鼎可信为古器者，什有六七，其释文则未有可信者。甲骨之为物，真伪尚不可知，其释文则更无论也。抑仆又有说者，今人欲习经史百家，必先识字，所识之字，本今之真书也，而真书非有人创作，特省减篆文而为之，系文又损益古籀而为之，故欲明真书之根，必求之于篆文，再溯之于古籀，《说文》其总龟也。"

"凡识文字，非师弟子口口相传，即检阅字书而得者，方为可信。师所谓献，字书所谓文，未有旷代绝传，文献皆不足徵，而可定其为何字者。"

"往古之事，坟籍而外，更得器物以相比核，其便于考证者自多。然器之真伪，非笀遮核实，则往往为作赝者所欺，前人所谓李斯狗枷，相加犊鼻，好奇无识者尚或信之，近世精于鉴赏者，推阮芸台、吴清卿，然其受人欺绐，酿为嘲笑之事甚多，况今人之识又下于阮、吴甚远耶？"

第三书曰："得书言欲得摭殷事，此甚不易。夏、殷之礼，孔子已苦无微，《世本》独记王号而已，其余未有闻也。《书序》载《商书》二十篇，今存七篇，自馀《大传》、《说苑》、《新序》、《繁露》与周末诸子所载，疑皆得之传闻，非有实事。龟甲且勿论真伪，即是真物，所著占繇不过晴雨弋获诸瓶事，何足以补商史？且如周代彝器存者百数，其可以补周史者甚少也。君子于其所不知，盖阙如也；若如马啸辈所为，则徒资谈助耳。"

据《章炳麟论学集》，本年有致吴承仕书信九通。内容大致可分三个方面。其一，关于《章氏丛书续编》的校刊、邮寄及费用等。其二，论学。包括论《易》和《诗》；论《尚书》古文等多方面具体内容。其三，谈及弟子，包括钱玄同、黄侃和吴承仕。挂念钱玄同病情；伤感黄侃去世；对吴承仕，称许其经学造诣，叮嘱不可使之绝传，并为筹措安排新的教学地点。今摘引后两类内容。

3月15日论《易经》、《诗经》等："绂斋足下：得书询及《易》义，卦气、纳甲之与先天，其为方士傅会则同，理堂所说得之矣。及其以文字音训相涉者，展转比例，是则作《易》者先择数字，以为骨核，然后著笔为之，恐拘挛太甚尔。商瞿传《易》，今其大义不可知。施、梁丘，亦无一字存者。独孟氏尚有遗说，又无以得其要领。自是传费氏者，季长、景升之术最微。郑、荀与虞、费、孟殊贯。恐虞氏非真孟氏，而郑、荀亦蜚真费氏也。仆之有取於王、程者，亦谓其近道耳。非谓三圣之旨，尽于是也。读王注者，当先取略例观之，其言闳廓，亦不牵及玄言。程氏即往往以史事证易。二家所得，独在此耳。足下意好治《礼》，以此教授，亦足自立。《易》义置为后图可也。抑足下曾言《诗》、《礼》可解，《书》、《春秋》难解，仆谓《诗》、《书》亦略等耳。以训故文曲言《诗》，视《书》为易知。顾《书》犹有事状可凭，《诗》自正雅而外，其事状多不可知。毛比三家优绌且勿论，然三家篇义存者几何？而毛《小序》犹全，正使圣人复起，舍毛氏亦何所据？比深求之，《序》亦无以使人冰释理解。"

7月4日论《尚书》古文："足下前欲取足利本《尚书》以定枚氏真本，是否即据《七经孟子考文》所载定之。又闻北平有欲将古本集刻者，恐东方所有，亦不过采足利本。其敦煌石室所出者当祗据未改本《释文》搜集为之。计枚书自天宝改从今文后，至宋初已二百年，旧本不必尚在，唯《释文》则於开宝改定，郭忠恕辈固尝习未改本者，故《汗简》所录《尚书》古文，多得枚氏之真。……然深究此事，与今日国事有关亦不得不从缓矣。溺人必笑足下，得无哂其非时否？率意写此，即问起居无恙。

章炳麟顿首
七月四日"

3月3日谈钱玄同病情并嘱吴承仕勿令经学绝传："玄同以半农、晦闻云亡，时时出涕，不可谓非有情人，其得病亦颇类中风；所谓神经性者是也。始慕稽阮，亦为增病之药，今慕颜之推，庶几得侯氏黑散矣。足下近岁所作何事？岂学校一切不处耶？仆每念近世学校中人能理小学者多有，能说经者绝少。间有之，大氏依傍今文，指鹿为马，然尚不可骤得。足下能明《三礼》名物，最为核实。此之一线，固不可令绝也。近欲宣说经义，与众共之，尚苦学子读经者少，诲之谆谆，听则藐藐。此亭林所以开读经会也。"

10月9日感叹黄侃去世："季刚突于昨日去世，深有祝予之叹。其弟子传业者，亦尚有一二人，遗学不至泯绝。而身后著述无传，亦由闭距太严之过，真可为太息者也。"

10 月 20 日劝吴承仕到南京中央大学教授经学：（中央大学）"学子于闻望素深之人，亦皆帖服。据旭初来书言，人闻绲斋当来，相庆得师，此见群情敬信，足下似不应恝视之也。况近世经术道息，非得人振起之，恐一线之传，自此永绝。从以小学文学润身，未足为贤者识大之道。足下研精经谊，忍使南土无继起之人乎？……前问旭初，如绲斋不来，任说经者更有何人？旭言无有。因问邵君瑞彭如何？旭曰，此岂可与绲斋并论。观其用意，除足下外，更无人胜任者。按之事实，亦信如是。竟荃亦曾求为推毂。仆念竟荃之学，尚亦不逮邵氏，故未能为言。"

本年医学类文章有《王叔和考》，载于《中医新生命》1935 年 1 月。

又，7 月 26 日，著名中医恽铁樵去世。章太炎与恽铁樵时有交往，讨论医案，为著作作序言，《太炎先生著述目录初稿》卷上并著录《与恽铁樵书》两通。至此作挽联曰："千金方不是奇书，更赴沧溟求启秘；五石散竟成末疾，尚怜甲乙未编经。"（《莉汉大师连语》）

民国 25 年丙子（1936）　　69 岁

　　本年，日本帝国主义在各方面加紧侵华。年初，蒙古上层反动分子德王投降日本，成立伪蒙古军政府。年内就在日军支持配合下，大举侵犯绥远。绥远驻军傅作义部奋起抗战，取得百灵庙大捷等战果。

　　6月，发生"两广事变"，广东陈济棠和广西李宗仁、白崇禧，通电要北上抗日，企图出兵夺取南京政权。随即因陈济棠部下倒戈拥蒋，两广方面失败。

　　蒋介石催促张学良东北军和杨虎城西北军（十七路军）进攻陕甘红军，遭到张杨抵制。蒋介石加强对张、杨压力，并亲自到西安督战，终于引发了年底的西安事变。

　　据冯自由《记章太炎与余订交始末》等材料，5月，蒋介石亲笔致函章太炎，请章太炎发挥巨大影响，"以共信济艰之义，劝诱国人"。章太炎因而"致书蒋委员长痛陈抗战御侮大计，辞甚激切"。这封信写于 6 月 4 日，现署为《答某书》，收入《章太炎书札》。写这封信前两天，章太炎的鼻咽癌病情突然加剧，写此信后刚十天，章太炎就因胆囊炎等数症并发，于 6 月 14 日长逝。这封信实为章太炎政治上的绝笔文字。信中说，劝诱国人，"言之非难，欲其心悦诚服则难"。"若欲其杀敌致果，为国牺牲，此在枢府应之以实，固非可以口舌致也"。劝国民党政府切实抗日，见诸行动，待人以诚。信中还提出有关共产党的建议："非常之时，必以非常

487

之事应之"，这就是改变以往的剿共政策，而让共产党到抗日前线，"以一省付之共党"，"以绥远一区处之"。章太炎看出，共产党"对于日军，必不肯俯首驯伏明甚"，可以作为缓冲，屏护华北。这些主张，不同于南京政府把共产党作为首要敌人的态度，而与抗日民族统一战线思想，有相通之处。

本年，简化汉字问题，又有反复。本来，第一批简体字（钱玄同编成），原有二千三百余字，教育部会议讨论通过一千二百余字，经教育部长圈定，1935 年 8 月公布时，只有 324 字。但公布以来，又遭到一些人反对，并有人成立"存文会"，专门反对简化字。本年 2 月，教育部又通令简体字"暂缓推行"，"尚须重加考虑"。从此，这个问题形成长期的议而不决局面，当大多数人接受简化字时，仍有人凭借政治经济地位，拒不采用，二千年来"书同文"局面被破坏。

本年，围绕国语统一问题的争议也激烈起来，国语问题与简化汉字问题，既是两件事，也是一件事。2 月 28 日，以蔡元培为首，上海南京一带文化教育界人士 680 人联名发表《我们对推行新文字的意见》，反对国语运动，也反对以国语为基础的简化汉字。《意见》说："国语罗马字崇奉北平话为国语，名为提倡国语统一，实际是来它一个北平话独裁。""提倡国语的先生们，往往幻想出一个公共的需要来推进北平话。他们说：'到了需要国语的公共场合，就自然非学国语不可。'我们知道这个公共场合是幻想起来的。在上海大众公共场合，是要用上海话才来得有效。同样的，福州大众的公共场合要用福州话，广州大众的公共场合要用广州话。"

这个《意见》反对统一语言，也反对统一汉字，激烈嘲笑"拥护汉字统一的先生们"。这个《意见》主张各地使用各地方言和各地方言文字："现在上海话新文字方案，也已经由上海专家造成发表出来，征求大家批评。厦门话和客话方案，已经编成，正在这儿审查。广州、福州、徽州各处的方案，也正在编制。这些工作，是由中国新文字研究会主持进行。"

这个《意见》与章太炎钱玄同师生是对立的，而且早已为章太炎不幸而言中："古人写得别字，通行到如今，全国相同，所以还可解得；今人若添写许多别字，各处用各处的方音去写，别省别府的人，就不能懂得了。后来全国的文字，必定彼此不同，这不是一个大障碍么？"（1910 年《论文字的通借》）

章太炎主张统一语言，再在统一语言基础上语体行文，统一文字，改革文字。钱玄同方案与章太炎小异而大同。这个语言文字学派数十年一以贯之，至今仍然存在。与此不同 的学派和主张也久已存在，早在辛亥革命之前，章太炎就同巴黎《新世纪》李石曾、吴稚晖论战过。而反对国语（今称普通话），反对改革文字者也始终存在。在这样的背景下，回顾章太炎在五四运动时，因国语尚未统一而怀疑当时白话行文，对这个学术问题，不能不产生深一层的看法。至于 1936 年当年，章太炎已疾病缠身，钱玄同高血压严重，又患视网膜炎，未能展开学术争论。

本年，蒋维乔《宋明理学纲要》出版。

吕振羽《殷周时代的中国社会》出版。

萧一山、范文澜在河南办《经世》半月刊，范文澜任主编。

《逸经》半月刊创办于上海，为一新型文史刊物。谢光兴主编，俞平伯、柳亚子、林语堂、周作人等撰稿。在当时有较大影响。

本年 10 月，章太炎早期弟子鲁迅去世。鲁迅在东京时，从章太炎学习小学和经史文艺及佛学，治学上受章太炎影响。鲁迅兄弟翻译《域外小说集》文笔极古奥。鲁迅校勘《稽康集》、辑谢承《后汉书》，整理汉魏六朝碑帖、墓志、造象石，编制目录，都极为严谨。鲁迅精研魏晋文学，喜爱其清峻通脱，与章太炎相似。章太炎曾约周氏兄弟同学梵文，以求深入研究佛学。曹聚仁同鲁迅交往密切，曹聚仁注章太炎《国故论衡》，知难而退时说：我已不能胜任；小学部分，须由钱玄同来注；佛学部分，须由周氏兄弟来注。这都可看出章太炎对鲁迅的学术影响。师生情谊，在东京和北京时很亲密。王冶秋说"鲁迅先生对于章先生是很尊崇的，每逢提起，总严肃地称他'太炎先生'。当章先生反对袁世凯称帝的野心时，曾经被逮绝食，大家没法子敢去相劝，还是推先生亲自到监狱婉转陈词才进食的。"（见《民元前的鲁迅先生》）鲁迅1933年6月《致曹聚仁》信中说："太炎先生曾教我小学，后来因为我主张白话，不敢再去见他了。"其实，钱玄同主张白话文，激烈过于鲁迅，但同章太炎关系仍很好。鲁迅给曹聚仁的同封信中曾设想："以后如相见，仍当执礼甚恭。"可惜尚未及再见太炎先生一面，师生竟于本年同归道山，诚为憾事。

本年，章太炎的讲学活动，按原定计划进行。病情加剧时，也与病魔抗争，坚持讲授，直至最后时日。

1月16日，《制言》第9期出版，刊载启事："本会开讲已久，通论之部，现已讲毕。经后即须分部详讲。"通论之部，指1935年讲的经史小学等一系列"略说"。本年分部详讲，各部类均请深有造诣的专家主讲。章太炎计划在经部讲《尚书》、《春秋》。并曾约请吴承仕讲《三礼》。1月30日为此特致吴承仕一函：

绳斋老弟足下：客腊旭初来，言足下已允就中央大学之聘，喜甚。此间自去岁设国学讲习会，《五经》、子、史皆错杂讲解，虽日不暇给，意谓聊胜于无。经部《尚书》、《春秋》由仆自行演讲，《诗》、《易》亦尚有人任之。唯《三礼》非足下不可，然亦不务繁博，以大体疏通为主。自金陵至苏，道途非远，星期一日，足下中央无课，务请每月来此两次，车费当由会中支付，万望勿却。特先布意，顺问起居康胜！

章炳麟顿首

一月三十日

本年授课两门，依旧由门人记录讲稿。

《尚书讲义》，2月至5月讲，李恭、汤炳正等人记录，《太炎先生著述目录初稿》卷下著录。与讲授配合，章太炎整理《尚书》，进行著述，扩张旧著《古文尚书拾遗》。3月初给吴承仕的信中说："仆近复理董《尚书》一岁以来，所得又百余条。故《古文尚书拾遗》二卷，将来或再扩张成四五卷，精博或不逮《述闻》，然颇谨于改字，凡本可通者，必为通之。"（据《章炳麟论学集》）

这一著述成果，即《古文尚书拾遗定本》，刊载于《制言》的《太炎先生纪念专号》。题目之下署"太炎先生最后著作"。

章太炎讲授的另一门课程为《说文部首》。

《说文部首讲义》，5月至6月讲，诸祖耿记录。《太炎先生著述目录初稿》卷下著录，并注明"谨按此系先师最后讲稿，讲未及半，先师谢世，微言永闳，痛哉！"

关于章太炎最后讲学情形，王基乾《忆余杭先生》文中，有较详细的记述："二十五年夏，先生授《尚书》既藏事，距暑期已近，先生仍以余时为足惜，复加授《说文》部首，以为假前可毕也。顾是时先生病续发，益以连堂之故，辄气喘。夫人因属基乾辈，于前一时之末，鸣铃为号，相率出室外。先生见无人倾听，可略止。然余时未满，诸人复陆续就座。先生见室中有人，则更肆其悬河之口矣。以此先生病弥甚。忆最后一次讲论，其日已未能进食，距其卒尚不及十日，而遗著《古文尚书拾遗定本》亦临危前所手定，先生教学如此，晚近真罕有其匹也。先生病发逾月，卒前数日，虽喘甚不食，勉为讲论。夫人止之，则谓：'饭可不食，书仍要讲。'"

本年著述，除《古文尚书拾遗定本》外，主要还有：

《菿汉闲话》（连载《制言》第 13、14 期，收入《文录续编》卷一）

《论碑版法帖》（《制言》第 11 期，《文录续编》卷一）

《与沈瓞民论乡贤书》二通（《历史周刊》第 19 期，1936 年 3 月）

《二十五史别编序》（《制言》第 57 期）

《书洛阳续出三体石经考》（《制言》第 16 期）

《与王宏先论修史书》（5 月 17 日，见《章太炎书札》）

《答车铭深书》（《制言》第 18 期）

《答杨立三毛诗言字义》（《制言》第 19 期）

《与人论读经书》（3 月 25 日，《制言》第 21 期）

《评校说文解字注》（《制言》第 27 期）

《读太史公书》（《制言》第 23 期，收入《文录续编》卷二）

《中学读经分年日程》（《制言》第 24 期）

《书东林误国事》（《制言》第 26 期，收入《文录续编》卷二）

《答沈商耆论丧服书》（《制言》第 27 期）

《论生命》（《制言》第 28 期）

《论中古哲学》（《制言》第 30 期）

《与吴承仕论古文尚书》（3 月 11 日，见《章炳麟论学集》）

《与吴承仕论尚书孔传书》（4 月 3 日，见《章炳麟论学集》）

《与吴承仕论尚书孔传书》考证伪《孔安国尚书传》是何人作伪所成。明确提出其人为魏晋时显官郑冲。论述中先考梅赜的师承关系，上溯至郑冲。又考郑冲与时人王肃、郑小同的关系，论其作伪过程。文中又及邯郸淳和《三体石经》，乃至晋室南渡，论其作伪的条件。此信不很长，堪称总体考察写法，今摘引信文：

"鄙意欲知孔书为谁作，当稽之实事，不容以疑事相质。案《尧典》正义引《晋书》云：'晋太保公郑冲以古文授扶风苏愉，愉字休预，授天水梁柳字洪季，柳授城阳臧曹字彦始，曹授汝南梅赜仲真，遂于前晋（前字有误）奏上其书而施行焉。'又引《晋书·皇甫谧传》云：'姑子外弟梁柳边得古文《尚书》，故作《帝王世纪》，往往载孔传五十八篇之书。'"

"然则孔书出于郑冲，此为诚证。冲上《论语集解》已伪造孔安国训，亦其比例也。《魏志·高贵乡公纪》：'正元二年九月庚子，讲《尚书》，业终，赐执经亲授者司空郑冲、侍中郑小同等各有差。甘露元年，帝幸太学，讲《尚书》，帝问曰："郑玄云：稽古同天；王肃云尧顺考古道而行之；何者为是？"次及四岳举鲧，帝又问曰："王肃云，尧意不能明鲧，是以试用。如此，圣人之明，有所未尽耶？"'今按所举王肃二义，今孔传亦同，帝但称肃，不称孔安国，则知冲虽伪作孔传，未敢以是授帝，盖时有郑小同同授《尚书》，不可欺也。冲于正元二年已为司空，明年肃卒，官止列卿。是冲名德在肃上，而伪造孔传多同肃义者，一以肃义多同贾、马（肃本善贾、马学、顺考古道亦贾马义，见《魏志》），二则犹《论语集解》有取于肃也。若其文字，率取《三体石经》，前书已言之。字合古文，训合贾、马，如此犹不敢讼言于众者，魏世宿儒尚多，其欺不可雠。且二十五篇伪书为之碍也。逮晋之兴，冲自太保迁太傅，其德望为时人所莫及，名儒亦垂尽矣。始稍稍露头角。"

"假令晋不渡江，人人得见《三体石经》，伪《泰誓》必不行，而伪造《舜典》二十八字者，亦不出。晋之渡江，非冲所逆知，夫安有自作衅罅，以启后人之抉摘者乎？由是言之，冲之《泰誓》及《传》，不与今孔书同可知也。鄙见如是，愿更详之。"

本年，中央大学《文艺丛刊》出版《黄季刚先生遗著专号》，收录19种（见上年条）。章太炎于4月间为此专号作序，序云：

"季刚既殁七月，其弟子思慕者，为刻其遗著十九通；大率成卷者三四，其余单篇尺札为多，未及编次者不与焉。季刚自幼能辨音韵，壮则治《说文》、《尔雅》，往往卓跞出人虑外；及按之故籍，成证确然，未尝从意以为奇巧，此学者所周知也。说经独本汉唐传、注、正义，读之数周，然不欲轻著书，以为敦古不暇，无劳于自造。清世说制度者，若金氏《求古录》，辨义训者，若王氏《经义述闻》，陈义精审，能道人所不能道，季刚犹不好也。或病其执守泰笃者。余以为昔明、清间说经者，人自为师，无所取正；元和惠氏出，独以汉儒为归，虽迁滞不可通者，犹顺之不改；非惠氏之戆，不如是，不足以断倚魁之说也。自清末迄今几四十岁，学者好为傀异，又过於明、清间。故季刚所守，视惠氏弥笃焉，独取注疏，所谓犹愈于野者也。若夫文字之学，以十口相授，非依据前闻不可得；清儒妄为彝器释文，自用其私，以与字书相竞，其谬与马头长、人持十无异。宿学如瑞安孙氏，犹云'李斯作小篆，废古籀，为文字大厄，伏生、毛公、张苍已不能精究古文；《说文》以秦篆为正，所录古文，盖摭拾漆书及款识为之，籀文则出于史篇，仓沮旧文虽杂厕其间，而回复识别'。观其意，直谓自知黄帝时书者！一言不智，索隐行怪乃如是。季刚为四难破之，学者亦殆于悟矣。十九通者，余不能尽睹，观其一节，亦足以知大体。愿诸弟子守其师说，有所恢张，以就其业，毋捷径窘步为也。

民国廿五年四月，章炳麟序。"

本年有医学文章《答张破浪论误下救下书》收入《苏州国医杂志》第10期。

章太炎自1934年起，兼任苏州国医专科学校校长，曾为该校题写校训"诚敬勤朴"。故尔本年该校校刊《苏州国医杂志》特出版《章校长太炎医学遗著特辑》（即该刊第10期）。内容如下：

医学演讲：《伤寒论演讲词》《对本校学生演讲词》

医学论文：《伤寒误认风温之误治论》　《论脏腑经脉之要谛》　《论诊脉有详略之法》　《论十二经与针术》　《论十二经开阖之理》　《论伤寒传经之非》　《温度不能以探口为据说》　《治温退热论》　《论肺炎病治法》　《阳明证变法与用麻桂二汤之正义》　《黄瘅病》　《论厥阴病》　《疟论》《温病自口鼻入论》　《中土传染病论》　《论少阴病》　《论霍乱》（上、中、下）　《论湿温治法》　《伤寒新论》　《论医笔记》五则　《桃仁承气及抵当汤之应用》　《猩红热论》　《劝中医审霍乱之治》　《对于统一病名建议书》　《时师误指伤寒小柴胡证为湿温辨》　《脚气论》

论医书牍：《与田桐书》　《答张破浪论误下救下书》　《征求柯韵伯遗书启》　《答张破浪论医书》　《论中医剥复案与吴检斋书》　《与恽铁樵书》二通　《论骨蒸五劳六极与其著书》《答余云岫论脾脏书》　《答王一仁再论霍乱之治法》　《太炎先生问病遗札特辑》

医学考证：《张仲景事状考》《古今权量之考证》《王叔和考》

医学文苑：《拟重刻古医书目序》　《题陈无择三因方》五言一律　《防疫诗》二首　《保赤新书序》　《伤寒论单论本题辞》　《仲氏世医说》　《中国医药问题序》　《伤寒论辑义按序》　《伤寒论今释序》　《覆刻何本金匮玉函经题辞》　《中国医药大辞典序》　《挽西医江逢治》　《挽国医恽铁樵》《挽陈善余》

章太炎学术著述，除专著、论文、书信、传状墓志、序跋、讲稿几类外，还有语录、眉批识语等。语录一体，有散见的片言只语，如李根源《雪生年录》卷三就载有章太炎论中西医之得失："中医迂缓而有神效，其失也糊涂；西医切实而直速，其失也执着。"

系统整理的语录，有《菿汉雅言札记》[但焘（植之）记，载《制言》第25期]，《菿汉大师语录》（孙世扬记，连载于《制言》第22到第27期）。这类语录的来源，如但植之所云："追忆太炎先生雅言佚事，随笔疏记，亦有拾自遗文，闻诸友执者。"其中有些条目，不明时间背景和对象，研究价值受到影响；也有很多条目，时间、对象都清楚，价值很高。这些语录富于胜义，阐述精辟。如：

"训诂之术，略有三途：一曰直训，二曰语根，三曰界说。如《说文》云：'元，始也。'此直训也，与翻译殆无异。又云：'天，颠也。'此语根也，明'天'之得语，由颠而来。（凡《说文》用声训者，率多此类）又云：'吏，治人者也。'此界说也，于'吏'字之义，外延内容，期于无增减而后已。《说文》本字书，故训诂具此三者。其在传笺者，则多用直训，或用界说，而用语艰者鲜矣。"（《菿汉雅言札记·三十七》）

眉批、识语、按语等，缺少整理。其中如《华国月刊》所载但焘《周礼政铨》、《改革学制私议》、《乡官制度论》、《裁道设府议》等著述中，就颇有这类资料。但焘自己说："余曩在日本，著《周礼政铨》一书，癸亥写质先生。先生不弃谫陋，为谠正若干条。原著为旭初采入《华国月刊》。今理旧稿，见先生眉评，墨沈如新。"（《菿汉雅言札记》）

诗作和书法墨宝中，也常有论学成份。本年病中曾手录《吕安与嵇康书》，汪东说是绝笔，当指书法绝笔，事见吴天任《牧课山房随笔》卷下《章黄遗翰》："章氏二十五年卒前六十日为文（唐节轩）之淑配书《吕安与嵇康书》中：'思蹑云梯，横奋八极，披艰扫秽，荡海夷岳。蹴昆仑使西倒，蹦泰山令东覆，平涤九区，恢维宇宙，斯亦吾之鄙愿也。'汪氏跋谓即章氏绝笔。"

这幅书作并非个人论学，但借古人语抒怀，烈士暮年，壮心不已，使人感慨万千。据此，则此幅为章太炎墨宝之绝笔；《答蒋介石书》为论政之绝笔；《古文尚书拾遗定本》为治学之绝笔；《说文部首讲义》为最后之讲稿。

章太炎临终，并无正式遗嘱，只是在章太炎"之未病也，曾草遗嘱，其言曰：'设有异族入主中夏，世世子孙毋食其官禄。'遗嘱止此二语，而语不及私"（缪篆《吊余杭先生文》）。

《申报》6月15日《朴学大师章太炎氏在苏逝世》报道中，则记有口头性质遗嘱："因章自以为不至即死，故未预备正式遗嘱，但章生前曾语其友好及门弟子，希望于其死后，对其设立之章氏国学讲习会，设法永久维持，俾其毕生致力之国学，得以流传。"

6月14日晨8时，章太炎因鼻咽癌、胆囊炎、疟疾、气喘病四症并发而逝世。当时各报纸都以显著位置报道。《申报》6月15日《朴学大师章太炎氏在苏逝世》为综合报道：

"朴学大师章太炎先生，以胆囊炎症今晨八时在此逝世，春秋六十有九，远近莫不哀悼。"（苏州十四日专电）

"章太炎逝世消息到京后，中央至为痛悼，经决定发给治丧费三千元，并由中央秘书处致电丁惟汾君代唁章氏家属。原电如下：'苏州章公馆丁委员惟汾鉴：惊闻太炎先生今晨溘逝，至为痛悼，当经中央决定发治丧费三千元，并请代致悼唁之意等因。除款另汇外，特此电达，即希就近慰唁章夫人，并俟款到转交为盼。中央执行委员会秘书处。寒。印。'"（十四日中央社电）

"苏州通讯：朴学大师章太炎先生，现寓苏州锦帆路五十号自宅，于今日（十四）上午八时，以鼻菌症与胆囊炎不治而逝，存年六十九岁，兹述其病状与略史如次：章氏于民国二十三年由上海同孚路寓所迁居苏州锦帆路自建新屋，创设章氏国学讲习会，发刊《制言》半月刊，海内闻名来苏听讲者甚众，而在苏名流如李印泉、张仲仁、陈石遗、金松岑辈，亦均力助章氏之国学会，中央曾于去年资助章氏万元。章氏于设国学会后，同时有读《经》救国之主张，一时颇为一般主张复古运动者所拥护。今春广东陈济棠亦曾派员来苏，欲聘章氏入粤为学海书社讲学，章以年迈不胜跋涉而婉拒。同时中央亦拟以国史馆请章氏主持，章亦未就。章氏以年高，在苏偶应学校团体之请而往讲学时，以不胜久立，故必坐而后讲，辄气喘不止。因章患鼻菌症迄将二十年，屡治未愈，而于近四年来，以气喘疾日甚，因之体力日弱。距今二星期前，其鼻孔中之一菌，忽然脱落坠出，即觉胃纳不佳，身体不舒。至本月十三日起，遂寒热发作，最高时体温为一百〇五度。初延按脊术医师谢剑新推拿，继由沪医余云岫来诊治，及西医王几道、林苏民、孙剑夷相诊治，诊断其症状为胆囊炎、疟疾及鼻菌症与气喘病并发症。但章以生性好动，是日犹自楼上卧室至楼下之会客室与人谈话。在小王山之寓公李印泉暨在京中委丁惟汾，闻讯均来苏至章寓探问。不料至今日（十四）上午七时四十五分，章氏竟溘然长逝。章氏临终时，丁惟汾、李印泉及国学会同人暨章夫人汤国梨女士与子女等，均在病榻前，因章自以为不至即死，故未预备正式遗嘱，但章生前曾语其友好及门弟子，希望于其死后，对其设立之章氏国学讲习会，设法永久维持，俾其毕生致力之国学，得以流传，现已由其友好等在章寓设立章氏治丧事务处，即通电国内亲友报丧。定十六日大殓。"

章太炎逝世后，蒋介石、林森、居正、于右任、陈果夫、李烈钧、冯自由、邵元冲、蒋作宾、吴佩孚、李璜、孔祥熙、段祺瑞、杨虎、唐绍仪、冯玉祥、柏文蔚、张继、李根源、丁惟汾等人或发来唁电，致送挽联，或参加治丧。

治丧事务处负责总务者为李根源、钱梓楚、沈觥民、龚振鹏、邓孟硕、张继、丁惟汾、沙平西等人。章太炎众门人分别负责文书、布置、会计、招待、庶务等事务。

众弟子多撰有挽联，马裕藻、许寿裳、吴承仕、周作人、沈兼士、钱玄同合署挽联为："素王之功不在禹下，明德之后必有达人。"

章太炎在北京弟子又发起追悼会，事前发布《通启》云："先师章太炎先生不幸于本年六月十四日卒于江苏吴县，先生为革命元勋，国学泰斗，一旦辞世，薄海同悲。同人等今定于九月四日上午十时假北平东华门大街孔德学校大礼堂开会追悼。凡先生生平友好，吾同门诸君，又景仰先生者，届时敬希莅会，无任企盼。章氏弟子：马裕藻、许寿裳、朱希祖、钱玄同、吴承仕、周作人、刘文典、沈兼士、马宗芗、黄子通同启。"

章太炎早期弟子中，鲁迅未参与诸同门追悼老师的活动，但也不尽怀念之情。9月25日《致许寿裳》信中说："卅年前事，如在眼前。因思王静安没后，尚有人印其手迹，今太炎先生诸诗及'速死'等，实为贵重文献，似应乘收藏者多在北平之便，汇印成册，以示天下，以遗将来。故宫博物馆印刷局，以玻璃板印盈尺大幅……"信中也说到不愿与诸同门在一起的原因："倘进行，乞勿言由我提议，因旧日同学，多已崇贵，而我为流人，音问久绝。"（载《鲁迅书信集》，人民文学出版社，1976年版）鲁迅于10月19日病逝。10月6日，10月17日，犹抱病写了两篇怀念太炎先生的文章，属绝笔之作。

章太炎去世后，国民政府议决"国葬"，拨款两万元给治丧委员会。章夫人汤国梨先生在杭州择墓地，得西子湖畔南屏山麓墓地，毗邻明末抗清领袖张苍水墓。张苍水为章太炎平生景仰之英雄人物。择地既定，正待动工，抗日战争爆发，只得殡灵柩于苏州寓宅后园。解放后，人民政府拨款建墓，才葬于杭州。1986 年，杭州市政府在此兴建章太炎纪念馆。馆中并收藏各种版本的章太炎著作，和大量有关文献，这里已成为研究章太炎思想学术的一个基地。

章太炎去世后，按照他的遗愿，章氏国学讲习会继续开办。组织了董事会，推马相伯任董事长，章夫人汤国梨任理事长。讲习会师资力量仍相当强，有章太炎老友沈瓞民（早在 1897 年就任杭州求是书院教师，当时即与章太炎订交）；有章太炎早期弟子朱希祖（任北京大学历史系主任多年）；早期弟子汪东（任中央大学文学院院长）等，也在后期门人中挑选优秀者担任教师。讲习会并开办预备班，以加强教学效果。预备班承担"通论"部分教学，其深度已超过一般大学；正式班直接进入专题研究。因章太炎在世时，每星期二授课，故讲习会以星期二为纪念日，辍课；而星期日上课。兹依原式录出讲习会第三期讲程表、讲习会预备班第一学期课程表、讲习会预备班第二期讲程表：

章氏国学讲习会第三期讲程表

民国廿五年九月至廿六年一月

时　日	一	二	三	四	五	六	日
八至八・五十九至九・五十		纪念日休假	尔雅　潘石禅	庄子　施仲言		唐诗　龙榆生 词宋　龙榆生	音学五书　黄耀先
十至十一・五十	史学　朱逖先		吕氏春秋　沈延国	说文　徐士复	白虎通　沈飚民	文心雕龙　马宗霍	专题　汪旭初
十二・五十三至二・五十	文选　诸左耕		文选　诸左耕	毛诗　孙鹰若	文学史　龙榆生		左传　王心若
三・五十三至三・五十							

章氏国学讲习会预备班第一学期课程表　民国廿五年九月至廿六年一月

时＼日	一	二	三	四	五	六	日
八—八·五十	读经（尚书）诸左耕	纪念日休假	读经（毛诗）诸左耕	学术文 金德建	学术文 金德建	文字学 汤炳正	读经（左传）王心若
九—九·五十				通鉴 施言仲	通鉴 施言仲		
十—十·五十			马氏文通 徐复士		马氏文通 徐复士	作文 孙立本	通鉴 施言仲
十一—十一·五十	诸子通论 沈延国		经学史 潘石禅	诸子通论 沈延国	目录学 郑景潘		史学通论 黄耀先
一—一·五十	文字学 汤炳正			文字学 汤炳正			
二—二·五十			专题志 汤莹				金石学 郑梨邨
三—三·五十	书法 郑梨邨		模范文 孙鹰若	模范文 孙鹰若	模范文 孙鹰若	诗词学 龙榆生	

章氏国学讲习会预备班第二期讲程表

时	一	二	三	四	五	六	日
八至八·五十 九至九·五十	毛诗 诸左耕	纪念日休假	文课 汤志莹	学术文 金德建 文学史 姚豫泰	学术文 金德建 文学史 姚豫泰	诸子通论 沈延国	声韵学 汤炳正
十至十·五十 十一至十一·五十	模范文 孙鹰若		经学史 潘石禅	周易 沈延国	诗词课 龙榆生	庄子 马宗霍	史通 黄耀先
二至二·五十 三至三·五十	文字学 汤炳正		左传 王心若	尚书 诸左耕	韵文史 龙榆生	文字学 张□	书法 郑梨邨

　　按，朱逖先即朱希祖，汪旭初即汪东，诸左耕即诸祖耿，孙鹰若即孙世扬，徐士复即徐复，黄耀先即黄焯，姚豫泰即姚奠中，潘石禅即潘重规，龙榆生即龙沐勋。

以上课程表载于当时《制言》，预备班第二期讲程表并见《章太炎全集》第五册扉页（上海人民出版社，1985年2月版）。

1937年，抗日战争爆发，当年冬季苏州沦陷。章氏国学讲习会师生流离四方，或西走武汉，或南下浙西，或北上大别山，以后都成为大后方文化教育的骨干力量。留在敌占区的教师，则迁移上海，利用上海"孤岛"的特殊地位，创办附属于章氏国学讲习会的太炎文学院。是为讲习会之余波。

章太炎逝世后，有关的纪念文章、研究文章陆续出现。但在解放前，由于战乱影响，研究著述数量较少，研究范围也窄。解放后，在很长一段时间内，由于左倾思潮影响和"四人帮"干扰，致使研究受压制或被歪曲。直至打倒"四人帮"以后，对章太炎的研究，才进入兴盛时期，出版了一系列有份量的著作和大量论文。

经浙江省政协、浙江省社科院、杭州大学、中国史学会、余杭县政府等13个单位和章氏家属的努力，1986年6月14日，"章太炎先生逝世五十周年纪念会暨学术讨论会"在杭州开幕。章太炎长子章导、长孙章念祖、次孙章念驰也参加会议，来自大陆、港澳、美国、澳大利亚和日本的一百多位学者参加会议。与会者中，有少数章太炎门人，鬓发斑白，执手感叹，又欣喜万端；更多的是中年学人，而外国学者与会，显示了章太炎广泛的世界影响。这样的会议，五十年来，还是第一次。这次会议是隆重的纪念会，也是热烈的学术讨论会，是章太炎研究队伍的首次会师。遗憾的是，在台湾的章氏后学，未能参与盛会。

章太炎先生次孙、上海社科院历史研究所章念驰君，家学渊深，学术造诣非凡，又留心"章学"动态多年。他精心撰写了《章太炎先生逝世五十周年学术讨论会综述》，编定了《学术讨论会论文总目》。这篇综述总结了五十年来的研究状况，分析了目前的问题和今后的任务，写得全面而深刻。因《综述》分析的一系列文章，读者未见，而且原文较长，故对《综述》作摘引，并附以这次讨论会的《论文总目》，借以了解海内外学术界在"章学"研究方面的大致情况。

《综述》说："章太炎研究，五十年来虽然涌现了一千多篇论著，但这些研究与章太炎先生的历史地位和学术建树相比，仍很不相称。回顾一下这五十年的研究状况，大致可以分为四个时期。（一）自他逝世到解放。这十三年中，研究大多集中于他的经学与小学，以及逸事的回忆。（二）自解放到文革。这十七年中，先是经历了一个很长的沉寂阶段，文章廖廖，到1961年辛亥革命五十周年，才出现了一个小小高潮，但也只是集中于他的思想性和阶级地位的讨论。（三）文革期间。这十年浩劫中，太炎先生先是被戴上'尊孔'帽子大批一通，后又被戴上'法家'桂冠，鼓噪一时，但这完全背离了实事求是的原则。（四）文革后的十年。三中全会以后，章太炎的研究出现了前所未有的热潮，研究范围与深度日益扩大。《章太炎全集》的出版和一批令人瞩目的研究成果问世，使国内外形成了一股'章学'研究热，成为一门方兴未艾的学科。

"这次讨论会正是三中全会以后，学术界呈现出少有的宽松和谐的历史背景下召开的。从提交大会的论文和发言来看，研究质量的确有了许多提高。研究内容扩大到中国近代新旧文化交替和中西文化汇通的新领域，开始深入窥探太炎先生的文化观和对民族文化近代化的影响；论题扩大到哲学思想、经济思想、法学思想、文学思想、医学思想、国家学说等领域；研究重点扩大到他后期经历与思想的研究。因此，整个讨论会是有突破与创新的。"

以下，《综述》从四个方面进行评述：

一、关于太炎先生的政治地位与思想属性的评价

二、关于太炎先生文化观的讨论

三、关于太炎先生语言文字学的讨论

四、关于太炎先生其他侧面的讨论

《综述》指出："这次讨论会的最大特点，可以说是将太炎先生的研究从政治领域扩大到文化领域，人们对太炎先生在中国近代文化上的贡献，比对他在政治上的贡献，更显示出兴趣。""章开沅先生说：'章太炎在历史上的地位与作用，主要并不在于政治方面。综观章氏一生，他的主要事业在学术方面，他对民族的贡献，主要也是在学术方面。''他从来都是把自己的学术事业以至整个生命与振兴中华结合起来，与争取民族独立、追求社会进步结合起来。他强调必须以民族文化为本位，但在继承传统文化时并未忽略对其陈旧部分的批判。他反对全盘西化，但在融会中西文化方面，却支付了极大精力，表现出极大的热情。'""对于太炎先生晚年的评价，是大会议论的重点。"

讨论会上，大家最为关心的，是由上海人民出版社组织的《章太炎全集》的出版情况。"目前《全集》工作进行了七年，共出了六集，离完工甚遥，大家深感历史责任重大，呼吁以大局为重，加快出版进度，合力编好《全集》。""要真正推动'章学'研究，正如香港中文大学许冠三先生所说：'从某种意义上说，《章太炎全集》的全部出版，才是章太炎先生研究的真正开始。'为此，大家呼吁要支持全集出版。"

《学术讨论会论文总目》如下：

（1）唐文权（华中师范大学历史研究所）

　　《论章太炎思想的主要特点及其历史地位》

（2）孔繁（中国社会科学院宗教研究所）

《章太炎〈訄书〉重订本对中国学术思想变迁的评价》

（3）罗福惠（华中师范大学历史研究所）

《章太炎与宋明理学》

（4）吴光（浙江省社会科学院哲学研究所）

《试论章太炎哲学思想的转变及其原因》

（5）袁伟时（中山大学哲学系）

《辛亥革命与章太炎哲学思想的变化》

（6）熊月之（上海社会科学院历史研究所）

《早年章太炎与西学》

（7）徐和雍（杭州大学历史系）

《章太炎与中国近代民族文化》

（8）胡珠生（温州市图书馆）

《章太炎的反清思想》

（9）黎振国（上海社会科学院哲学研究所）

《章炳麟与经今文学》

（10）郑云山（杭州大学历史系）

《孙中山与光复会》

（11）陶士和（杭州师范学院政史系）

《试论武昌起义后的孙章关系》

（12）李希泌（北京图书馆《文献》编辑部）

《章太炎先生史学的核心——通史致用》

（13）袁英光（华东师范大学史学史研究所）

《从〈訄书〉到〈检论〉看章太炎史学思想的演变》

（14）金德建（上海社会科学院历史研究所）

《章太炎先生晚年讲学与爱国主义精神》

（15）吴竞（苏州大学历史系）

《太炎先生在苏州》

民国25年

（16）王凤贤（浙江省社会科学院）

《一位有学问的革命家——评鲁迅论章太炎》

（17）吴文祺（复旦大学中文系）

《论章太炎的文学思想和他的文章》

（18）周双利（内蒙古民族师范学院）

《试论章太炎的国学》

（19）王有为（上海人民出版社）

《章太炎与〈民报〉》

（20）胡国枢（浙江省社会科学院历史研究所）

《章太炎与兴浙会》

（21）邹身城（浙江大学）

《简论章太炎的〈訄书〉》

（22）易梦虹（南开大学国际经济系）

《试论章太炎货币思想中的合理内涵》

（23）饶钦农（湖北大学古籍研究所）

《〈太炎文录续编〉校点说明》

（24）饶钦农

《章太炎〈说文部首韵语〉古今音注》

（25）魏皓奔（杭州市社会科学研究所）

《试论章太炎的法律思想》

（26）林乾良（浙江中医学院）

《章太炎先生医学思想论析》

（27）姜义华（复旦大学历史系）

《章太炎与中国文化的现代命运》

（28）张苓华（北京鲁迅博物馆研究室）

《章太炎东京讲学与鲁迅》

（29）史莽（浙江省文物局）

《论鲁迅对章太炎的评价》

（30）陆宗达、王宁（北京师范大学中文系）

《章太炎与中国的语言文字学》

（31）汤炳正（四川师范大学中国古代文学研究所）

《从〈成均图〉看太炎先生对音学理论的建树》

（32）韩旭钰（杭州外国语学校）

《章太炎和鲁迅》

（33）唐文（苏州铁道师范学院）

《〈国故论衡〉小学之部疏证自序》

（34）崔富章（浙江图书馆）

《〈訄书〉版本述略》

（35）崔富章

《关于〈秦献记〉的主题及其他》

（36）胡学彦（浙江人民出版社）

《校勘〈章太炎先生生平与思想研究文选〉所想到的》

（37）谢栋元（辽宁教育学院中文系）

《〈岭外三州语〉〉疏证》

（38）陈冬辉（浙江师范大学中文系）

《〈说文部首韵语〉简注》

（39）汪荣祖（美国弗吉尼亚理工暨州立大学历史系）

《试论章太炎的文化观》

（40）近藤邦康（日本东京大学社会科学研究所）

《章太炎与日本》

（41）河田悌一（日本关西大学文学部）

《章太炎是否'退居于宁静的学者'？》

（42）朱季海

《古文弍弍弍从弍说》

（43）吴嘉勋（上海社会科学院历史研究所）

《论章太炎辛亥革命时期的国家学说》

（44）廖名春（武汉大学中文系研究生）

《试论章太炎的尊荀》

（45）朱维铮（复旦大学历史系）

《关于晚年章太炎》

（46）徐复（南京师范大学中文系）

《读〈訄书〉杂志》

（47）李慎行（宝鸡师范学院中文系）

《从章太炎先生对待清儒研究金、甲文字的态度中汲取教益》

（48）董国炎（山西大学古典文学研究所）

《章太炎文学观考辨二题》

（49）姚奠中（山西大学古典文学研究所）

《学问、革命——一身二任》

（50）沙孟海（浙江省博物馆）

《章太炎自题墓碑和有关手迹》

（51）章念驰（上海社会科学院历史研究所）

《中华两英杰——孙中山与章太炎》

后　记

　　业师姚奠中教授，早年在苏州章氏国学讲习会，受教于国学大师章太炎先生为研究生。章先生去世后，姚师留在讲习会预备班任教，讲授文学史。抗日战争爆发后，姚师辗转迁移至大后方，在四川、云南、贵州各大学任教；解放后回到故乡山西，执教于山西大学。

　　岁月如流，世事沧桑。姚师已由国学讲习会风华正茂的青年，变为当今学界深受尊重的长者，然而漫长岁月，未曾稍减他对章太炎先生的怀念景仰之情。姚师年高德劭，谈吐安详平和，唯独谈起"章先生"和"章师母"时，辞气神情才迥异于平素，那种景仰和激动之情，给弟子们留下深刻印象，使大家受感染不少。姚师有一幅六寸照片（见插页），原来收藏在亲戚家，故经十年浩劫，侥幸保存下来。照片是他当年同李恭、汤炳正、郑云飞、孙立本、刘一化、曹依仁、柏耐冬等十余人在苏州公园所摄。他们站在一座桥上，书生意气方遒，颇有传薪接火，光大学术，天将降大任于此身之概。但自抗日战争爆发，讲习会同人流离四方，历经战乱动乱，岁月风霜，照片中人，绝大多数已归道山，而承传章太炎先生学术事业的任务，却远未完成。姚师每言及此，总不胜感慨。

　　我受姚师影响，读研究生时即留心"章学"，发表过研究文章。毕业后同姚师一起工作，得以进一步聆教。1986 年 6 月，我随姚

511

师去杭州参加"章太炎先生逝世五十周年纪念会暨学术讨论会"，见到了太炎大师的长子章导先生、长孙章念祖君和次孙章念驰君；还见到了姜亮夫、朱季海、李希泌、汤炳正等多位师长。这些海内幸存的章门弟子，都已白发苍苍。姜亮夫先生当时正患病住院，从医院直接到会场，坚持作了发言，发言后又被送回医院。记得两天后我随汤炳正师伯和姚师，及汤师伯的助手李诚兄去医院看望姜先生，三位师长执手而谈，谆谆以"章学"研究为念，那情景令人难忘。

会议散后，李希泌、朱季海、汤炳正诸师和姚师都深怀留恋之意，竟不约而同，又盘桓一日。住地是杭州郊外一所疗养院，林木清幽，会议代表散后，更增静谧。坐在玉兰树下的石凳上，鸟鸣声声，花香阵阵，听几位长者谈往事，不胜今夕何夕之感，仿佛觉得，历史的距离缩短了，以往的人和事，宛然如睹。

七十年代，姚师曾作过一部《章太炎传》，记述章先生的生平大略，着重阐扬章先生的革命业绩和政治思想、哲学思想，当时未能出版。八十年代，姚师调整研究计划，欲作更大规模的研究。然而兹事体大，姚师担任省政协副主席、省政协文教委员会主任、省九三学社主委等众多职务，加之年事已高，故未能实施计划。现在我协助姚师继续这一工作，本着姚师的基本思路，进行系统研究，拟作章太炎先生的"学术年谱"、"学术评传"；再作"学记"，将对章先生个人的研究，扩大到整个学派的研究，成为系统性的章学研究。

目前学术年谱首先杀青，书中多有不如人意之处。因为姚师已经八十高龄，身为弟子，我只能勉力承担执笔之责，但限于我个人的素养，书中难免不当不妥之处。因为使用资料范围广，数量多；很多资料是在图书馆查阅，阅后交还，姚师难以核对原资料。又考虑到印刷厂排字的困难，而将一些古字改为今字，其中也难免不妥之处。这类情况，责任在我。

关于撰写此书的指导思想，使用的资料，及体例方面的问题，大致情况如下：

一、这部"学术年谱"，想对章太炎先生的学术活动作纵向的、动态的把握。然而由于章先生学术的广度、深度和复杂性，这种纵向把握难度很大是无疑的，而且即使纵向把握较好，也基本是一种按时间顺序的记述，或曰流水帐而已。缺少横向比较，缺少凝重感和厚度，与其他研究形式相比，年谱可能在理论气派上落下风。如果纵向把握不好，在各种考据性问题上出了差错，那就无从置辩，不同于理论观点，可以作为一家之言，坚持下去，商榷下去，而考据性问题，出差错的时候，实在太多。因此可以说，写年谱是一种费力不讨好的工作。这种体裁，这些年越来越少了，原因大概就在这里吧。既然如此，本书还坚持年谱体裁，并不是自信不会出差错，而是因为，研究章太炎这样一位不世出的学术大师，先有一部学术年谱，才能使研究的根基扎实一点。我读研究生的时候，姚师就一再针对时弊，强调研究必须从广泛收集资料、整理资料做起，避免根基不牢而起楼架屋，做高头讲章。我随着年龄增长，深感姚师之言为不刊之论。

二、若想对章太炎先生的学术活动，及他开启的学术事业，作好动态把握，实在不容易；想抓住基本精神和主要脉络，尤为困难。关于章先生的学术活动和学术地位，恩格斯对欧州文艺复兴先驱者但丁的评论，很能给人启迪。恩格斯说但丁是"中世纪的最后一位诗人，同时又是新时代最初一位诗人"。

章太炎先生正是传统学术的总结者，由先秦或者汉代至清代的经学、小学、子学、佛学、史学、医学、文学等等，他都作过研究和总结，很多方面，是传统学术的集大成者。同时，他对现代学术又有多方面开启之功。很多学科的发展同他的影响密不可

513

分，例如黄侃代表的古汉语学派，钱玄同代表的现代语言学派，吴承仕代表的现代经学研究等等。而朱希祖、汪东、马裕藻、沈兼士、鲁迅、周作人、刘文典、但焘及马宗霍、马宗芗、王仲荦直至黄焯、陆宗达等人在经史、小学、哲学、文学诸领域的学术成就，多与章太炎有渊源。一批在世学者的学术活动，也是如此。

章太炎本人的学术观点是怎样树立，怎样发展和变化，这些学术观点又怎样承传下去，这一系列动态问题，年谱应当给以反映，寻求解释。年谱不可能是单纯的记录，在各种材料中势必有选择，以把握这一些问题的脉络。这样做的过程中，怎样把握好脉络，又尽量保持客观立场，是本年谱致力追求的，未能尽善而心向往之。

三、按原来的计划，这部学术年谱应与学术评传同时完成，互相匹配，曾考虑将两者合印为一书。"评传"按学科分门类进行专题研究。"年谱"对谱主历年学术活动，作纵向把握，用纪事本末眼光，抓住几条主要线索，也从资料上，给"评传"写作提供保证。有些著作，如《訄书》、《检论》、《国故论衡》，本身是综合性的，包含了众多学科在内。"评传"是分门类学科研究的，"年谱"则对这些综合性著作，进行分类，并做一些解释。这样分工，并非必须如此，而是为了避免遗漏，也避免重复。

现在，"年谱"这一部分先行完成，而且文字量较大，须要单独成书。原来的计划有所调整，但是原来合为一体、通盘计划的痕迹仍有存在，如重视对谱主学术思想的把握，重视学术特征和思想变迁，有时带一定研究色彩。这些，不同于侧重版本目录学考证，侧重于精确时间考证的另一类型年谱。

四、本年谱著录，以"学术"为限，但何谓学术，可有广义狭义不同标准。广义而言，评论时局的文章及通电、宣言等，同政治学相关，均可归于学术范畴；狭义而言，则不归于学术范畴。

对政治、经济、法律、军事等诸多问题，本年谱基本取狭义的学术标准。

再者，章太炎先生学问博大精深，涉及领域很广。本书著录和阐释中，客观上形成了倾向性，即重视经学、小学、诸子学、佛学、文学、史学、医学等传统国学学科；而对国家学说，对政治、经济、军事、法律、货币科技史等著述，在阐释深度上，在同类著述前后贯通上，则显得不够。章先生后一类著述相对较少，固然是一个原因；我们对后一类著述修养不够，则是另一个原因。尽管主观上也想摆脱这种格局，但引录和阐释中轻重详略不同，仍存在倾向性。

五、本年谱对《章氏丛书》、《章氏丛书续编》已经收入，或流传较广的著述，不减少阐释的比重，但适当减少引录的比重。对长期未刊行，以及未收入《章氏丛书》、《章氏丛书续编》，流传不广的著述，适当增加引录。

部分作品，特别是《文始》、《新方言》、《小学答问》等小学类著述中，古体字和稀见字较多。考虑到印刷厂排字条件的限制，酌情减少引录。

六、本年谱对每年的政治大事和学术界大事，都作简略记述。取这种体例的用意，是为章先生的学术活动，勾勒氛围，以便于研究。每年大事甚多，本年谱的取舍，难免不当之处，尤其是学术方面，更难免不当。进行取舍的基本考虑有两点：一是注意近代和现代学术史及文化教育史上有重大影响的人物，如康有为、梁启超、严复、蔡元培、王国维、胡适等人，一是注意章太炎的老师俞樾、注意对他很有影响的孙诒让；也注意章太炎的重要弟子黄侃、吴承仕、钱玄同等人。通过这一系列学术活动，可以了解章太炎的学术渊源，也认识章太炎的学术影响。了解学派性的学术承传，可以加深对章太炎学术的认识。

七、本年谱利用了汤志钧、谢樱宁、潘景郑、沈延国、朱季海、徐复等人的学术成果，他们的工作极大便利了本书的写作。上海人民出版社出版的《章太炎全集》（王有为责编），虽然还远未完工，但高质量的校勘标点水平，也为本书提供了极大便利。北京师范大学出版社出版的《章炳麟论学集》（启功、萧璋、侯刚、武静寰、胡云富整理）、《章太炎先生学术论著手迹选》（章念驰选）都是非常珍贵的资料，没有这些资料，本书将是不同的面貌。

本书还参考了康有为、梁启超、严复、谭嗣同、孙中山、蔡元培、王国维、苏曼殊、胡适、钱玄同、吴承仕、鲁迅等众多近现代人物的传记资料，其中颇有一人数种传记者，书多不一一详举，心中深怀感激。

章念驰先生给了我很多帮助。因为太炎大师的缘故，我对念驰先生很敬重，又知道他很忙，不敢轻易打搅，有事也注意言辞简捷整饰。一次念驰先生寄来一部书，是曹聚仁先生遗著，由念驰先生整理，题为《中国学术思想史随笔》，三联书店出版。这书对我很有用，更重要的是，这次惠赠使我摆脱拘谨，写信商讨问题就比较放得开了，从中受益不少。念驰先生对章学研究全局在胸，又很了解新动态，对问题的认识很深刻，如医学问题，太炎大师精于医学，人们一般都仅仅把这看作家传之学，未能从传统文人人生理想等角度看问题。念驰先生对医学的高度重视，对其他问题的看法，给我不少启发。

今年欣逢姚师八十寿诞。我协助姚师完成这部书稿，得以进一步接受指导，提高个人学力，也借此机会，聊表学生对老师寿诞的祝贺之情。

谨为此后记，略叙原委，并祈方家指正。

董国炎

1993 年春

图书在版编目（CIP）数据

章太炎学术年谱／姚奠中，董国炎 著.—影印本
—太原：三晋出版社，2014.3
ISBN 978-7-5457-0927-8

Ⅰ.①章… Ⅱ.①姚… ②董… Ⅲ.①章太炎（
1869~1936）—年谱 Ⅳ.①B259.2

中国版本图书馆CIP数据核字（2014）第047109号

章太炎学术年谱

著　　者：	姚奠中 董国炎
责任编辑：	落馥香
责任印制：	李佳音
出 版 者：	山西出版传媒集团·三晋出版社（原山西古籍出版社）
地　　址：	太原市建设南路21号
邮　　编：	030012
电　　话：	0351-4922268（发行中心）
	0351-4956036（综合办）
	0351-4922203（印制部）
E-mail:	sj@sxpmg.com
网　　址：	http://sjs.sxpmg.com
经 销 者：	新华书店
承 印 者：	山西臣功印刷包装有限公司
开　　本：	787mm×1092mm　1/16
印　　张：	33
字　　数：	410千字
印　　数：	1-3000 册
版　　次：	2014年 3月 第2版
印　　次：	2014年 3月 第1次印刷
书　　号：	ISBN 978-7-5457-0927-8
定　　价：	68.00元